Rechtsleben und soziale Zukunftsimpulse

Von der Dreigliederungsidee Rudolf Steiners zur Volksgesetzgebung

LIEBE LESERINNEN UND LESER!

Dem aufmerksamen Beobachter des Zeitgeschehens wird es nicht entgangen sein, daß das Jahr 1989, zweihundert Jahre nach der Französischen Revolution, als ganz besondere Charakteristik die Frage nach der Demokratie aufweist, die sowohl im eigenen Land als auch weltweit in den verschiedensten Formen gestellt wird.

Mit diesem zweiten Teil zum Thema der direkten Demokratie bzw. der dreistufigen Volksgesetzgebung geben wir deshalb einen inhaltsschweren Einblick in die 20jährige Forschungsarbeit Wilfried Heidts, der die wesentichen Bausteine bei der Erarbeitung dieses umfangreichen Gebietes zusammengetragen hat. Das Interview mit Wilfried Heidt, in dem sowohl versucht wird, alle großen Perspektiven der Demokratiefrage darzustellen sowie in die speziellen Details hineinzuleuchten, wird von dem Vortrag Ernst Lutterbecks und den beiden Artikeln Thomas Mayers, in denen einzelne Teilgebiete aus der Praxis der Volksgesetzgebung erläutert werden, ergänzt.

Durch das Interview mit Karl Otto Meyer, dem Landtagsabgeordneten des SSW, kommt ein weiterer Politiker aus Schleswig-Holstein zu Wort. Interessantes geht im Kieler Landtag vor: darüber berichtet Henning Kullak-Ublick. Wir bitten, auch die Kolumnen (von Herbert Schliffka und der Aktion Volksentscheid München) im hinteren Teil des Heftes, die teils dem Themenschwerpunkt dieses Heftes zugehörig sind, zu beachten.

Einen zweiten Bereich dieses Heftes machen die beiden Interviews mit dem Zukunftsforscher Robert Jungk sowie mit Karl-Martin Dietz vom Hardenberg-Institut aus, die ihren Schwerpunkt mehr auf die Stärkung des Geisteslebens legen: Robert Jungk durch die Initiierung vielfältigster Ideenbildung in seinen Zukunftswerkstätten und Karl-Martin Dietz durch Intensivierung des umfassenden Kulturimpulses der Anthroposophie, mit besonderem Blick auf das Wirken der Anthroposophischen Gesellschaft. - Den Abschluß des redaktionellen Teils bildet schließlich ein Vortrag Klaus Christian Köhnkes, gehalten an der Nordischen Universität in Flensburg: "Ist Kreativität organisierbar?"

Wir bitten Sie zusätzlich, unseren geplanten Buchveröffentlichungen bzw. Sonderheften, deren Vorankündigung Sie auf den nächsten Seiten finden, Ihre Aufmerksamkeit zu schenken; mit der beigelegten Bestellkarte können Sie Ihre Bestellung vormerken lassen.

Es grüßt Sie
Ihre
FLENSBURGER HEFTE-Redaktion

Wir sind so frei ...

Nach über siebenjähriger Odyssee durch verschiedene Institutionen und Verlagshäuser erscheint im Herbst 1989 im FLENSBURGER HEFTE-Verlag die wissenschaftliche Studie der Brüder Rudolf, Wilhelm und Wolfgang Gädeke:

Wolfgang Gädeke
"Anthroposophie und die Fortbildung der Religion"

Aus dem Inhalt:

Einführung: Die Aufgabe der Anthroposophie und das Wesen der Religion - *Wilhelm Gädeke*
1. Der Ausgangspunkt der anthroposophischen Religionsforschung
2. Die Erlangung übersinnlicher Erkenntnis
3. Die Darstellung des Erkenntnisweges
4. Die Schilderung der anthroposophischen Forschungsergebnisse
5. Die Erneuerung der Mysterien
6. Das Wesen der Religion
7. Die Entstehung und Entwicklung der Religion
8. Die Religion vor und nach dem Mysterium von Golgatha

I. Anthroposophie und die Religionen - *Wolfgang Gädeke*
1. Das Verständnis aller Religionen und Bekenntnisse
2. Die religiösen Überlieferungen und Urkunden
3. Anthroposophie stört niemandes religiöses Bekenntnis, vertieft vielmehr das religiöse Leben
4. Das Mysterium von Golgatha als die entscheidende Mitte der Evolution
5. Das Christentum ist größer als alle Religionen
6. Die Einseitigkeit und Vorläufigkeit der bisherigen Formen des Christentums
7. Die Notwendigkeit und die Bedingungen der weiteren Entwicklung des Christentums

II. Religiöses, Kultisches und Sakramentales in der Anthroposophie - *Rudolf Gädeke*
1. Religiöse Vertiefung der anthroposophischen Erkenntnis
2. Erkenntnis als Kommunion
3. Kultus als Demonstration übersinnlicher Inhalte in ES und FM
4. Kultus in der 3. Klasse der Freien Hochschule
5. Der Kultus in der Schulbewegung
6. Kultisches in der Esoterik anthroposophischer Berufe
7. Alle Arbeit soll Sakrament werden

1. Rudolf Steiners Empfehlungen an Anthroposophen, sich an die Christengemeinschaft zu wenden
2. Seine Mitwirkung bei Sakramenten
3. Seine Mitwirkung bei Bestattungen
4. Praktische Einrichtungen (Klasse; Konfirmation und Jugendfeier)
5. Beispiele praktischer Zusammenarbeit von Anthroposophischer Gesellschaft und Christengemeinschaft
6. Berichte von der Christengemeinschaft im Nachrichtenblatt
7. Priester in Funktionen der Anthroposophischen Gesellschaft und ihre Aufnahme in die 1. Klasse der Hochschule
8. Die Christengemeinschaft als wesentlicher Teil der erneuerten Mysterien

| ISBN 3-926841-23-0 | Leinen, | ca. 400 Seiten, ca. DM 42,- |
| ISBN 3-926741-24-9 | kartoniert, | ca. 400 Seiten, ca. DM 30,- |

Ab Herbst 1989 im Buchhandel erhältlich oder direkt beim Verlag (zzgl. Porto und Verpackung). Ihre Vorbestellungen merken wir vor.

Carola Cutomo
"Medialität - Besessenheit - Wahnsinn"

Die lebensnahe Schilderung einer Frau, die durch spiritistische Praktiken - Glasrücken, Tischrücken, automatisches Schreiben - in den Sog von Dämonen geriet. Hautnah schildert Carola Cutomo ihre Zustände der Besessenheit, wie sich ihr in spiritistischen Experimenten angebliche Verstorbene nähern und nach und nach so weit aufdrängen, daß sie ganz in den Bann, Besitz und Gehorsam dieser Wesenheiten gerät. Ihre Medialität geht schließlich so-weit, daß sie erleben muß, wie sie tagein, tagaus innere und äußere Stimmen hört, die sie durchs Leben hetzen und sogar zwingen, aus ihrem physischen Leib herauszutreten.

Carola Cutomo stand am Rande des Abgrunds, kurz vor dem Wahnsinn, aber sie wurde geheilt und hat diesen Tatsachenbericht - der nicht auf der Basis der Anthroposophie geschrieben wurde, noch unter den Eindrücken ihrer Besessenheit geschrieben.

ISBN 3-926841-19-2, erscheint im Spätsommer, ca. 160 Seiten, kart., DM 19,80

Sonderheft Nr. 5 - VOLKSSOUVERÄNITÄT - DEMOKRATIE - VOLKSGESETZGEBUNG

Die Emanzipation des Rechtslebens im sozialen Organismus

Forschungsergebnisse aus dem Achberger Institut für Dreigliederungsentwicklung

ISBN 3-926841-18-4, ca. 200 Seiten, kart., ca. DM 16,80 (Sommer 1989)

In allen heutigen Gesellschaften - westlichen wie östlichen - gibt es ein gemeinsames Grundproblem: die Rechtsgemeinschaft, das "Volk", ist von der konkreten Bestimmung der gesetzlichen Fundamente des sozialen Lebens ausgeschlossen. Alle speziellen gesellschaftlichen Krankheitssymptome sind Folge dieser Ursache. Auf diese Diagnose antwortet das Achberger Institut seit 1984 mit Vorschlägen zur Therapie. Politische Initiativen auf Bundes- und Länderebene und im europäischen Ausland haben diese Vorschläge aufgegriffen und kämpfen dafür, sie durchzusetzen. Der Band dokumentiert die Erkenntnisgrundlagen und den Stand der Entwicklung der Initiativen.

Sonderheft 6: STRAFVOLLZUG

Voraussichtlich Ende September wird ein Sonderheft zum Thema Strafvollzug, Resozialisierung, Erneuerung des Strafvollzugs, das Wesen der Kriminalität, Grundlagen des Strafrechts, Alternativen zum Vollzugsgesetz, Eurythmie im Strafvollzug sowie Berichte über die Situation der politischen Gefangenen in der BRD und DDR erscheinen.
Interviews mit Staatsanwalt Karl-Heinz Denzlinger, einem Bewohner der Wohngruppe der Theodor-Welpert-Stiftung, den Mitarbeitern vom "Maßstab e.V.", dem Richter des OLG Schleswig, Dr. Ernst-Martin Krauss, dem ehemaligen Insassen Denìs Pécìc, dem Professor für Strafrecht und Rechtswissenschaft, Dr. Schild, sowie dem ehemaligen Direktor der JVA Santa Fu, Dr. K.H. Stark.

ISBN 3-926841-20-6, kart., ca. DM 16,80

Sie können für Ihre Vorbestellung die beigelegte Bestellkarte benutzen.

FLENSBURGER HEFTE-Verlagsgesellschaft
Wolfgang Weirauch & Partner GbR, Holm 64, D-2390 Flensburg

Der freie Mensch - die einzige Quelle des Rechts!

INTERVIEW MIT WILFRIED HEIDT
von Wolfgang Weirauch

Wilfried Heidts Lebenslauf beginnt 1941 in der Geburtsstadt Kaspar Hausers. Es folgen zwanzig Jahre "Leben auf dem Lande" - Spiel in Wald und Feld, Lernen in der Dorfschule, Gymnasium; nebenbei viel Musik: Klavier, Orgel, Trompete, Chor- und Orchesterarbeit. Mit zwanzig geht's an die Uni. 1962 "Entdeckung" Steiners, noch im selben Jahr erste Begegnung mit den "Kernpunkten der sozialen Frage". Nach sieben Jahren eines breit angelegten Studiums (Philosophie, Germanistik, Musikwissenschaft, Kunstgeschichte und Sozialwissenschaft) Entschluß zu eigenverantwortlichem Wirken für die Idee der Dreigliederung des sozialen Organismus.

Die erste Herausforderung dazu ergab sich 1967/69 durch die Studentenbewegung, Außerparlamentarische Opposition und den "Prager Frühling". Gleichzeitig erste Begegnung mit "etablierter" Anthroposophenschaft ("Rüspe-Kreis"). Aus der Zusammenarbeit mit Peter Schilinski (seit 1965), Ursula Weber, Jutta und Fred Lauer und anderen gelingt die Gründung des Internationalen Kulturzentrums Achberg (1970). Schwerpunkt der ersten sieben Achberger Jahre ist einerseits die Gründung von entsprechenden Arbeitsstätten (freien Unternehmen) - u.a. einer Waldorfschule, eines Instituts für Sozial- und Dreigliederungsforschung sowie des Achberger Verlages, und andererseits sind es zahlreiche einschlägige Konferenzen, die viele Menschen aus Ost und West zur gemeinsamen Arbeit an sozialen Zukunftsfragen in Richtung "Dritter Weg" zusammenführen.

In dieser Zeit "integriert" Achberg auch Wilhelm Schmundts vorher weitgehend ignorierten Beitrag zur Dreigliederungsforschung in die eigenen Initiativen und Bestrebungen. Letzteres ermöglicht unter anderem die Gründung des überregionalen Unternehmensverbandes "IG Dritter Weg", der ersten konsequent dreigliederungsgemäßen Assoziation von einerseits gemeinnützig und andererseits kommerziell wirtschaftenden Arbeitsstätten (in Weiterentwicklung dessen, was unter Steiners Leitung 1920 mit dem Versuch des "Kommenden Tags" in Angriff genommen, 1924 jedoch wieder abgebrochen wurde). Ohne die IG Dritter Weg als "Basislager" wären auch die seit 1977 von Wilfried Heidt initiierten "politischen" Projekte undenkbar: das war zum einen die Beteiligung am Gründungsprozeß der GRÜNEN (bis 1982); die dabei bewirkten Spuren mögen inzwischen etwas verweht erscheinen, sind aber ein Erfahrungs-"Kapital", das für bestimmte künftige Vorhaben wichtig sein wird. Zum anderen wäre ohne den Unternehmensverband auch die "Initiative Volksentscheid" (ab 1983/84) schon aus dem Grund nicht dahin gekommen, wo sie inzwischen steht, weil sie ohne das technische Know-How verschiedener IG-Produkte niemals ihre bundesweite Wirkung hätte erzielen und organisieren können.

Nebenher entstanden die Bücher "Freiheit, Demokratie, Sozialismus" (1972), "Der Dritte Weg - die Alternative zu Kapitalismus und Kommunismus" (1974), "Abschied vom Wachstumswahn" (1980). In Vorbereitung: "Demokratie in Deutschland: 1789/1989 - eine Zwischenbilanz" und "Rettet den Sozialismus! - Vorletzte Antwort auf die deutsche Frage".

(Siehe auch FLENSBURGER HEFTE, Sonderheft 5: "Volkssouveränität, Demokratie, Volksgesetzgebung - Die Emanzipation des Rechtslebens im sozialen Organismus", Forschungsergebnisse aus dem Achberger Institut für Dreigliederungsentwicklung; erscheint Sommer 1989)

Alles wurde gesagt, nur eines nicht! Eine merkwürdige Scheu durchzieht die Republik, wenn es um dieses spezielle Thema geht. Das Jubiläum des 40jährigen Bestehens der Bundesrepublik Deutschland bot Gelegenheit in festlichen Ansprachen Rückblick auf das Durchlebte, Gestaltete, vor allem aber das Erreichte zu halten; aber über das Abstimmungsrecht des Volkes wurde nicht gesprochen. Warum wird dieses Grundrecht den Menschen weitgehend verschwiegen? Schläft die Republik den hundertjährigen Dornröschen-Schlaf und muß erst wachgeküßt werden? "Wer küßt die Republik", fragten sich deswegen auch die Teilnehmer einer von der Heinrich-Böll-Stiftung durchgeführten Tagung zu diesem Thema am 06.05.1989 in Bonn. Wer, wenn nicht wir selbst?

1989, zweihundert Jahre nachdem erstmals während der Französischen Revolution die Souveränität durch das Volk ergriffen wurde, erleben wir in Osteuropa und Asien eine atemberaubende Welle des Aufbruchs. Mehr oder weniger bewußt ist dies die Idee der Demokratie, die von den Individuen und Menschengruppen ergriffen worden ist. Selbst die brutalste Gewalt - wie in China - wird diese Forderung nach der Souveränität des Volkes auf Dauer nicht eliminieren können!

Aber diese Idee braucht eine Form, sonst könnte sie sich wieder verflüchtigen. Neben der parlamentarischen Demokratie und ihrer Organe ist diese am ursprünglichsten und unmittelbarsten durch die Ausgestaltung der dreistufigen Volksgesetzgebung gegeben. Ausgangspunkt ist die *Idee*, und zwar eine Rechtsidee, die als Vorschlag aus der denkerischen Überlegung eines Menschen oder einer Menschengemeinschaft der Gesellschaft vorgestellt wird und die zu einer *Initiative* werden kann, wenn eine genügend große Anzahl von Menschen diese Idee zu der ihren macht.

In der zweiten Phase - dem *Begehren* - kommt es darauf an, ob durch das freie Abwägen des Pro und Contra ein genügend großer Gemeinwille für den Vorschlag der Initiative im Volk entstehen kann. Auf dieser Stufe hat der einzelne Mensch entsprechend seinen Neigungen und Abneigungen, Erkenntnissen und Erfahrungen die Möglichkeit, eine zustimmende oder ablehnende Haltung gegenüber der von der Initiative vorgeschlagenen Rechtsidee einzunehmen.

Die dritte Phase letztendlich ist dann die eigentliche Willensbekundung, der *Volksentscheid,* durch den alle stimmberechtigten Bürgerinnen und Bürger einer Nation mit der Abgabe ihrer Stimme ihre Meinung bekunden.

Eine wohldurchdachte Form für diese dreistufige Volksgesetzgebung wurde - das dürfte mittlerweile bekannt geworden sein, auch wenn noch manch einer dies gerne ignorieren möchte - von der "Initiative Volksentscheid" aus Achberg erstellt. Ich besuchte Wilfried Heidt, den Inaugurator dieser Initiative und seine Mitarbeiter zweimal im "Internationalen Kulturzentrum" bzw. im "Bundesabstimmungsbüro", neuerdings auch Paßamt der "Direkt-Demokratischen Republik".

Nur durch Vogelgesang sowie das leise Summen arbeitender Computer unterbrochen, wagten wir einen Ausflug in die historische Entwicklung der letzten Jahrhunderte, in die Ideengeschichte des Rechts und der Volksgesetzgebung, bis hinein in das Zukunftsbild einer sozialen Meditation, einer Bewußtseinshaltung, durch die die Rechtsgemeinschaft einer Nation mit geistigen Wesen in ein Gespräch eintreten kann.

Dieses Interview ergab sich als ein 13gliedriger Pfad durch das noch kaum bekannte Gebiet der direkten Demokratie. Der besseren Übersichtlichkeit wegen haben wir diese 13 Kapitel mit eigenen Überschriften versehen. Zwar ist dieses Gespräch über die vielfältigen Fragen der Idee der Volksgesetzgebung ein Ganzes, aber die 13 Teilabschnitte können auch in sich gelesen und verstanden werden.

Dieser Pfad ist wie folgt unterteilt:

Ansonsten wünschen wir Ihnen - liebe Mitbürgerinnen und Mitbürger - beim Lesen dieses Interviews eine erkenntnisreiche und erkenntnisgewinnbringende Reise durch die noch weitgehend unbekannten Gefilde und Weiten der Direkt-Demokratischen Republik.

Wolfgang Weirauch: Allgemein herrscht in bezug auf die Begriffe Volksabstimmung, Plebiszit, Volksbegehren, Volksentscheid, Volksbefragung und Referendum eine ziemliche Ungenauigkeit und Begriffsvermischung, weswegen die Menschen, wenn sie sich darüber unterhalten, meist aneinander vorbeireden. - Wenn wir unter dem Oberbegriff Volksabstimmung alle Akte verstehen, durch die das Volk eine Entscheidung trifft, so gibt es im weiteren zwei polare Begriffe: Was ist das Plebiszit auf der einen Seite, was sind Volksbefragung und Referendum auf der anderen?

Wilfried Heidt: Es scheint mir geeignet, den Ausgangspunkt bei der Erklärung mit der Volks*gesetzgebung* zu nehmen, weil dieser Begriff über Jahrzehnte hinweg in der historischen Entwicklung derjenige gewesen ist, welcher die Sache bestimmt hat. Alle anderen Begriffe, zum Beispiel die Volksbefragung, haben erst später - zum Beispiel unter Hitler - eine Rolle gespielt. Der Unterschied der beiden Begriffe - Volks*gesetzgebung* und Volks*befragung* - ist der, daß bei der Volks*gesetzgebung* konsequent die Souveränität der Gesamtbürgerschaft eines Staates zur Geltung kommt, ausgehend von einer Initiative für eine bestimmte Gesetzesidee, die in der Form eines Gesetzentwurfes ins Spiel gebracht wird. Am Ausgangspunkt steht also die Vorstellung einer neuen Rechtsvereinbarung, und diese wird in einer Initiative von Menschen ergriffen, die damit den Beschluß über diese neue Rechtsidee bewirken wollen. Die Volksgesetzgebung beginnt also immer mit dem Recht der Bürger - einer Rechtsgemeinschaft -, eine neue Rechtsidee zur Debatte zu stellen, mit der Zielsetzung, darüber den Beschluß durch die Rechtsgemeinschaft selbst herbeizuführen.

Im Unterschied dazu geht die Volks*befragung* von einer staatlichen Instanz aus, also nicht aus der Mitte der Bürgerschaft, sondern beispielsweise aus dem Parlament heraus oder, wie es in der Hitlerzeit gewesen ist, direkt von der Staatsführung; in diesem Falle also von dem Diktator. Diese Instanz wendet sich mit einer von ihr bestimmten Frage an die Bevölkerung, um in der Öffentlichkeit eine Meinungsäußerung zu dieser bestimmten Frage herbeizuführen, welche dann aber keine Verbindlichkeit beanspruchen kann. Die Volksbefragung ist eine Methode, um Stimmungen oder Gefühle, die in der Bevölkerung zu einem bestimmten Problem vorhanden sind, auszulauschen.

W.W.: Oder um das Regime einer Diktatur zu rechtfertigen!

W. Heidt: Genau. Diese Rechtfertigung ist natürlich die dahinter stehende Absicht. Man versucht, die Ergebnisse einer Volksbefragung so einzurichten, daß das gewünschte Ergebnis a priori in irgendeiner Form bereits feststeht. Bei dieser Regelung können die Menschen überhaupt nicht in die Lage kommen, einen alternativen Diskurs, einen kritischen Diskurs miteinander zu führen, um dann im Ergebnis eines solchen Diskurses eine bestimmte Position zu bestimmen. Dergleichen ist mit dem Begriff der Volksbefragung a priori überhaupt nicht verbunden. Es wird lediglich von dem angesprochenen Organ eine Frage auf den Tisch gebracht, und die Menschen haben ohne Diskussion darüber eine Meinungsäußerung - ja oder nein -, die jedoch keine Entscheidung ist, abzugeben. Das ist ein ganz gewaltiger Unterschied zur Volksgesetzgebung, denn die Menschen wissen und empfinden bei einer Volksbefragung auch, daß sie für ihre Äußerung nicht verantwortlich sind, während bei der Volksgesetzgebung von vorneherein auch die Verantwortung für das Ergebnis aktiviert wird, weil die Abstimmung ja der verbindliche Beschluß ist.

Das *Referendum* dagegen gehört in den Komplex der Volksgesetzgebung. Im Unterschied zu der eben geschilderten Initiative, die aus dem Volk heraus entsteht, kommt der Gegenstand des Referendums aus einem parlamentarischen Beschluß über eine Gesetzgebung. Nun hat die Bevölkerung beim Referendum die Möglichkeit, das Veto in dieser Sache vorzubringen. Das Referendum ist also eine Volksabstimmung, die auf einen vorgängigen parlamentarischen Beschluß bezogen ist.

I. VOLKSGESETZGEBUNG ALS IDEE DEUTSCHER DEMOKRATEN

W.W.: Einen gewaltigen Sprung für die Bewußtseinsentwicklung der Menschheit brachte die Französische Revolution. Wie weit ging es während dieser Zeit um die wirkliche Volkssouveränität? In der ersten Verfassung gab es wegen des Zensus-Wahlrechtes noch kein gleiches Wahlrecht für alle; wie war es dagegen mit der zweiten Verfassung? Welche plebiszitären Elemente gab es in dieser zweiten Verfassung, abgesehen davon, daß diese nie zur Geltung kamen?

W. Heidt: Allgemein könnte man vielleicht fragen, auf welches Kriterium es ankommt, um innerhalb eines sozialen Organismus von einer Revolution zu sprechen. Und dieses Kriterium - es tritt während der Französischen Revolution erstmals in Erscheinung - ist der *Souveränitätswechsel*. Die Frage der Souveränität wird neu beantwortet. *Eigentlich kann man von Revolution nur dann sprechen, wenn eine neue Souveränität gegenüber einer traditionellen erscheint und sich durchsetzt. Wenn das gelingt, dann hat die Revolution stattgefunden.*

Während der Französischen Revolution war es die Ablösung des *monarchischen* Prinzips durch das *demokratische* Prinzip. Der Grundgedanke dieses Schrittes ist eigentlich der, daß jetzt die Rechtsgemeinschaft insgesamt zum Verfassungsgesetzgeber wird. In der Praxis sieht das während der Französischen Revolution zunächst einmal so aus, daß eine sogenannte Repräsentativversammlung, die Nationalversammlung, die Aufgabe übernimmt, eine Verfassung auszuarbeiten und sie zunächst auch autonom zu beschließen. Diese Nationalversammlung versteht sich als durch die Gesamtbürgerschaft bevollmächtigt, die Verfassungsgesetzgebung zu vollziehen. Entsprechend schlägt sich das auch in der ersten Verfassung der Französischen Revolution nieder und entwickelt sich dann zu der zweiten Verfassung (1793) weiter, bei der dann die Bürgerschaft selbst den Beschluß - also die Annahme der Verfassung - vollziehen soll. Dies ist also der historische Moment, in dem die Gesamtbürgerschaft zum ersten Mal im Verfassungsrecht als der Verfassungsgesetzgeber in Erscheinung tritt, zwar nicht in der Ausarbeitung, aber zumindest in dem Beschluß darüber.

In der zweiten Verfassung, der Revolutionsverfassung, die nie praktiziert und gleich wieder von der Nationalversammlung außer Kraft gesetzt wurde, war die Möglichkeit des Beschlusses über die Gesetze durch den Souverän vorgesehen, nicht nur über die

Verfassungsgesetzgebung selbst, sondern auch über die laufende Gesetzgebung. Freilich war während der Französischen Revolution mit dem Begriff der Gesamtbürgerschaft noch nicht das verbunden, was wir heute darunter verstehen, daß nämlich *alle* - Frauen und Männer, ohne Berücksichtigung der ökonomischen Verhältnisse - an der Gesetzgebung teilnehmen können; aber die allgemeine, abstrakte Idee schlug sich während der Französischen Revolution in den beiden Verfassungen nieder. In der ersten Verfassung tritt als sich selbst mit dieser Souveränität ausstattendes Organ die Nationalversammlung auf, die keine gewählte ist, sondern sich durch einen revolutionären Akt selbst einsetzt (17. Juni 1789). Es ist also ein revolutionäres Recht, das sich aber demokratisch versteht, d.h. durch die Gesamtbürgerschaft legitimiert. Aufgrund der zweiten Verfassung hätte dann über das Arbeitsergebnis der Nationalversammlung durch die Bürgerschaft selbst abgestimmt werden können.

Dies ist der erste Schritt des sich in den folgenden Jahrzehnten und Jahrhunderten in immer weiteren Stufen durchsetzenden Prinzips der Volkssouveränität. Insofern kann man sagen, daß mit der Französischen Revolution eine historische Epoche beginnt, in der sich nun diese neue Souveränität immer mehr durchsetzt und manifestiert.

W.W.: Gab es in der Zeit der Französischen Revolution irgendwelche Initiativen - vielleicht bei einzelnen Menschen - für eine richtige Volksgesetzgebung, die sich auch in einer Verfassung hätte niederschlagen können?

W. Heidt: Noch nicht.

Moritz Rittinghausen beschreibt als erster die Idee der Volksgesetzgebung

W.W.: Wann taucht das zum ersten Mal in der europäischen Geschichte auf?

W. Heidt: Die Idee der Volksgesetzgebung, insofern sie ihren Ausgangspunkt nimmt bei der Initiative aus der Mitte der Bürgerschaft, taucht zum ersten Mal um die Mitte des vergangenen Jahrhunderts auf, und zwar im Zusammenhang mit den Entwicklungen in Deutschland. Diese Idee entsteht bei mehreren Persönlichkeiten, die in den demokratischen Bewegungen eine gewisse Rolle gespielt haben. Zum ersten Mal wird diese Idee begrifflich vollständig ausgestaltet von *Moritz Rittinghausen*. Moritz Rittinghausen ist eigentlich derjenige, der den Begriff der Volksgesetzgebung zum ersten Mal durchgearbeitet und in allen wesentlichen Zügen bestimmt hat, und zwar so, wie wir auch heute noch mit diesem Begriff umgehen.

W.W.: War er Abgeordneter der Paulskirchenversammlung?

W. Heidt: Nein, aber er war Abgeordneter des Frankfurter Vorparlaments, gleichzeitig ein Mitarbeiter von *Karl Marx*. Er war Redakteur und hat in der von Karl Marx herausgegebenen "Neuen Rheinischen Zeitung" die ersten Artikel über die Volksgesetzgebung geschrieben. Er mußte dann auch aufgrund des Verbots dieser Zeitung nach Frankreich in die Emigration gehen, wo er ab 1850 mehrere umfangreiche Aufsätze veröffentlicht hat, die alle Variationen der Ausgestaltung des Begriffs der Volksgesetzgebung waren. Diese Gedanken wurden dann in Frankreich von den Fourieristen, den Anhängern von Fourier, aufgegriffen, so daß Rittinghausen in diesen Kreisen seine Idee

von der Volksgesetzgebung ausgebreitet und dargestellt hat. In der Ideengeschichte der Menschheit ist es
sein Verdienst, die Idee der Volksgesetzgebung als
erster konsequent zu beschreiben.

W.W.: Beschreibt er die direkte Volksgesetzgebung als dreistufige Volksgesetzgebung mit Initiative,
Begehren und Entscheid?

W. Heidt: Ja, es ist genau diese dreistufige Volksgesetzgebung mit Initiative, Begehren und Entscheid,
und zwar hat er nicht nur diesen allgemeinen Aspekt
der Volksgesetzgebung herausgearbeitet - vom möglichen Vorschlagsrecht aus der Bürgerschaft heraus bis
hin zur Gesetzgebung -, sondern er hat sich darüber
hinaus auch Gedanken dazu gemacht, wie man es praktisch realisieren könnte. Das war ja im 19. Jahrhundert
gar nicht so einfach, denn wie soll es eine Gesellschaft
ermöglichen , die noch keine modernen Massenkom-

munikationsmittel zur Verfügung hat, daß die Menschen dieser Gesellschaft miteinander
in Beziehung treten? Es war zu dieser Zeit ein großes Problem, wie überhaupt ein Gesamt-
bewußtsein über eine Frage entstehen könne. In diesem Zusammenhang hat sich Rittinghausen vorerst Gedanken über den Zeitaspekt gemacht: Er bemerkt die Wichtigkeit des

    Das allgemeine Interesse entsteht nur da, wo eine
Gesellschaft existirt; ohne sie ist es nicht denkbar. Die Gesellschaft schafft es und ist mithin auch die Schöpferin des
Rechtes; sie allein, deren Intelligenz jede andere Intelligenz
weit überragt, ist daher auch nur im Stande, das Recht ausfindig
zu machen und festzustellen, während der einzelne Mensch, welchem
es sich als ein Ausfluß der Gesellschaft, gleichsam als gesellschaftliche Kraft aufdrängt, dazu im höchsten Grade untauglich ist.
    Jede Feststellung des Rechtes durch eine Person oder durch
eine gewisse Zahl von Personen (wären es selbst die aus-
gezeichnetsten Denker und die gelehrtesten Forscher) verhält sich
zu der Feststellung durch Alle, wie ein Privat- oder Klassen-
vortheil sich zum allgemeinen Interesse verhält.

    Wer also die Herrschaft des wahren Rechtes will, hat
nur einen Weg einzuschlagen: er muß die Aufsuchung und
Feststellung des Rechtes durch Alle, — er muß die direkte
Gesetzgebung durch das Volk verlangen.

Aus: Moritz Rittinghausen, Die direkte Gesetzgebung durch das Volk , Zürich 1893, (S. 122f)

Zeithorizontes, daß eine auftauchende Frage von dem Bewußtsein der Menschen durchgearbeitet werden muß, und ist sich darüber bewußt, daß diese Volksabstimmung nicht eine sofortige Abstimmung über eine Mitteilung sein kann, die von irgendeiner staatlichen Spitze ausgeht. Damit dieser aus der Bevölkerung kommende Vorschlag zu einer Gesetzesinitiative von den Menschen durchgearbeitet werden kann, macht er den praktischen Vorschlag, daß sich die Bevölkerung in Bürgerversammlungen zu je 1.000 Menschen aufgliedern müsse, die sich nach einer ungeordneten allgemeinen Erörterung eines Vorschlages in einem Raum - zum Beispiel einer Kirche oder einem sonstigen Versammlungsraum - zusammenfinden müßten, um noch einmal über den unterbreiteten Vorschlag auf dieser Versammlung zu diskutieren, bis letztlich auf diesen Versammlungen zu je 1.000 Menschen der Beschluß über die von einer Initiative unterbreitete Idee gefaßt werden könne.. Die Ergebnisse aller Beschlüsse sämtlicher Versammlungen hätten dann zusammengerechnet werden müssen. Das Endergebnis wäre der eigentliche Volksentscheid gewesen.

W.W.: Wollte Rittinghausen diesen Volksentscheid auf einzelne deutsche Teilstaaten beschränkt wissen, oder war er für ein noch nicht vorhandenes Gesamtdeutschland gedacht?

W. Heidt: Er dachte gesamtstaatlich, und darauf bezog sich auch seine Idee der Volksgesetzgebung. Es war für ihn völlig klar, daß die Idee der Volksgesetzgebung nicht von der Größe eines Gesamtstaates abhängen könne. Es gibt auch weitere Menschen, die die Volksgesetzgebung propagiert haben, zum Beispiel *Julius Fröbel*. Er war Abgeordneter der Paulskirchenversammlung. Bei ihm beschränkt sich die Volksgesetzgebung jedoch nur auf die Verfassungsgesetze. Rittinghausen war statt dessen der Meinung, daß *alle Gesetzgebung* Volksgesetzgebung sein müsse. Er war zusätzlich der Ansicht, daß für die Gesetzgebung parlamentarische Organe gar nicht nötig seien. Er war davon überzeugt, daß die Bevölkerung mit der Volksgesetzgebung alle Rechtsfragen so fundamental aufgreifen würde, daß die Erarbeitung von Gesetzen durch Repräsentativorgane nicht notwendig sei. Rittinghausen war der Ansicht, daß durch die Bürgerschaft die Gesetze sehr elementar gehalten werden würden. Fröbel, der die Volksgesetzgebung nur für das Verfassungsrecht - also das Basisrecht - forderte, sah für die Folgegesetze die Notwendigkeit eines repräsentativen Systems.

System

der

socialen Politik

von

Julius Fröbel.

Zweiter Theil.

Mannheim,
Verlag von J. P. Grohe.
1847.

Richard Wagner, den man vielleicht noch als einen dritten nennen kann, war ebenfalls ein Mitstreiter der demokratischen Bewegung. Für ihn war es ganz klar, daß der traditionelle Souveränitätsbegriff in der Weise gegliedert werden müsse, daß die Souveränität über die Gesetzgebung bei der Bevölkerung zu liegen habe. Richard Wagner denkt genau wie Rittinghausen und Fröbel schon an die *Gleichberechtigung von Frauen und*

Männern, was immerhin noch 70 Jahre dauern sollte, bis es historisch zum Durchbruch kam. Für alle drei war es vollkommen klar, daß das allgemeine Wahl- und Stimmrecht als ein allgemeines Menschenrecht anzusehen sei, nicht nur als ein allgemeines Volksrecht, von dem die Hälfte der Menschheit - die Frauen - ausgeschlossen gewesen wäre. Richard Wagner gliedert den Souveränitätsbegriff in der Weise, daß die *Legislative* der Bürgerschaft vorbehalten bleiben solle, so daß dann die *Exekutive* - an die Gesetze gebunden - weiterhin in der Hand der Fürsten bleiben könne. Er überlegt sich also eine Art Synthese bzw. einen Übergang vom monarchischen zum demokratischen Prinzip.

So hat es im letzten Jahrhundert verschiedene Varianten des Prinzips der Volksgesetzgebung gegeben. Die Ausarbeitung dieser Sache ist eine Leistung deutscher Demokraten. Weder in Frankreich noch in einem anderen Land hat die theoretische Überlegung dahin geführt, diese Idee vollständig auszuarbeiten.

W.W.: Warum ist Rittinghausen so wenig bekannt?

W. Heidt: Er ist deswegen so wenig bekannt, weil das Prinzip der Volksgesetzgebung - vor allem in Deutschland - keine wirkliche Geschichte erfahren hat. Der Gedanke der Volksgesetzgebung ist in unserem Lande mehr oder weniger verschüttet geblieben und stand immer nur am Rande, niemals im Zentrum der Debatte. Er ist bisher noch niemals wirklich ins Leben eingetreten, sondern ein theoretisches Phänomen geblieben. Natürlich ist es eine gewisse rätselhafte Erscheinung, daß auch in der Fachliteratur so gut wie kein einziger Bezug auf die Gestalt des Moritz Rittinghausen vorhanden ist. Es sind nur Spurenelemente, anhand derer man entdecken kann, wie und wo die Idee des Moritz Rittinghausen entscheidend zum Durchbruch gekommen ist: nämlich in der frühen Programmatik der Arbeiterbewegung, die sich dann im Laufe der sechziger Jahre des vergangenen Jahrhunderts politisch organisiert hat und schließlich im Jahre 1869 in die Parteigründung (Eisenach) mündete.

In die Schweiz kam die Idee der Volksgesetzgebung, bezogen auf die Gesamtheit des Nationalstaates, auch über Rittinghausen, wobei ich jetzt nicht die einzelnen Abstimmungen auf dem Marktplatz, also die sogenannte Landsgemeinde, meine, wo lediglich die Männer stimmberechtigt waren, denn das gab es bereits in germanischer Zeit. Rittinghausen war also auch der Inspirator der Franzosen und der Schweizer. In der Schweiz war es die sozialistische Arbeiterbewegung, die diesen Gedanken Rittinghausens aufgriff und zunächst auf kantonaler Ebene - begonnen hat es im Kanton Zürich im Jahre 1868 - einführte. Dieses ist das Verdienst Karl Bürkis, eines Propagandisten der sozialdemokratischen Bewegung. Er, der bereits in den fünfziger Jahren von Rittinghausen inspiriert war, hat die Idee in der Schweiz auf die Tagesordnung gesetzt. Er hat es erreicht, daß in den Jahren 1867/68 in Zürich eine starke Bewegung dafür entstanden ist, was letztlich dazu führte, daß in die Züricher Kantonalverfassung die dreistufige Volksgesetzgebung hineingenommen wurde. Dieses Verfassungsrecht im Kanton Zürich war die erste verfassungsrechtliche Verankerung der direkten Volksgesetzgebung in Form einer Initiative, eines Begehrens und eines Volksentscheides.

W.W.: In welchem Jahr hat Moritz Rittinghausen die Idee der direkten Volksgesetzgebung zum ersten Mal gedacht?

Ignoranz als Arbeitsmethode

W. Heidt: Das war im Jahre 1848, im Jahr der deutschen Revolution. Wenn man heute die Geschichtsbücher über die deutsche Revolution liest, so ist es interessant, daß man viel über die Paulskirchenversammlung erfahren kann, daß man aber über den Zusammenhang Rittinghausens mit der Volksgesetzgebung so gut wie nichts findet. Man kann diese Ignoranz in bezug auf diese Frage bis auf den heutigen Tag verfolgen. Es gibt ganz bestimmte Momente, zum Beispiel nach dem Zweiten Weltkrieg, anhand derer diese Ignoranz auch als Arbeitsmethode festgestellt werden kann, so daß man bei bestimmten Kreisen vermuten kann, daß eine gezielte Absicht hinter dem Verschweigen der direkten Volksgesetzgebung steht und daß es keineswegs lediglich eine Verschlafenheit ist. Es ist wie ein bewußter Wille, der dahinter steht, damit die Menschen diese Idee nicht kennenlernen sollen. Sie soll nicht ins Bewußtsein treten.

W.W.: Wie bist Du selber auf Moritz Rittinghausen gestoßen?

W. Heidt: Mir ist dieser Rittinghausen zunächst nur in irgendeinem verfassungsrechtlichen Zusammenhang als Fußnote aufgefallen. Ich weiß gar nicht mehr wo das war. Leider kann ich es nicht mehr rekonstruieren, aber diese Fußnote, die auf Rittinghausen hinwies, war wohl für mich derart interessant, daß ich dieser Sache genauer nachgegangen bin. Dadurch bin ich auf diese hochinteressanten Zusammenhänge gestoßen und bin mittlerweile auch der Meinung, daß es an der Zeit ist, die Leistung Rittinghausens zu würdigen und bekanntzumachen. Wir haben uns sogar schon überlegt, die Aufsätze Moritz Rittinghausens, "Sozialdemokratische Abhandlungen über die Idee der direkten Gesetzgebung durch das Volk", wieder aufzulegen, damit die Menschen erfahren, was schon vor über 100 Jahren an klaren Gedanken zu dieser Frage vorhanden gewesen ist. Eigentlich wurde damals gründlicher an dieser Frage gearbeitet, und auch mehr darüber publiziert, als in der heutigen Zeit.

W.W.: Ich möchte noch einmal ein Jahrhundert in der Geschichte zurückgehen. Welchen Unterschied siehst Du zwischen der Idee des "Gemeinwillens" bei *Rousseau* und dem Volkssouverän, welcher gesetzgeberisch in Kraft tritt?

W. Heidt: Der Gedanke von Rousseau, seine Idee des Gemeinwillens, unterscheidet sich in bezug auf die Vorstellung von der Notwendigkeit des Souveränitätswechsels nicht von den späteren Ausarbeitungen dieses Begriffs. Der Gedanke wurde von Rousseau nicht sehr differenziert ausgearbeitet; er meint es in etwa so, daß die Vollmacht über alle zu bestimmenden Fragen bei der Gesamtheit der Menschen liegen müsse. Er setzt sich zum Beispiel gar nicht damit auseinander, ob das nach der allgemeinen Vorstellung des 18. Jahrhunderts nur die Männer oder auch die Frauen einschließen solle. Diese Auseinandersetzung findet bei ihm nicht statt, aber man kann davon ausgehen, daß er es anthropologisch meint, also die Gesamtheit aller Menschen dabei im Auge hat. Aber Rousseau kapituliert dann vor der praktischen Frage. Der ihm wichtigste Punkt ist, daß *der Gemeinwille nicht übertragbar* sei, weil der Gemeinwille als Wille nur von denen ausgeübt werden könne, die Träger dieses Willens sind, und niemand stellvertretend für einen anderen einen Willen bilden könne. Stellvertretend kann lediglich eine Meinung ausgedrückt werden, aber die Willensbestimmung ist immer eine Sache, die nur unmittelbar und direkt geschehen kann. Deswegen taucht bei Rousseau auch der Gedanke von der Unübertragbarkeit des Gemeinwillens auf, aber er sieht keine Möglichkeit der praktischen Umsetzung dieser Erkenntnis, denn er sieht in der Zeit vor der Französischen Revolution auch keine Möglichkeit, wie die Bürger eines Staates zusammenkommen könnten, um diesen Gemeinwillen zu bilden. Zwar sieht er rechtsphilosophisch die Notwendigkeit der Konstitution dieses Gemeinwillens und seine Unübertragbarkeit an eine repräsentative Versammlung, aber er sieht zugleich keine Möglichkeit, diesen Gemeinwillen praktisch zu bilden. Das ist auch die Kritik, die Rittinghausen an Rousseau übt, denn er geht eigentlich sehr polemisch in seinen Schriften mit ihm um und zeiht ihn der Inkonsequenz, weil er der Ansicht ist, daß es Rousseau lediglich an der praktischen Phantasie gemangelt habe.

Die zwei Beine der Demokratie in den drei Grundsatzprogrammen der Sozialdemokratischen Arbeiterpartei

W.W.: Knüpfen wir wieder an die Entwicklung im letzten Jahrhundert an: Bereits im Eisenacher Programm von 1869 wird die Möglichkeit der direkten Gesetzgebung durch das Volk gefordert. Wie weit war die Sozialdemokratische Arbeiterpartei von diesem Gedanken der direkten Gesetzgebung erfüllt; war es lediglich schöne Theorie oder war es fester Wille?

W. Heidt: Es ist schwer zu sagen, wie der Stand in der politischen Auseinandersetzung der Arbeiterbewegung genau ist. Aber vielleicht kann man sich an dem Ausgangspunkt orientieren. Es kam der Gedanke der Volksgesetzgebung in das *Gründungsprogramm der Sozialdemokratischen Arbeiterpartei von 1869* hinein, weil auch Wilhelm Liebknecht und August Bebel sich in dieser Frage sehr entschieden auf die Seite von Rittinghausen gestellt haben. In dieser ersten Programmatik von 1869 war der Demokratiebegriff so definiert, daß man die Demokratie auf zwei Beinen stehend dachte. Man sah eine Notwendigkeit für einen aus allgemeinen, gleichen und geheimen Wahlen hervorgehenden *Parlamentarismus*, wobei interessant ist, daß in diesem ersten Programm von 1869 das Wahlrecht noch auf die Männer beschränkt bleibt; das ausdrückliche Wahlrecht auch für die Frauen wird erst in das Gothaer Programm sechs Jahre später aufgenommen. Das andere Bein der Demokratie war das "Vorschlags- und Verwerfungsrecht", wie die Volksgesetzgebung in diesem Programm genannt wird.

Wie stark sich der politische Wille der Arbeiterbewegung damit verbunden hatte, ist sehr schwer zu sagen, dazu müßte man zum Beispiel die Protokolle dieser Gründungsversammlung durchstudieren. Aber Fakt ist zunächst einmal, daß in allen drei Grundsatzprogrammen, die sich die Sozialdemokratische Arbeiterpartei gegeben hat - Eisenach 1869, Gotha 1875, Erfurt 1891 -, die Volksgesetzgebung enthalten ist und eine Spitzenstellung in der Zielsetzung sozialdemokratischer Politik eingenommen hat. Konkret verfolgten die Sozialdemokraten ihre Politik in den folgenden Jahrzehnten durch ihre immer stärker werdende Mitwirkung im Parlamentarismus. Und aus dem, was sich aus der Praxis heraus ergab, ist es ganz sicher so, daß der Großteil der Aufmerksamkeit der Arbeiterbewegung sehr viel mehr auf die inhaltlichen Fragen - zum Beispiel die Sozialpolitik - gerichtet war. Die Frage nach dem demokratischen Prinzip selbst, dem *Selbstbestimmungsrecht des Volkes*, trat dagegen sehr in den Hintergrund. In der Weimarer Nationalversammlung (1919) haben allerdings die Vertreter der sozialistischen Strömung in ihren Reden immer wieder geäußert, daß der Gedanke der direkten Volksgesetzgebung wie kein zweiter in der Arbeiterbewegung beheimatet sei. Sie gingen davon aus, daß die direkte Demokratie wie keine andere Idee im Bewußtsein der Menschen verankert sei, und haben in bezug darauf in ihren Reden in der Nationalversammlung ihre großen Hoffnungen auf die Menschen gesetzt, die nun mit großer Energie und politischer Leidenschaft aus diesem Prinzip heraus den Versuch unternehmen würden, ihr Leben selbst in die Hand zu nehmen.

II. VOLKSGESETZGEBUNG
IN DER WEIMARER REICHSVERFASSUNG

W.W.: In der Verfassung des Deutschen Reiches von 1919 war nach Artikel 73 bis 75 ein Volksentscheid auf verschiedenen Wegen möglich: ein vom Reichstag beschlossenes Gesetz konnte binnen eines Monats nach Willen des Reichspräsidenten zum Volksentscheid gebracht werden; ein von einem Drittel der Abgeordneten des Reichstages ausgesetztes Gesetz konnte zum Volksentscheid unterbreitet werden, wenn 20 % der Stimmberechtigten dies forderten; ein Volksentscheid mußte durchgeführt werden, wenn 10 % der Stimmberechtigten ein Volksbegehren unterstützten. Dem Volksbegehren mußte ein ausgearbeiteter Gesetzentwurf zugrunde liegen. Wurde der entsprechend begehrte Gesetzentwurf vom Reichstag angenommen, fand kein Volksentscheid statt. Weitere Möglichkeiten eines Volksentscheides standen dem Reichspräsidenten bei Uneinigkeiten von Reichstag und Reichsrat zu.

Wie gelang es, in diese Verfassung von 1919 die Ausübung der Volkssouveränität durch Volksentscheid hineinzubekommen?

W. Heidt: Das kam aus zwei Linien in die Weimarer Verfassung hinein. Die eine war diejenige, die wir soeben schon ein wenig skizziert haben, nämlich die sozialdemokratische Linie. Sowohl für die Vertreter der Sozialdemokratischen Partei als auch für die der USPD war es ein Anliegen, ein entsprechendes Verfassungsgesetz zu beschließen. Sie haben sehr warmherzig und entschieden im Verfassungsausschuß der Nationalversammlung für die Volksgesetzgebung plädiert und bekamen dort die Unterstützung der Linksliberalen - der DDP -, insbesondere ausgehend von einem Gutachten, welches ein liberaler Jurist, ein Mitglied der DDP, ausgearbeitet hatte: *Julius Curtius.*

Julius Curtius, ein Rechtsanwalt aus Heidelberg, hatte nach dem Ersten Weltkrieg für die badische verfassungsgebende Versammlung, die als erste noch vor der württembergischen ihre Beschlüsse faßte, ein Gutachten mit persönlichem Engagement aus freier

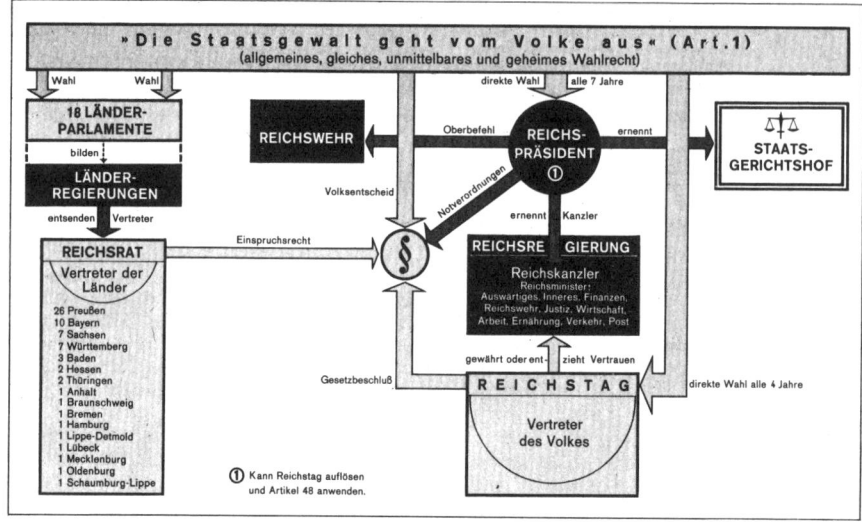

»Die Staatsgewalt geht vom Volke aus« (Art.1)
(allgemeines, gleiches, unmittelbares und geheimes Wahlrecht)

Wahl | Wahl | direkte Wahl | alle 7 Jahre

18 LÄNDER-PARLAMENTE

REICHSWEHR

Oberbefehl

REICHS-PRÄSIDENT ①

ernennt

STAATS-GERICHTSHOF

bilden

LÄNDER-REGIERUNGEN

Volksentscheid

Notverordnungen

entsenden Vertreter

REICHSRAT

Einspruchsrecht

ernennt Kanzler

REICHSREGIERUNG

Vertreter der Länder

Reichskanzler
Reichsminister:
Auswärtiges, Inneres, Finanzen,
Reichswehr, Justiz, Wirtschaft,
Arbeit, Ernährung, Verkehr, Post

26 Preußen
10 Bayern
7 Sachsen
7 Württemberg
3 Baden
2 Hessen
2 Thüringen
1 Anhalt
1 Braunschweig
1 Bremen
1 Hamburg
1 Lippe-Detmold
1 Lübeck
1 Mecklenburg
1 Oldenburg
1 Schaumburg-Lippe

gewährt oder ent- zieht Vertrauen

Gesetzbeschluß

REICHSTAG

direkte Wahl alle 4 Jahre

Vertreter des Volkes

① Kann Reichstag auflösen und Artikel 48 anwenden.

Staatsaufbau nach der Weimarer Verfassung von 1919

Initiative erstellt. In diesem Gutachten waren alle Spielarten plebiszitärer Möglichkeiten zusammengestellt: die volksinitiierte Volksabstimmung, die parlamentsinitiierte Volksabstimmung, die aus einer Referendumsinitiative hervorgehende Volksabstimmung bis hin zu den unverbindlichen Möglichkeiten des Vorganges einer Volksbefragung. Er selbst plädierte aus dieser Palette von Möglichkeiten für die volksinitiierte Volksabstimmung, also für die Volksgesetzgebung, wie sie auch aus der sozialistischen Tradition heraus kam. Das war sein persönliches Plädoyer.

Dieses Gutachten von Julius Curtius, welches der badischen verfassungsgebenden Versammlung vorgelegen hat, war das einzige Gutachten, das auch der Weimarer Versammlung zu dieser Materie vorlag. Eigentlich gab es damals noch überhaupt keine Spezialliteratur zu diesem Thema. Rittinghausens mehr allgemeine Darstellungen waren so gut wie vergessen, aber Curtius hatte ein für das Verfassungsrecht verwertbares Fachgutachten erstellt. Dieses Gutachten lag dem Verfassungsausschuß in Weimar vor, und an diesem haben sich sowohl die Liberalen als auch die Sozialisten orientiert. Allerdings waren sie genötigt, für den Beschluß der Sache Kompromisse zu schließen, und konnten nicht die reine Idee der direkten Volksgesetzgebung zum Verfassungsgesetz machen, weil die Konservativen zu dieser Materie mit anderen, autoritären Vorstellungen im Spiel waren, die schließlich auch mit ins Weimarer Verfassungsrecht hineinkamen. Deswegen ist die Weimarer Verfassung in dieser Hinsicht auch ein ziemliches Kunterbunt von verschiedenen Möglichkeiten plebiszitärer Vorgänge, bis hin zu der Möglichkeit, die Du auch angeführt hast, daß der Reichspräsident bei Uneinigkeit von Reichstag und Reichsrat eine Frage zum Volksentscheid veranlassen konnte. Dieser obrigkeitsstaatliche

Vorgang kam durch die Voten der Konservativen in die Verfassung hinein. Die Konservativen waren nur bereit, die Volksinitiative mit in die Verfassung aufzunehmen, wenn die Sozialdemokraten ihrerseits bereit waren, dieses obrigkeitsstaatliche Element ebenfalls zu akzeptieren.

W.W.: Trotzdem ist es in dieser Hinsicht die fortschrittlichste Verfassung zu ihrer Zeit!

W. Heidt: Sicher, aber vielleicht müßte man genauer sagen: die Weimarer Verfassung enthielt durchaus das richtige Prinzip der Sache! Sie enthielt zugleich aber auch bereits gewisse Deformationen, was in gleicher Weise auch für die Ausgestaltung der Formen des Parlamentarismus in der Weimarer Verfassung gilt, die mit sehr widersprüchlichen Elementen ausgestattet waren, aus denen dann später auch verschiedene Konflikte entstanden sind. Im Rückblick auf diese Zeit ist an sich die einzig entscheidende Frage, warum das Bewußtsein der Menschen damals nicht ausgereicht hat, dieses an sich richtig veranlagte Element der Weimarer Verfassung aktiv wahrzunehmen. Warum hat das Bewußtsein dieser Zeit die Möglichkeit zur Volksgesetzgebung verschlafen? Sicherlich setzt sich hier die Tradition fort, die auch schon in der zweiten Hälfte des 19. Jahrhunderts vorhanden war, nämlich daß eine wirkliche öffentliche Bearbeitung der Materie versäumt worden ist, weil andere Fragen im Vordergrund standen.

Die Kraniche von Weimar

W.W.: In der Weimarer Republik kamen lediglich zwei Volksbegehren zum Volksentscheid; warum wurde dieses Mittel der direkten Volksgesetzgebung nicht stärker genutzt?

W. Heidt: Der Hauptgrund ist - ich wiederhole mich -, daß die Erarbeitung der Verfassung an sich nicht als ein öffentlicher demokratischer Prozeß stattfand, und die große Tragik der Weimarer Republik begann eigentlich schon mit ihrer Geburtsstunde. Natürlich gibt es hierfür sehr viele Gesichtspunkte, aber der meiner Meinung nach wichtigste ist der, daß die Verfassung noch ganz traditionell als eine Angelegenheit einer durch Wahlen dazu bevollmächtigten Versammlung zustande gebracht wurde. Die Geburtsstunde der Weimarer Verfassung war kein öffentlicher Vorgang, und man ging ja sogar in die Provinz.

W.W.: Warum ging man denn nach Weimar; etwa in Andenken an Goethe?

W. Heidt: Sicher war das nicht entscheidend; aber immerhin: man hatte auch das im Auge. *Friedrich Ebert* hat in seiner Eröffnungsrede schon in schönen Worten an den "Geist von Weimar" erinnert; aber im weiteren Fortgang der Arbeit hat man das wieder aus dem Blickfeld verloren. Was *Ferdinand Lassalle* einmal in einem passenden Bild auf die Wilhelminische Ära münzte, gilt im Rückblick auch für die Weimarer Nationalversammlung: "Die deutschen Dichter und Denker sind nur im Kranichzug über sie hinweggeflogen." Wie man ein Verfassungsrecht im Geiste *Goethes* entwerfen könne, was ja eine zukunftsträchtige Aufgabe gewesen wäre, blieb eine bloß theoretische Frage. Man hat sich konkret nicht am Geiste *Schillers* oder der gesamten deutschen Klassik orientiert, um

das, was deutsches Geistesleben während der Zeit der Französischen Revolution war, jetzt ins Politische bzw. ins Verfassungsrecht hinein zu transponieren. Sich in Weimar zu versammeln, hätte eine Anregung sein können, eine goetheanistische Verfassung auszuarbeiten. Das war ja vielleicht auch der Wink der Geschichte. Hätte es Menschen gegeben, die in der Lage gewesen wären, diese Symptome zu lesen, so hätten sie sich sagen können: Wir sind in Weimar, um die Brücke von Goethes "Märchen" zur historischen Situation im Jahre 1919 zu schlagen oder von Schillers "Ästhetischen Briefen zur Erziehung des Menschen" eine Brücke zum Verfassungsrecht zu schlagen, denn dieses war weder durch Goethe noch durch Schiller geleistet. Goethe und Schiller haben es philosophisch-literarisch ausgearbeitet bzw. imaginativ verpackt, aber keine Begriffe daraus entwickelt, mit denen man im sozialen Leben wirklich umgehen konnte. Sie haben Ideen und Bilder gebracht, die im wesentlichen nur den *esoterischen* Aspekt der Französischen Revolution weitergebracht haben, waren aber nicht in der Lage, den notwendigen *exoterischen* Bereich der Sache auszuarbeiten. Das stand noch an. Und so hätte man sagen können, wenn man nach Weimar geht, daß man diesen exoterischen Aspekt im Geiste Goethes und Schillers ausarbeiten wolle. Das wäre eine phantastische Aufgabe gewesen, aber dies lag nicht in der Kapazität der verfassungsgebenden Versammlung von Weimar.

W.W.: Was war dann der Grund, nach Weimar zu gehen?

W. Heidt: Der Grund war: in der Provinz herrscht Ruhe! In Berlin tobte zu dieser Zeit der Bürgerkrieg, und man brauchte zum Erstellen einer Verfassung eine gewisse Ruhe. Man wollte nicht jeden Tag in der Angst leben, daß revolutionäre Garden vor den Türen der verfassungsgebenden Versammlung Schießereien veranstalten könnten, wich also den revolutionären Umtrieben in der Metropole aus und ging in die Provinz. Die Tragik, die aber mit diesem ganzen Charakter der Konstitution verbunden gewesen ist, war die Tatsache, daß die deutsche Öffentlichkeit dadurch an diesem Prozeß der Verfassungsgebung überhaupt keinen Anteil hatte. Es war noch nicht so weit, daß die Menschen es als ein elementares Grundrecht empfunden hätten, die Basis des gesamten Zusammenlebens im sozialen Organismus wirklich auch als eine geistige Aufgabe zu sehen, die es gemeinsam zu erarbeiten gilt. Schließlich ging es nicht um eine Art legitimierten Beschlusses durch eine vorgängige Wahl, sondern um eine Sache, die gemeinsam geistig hätte erarbeitet werden können; aber so weit waren die meisten Menschen zu dieser Zeit noch nicht.

Der Geburtsfehler der Weimarer Republik

W.W.: Wäre die Zeit denn überhaupt aufnahmebereit dafür gewesen, daß eine breite Schicht von Bürgerinnen und Bürgern an der Ausgestaltung der Verfassung mitgearbeitet und letztlich über diese abgestimmt hätte?

W. Heidt: Das hätte man nur durch die praktische Erkundung der Sache ermitteln können. Es wäre auch damals eines Versuches wert gewesen. Nun kann man natürlich sagen, daß die Zeit dafür noch nicht reif gewesen ist, weil niemand dazu den praktischen Vorschlag gemacht hat. Objektiv war die historische Situation dafür zwar reif, aber subjektiv spiegelte sich die Reife der historischen Situation und die Notwendigkeit, die aus der historischen Situation eigentlich gegeben war, nicht im Bewußtsein der Menschen wider. Deswegen konnte daraus keine Initiative entstehen. Man muß nüchtern feststellen, daß diese Initiative nicht stattgefunden hat.

Das ist einer der Geburtsfehler der Weimarer Republik gewesen, denn die Menschen waren zu Beginn der Weimarer Republik nicht einmal am Beschluß über die Verfassung beteiligt. Zwar wählten die Bürgerinnen und Bürger die verfassungsgebende Versammlung am 19. Januar 1919, aber die Verfassung trat in Kraft, ohne vom Souverän selbst beschlossen worden zu sein. Insofern war es an diesem Punkt sogar noch ein Rückfall hinter die zweite Verfassung der Französischen Revolution von 1793. Die Weimarer Verfassung hatte als solche letztlich nicht einmal die demokratische Legitimation bzw. die höhere Weihe, die durch Volkssouveränität eigentlich hätte geschaffen werden müssen.

Das ist eine große Tragik, die man immer wieder feststellen kann: Geschieht etwas im Politischen, was hinterher eine große Verbindlichkeit in Anspruch nimmt, so geht es beim Zustandekommen der Sache am Bewußtsein der Menschen vorbei. Hierfür ist die Weimarer Republik das drastischste Beispiel, wenn man nur auf die kolossalen Fehlentwicklungen schaut, die sich anschließend vollzogen haben.

W.W.: Wie oft wurde die Volkssouveränität während der Weimarer Republik in Anspruch genommen?

W. Heidt: Es hat acht Volksbegehrensversuche gegeben, von denen fünf nicht weiter verfolgt bzw. wegen verfassungsrechtlicher Mängel gleich ad acta gelegt wurden; drei Volksbegehren kamen zur Durchführung, von denen letztlich zwei erfolgreich waren. Daraus wurden dann die bereits erwähnten zwei Volksentscheide: 1926 der Volksentscheid über die Fürstenenteignung und 1929 die Abstimmung mit der Reparationsfrage (Young-Plan). Beide Entscheide bekamen keine Rechtsgültigkeit, da sich zu wenige Menschen an der Abstimmung beteiligt hatten, denn die Weimarer Verfassung wurde so interpretiert - auch wenn dies so eindeutig nicht in ihr enthalten ist -, daß eine Mindestbeteiligung der Mehrheit der Stimmberechtigten an der Abstimmung teilnehmen mußten. Dieses Beteiligungsquorum von 50 % der Stimmberechtigten wurde bei beiden Volksentscheiden nicht erreicht. Wenn man es genau betrachtet, gilt dieses Beteiligungsquorum nur für den Fall des Referendums, also wenn sich eine Initiative aus dem Volk auf einen Parlamentsbeschluß richtet. In diesem Fall sah die Verfassung explizit vor, daß sich die Mehrheit der Stimmberechtigten an dieser Abstimmung beteiligen müsse. In bezug auf den volksinitiierten Volksentscheid sah die Verfassung dieses Quorum explizit nicht vor, aber man hat es entsprechend interpretiert. Man hat also wiederum Volksinitiative und Referendum durcheinander gemischt bzw. zusammenfallen lassen, denn man hat in der Ausführungsgesetzgebung für die Volksinitiative keinen eigenen, unabhängigen Weg bestimmt.

W.W.: Waren die drei Volksbegehren, von denen nur zwei zum Volksentscheid kamen, wirkliche Initiativen aus dem Volk oder steckten andere Interessen dahinter?

W. Heidt: In jedem Fall waren es Parteiinitiativen. Originäre, parteiunabhängige Volksinitiativen kamen während der Weimarer Republik nicht zustande, woran man bereits sehen kann, daß das Bewußtsein der Menschen an diesen Fragen noch kaum beteiligt war. Was sich in der Weimarer Republik plebiszitär-direktdemokratisch abspielte, war eine Fortsetzung der Parteipolitik mit einem anderen Mittel. Was man im Parlament als Partei nicht durchsetzen konnte, weil die Mehrheiten für einen Beschluß nicht zustandekamen, versuchte man nun auf dem direktdemokratischen Weg durchzusetzen. Das gilt für das Volksbegehren zur Fürstenenteignung im Jahre 1926, welches ursprünglich von der KPD ausging und dann von der SPD mit aufgegriffen wurde; man kann also sagen, daß die politische Linke dieses Begehren wesentlich initiierte. Auf der anderen Seite versuchte die politische Rechte im Jahre 1929 gegen die Reparationsvereinbarungen, die von der Reichsregierung beschlossen waren, Stimmung zu machen und einen Volksentscheid herbeizuführen. Das ist gelungen, das Volksbegehren war knapp erfolgreich, und es kam zur Volksabstimmung, aber an der Volksabstimmung beteiligten sich nicht sehr viel mehr Menschen als an dem Volksbegehren, ca. 13 % der Stimmberechtigten.

W.W.: Hitler und die Vereinigte Rechte nutzten die Kampagne gegen den Young-Plan zur wüsten Hetzpropaganda; aber kann man daraus den Schluß ziehen, daß heute ein Volksentscheid ähnlich emotional ablaufen würde?

W. Heidt: Nein, diesen Schluß kann man nicht daraus ziehen; man kann es nicht einmal auf die damalige Situation beziehen. Die Stimmungsmache und die Propaganda, die Du erwähnst, ist natürlich im Zusammenhang mit dem Volksbegehren gegen den Young-Plan aufgetreten, man kann auch feststellen, daß in diesem Zusammenhang die Figur des Adolf Hitler zum ersten Mal in größerem Rahmen an die Öffentlichkeit getreten ist, aber diese Art des Umgehens mit politischen Gegenständen war an sich nichts Außergewöhnliches. Diese Art, Politik zu betreiben, die im Zusammenhang mit dem Volksbegehren gegen den Young-Plan vonstatten ging, war keine andere als diejenige, welche die Parteien ohnehin - im Parlament und anderswo - betrieben. Der ganze Typus, Parteipolitik durchzusetzen, ist im Falle des Volksbegehrens kein anderer gewesen als in den parteipolitischen Auseinandersetzungen der vorherigen Jahre.

Die Legenden von Weimar

Deswegen ist es ganz sicher eine reine Spekulation, wenn man aus diesen Vorgängen eine Ableitung in der Art herstellen würde, als habe dieses Volksbegehren im Jahre 1929 einen besonderen Anteil an dem weiteren Aufstieg der Nazis gehabt. Im Gegenteil kann man sogar sagen: Die Tatsache, daß dieser Volksentscheid sang- und klanglos zu Ende ging, also keinen Erfolg hatte, ist doch zumindest ein Hinweis darauf, daß sich die Menschen von dieser Propaganda im größeren Stile nicht haben beeinflussen lassen. Auf keinen Fall kann man daraus irgendetwas Negatives für den Untergang der Republik ableiten.

W.W.: Just dies ist es aber, was ständig stereotyp behauptet wird, nicht zuletzt durch unseren ersten Bundespräsidenten. Gibt es auch nur den geringsten Anhaltspunkt dafür, daß die Weimarer Republik durch die Einrichtung und Durchführung des Volksentscheides zugrunde gegangen ist?

W. Heidt: Hierbei werden verschiedene Aspekte der Sache durcheinandergeworfen. Der psychologisch wichtigste Aspekt ist meines Erachtens derjenige, daß sich die Menschen, wenn sie in gedankenloser Weise über den Volksentscheid reden, dabei einen Massenvorgang vorstellen. Volk ist Masse, so wird es bei den meisten Menschen in der subjektiven Vorstellung leben; und so stellt man sich irgendwelche Menschenmassen vor, die in aufgeheizter Stimmung zusammenkommen und hat dann die ganzen Bilder des Dritten Reiches vor Augen - Stadien, in denen bis zu hunderttausend Menschen zusammenkommen, und wo irgendeiner der Naziführer eine demagogische Rede hält -, und diese Bilder verbinden die meisten Menschen mit dem Begriff Volksentscheid und werfen dabei alles durcheinander. Diese Bilder und Erscheinungsformen übertragen sie dann auf die Weimarer Zeit und kommen zu dem Kurzschluß, diese Massenversammlungen ständen in irgendeinem Zusammenhang mit den plebiszitären Vorgängen. Natürlich haben solche Vorgänge während der Weimarer Republik nie stattgefunden.

Ein weiteres spielt in diese kurzschlüssigen Annahmen noch mit hinein. Die Tatsache, daß Hindenburg - der noch als eine Art Ersatzkaiser gewirkt und das Obrigkeitsstaatsprinzip vertreten hat - in einer Volkswahl zweimal zum Reichspräsidenten gewählt wurde, wird oft mit einer Volksabstimmung verwechselt, und man folgert daraus unberechtigterweise, daß, weil Hindenburg in einer Volkswahl zum Reichspräsidenten gewählt worden ist, Volksabstimmungen zu bedenklichen Ergebnissen führen würden. Diese Verquikkung ist natürlich unsinnig, weil man eine Volksabstimmung nicht von einem Vorgang innerhalb der repräsentativen Demokratie unterschieden hat. Einen Reichspräsidenten plebiszitär zu wählen, ist kontradiktorisch zur Volksgesetzung, denn es ist ja der klassische Fall von Übertragung der Staatsgewalt auf eine Person. Alle diese Dinge werden durcheinandergekegelt und werden der plebiszitären Demokratie zur Last gelegt, die bezüglich der Weimarer Republik nachträglich in einem sehr schlechten Licht erschienen ist.

In der Regel haben sich die Menschen nicht einmal die Mühe gemacht, alle Vorgänge zu prüfen, inwieweit es sich um Legenden handelt, wenn gesagt wird, daß die Weimarer Republik am Plebiszit gescheitert sei, und inwieweit es sich bei diesen Vorgängen um Tatsachen handelt. Natürlich gibt es auch in der Geschichtswissenschaft seit längerer Zeit Positionen, die diese unhaltbaren Vorwürfe widerlegen und aufzeigen, daß es sich dabei wirklich um Legendenbildung handelt. Aber das ist in der fachwissenschaftlichen Literatur hängengeblieben, während dagegen in der Öffentlichkeit kolportiert worden ist, was letztendlich auch in den meisten Schulbüchern steht. Dieses Zerrbild der sogenannten "bitteren Erfahrungen von Weimar", welches sich bis auf den heutigen Tag in den meisten Medien niederschlägt, ist eine Suggestion, die die meisten Menschen befällt, obwohl im Grunde genommen nur die wenigsten wissen, welche Bewandtnis es wirklich mit den plebiszitären Vorgängen während der Weimarer Republik hatte. Aber dieses Zerrbild wirkt suggestiv; wer von Weimar hört, denkt fast automatisch an das Ende der Weimarer Republik, an die Einrichtung des Führerstaates und schaut überhaupt nicht genau hin, wie es wirklich zu diesem Führerstaat gekommen ist.

W.W.: Eindeutig durch parlamentarische Vorgänge!

W. Heidt: Eben, und nicht etwa durch einen plebiszitären Vorgang. Bei der Bildung von Regierungsmehrheiten während der Weimarer Zeit landete man immer wieder in Sackgassen, aber man dachte dabei nicht darüber nach, wie man die Verfassung ändern könnte, um zu vernünftigen Regierungsbildungen zu kommen. Man hat in der Weimarer Republik nicht die Probleme, die als solche aus dem Verfassungsrecht heraus kamen, angeschaut, man hat sich nicht vorgenommen, bestimmte Dinge zu ändern, um zu einem vernünftigen Parlamentarismus zu kommen, sondern man hat schlußendlich die Verfassung insgesamt liquidiert. Hitler wurde nicht nur zum Reichskanzler gewählt, was ein parlamentarischer Vorgang war, der Reichspräsident Hindenburg hat ihn nicht nur zum Reichskanzler eingesetzt, sondern man hat ihm im Parlament durch das *Ermächtigungsgesetz* die unbeschränkte Macht übergeben. Dies geschah nach dem Reichstagsbrand, den Hitler natürlich zum Anlaß genommen hat, um Stimmung zu machen und aufzuzeigen, daß der Parlamentarismus überhaupt nicht in der Lage sei, die Probleme der Zeit zu lösen. Die Reichstagsmehrheit hat das Ermächtigungsgesetz mehrheitlich beschlossen. Obwohl auch damit große Probleme verbunden sind, weil der Reichstag, als er am 23. März 1933 das Ermächtigungsgesetz beschloß, in seiner zuletzt gewählten Zusammensetzung

Berliner Ausgabe
83. Ausg. • 46. Jahrg. • Einzelpreis 15 Pf.

Berliner Ausgabe
Berlin, Freitag 24. März 1933

VÖLKISCHER BEOBACHTER
Herausgeber Adolf Hitler

Kampfblatt der national-sozialistischen Bewegung Großdeutschlands

Der Wille des deutschen Volkes erfüllt:

Der Reichstag übergibt
Adolf Hitler die Herrschaft

Annahme des Ermächtigungsgesetzes mit der überwältigenden Mehrheit von
441 gegen 94 Stimmen der S.P.D. / Einstimmige Annahme auch im
Reichsrat / Hitlers historische Abrechnung mit den Novembermännern

gar nicht mehr existierte, denn die kommunistische Fraktion war zum größten Teil bereits hinter Schloß und Riegel. Deswegen ist die Reichstagsmehrheit für den Beschluß des Ermächtigungsgesetzes schon eine manipulierte gewesen. Trotzdem war es ein parlamentarischer Vorgang. Von seiten der Bevölkerung hat dazu überhaupt keine Einflußnahme stattgefunden bzw. stattfinden können.

Summa summarum kann man sagen, daß sich in der Weimarer Republik letztendlich gezeigt hat, daß sich die Tragik der Geburtsstunde immer mehr abzeichnete, daß auch im Verlauf dieser Republik keine Kräfte auftraten, die in irgendeiner Weise darauf hingewiesen hätten, daß neben der parlamentarischen Demokratie unmittelbare Direktwirkung durch das Volk als Möglichkeit vorhanden gewesen ist, und daß daran letztendlich die Republik zu einem wesentlichen Teil gescheitert ist. Wären damals Menschen aufgetreten, die ein bestimmtes demokratisches Bewußtsein ausgebildet gehabt hätten, das so reif gewesen wäre, daß es den Weg der direkten Volksgesetzgebung kultiviert hätte, dann wäre wahrscheinlich der Weg der Weimarer Republik ein ganz anderer geworden. So muß man heute einfach bilanzieren: Es war eine sehr gute Veranlagung, es war in der Weimarer Republik eine große Chance vorhanden, durch das Element der Volksgesetzgebung andere Wege zu beschreiten, aber die Menschen haben es in dieser Epoche einfach verschlafen. Die Folge war das Jahr 1933.

Es wird ja heute oft gefragt, warum man im Jahre 1933 nicht genügend Widerstand geleistet habe, aber um in dieser Zeit Widerstand zu leisten, hätte man bereits ein Revolutionär sein müssen. In diesem Sinne Revolutionär zu sein, ist natürlich noch ein Schritt weiter als Demokrat zu sein. Aber da die Deutschen nicht in dem Sinne, wie wir es bis jetzt besprochen haben, Demokraten waren, war es natürlich auch vollkommen ausgeschlossen zu denken, daß diese Menschen gegenüber dem neu eingerichteten System des Faschismus Revolutionäre werden würden. Daß sich revolutionärer Widerstand in großem Stile wie eine Art Flächenbrand artikulieren würde, war von diesen Deutschen nicht zu erwarten. Das Bewußtsein bei den Menschen war für einen derartigen Schritt bei weitem überfordert. Deswegen kann man meines Erachtens an dieser Stelle auch kaum einen Vorwurf erheben, sondern nur die Tatsachen beschreiben.

III. VOLKSGESETZGEBUNG IN DER DDR

W.W.: Im Gegensatz zum Grundgesetz nimmt die Gründungsverfassung der DDR die Volksgesetzgebung mit Regelung auf. War dies eine Konsequenz dessen, daß nach Meinung der SED die Wiederbewaffnung der BRD, die Wiederzulassung der Machtmonopole usw. nur unter Mißachtung des Selbstbestimmungsrechtes des Volkes durchgeführt werden konnte? Wurde deshalb der Volksentscheid in die erste Verfassung der DDR aufgenommen?

W. Heidt: Sicherlich auch. Aber was die DDR und ihre Entwicklungsgeschichte betrifft, hat dies auch noch einen anderen Grund. Ich möchte nach wie vor an dem festhalten, was ich an Quellen und an Literatur über die Zeit von 1946 bis 1948/49 studiert habe. Aus dem, was ich über den sowjetisch besetzten Teil Deutschlands an Quellen kenne, möchte ich sagen, daß es zunächst einmal grundsätzliche Überlegungen gegeben hat, die noch ganz in der Tradition dessen standen, was sich aus der Arbeiterbewegung entwickelt hatte. In der DDR war es wirklich so, daß dort die führenden Leute immer wieder in den Reden, die sie hielten, sowie in den Schriften, die sie verbreiteten, den Gedanken der Volksabstimmung verkündet haben. Und das spielte auch in ihre ersten Verfassungsentwürfe aus dem Jahre 1946 mit hinein, und zwar ging es ihnen dabei um die wirkliche Volksgesetzgebung, um den volksinitiierten Prozeß. Das war für sie wie eine Selbstverständlichkeit.

Es wurde in der sowjetisch besetzten Zone - auch nach der Zwangsvereinigung von KPD und SPD - durch die SED wie selbstverständlich das Demokratieverständnis der Arbeiterbewegung weitergeführt. Schon in den allerersten Entwürfen einer Verfassung für ein Gesamtdeutschland, welches man schon damals Deutsche Demokratische Republik nannte, spielte die Volksgesetzgebung eine zentrale Rolle. In der Folge wurde der Volksentscheid in der DDR auch bei manchen Anlässen praktiziert; zum Beispiel wurde in Sachsen ein Volksentscheid durchgeführt, bei dem es um die Enteignung der Kriegsverbrecher ging. Hierbei wurde der Volksentscheid nicht nur durchgeführt, sondern auch sehr stark als Idee in der Öffentlichkeit propagiert. Man führte die Diskussion über die Methode der direkten Demokratie in sehr starkem Maße. Dies zog sich über die ganzen ersten Jahre innerhalb der sowjetischen Besatzungszone hin. Deswegen kam es auch in die Verfassung hinein.

Bis zu dem Zeitpunkt, als die direkte Volksgesetzgebung in die Verfassung aufgenommen wurde, spielten die Gründe, nach denen Du fragst - also die Remilitarisierung der Bundesrepublik - noch keine Rolle. In den Jahren 1947/48, sogar noch in das Jahr 1949 hinein, spielte im Zusammenhang mit der direkten Demokratie der Gedanke, die deutsche Einheit zu erhalten, die Hauptrolle. Das versuchte die SED auch auf direktdemokratischem Wege zu bewirken. Entsprechend hatte sie mehrere Vorschläge unterbreitet, Volksbegehren über die Frage der deutschen Einheit in allen vier Besatzungszonen durchzuführen, nicht nur in ihrer Besatzungszone, wo sie es ohnehin durchgeführt hat. Wichtig aber ist, daß die SED es für alle vier Besatzungszonen vorgeschlagen hat. Im Zusammenhang mit dem Volksbegehren für die deutsche Einheit hat die SED auch immer den Gedanken der direkten Demokratie explizit als eine Notwendigkeit wirklicher Volkssouveränität dargestellt. Das war nicht nur pragmatischer Instrumentalismus für praktische Politik, für Alltags- und Grundsatzfragen der damaligen Zeit, sondern es war für die SED in der DDR über das Jahr 1949 hinaus, in welchem das Prinzip der Volkssouveränität in die Verfassung aufgenommen wurde, bis in das Jahr 1951 hinein eine grundsätzliche Erwägung. Durch diesen Gedanken der Volkssouveränität hat man sich auch bewußt von der Bundesrepublik Deutschland abheben wollen, die man in diesem Punkt zumindest auch als eine bürgerlich-demokratische Republik verstanden hat, weil dort alles nur im parlamentarischen Zusammenhang entschieden werden konnte.

Stellvertretende Abstimmungen in der DDR

W.W.: Laut der ersten DDR-Verfassung kann es zu einem Volksbegehren bzw. Volksentscheid kommen, wenn Parteien oder Massenorganisationen, die glaubhaft machen, ein Zehntel der Stimmberechtigten zu vertreten, dies fordern. Da sich die Partei als Vertreter der arbeitenden Bevölkerung sieht, auch wenn dies äußerst fragwürdig ist, könnten diese zehn Prozent sofort aufgebracht werden. Dies entspricht aber nicht einer Initiative von unten und ist somit kein wirkliches Volksbegehren!

W. Heidt: So ist es. Aber es war in der DDR-Verfassung grundsätzlich die Möglichkeit, auch unabhängig von gesellschaftlichen Organisationen die Volksinitiative zu ergreifen. Das war unbestrittenes Verfassungsrecht der DDR. In der Gründungsverfassung der DDR ist dies ganz klar formuliert.

W.W.: Wie ging die SED nach der Staatsgründung mit der Idee der Volksgesetzgebung um?

W. Heidt: Das ist ein interessanter Punkt, denn nachdem die SED die *Exekutive* ausübte, gab es von ihrer Seite niemals wieder eine Propagierung der Idee der Sache, wie dies vor 1949 der Fall war. Seit die SED die Exekutive ausübt, scheint sie nicht mehr daran interessiert zu sein, die Volksgesetzgebung im Bewußtsein der Menschen weiterhin wachzuhalten. Das sieht man zum Beispiel daran, daß sie zwar im Jahre 1951 eine Volksabstimmung über die Remilitarisierung der Bundesrepublik durchführte, was aber eine Initiative war, die sie aus der Bundesrepublik aufgegriffen hatte.

Innerhalb der Bundesrepublik war diese Initiative sehr stark von der KPD organisiert; diese Bewegung richtete an den Bundestag das Ansinnen, über die Remilitarisierung der Bundesrepublik eine Volksabstimmung herbeizuführen. Dieses Anliegen wurde vom Bundestag abgelehnt, die Bewegung selbst als verfassungsfeindlich verboten, weil sie als Antwort auf die Ablehnung des Bundestages eine selbstorganisierte Abstimmung in Gang setzte. Diese war allerdings nach dem Grundgesetz keineswegs verfassungswidrig. Da das Bundesverfassungsgericht noch nicht eingerichtet war, hat einfach die Bundesregierung ein verfassungsrechtliches Urteil ausgesprochen und der Bundestag hat dem nicht widersprochen. Die Bundesregierung hat diese Bewegung gegen die Wiederbewaffnung verboten. Daraufhin richtete diese Bewegung an die DDR die Bitte, sie in ihrem Kampf gegen die Wiederbewaffnung der Bundesrepublik zu unterstützen. Die DDR hat die Unterstützung dadurch gewährt, daß sie wegen des Verbots die an sich in der Bundesrepublik gewünschte Abstimmung auf dem Territorium der DDR durchführte, um dadurch der Weltöffentlichkeit zu demonstrieren, daß die Deutschen keine Remilitarisierung wollen.

W.W.: Aber war das nicht eine Volksbefragung auf Anordnung der Volkskammer, was meines Erachtens nichts mit einer direkten Volksinitiative zu tun hat? Und war es nicht so, daß eine Volksbefragung an sich in der ersten DDR-Verfassung gar nicht vorgesehen war, statt dessen also ein Volksbegehren hätte eingeleitet werden müssen?

W. Heidt: Sie haben es damals Volksbefragung genannt. Interessant ist dabei natürlich, daß der Begriff Volksbefragung in der sowjetisch besetzten Zone vor 1949 überhaupt nicht auftaucht, aber im Jahre 1951 führen sie diesen Vorgang über die Remilitarisierung als Volksbefragung durch, interpretieren ihn aber wie einen Volksentscheid. Aber sie nehmen jetzt schon das Wort Volksbefragung für die Durchführung dieser Operation in den Mund. Also es war dem Begriff nach eine Volksabstimmung, die aber nicht auf dem Weg zustandegekommen war, wie es die Verfassung vorsah, weil es ein von der Regierung eingesetzes Verfahren gewesen ist. Für diesen speziellen Fall wurde ein Sondergesetz verabschiedet, nach dem man diese Sache durchgeführt hat. Was man aber unterlassen hatte, war die Regelung des *verfassungsrechtlich vorgesehenen* Verfahrens der Volksgesetzgebung. Das hat man überhaupt nie ausgestaltet.

1954 gab es vom Verfahren her einen ähnlichen Vorgang wie denjenigen aus dem Jahre 1951, der wiederum auf ein Problem bezogen war, das in der Bundesrepublik auf den Tisch kam, nämlich die Europäische Verteidigungsgemeinschaft. Gegen diese Pläne gab es auch in der Bundesrepublik einen Ansatz einer Bewegung, die aber eigentlich nicht auf die Beine kam, so daß es wiederum durch die SED aufgegriffen wurde, die zu dieser Frage wieder eine Abstimmung in der DDR durchführte. Auch dazu wurde ein Sondergesetz erlassen.

Danach gab es in der DDR überhaupt nichts mehr, was man einen plebiszitären Vorgang nennen könnte. Man hat also vollständig unterlassen, was verfassungsrechtlich verpflichtend gewesen wäre. Nachdem wie die Norm nach dem Artikel 83 der Gründungsverfassung beschrieben war als Möglichkeit des Volksbegehrens zum Volksentscheid, hätte es einer bestimmten Regelung bedurft, damit es für die Menschen überhaupt zur Verfügung gestanden hätte. Aber das hat die SED natürlich nicht gemacht. Die Volkskammer hat das Ausführungsgesetz nie beschlossen.

W.W.: Wenn dieses Ausführungsgesetz durch die Volkskammer beschlossen gewesen wäre und wenn es im Bewußtsein der Bevölkerung gelebt hätte, wäre dann der 17. Juni 1953 anders verlaufen?

"Mit dem 17. Juni wäre ein ganz anderer Demokratiebegriff verbunden"

W. Heidt: Ich vermute, daß es zu dieser Zeit in der DDR keine Menschen gegeben hat, die ein Bewußtsein von der Möglichkeit der Volksgesetzgebung innerhalb der DDR-Verfassung hatten, zumindest hat es mir noch niemand überzeugend nachweisen können, daß diese Vermutung nicht stimmt. Die Menschen haben damals das Prinzip der Volkssouveränität noch nicht zur Kenntnis genommen, und deswegen haben sie 1953 auch nicht diesen Weg reklamiert. Auch wenn es noch keine Ausführungsgesetze für die direkte Volksgesetzgebung gab, hätte 1953 die Möglichkeit bestanden, daß der entstandene Konflikt dadurch hätte gelöst werden können, daß man auf die Möglichkeit der Volksgesetzgebung innerhalb der Verfassung hingewiesen hätte, denn die Verfassung bot den Lösungsweg mit der Möglichkeit eines Volksbegehrens an. Die Bewegung, die am 17. Juni 1953 entstand, hätte sich selbst als ein Volksbegehren definieren können. Auch ohne die Ausführungsbestimmungen verfassungsrechtlich zur Verfügung zu haben, hätte man sagen können: Wir sind kein konterrevolutionärer Volksaufstand, der sich zur Aufgabe gesetzt hat, die Regierung abzulösen, sondern wir sind ein Volksbegehren.

Während des Volksaufstandes am 17. Juni 1953; Berlin (Ost)

Am 17. Juni 1953 wurde unter anderem nach freien Wahlen gerufen; daran siehst Du, daß das Bewußtsein und Demokratieverständnis der Menschen noch ganz und gar auf den Parlamentarismus fixiert war. Niemand ist auf die Straße gegangen und hat ausgerufen: *Wir sind ein Volksbegehren!* Die Menschen hätten alles durchführen können, was sie durchgeführt haben, aber sie hätten nicht den Rücktritt der Regierung fordern dürfen, denn dafür bestand keine notwendige Veranlassung. Denn sie hatten eine andere Möglichkeit, ihren Widerstand zu demonstrieren: das Volksbegehren.

Möglicherweise wäre der 17. Juni auch dann in gleicher Weise abgelaufen, es wären dieselben Panzer auf die Straße gefahren usw., aber der 17. Juni stünde uns dann heute ganz anders in Erinnerung, ein ganz anderer Demokratiebegriff wäre mit diesem 17. Juni verbunden, wenn sich die Menschen in der DDR damals als ein Volksbegehren ausgezeichnet hätten. Dann wäre höchstwahrscheinlich die Idee der Demokratie tiefer als jemals zuvor in das Bewußtsein der Menschen eingepflanzt worden. Wäre es damals so verlaufen, so würden die Menschen heute wissen, daß zu damaliger Zeit um die Demokratie, und zwar nicht um die parlamentarische, sondern um die direkte, gekämpft wurde. Die parlamentarische Demokratie - zumindest eine Art davon - war in der DDR vorhanden, die Exekutive war natürlich auch vorhanden, aber das Problem lag bei der *Legislative*, es war ein Problem der Gesetzgebung. Ich behaupte, daß unsere gesamte Nachkriegsgeschichte anders verlaufen wäre, wenn in diesem Moment im Bewußtsein der Menschen eine andere Vorstellung von Demokratie gelebt hätte, als die, die existierte. Die äußeren Erscheinungsformen des Widerstandes und Protestes hätten genau die gleichen sein können, aber der Unterschied wäre dadurch zutagegetreten, daß sie ein anderes Bewußtsein von der Demokratie gehabt hätten. Ein anderer Begriff wäre im geschichtlichen Handeln zur Erscheinung gekommen.

"Die Zurücknahme einer einmal erreichten Stufe von Souveränität ist konterrevolutionär"

W.W.: Warum wurde das Prinzip der Volksgesetzgebung aus der zweiten DDR-Verfassung von 1968 eliminiert?

W. Heidt: Auch dafür gibt es keine eindeutigen Belege. Wenn man dem Volk eine Menschheitserrungenschaft wiederum aus der Hand nehmen will, so darf man dieses natürlich nicht öffentlich bekanntgeben, sondern wird versuchen, das Bewußtsein der Menschen einzuschläfern bzw., wenn es noch gar nicht wach war, nicht wachzurufen. Man stiehlt dann diese Menschheitserrungenschaft klammheimlich. So ist es 1968 geschehen; es hat keinerlei öffentliche Aufmerksamkeit - weder in der DDR noch in der BRD - erregt. Es gab keine einzige Publikation, die das Augenmerk auf diesen wesentlichen Punkt gelenkt hätte. Denn dieser Vorgang der Streichung des Prinzips der Volkssouveränität war etwas vollendet Reaktionäres, wirklich Konterrevolutionäres. *Die Zurücknahme einer einmal erreichten Stufe von Souveränität ist konterrevolutionär,* und entsprechend handelte man, als man 1968 diesen Verfassungsartikel einfach eliminierte.

Es gab während dieser Zeit eine ca. zweimonatige breitflächige Diskussion - wenn auch von der SED gelenkt - über alles, was sich mit der neuen Verfassung geändert hatte, aber es gibt bis heute keinen einzigen Beitrag über die Streichung der Möglichkeit zur direkten Volksgesetzgebung. So etwas ist ja auch vollständig unmöglich, denn sehenden Auges und wachen Geistes kann man den Menschen nicht begründen, warum die Volksgesetzgebung jetzt nicht mehr nötig sei, denn in dem Moment, wo man dieses versucht, wird das Volk darauf aufmerksam. Und in dem Moment, wo die Menschen auf diesen Punkt aufmerksam werden, werden sie Widerspruch einlegen, also mußte der Bewußtseinsschlaf der Menschen aufrechterhalten werden.

Ich vermute, daß die SED diesen Artikel deswegen eliminiert hat, weil im Jahre 1968 um sie herum ein Bewußtseinserwachen stattfand: der Prager Frühling, im Westen das Erwachen der Außerparlamentarischen Opposition und vieles mehr, was letztendlich alles Demokratiebewegungen gewesen sind. Alle diese Bewegungen stehen historisch mit dem Entstehen wirklicher lebendiger Demokratie in Verbindung. Weil um die DDR herum nach und nach eine Bewegung für die direkte Demokratie entstand, so ist es meine Vermutung, hat die DDR-Führung das Prinzip der Volkssouveränität aus der Verfassung gestrichen. Denn nun gab es überhaupt keinen Anlaß mehr, sich auf ein Verfassungsrecht zu berufen, wenn man in dieser Richtung erwachen wollte.

Interessanterweise kann man eine gesamtdeutsche Gemeinsamkeit feststellen, denn im Jahre 1974 hat man in der West-Berliner Verfassung ganz genau das gleiche gemacht. 25 Jahre lang war auch dort die Möglichkeit der Volksgesetzgebung verfassungsrechtlich vorgesehen, aber man hat ebenfalls keine Ausführungsgesetze zustandegebracht. Und dann hat man dieses Recht 1974 liquidiert. Auch darüber gab es in der Öffentlichkeit keinerlei Debatte. Seit 1974 steht hinter dem Artikel 49 der Berliner Verfassung der Vermerk: "Aufgehoben".

W.W.: Einfach aufgehoben?

W. Heidt: Ja, einfach aufgehoben. Und es hat sich bisher niemand dafür interessiert, warum dies geschehen ist und was dort wirklich passiert ist. Das liegt eben daran, weil sich die Menschen bisher grundsätzlich nicht für Verfassungsrecht interessieren, zumindest nicht so sehr, wie sie sich interessieren müßten, wenn sie sich als wache demokratische Zeitgenossen betrachten würden. Denn wenn man erwachen möchte, dann muß man begreifen, was das *Fundament des sozialen Organismus* ist. Unterläßt man dies, so ist es dasselbe, als wenn ich ein Haus bauen würde, ich mich aber nicht dafür interessieren würde, was das Fundament dieses Hauses sein soll. Die Menschen haben heute einfach noch keine Beziehung zum Verfassungsrecht und zur Wichtigkeit dessen, was für das Leben des sozialen Organismus im Verfassungsrecht enthalten ist bzw. enthalten sein könnte. Das kann man an dem Eliminieren der Volksgesetzgebung aus der zweiten DDR-Verfassung sowie der Berliner Verfassung sehr schön ablesen: es sind Vorgänge, die vollständig am Bewußtsein der Menschen vorbeigegangen sind.

W.W.: Siehst Du neue und reale Zukunftsmöglichkeiten für eine Volksgesetzgebung in der DDR?

W. Heidt: Unbedingt! In ganz Europa - vom Atlantik bis zum Ural - gibt es zur Zeit keine andere wichtigere und lebendigere gemeinsame Idee als Grundfrage der Konstitution des sozialen Organismus überhaupt als die der direkten Demokratie. Und das ist natürlich auch in der DDR präsent. Es gibt dort Menschen, die sich darüber Gedanken machen, wie sie die heutige Entwicklung in der DDR wieder an das anschließen können, was in ihrer Geburtsstunde schon erreicht war. Sicherlich werden auch weitere Menschen auf diese Zusammenhänge aufmerksam werden und versuchen, auf ihre Art diese Frage auf die Tagesordnung zu setzen. Ein guter Anlaß dafür wäre der 40. Jahrestag der DDR in diesem Jahr, um zum Beispiel auf das zurückzuschauen, was man einst in bezug auf die direkte Demokratie, auf das Verständnis der Demokratie, in den Gründerjahren der DDR bereits erreicht hatte. Wenn sie auf diese Wahrnehmung stoßen, so könnte ich mir vorstellen, daß sie eine Initiative ergreifen werden, damit die Volkskammer über diese Frage eine Volksabstimmung durchführt. Die Möglichkeit, daß die Volkskammer eine Volksabstimmung ansetzt, ist "drüben" als ein Rest der Volkssouveränität geblieben.

Es wäre weiterhin möglich, die Volkskammer anzuregen, denn nach der Verfassung der DDR kann man dazu Anregungen und Eingaben als Bürger der Republik an die Volkskammer richten. Deswegen wäre es durchaus denkbar, daß Menschen diese Anregung vortragen, zum 40. Jahrestag der DDR eine Volksabstimmung darüber vorzunehmen, wie die Volkssouveränität als unverzichtbares Element des Sozialismus in zeitgemäßer Weise wieder in die Lebensgeschichte dieser Republik eingebracht werden könnte. Das wäre eine denkbare Möglichkeit. Auf jeden Fall wird über diese Fragen auch in der DDR diskutiert.

W.W.: Gibt es für eine solche Bewegung konkrete Hinweise?

W. Heidt: Ja, diese Hinweise gibt es, denn seit einiger Zeit beschäftigen sich Menschen mit der Frage der direkten Demokratie und haben auch schon entsprechende Eingaben an die Volkskammer vollzogen, zum Beispiel im Zusammenhang mit dem Problem der Atomkraftwerke. Hieran kann man sehen, wie punktuell Fragen dieser Gesellschaft heute von Bürgern der DDR in bezug auf die Möglichkeiten der direkten Demokratie wahrgenommen und auf den Tisch gebracht werden. Ich könnte mir zusätzlich vorstellen, daß auch das Grundsätzliche - wie oben erwähnt - in nächster Zeit auf den Tisch kommen wird. Das wäre dann eine Parallele zu den Entwicklungen in der Bundesrepublik bzw. zu den Entwicklungen in anderen Ländern - Sowjetunion, Ungarn, Polen -, in denen der Gedanke der demokratisch legitimierten Umgestaltung eine große Rolle spielt. In allen erwähnten Ländern spielt dieser Gedanke eine große Rolle, und ich kann mir nicht vorstellen, daß er an der DDR vorbeigehen wird, zumal es sich dort um eine DDR-originäre Angelegenheit handeln würde. Denn es ist in diesem Fall nichts von der Sowjetunion Aufgenommenes, von Gorbatschow Abgeleitetes, sondern es ist genau umgekehrt: Wenn Gorbatschow von direkter Demokratie spricht, so redet er an sich über etwas, was in der deutschen Arbeiterbewegung beheimatet gewesen ist bzw. dort seine Wurzeln hat. In bezug darauf könnte Honecker einen gewissen Originalitätsanspruch behaupten.

IV. DER PARLAMENTARISCHE RAT UND DIE ENTSTEHUNG DES GRUNDGESETZES

W.W.: Am 01.09.1948 konstituierte sich in Bonn der Parlamentarische Rat aus 65 Landtagsabgeordneten, um ohne Bürgerbeteiligung das Grundgesetz zu kreieren. Wie kam die Zusammensetzung des Parlamentarischen Rates zustande, und in welcher Weise wurde im Laufe der Ausschußsitzungen und Debatten das Element der plebiszitären Demokratie mit eingebracht?

W. Heidt: Der Parlamentarische Rat ist die verfassungsgesetzgebende Versammlung, die in den Westzonen für die Bildung eines Bundesstaates eingesetzt wurde. Dies war veranlaßt durch eine Direktive der Westalliierten, die im Juni 1948 an die Ministerpräsidenten ihrer Besatzungszonen einen Appell gerichtet haben, zu einer verfassunggebenden Versammlung zusammenzutreten. Nachdem sich die weltpolitische Lage in der Weise entwickelt hatte, daß es klar war, daß es einen gesamtdeutschen Staat nicht mehr geben würde, bestand nun die Aufgabe, aus den Westzonen einen neuen Staat zu organisieren, damit wieder eine gewisse Souveränität, die bis zu diesem Zeitpunkt ausschließlich von den Besatzungsmächten ausgeübt wurde, an die Deutschen selbst übergehen konnte. Diese Aufforderung der Westmächte an die Ministerpräsidenten ging von Frankfurt aus, und zwar nach einem bestimmten Schlüssel - pro 750.000 Einwohner ein Vertreter - die verfassungsgebende Versammlung zu bilden. Die Berufung in dieses Gremium geschah durch die Landtage, entsprechend dem parteipolitischen Proporz, d.h. der Aufteilung der Sitze im jeweiligen Landtag. Das führte dazu, daß sich 65 Abgeordnete, die nun indirekt gewählt waren, zu dieser verfassungsgesetzgebenden Versammlung zusammenfanden, und sie gaben sich den Namen Parlamentarischer Rat.

"Das Grundgesetz ist eine Verfassung nach allen Regeln der Kunst"

Dieser Parlamentarische Rat konstituierte sich am 01.09.1948, um ein "Grundgesetz" auszuarbeiten. Und dieses Grundgesetz, das in den folgenden neun Monaten erarbeitet wurde, ist nichts Provisorisches; es ist eine Verfassung nach allen Regeln der Kunst. Provisorisch ist es nur in bezug auf seine territoriale Gültigkeit, weil man in der damaligen Zeit noch die Vorstellung einer bald bevorstehenden Wiedervereinigung im Bewußtsein hatte. Aber das Grundgesetz als staatsrechtliches Gebilde ist kein Provisorium, sondern eine definitive Verfassung, die auch in bezug auf ihre Weiterentwicklung alle Regelungen enthält. Ausgearbeitet wurde es vom Parlamentarischen Rat in der Zeit zwischen dem 01.09.1948 und dem 08.05.1949.

Der 8. Mai als Abschlußtag wurde deswegen gewählt, weil es der Tag der Kapitulation - die Stunde Null im Jahre 1945 - war, gleichermaßen sollte dieser Tag als eine Art Geburtsstunde des neuen Staates angesehen werden. Allerdings ist der 8. Mai ein ziemlich unseliger Tag, denn man kann in den Beratungen des Parlamentarischen Rates bemerken - gerade in bezug auf das Thema, welches wir hier besprechen -, daß in den letzten Tagen vor diesem Termin eine ziemliche Hektik aufkam. Es hatte sich gezeigt, daß speziell dieser Gesichtspunkt - wie soll sich die Volkssouveränität in dieser neuen Republik manifestieren? - in der Zeit, die der Parlamentarische Rat bis dahin hatte, um an den Grundfragen zu arbeiten, ei-

Museum Koenig

gentlich nur sehr oberflächlich behandelt worden war. Im Beratungsergebnis tauchten deswegen gewisse Widersprüche auf. Diese Widersprüche wurden in den Schlußberatungen und Schlußabstimmungen des Plenums aufgedeckt.

Die Entstehung des Artikels 20 umgibt eine Art Mysterium

W.W.: Welcher Art waren diese Widersprüche im genauen?

W. Heidt: Es ging um den Artikel 20, in dem die Fundamente der Republik im Hinblick auf die Volkssouveränität beschrieben sind; daß nämlich alle Staatsgewalt vom Volke auszugehen habe. Die Differenzen traten dann aber darüber auf, in welcher Weise diese Staatsgewalt vom Volke *ausgeübt* werden solle. Laut Artikel 20 Abs. 2 übt das Volk diese Staatsgewalt durch zwei Grundformen aus, und zwar durch *Wahlen* und *Abstimmungen.*

Diesen Artikel 20 Abs. 2 umgibt im Laufe der Beratungen eine Art Mysterium, denn man kann anhand der Protokolle nicht nachvollziehen, wie es zur exakten Formulierung dieses Artikels gekommen ist. Der Artikel kommt in seiner endgültigen Formulierung im Grundsatzausschuß nicht vor, auch nicht im Hauptausschuß, in dem man verschiedentlich über die Frage des Volksentscheides und der plebiszitären Demokratie gesprochen hat. An dieser Stelle hat sich besonders Theodor Heuss hervorgetan, und zwar durch gewisse Formeln, die in ziemlich oberflächlichen Diskussionen aufkamen, und die noch heute sehr vielen Menschen wie ein Ohrwurm geläufig sind. Er sprach davon, daß das Plebiszit eine "Prämie für Demagogen" sei, und er erfand zusätzlich die Legende von den sogenannten "bitteren Erfahrungen von Weimar", die angeblich mit dem Volksentscheid gemacht worden seien. Allerdings wird im Grundausschuß auch davon gesprochen, daß man die neue Demokratie nicht nur parlamentarisch einrichten möchte; ein Vertreter der CDU, *von Mangoldt,* sowie *Carlo Schmid* von der SPD lehnen das Monopol für die parlamentarische Demokratie ab und fordern, daß die Volkssouveränität nicht nur durch "Wahlen" und die "besonderen Organe" ausgeübt werden dürfe, weil dies sonst die Volksabstimmung ausschließe.

In diesem Moment, im Oktober 1948, hat man also noch die Vorstellung, daß es in irgendeiner Weise die plebiszitäre Demokratie geben und die Volksgesetzgebung eingerichtet werden müsse, zumal ja auch in allen bis dahin entstandenen Verfassungen innerhalb der Besatzungszonen dieses Prinzip eine selbstverständliche Rolle gespielt hat. In allen Landesverfassungen, die vor der Entstehung des Grundgesetzes verfaßt wurden, wird im wesentlichen die Weimarer Regelung - und zwar in ihrem vernünftigeren Teil, im volksinitiierten Volksentscheid - mit aufgenommen. Nur für den Bundesstaat gibt es für Theodor Heuss, aber zum Beispiel auch für den SPD-Abgeordneten *Katz,* die Unsicherheit. Man meint, der neue Staat könne den Volksentscheid nicht verkraften. Beide reden von den "aufgeregten Zeiten", in denen man sich befinde, und daß es in diesen aufgeregten Zeiten sehr viel geeigneter sei, aus der Ruhe und Gesittetheit des Parlamentes die künftigen Weichen der Politik zu stellen. Es mag diesen Menschen, die eingefleischte Parlamentarier waren, noch die ganze gespenstische Welt des Dritten Reiches im Sinn gewesen sein; vielleicht kann man ihnen psychologisch dieses Massenphänomen, das in jener Zeit inszeniert wurde, zugute halten, aber alles dies waren keine wirklichen Gründe, von der Sache der Volkssouveränität im Sinne der direkten Volksgesetzgebung Abstand zu nehmen. Und man muß ihnen vorwerfen - denn sie waren immerhin eine verfassungsgebende Versammlung -, daß sie diese Materie einfach niemals gründlich beraten haben, geschweige denn, daß sie sie auf dem Niveau beraten hätten, wie dies in der verfassungsgebenden Versammlung von Weimar der Fall war. Die damaligen Diskussionen hatten Niveau; von diesem ist im Parlamentarischen Rat diesbezüglich nichts zu finden.

W.W.: Auch wenn es Versuche gab, die "Abstimmungen" aus dem Artikel 20 Abs. 2 zu streichen, so kann man doch nicht behaupten, der Parlamentarische Rat hätte eine antiplebiszitäre Einstellung gehabt?

W. Heidt: Nein, so direkt kann man das nicht behaupten. Ehrlicherweise müßte man sagen, daß eine bewußte Urteilsbildung im Parlamentarischen Rat nicht stattgefunden hat, es gab einfach keine auch nur einigermaßen gründliche Bearbeitung der Materie.

Es ist ein Ergebnis zustandegekommen, das man in rein rechtslogischer Hinsicht jedoch nur ganz eindeutig interpretieren kann, das aber in seiner Entstehungsgeschichte einiges Unerklärliche und durchaus Widersprüchliche aufweist. Aber das Endergebnis ist in rechtslogischer Hinsicht eine ganz klare Sache.

W.W.: Wie kommt dieser Artikel 20 denn nun letztendlich zustande?

W. Heidt: Er kommt in seiner definitiven Formulierung aus dem Redaktionsausschuß auf den Tisch und wird dann so, wie wir ihn kennen, verabschiedet. Im weiteren kommt dieser Paragraph mit gleicher Formulierung in die Schlußabstimmung ins Plenum. Vorher hatte es zwei Anträge gegeben - einen von der KPD, einen vom Zentrum -, einen speziellen Artikel über das Volksbegehren in der Verfassung zu verankern. Leider waren die vorgelegten Entwürfe sehr unausgegoren. Das wurde auch entsprechend in der Debatte ausgedrückt, und ich kann nur bestätigen, daß diese Vorschläge sehr unzulänglich waren, aber immerhin, sie wären besser gewesen als gar nichts.

Das Volksbegehren explizit in einem bestimmten Artikel in die Verfassung hineinzunehmen, wurde dann zweimal abgelehnt; trotzdem war am Ende dieser Artikel 20 Abs. 2 in der heutigen Formulierung vorhanden. In den Schlußabstimmungen gab es eine Parlamentariergruppe, die das Wort "Abstimmungen" aus dem Artikel 20 Abs. 2 streichen wollte, weil an diesen Begriff keine weiteren Ausführungsgesetze angeschlossen worden waren. Sie wollten dieses Element der Abstimmungen eliminieren, um ausschließlich eine parlamentarische Demokratie zu konstituieren. Über diesen Antrag wurde abgestimmt, und die Mehrheit der Parlamentarier hat den Artikel 20 Abs. 2 so beschließen, wie er noch heute im Grundgesetz steht. Das Element *der Abstimmungen* sollte also bewahrt bleiben. Daraufhin gab es einen erneuten Antrag des Zentrums mit der Bemerkung, daß - weil gerade der Artikel 20 mit dem Element des Abstimmungsrechtes beschlossen worden war -, es nun doch nur folgerichtig sei, entsprechende Ausführungsartikel mit in das Grundgesetz aufzunehmen, weil sonst der Artikel 20 Abs. 2 völlig in der Luft hinge. Aber dieser Antrag, am 6. Mai gestellt, wurde ebenfalls abgelehnt.

In diesen letzten Tagen des Parlamentarischen Rates entsteht also eine sehr widersprüchliche Situation: Man steht unter dem Zeitdruck, die Verfassung bis zum 8. Mai abzuschließen, man geht nicht mehr in eine inhaltliche Erörterung der auftretenden Widersprüche, sondern beläßt es einfach dabei! So kommt der Artikel in dem Wortlaut, wie wir ihn heute noch haben, in das Grundgesetz hinein: "Alle Staatsgewalt geht vom Volke aus. Sie wird vom Volke in Wahlen und Abstimmungen und durch besondere Organe der Gesetzgebung, der vollziehenden Gewalt und der Rechtsprechung ausgeübt."

Der Widerspruch im Wesen des Theodor Heuss

W.W.: Im Vorwort zum Grundgesetz (Goldmann-Verlag) schreibt Theodor Heuss in einer Einleitung: "Auch die 'plebiszitäre' Form der Demokratie, 'Volksbegehren' und 'Volksentscheid', die Weimar der schweizerischen Geschichtsüberlieferung entnahm, ist aus der deutschen Gesetzgebungstechnik verschwunden. Das hat eine Zeitlang zu dem billigen Vorwurf geführt, der Parlamentarische Rat habe ein Grundelement der Demokratie dem Volke geraubt. Es war, nach den Erfahrungen, seine primitive Pflicht, den noch so ungesicherten Staat nicht zur freien Wildbahn der wartenden Demagogen zu machen und in der Volksvertretung bindende Verantwortung zu sichern." Wie kann ein Mensch, der als Parlamentarier mit dafür gesorgt hat, daß die Weimarer Republik durch einen Parlamentsbeschluß zugrunde ging, und damit in der Konsequenz - wie wir heute wissen - der Weg zu einem faschistischen Massenmörderstaat eröffnet wurde, im Nachhinein etwas derartiges behaupten?

W. Heidt: Das ist natürlich eine ganz unmögliche Behauptung des ersten Bundespräsidenten. Wenn man sich aber diese Naturen, die damals gewirkt haben, anschaut, so bemerkt man, daß sie oft ganz widersprüchlich sind. Denn auf der anderen Seite hat Theodor Heuss in seiner ersten großen Rede im Parlamentarischen Rat sehr viel Richtiges und Wichtiges gesagt, und zwar über die deutsche Geschichte und das Verhältnis der Deutschen zur Demokratie und er weist in dieser Rede auf das ambivalente Verhältnis der Deutschen zur Demokratie hin. Er sagt in dieser Rede, daß die Deutschen im Jahre 1918/19 nicht durch eine Revolution zur Demokratie gekommen sind, sondern daß die Demokratie nach dem Ersten Weltkrieg das Ergebnis eines vollkommen desolaten Zustandes gewesen sei, eines mehr oder weniger friedlich einschlafenden monarchischen Systems. Zu dieser Zeit stürmte kein neues Prinzip gegen ein altes an, sondern der verlorene Krieg ist in Deutschland die Ursache dafür, daß nun etwas Neues beginnen muß. Heuss weist in seiner Rede auf die Tragik hin, daß die Deutschen die Demokratie wirklich niemals *erringen* mußten; und dies ist ein richtiger Gedanke, den er dort ausspricht.

Dem steht nun aber interessanterweise gegenüber, daß er sich wohl nicht darüber im klaren gewesen ist, was es wirklich heißt, die Demokratie zu erobern, denn als alter Patriarch, Bildungsbürger und Professor ging er wohl davon aus, daß die Deutschen noch nicht für eine Demokratie reif seien. Die Aussage, die Du vorgelesen hast, hat Heuss erst nach Jahren seiner Präsidentschaft geschrieben, und dabei leitet ihn weiterhin die Vorstellung, daß die Parlamentarier diejenigen seien, die stellvertretend für das Volk die Politikgeschäfte zu führen hätten. Scheinbar kann er sich keine Vorstellung davon machen, daß das Erobern und Erringen der Demokratie eigentlich ein ganz anderer Prozeß ist als die Zuschauerdemokratie, die er propagiert. Heuss glaubt, indem die Menschen auf die hohe Staatskunst der Parlamentarier hinblicken, würden sie nach und nach zu Demokraten.

Das ist die eine Seite der Angelegenheit. Die andere Seite ist natürlich - Du hast schon darauf hingewiesen - eine gewisse Fragwürdigkeit, wenn man es zurückhaltend ausdrücken möchte. Denn gerade Theodor Heuss wäre, wenn er offen und ehrlich gewesen wäre, verpflichtet gewesen zu erklären, daß die Weimarer Republik nicht an der Volksgesetzgebung zugrundegegangen ist. Das hätte gerade ihm sehr gut angestanden, denn er gehörte auch zu denjenigen Reichstagsabgeordneten, die 1933 Hitler die Zustimmung zu dem Ermächtigungsgesetz gaben. Er hat also als Parlamentarier die Weimarer Republik sozusagen mit liquidiert. Natürlich muß man auch hinzufügen, daß er ganz gewiß kein Anhänger Hitlers gewesen ist und bereits im Jahre 1930 ein sehr kritisches Hitlerbuch geschrieben hat; es wäre ganz falsch anzunehmen, Heuss sei auch nur die Spur eines Anhängers des Rabauken aus

"Papa" Theodor Heuss

Braunau gewesen. Aber er war auch kein Demokrat in dem Sinne, daß er selbstkritisch und ehrlich genug gewesen wäre zu sagen, es habe der Parlamentarismus die Republik verraten. Er hätte daraus die Konsequenz ziehen können, einen ganz anderen demokratischen Prozeß anzuregen, zu dem eben der direktdemokratische Weg gehört wie das Wasser zum Schwimmen. Das ist ihm aber alles nicht klargeworden, und er hat in seinem Leben schwer unter der Zustimmung zu dem Ermächtigungsgesetz gelitten. Er hat diesem Ermächtigungsgesetz nicht deswegen zugestimmt, weil er inhaltlich damit einverstanden war, sondern aus Fraktionszwang.

W.W.: Auch wenn er sich damals dem Beschluß seiner Fraktion angepaßt hat, so hätte er aber nach Begründung der Bundesrepublik Deutschland ganz anders sprechen können!

W. Heidt: Eben, und daß er das versäumt hat, muß man ihm zum Vorwurf machen! Denn er hat seine eigene Geschichte in diesem Zusammenhang verschwiegen. Vor allem hat er auch nicht die strukturellen Verhältnisse, die hätten aufgezeigt werden müssen, erklärt. Und so hat Theodor Heuss zeitlebens diese Legendenbildung weitergeführt.

CDU und KPD überboten sich an Progressivität

W.W.: Das Grundgesetz ist das verfassungsrechtliche Fundament der Landesverfassungen. Bevor das Grundgesetz 1949 in Kraft trat, hatten sich - auf die heutigen Ländergrenzen bezogen - bereits sechs Länder eine Verfassung gegeben, in denen die Volksgesetzgebung vorkommt und geregelt wird. Bei den nach Inkrafttreten des Grundgesetzes entstandenen Landesverfassungen (Schleswig-Holstein, Hamburg, Niedersachsen und Nordrhein-Westfalen) ist dies mit Ausnahme von Nordrhein-Westfalen nicht mehr der Fall. Sind die "Abstimmungen" nur deswegen im Grundgesetz geblieben, weil sie in den Landesverfassungen bereits enthalten waren?

W. Heidt: Ja, einen entsprechenden Bezug kann man herstellen, und das ist eigentlich auch die einzige Logik, die man daraus überhaupt schließen kann. Ich denke, daß diejenigen, die gegen die Streichung der Abstimmungsnorm gestimmt haben, im Bewußtsein hatten, daß, wenn diese Abstimmungsnorm im Grundgesetz gestrichen würde, die Länderverfassungen hätten geändert werden müssen, und zwar wegen des Grundsatzes der Rechtseinheitlichkeit. In allen Länderverfassungen war die Volksgesetzgebung vorhanden und deswegen mußte irgendwo im Grundgesetz, im bundesrechtlichen Fundament, das entsprechende Element auftauchen. Das Landesrecht muß in jedem Punkt auf dem Bundesrecht aufbauen können, damit es seine verfassungsrechtliche Legitimation hat. Aus diesem Grunde wurde für das Abstimmungsprinzip in den Landesverfassungen die entsprechende Brücke im Bundesrecht gebaut. Die Volksgesetzgebung hätte auf Landesgesetzebene in der Luft gehangen, wenn die Abstimmungsnorm im Bundesrecht im Artikel 20 Abs. 2 nicht vorhanden gewesen wäre. Trotzdem ist es auch wiederum so, daß diese Erklärung nicht dafür ausreicht, das Abstimmungsprinzip im Artikel 20 Abs. 2 nur so zu erklären, denn dieser Artikel hat im Kontext des gesamten Grundgesetzes noch eine andere Rechtslogik.

W.W.: Mit Ausnahme von Nordrhein-Westfalen wurde in die nach Entstehen des Grundgesetzes entstandenen Landesverfassungen das Abstimmungsprinzip nicht mehr aufgenommen; hätte dies nicht aufgenommen werden müssen, weil dafür die Grundnorm im Artikel 20 Abs. 2 des Grundgesetzes vorhanden war?

W. Heidt: Man hätte es nicht aufnehmen müssen, aber man hätte es können.

W.W.: Warum hat man es nicht gemacht?

W. Heidt: Weil in diesen verfassungsgebenden Versammlungen - zumindest insoweit, wie wir es geprüft haben -, keine Diskussion über die Volksgesetzgebung stattgefunden hat. Etwas anderes zeigt sich in den Quellen nicht. Man kann einfach nur den Tatbestand feststellen, daß in den verfassungsgebenden Versammlungen - zum Beispiel in Schleswig-Holstein - dieser Punkt nicht mehr auf die Tagesordnung kam. Es mögen die Reflexe auf den Geist gewesen sein, der im Parlamentarischen Rat bezüglich der Volksgesetzgebung lebte, vor allem die suggestiven Reden von Theodor Heuss. Im übrigen hatte dann auch schon in der Bundesrepublik Deutschland der Parlamentarismus zu funktionieren angefangen, so daß die unbefangene originäre Situation fehlte. Man hat die Kontinuität der Volksgesetzgebung also einfach abgebrochen.

Es gibt nur eine einzige Ausnahme, und zwar im Jahre 1952, wo sich im Südwesten mit dem Land Baden-Württemberg etwas Neues herausbildete. Bei der Konstitution des Bundeslandes Baden-Württemberg kam die Volksgesetzgebung noch einmal massiv auf den Tisch. Es regierte zu dieser Zeit die SPD zusammen mit der FDP, und die CDU sowie die KPD fochten gemeinsam für die Ermöglichung der Volksgesetzgebung, sie überboten sich sogar beide an Progressivität in bezug auf diesen Punkt. Das ist ein absolut einmaliger Fall in der Geschichte der Bundesrepublik Deutschland, daß bei einem keineswegs peripheren Problem KPD und CDU an einem Strang ziehen. Es war eine geradezu bewegende und dramatische Diskussion, die dazumal in Baden-Württemberg stattfand und die dazu geführt hat, daß über das Problem der Volksgesetzgebung gründlich diskutiert wurde, aber dann dazu führte, daß die Mehrheit der SPD-FDP-Koalition kein Interesse daran hatte, die Volksgesetzgebung in die Landesverfassung aufzunehmen. Wahrscheinlich waren sie immer noch zu sehr von ihrer exekutiven Machtvollkommenheit überzeugt und beeindruckt, als daß sie die Lust am Regieren durch die Ermöglichung der direkten Volksgesetzgebung in Frage gestellt sehen wollten. Deswegen beschloß man nur die Möglichkeit des parlamentsinitiierten Volksentscheides.

Das blieb in Baden-Württemberg 20 Jahre in dieser Weise bestehen, führte dann aber in den Jahren 1972 bis 1974 zu einer Neuauflage der Diskussion ums Plebiszit. Diesmal ging die Initiative von der SPD aus, denn in diesen Jahren war die SPD in der Opposition, und die CDU war es, die die entsprechenden Vorschläge zunächst einmal ablehnte und sich bedeckt gab, bis sie letztendlich doch zustimmte. Nachdem die Quoren sehr hoch geschraubt wurden, war die CDU zu einer gewissen Kompromißvereinbarung bereit. So ist es in Baden-Württemberg als bisher einzigem Bundesland im Jahre 1974 zur Wiedereinführung der Volksgesetzgebung gekommen. Die bisher gründlichste parlamentarische Erörterung der Materie hat bei diesen beiden Vorkommnissen im Südwesten stattgefunden. Doch die konkreten Regelungen, die man beschloß, sind sehr unpraktisch, so daß die Menschen nicht ermutigt werden, den direkt-demokratischen Weg zu aktivieren, denn die Realisierung einer Initiative ist an viel zu hohe Hürden gebunden.

V. DAS GRUNDGESETZ RECHTSLOGISCH BETRACHTET

W.W.: Aufgrund des Grundgesetzes Artikel 20 Abs. 2 geht alle Staatsgewalt vom Volke aus. Die Staatsgewalt wird einerseits - das Volk repräsentierend - von Exekutive, Legislative und Judikative ausgeübt; andererseits direkt vom Volk durch Wahlen, aber auch durch Abstimmungen. Was ist mit "Abstimmungen" genau gemeint - als grundlegende Klärung für den Leser -, und wann hast Du diesen Begriff in seiner Bedeutung im Grundgesetz entdeckt?

W. Heidt: Zunächst einmal muß das Grundgesetz in seiner eigenen Logik gelesen werden, und zwar unabhängig von der bisher besprochenen Entstehungsgeschichte. Das ist auch in der Beurteilung verfassungsrechtlicher Gegebenheiten üblich. Es ist also nicht von so entscheidender Bedeutung, welche "Vernunft" bei der verfassungsgebenden

Versammlung waltete, sondern wichtig ist die Vernunft, die sich in den Begriffen der Verfassung ausdrückt. Die sozusagen objektive Vernunft des Artikels 20 Abs. 2 ist, daß die Staatsgewalt *uneingeschränkt* vom Volk *"ausgeht"* wird. Weiterführend kann man diesen Absatz meines Erachtens auch dahingehend interpretieren, daß damit das *Initiativrecht des Volkes* ausgedrückt wird. Das initiative Geschehen in bezug auf die Ausübung der Staatsgewalt ist an das Volk gebunden, hat seinen Ausgangspunkt unmittelbar und direkt im Volk. Praktisch wird diese Staatsgewalt in Wahlen und Abstimmungen ausgeübt, womit auf die zwei Erscheinungsformen der Demokratie hingewiesen ist. Aus den Wahlen ergeben sich alle Spielarten des Parlamentarismus, also der repräsentativen Demokratie, und durch die Abstimmungen kommt originär das Fundament der direkten Demokratie zum Tragen.

W.W.: Man könnte also aus der Verfassung selbst herauslesen, welche Regeln das deutsche Volk sich für seine Lebensformen gegeben hat?

Ein Wesen von einem anderen Stern betrachtet das Grundgesetz

W. Heidt: Ja. Nehmen wir einmal an, es käme ein Wesen von einem anderen Stern auf die Erde und wollte sich informieren, welche Lebensformen die Menschen auf diesem Planeten - und speziell in der Bundesrepublik Deutschland - pflegen. Die grundsätzlichen Regeln der sozialen Lebensformen kann man nicht mit den Sinnen wahrnehmen. Aber die Grundlagen bzw. die Ideen dieser Lebensformen - so weiß dieses Wesen - erkennt man, wenn man in die Verfassung eines Staates hineinschaut. Nun kommt dieses Wesen, geht in einen Buchladen oder eine Bibliothek und verschafft sich seine Informationen über die gesellschaftlichen Lebensformen, indem es in die Verfassung hineinschaut. Es holt sich also das Grundgesetz aus dem Regal, um zu schauen, auf welche Weise die Menschen in der Bundesrepublik Deutschland die Fundamente ihres Zusammenlebens geregelt haben. Zuerst liest es den Artikel 1 über die Würde des Menschen, die unantastbar zu sein habe, und sagt sich: "Großartig. Hier herrscht eine hohe Achtung vor dem Menschenwesen!" Dem Wesen vom anderen Planeten gefällt das gut und es denkt bei sich, daß es in dieser Gesellschaft auch leben möchte.

Also liest es weiter und kommt zum Artikel 20, in dem es über die Wahlen und Abstimmungen liest. Selbstverständlich findet auch dieser Artikel seine wärmste Zustimmung. Es liest weiter und kann sich davon überzeugen, daß die parlamentarischen Organe in diesem Grundgesetz wunderbar ausgebildet sind und es denkt, dies alles müsse doch ausgezeichnet funktionieren. Aber plötzlich ist das Grundgesetz zu Ende, und da stutzt dieses Wesen und vermutet, es habe vielleicht eine Seite überblättert, denn es vermißt den Körper jener Säule, deren Sockel im Artikel 20 Abs. 2 mit dem Begriff der "Abstimmungen" veranlagt ist. So prüft es alles nochmals von vorne, doch der für diesen Sockel bestimmte Körper findet sich nirgends.

Das heißt also, es gibt im Grundgesetz eine Veranlagung für eine Rechtsgestalt, die im ausgearbeiteten Verfassungsrecht selbst noch nicht existiert. Ein unvoreingenommen denkendes Wesen würde also als verfassungsrechtlichen Tatbestand feststellen, daß eine Lücke vorhanden ist, und es würde sich sagen, daß sich diese Gesellschaft in bezug auf diesen Punkt noch etwas vorgenommen hat. Vielleicht, so mag das Wesen vermuten, ist diese Gesellschaft mit diesem Punkt bei der Erstellung seiner Verfassung mit dem damit verbundenen Problem noch nicht ganz klargekommen und hat sich für die nähere Zukunft vorgenommen, den Körper dieser zweiten Säule auszugestalten. Vermutlich würde das Wesen denken, diese Gesellschaft lebe erst seit einem halben Jahr mit dieser Verfassung. Umso größer sein Erstaunen, als es feststellt, daß dieses Grundgesetz schon am 8. Mai 1949 verabschiedet worden und am 23. Mai 1949 in Kraft getreten ist, also bereits vierzig Jahre verstrichen sind.

Jetzt wäre dieses Wesen doch wahrscheinlich ein wenig erschrocken, denn es würde sich fragen, was sich die Menschen dabei gedacht haben mögen, über vierzig Jahre hinweg mit dieser Lücke zu leben. Das Interesse dieses Wesens ist entfacht und es forscht weiter und entdeckt, daß es die verschiedensten - wenn auch sehr merkwürdigen - Theorien über dieses "Phänomen" der Lücke gibt. Nachdem es sich die verfassungs- und staatsrechtliche Fachliteratur besorgt hat, entdeckt es auf der einen Seite bei den Gelehrten eine sehr ausgefeilte Theorie darüber, warum diese Lücke aus wohlerwogenen Gründen nicht ausgebildet worden sei. Auf der anderen Seite erkundigt sich unser Wesen bei den Menschen auf der Straße und da begegnet ihm durchwegs Unkenntnis.

Wie die herrschende Lehre die Lücke im Grundgesetz wegretuschiert

W.W.: Die sogenannte herrschende Lehre ist ja die eine von den beiden von Dir angesprochenen Seiten, wie man mit dieser Lücke umgeht. Diese herrschende Lehre vertritt seit jeher die Kernthese, das Grundgesetz beschränke das plebiszitäre Element auf den besonderen Fall der Artikel 29 und 118. Daraus würde aber folgen, daß sich der Sinn von Artikel 20 Abs. 2 erst aus Artikel 29 und 118 ergeben könnte. Ist diese Behauptung überhaupt haltbar?

W. Heidt: Das ist genau die Theorie, wie die meisten Staatsrechtslehrer mit dieser Lücke umgehen. Natürlich wird diese Lücke von dem deutschen Staatsrechtler empfunden, denn der deutsche Staatsrechtsgelehrte steht immer noch irgendwie in der Tradition Hegels, und zwar so, daß im deutschen Denken alles ein geschlossenes Begriffsgebilde zu sein habe. Wenn diese Geschlossenheit nicht aufzufinden ist, so ist der Wissenschaftler nicht zufrieden und empfindet einen Schmerz. Diesen Schmerz hat die sogenannte herrschende Lehre sicherlich auch empfunden, unmittelbar nachdem sie sich 1950/51 gegründet hatte. Schon in dieser Zeit findet man Interpretationen in der Richtung, daß es eine Lücke im deutschen Staatsrecht eigentlich nicht geben könne, und so kommt es dazu, daß man den Tatbestand der Lücke einfach ignoriert.

Des weiteren macht man den Versuch einer Interpretation, mit der man die Lücke wegretuschiert. Und das ist genau das, was Du gefragt hast, daß man nämlich behauptet, daß das Abstimmungsprinzip auf den Fall der im Grundgesetz selbst schon genannten Abstimmungen "beschränkt" sei, beschränkt auf die Inhalte der Artikel 118 und 29, welche die Neugestaltung der Bundesländergrenzen behandeln. Der Artikel 29 besagt unter anderem, daß bei einer Veränderung der Ländergrenzen die Bevölkerung beteiligt sein muß und im Zuge dessen die Möglichkeit zum Volks*begehren* besteht; seit 1976 gibt es auch die Möglichkeit der Volks*befragung* betroffener Bevölkerungsteile. Letztendlich gibt es auch die Möglichkeit der Volksabstimmung, des Volksentscheids über diesen speziellen Fall.

Die herrschende Lehre, die also die Abstimmungen des Artikels 20 Abs. 2 darauf beschränkt sehen will, wendet jetzt eine formal-rechtliche Logik an: Weil der Begriff Abstimmungen im Artikel 20 Abs. 2 vorkommt, könne er sich ja nur auf die Abstimmungen beziehen, die bereits im Grundgesetz vorhanden sind, bzw. der Artikel 20 Abs. 2 könne nur rückschlüssig durch die Artikel 29 und 118 erklärt werden.

W.W.: Wie sieht die herrschende Lehre in diesem Zusammenhang den Artikel 79 Abs. 3, aufgrund dessen der Artikel 20 genauso unveränderbar wie die Grundrechte der Artikel 1 bis 19 ist?

W. Heidt: Die herrschende Lehre sagt, daß der Artikel 20 nicht verändert werden kann, weil dies im Artikel 79 Abs. 3 so vorgeschrieben sei, er dürfe in seiner Substanz nicht verändert werden. Zur Substanz des Artikels 20 - so sagt die herrschende Lehre - gehört seine Beschränkung auf jene Abstimmungen im Rahmen des in Artikel 29 und 118 Ausgesagten. Derjenige Teil der herrschenden Lehre, der alles sehr restriktiv auslegt, behauptet vor allem, daß aufgrund des Artikels 79 Abs. 3 der Artikel 20 niemals mehr geändert werden könne. Ein anderer Teil der herrschenden Lehre sieht zwar die einstweilige Beschränkung, aber der Artikel 20 erlaube und eröffne grundsätzlich die Möglichkeit zur Volksabstimmung, aber dies bedürfe natürlich der entsprechenden verfassungsrechtlichen Regelungen, um zum Beispiel die dreistufige Volksgesetzgebung einzuführen. Einige andere wiederum halten auch das nicht für möglich; sie meinen, das Grundgesetz erlaube nur den von parlamentarischen Organen initiierten Volksentscheid. So gibt es also innerhalb der herrschenden Lehre eine ganze Palette verschiedener Meinungen.

Die Grundnorm des Demokratieverständnisses in Artikel 20 Abs. 2

W.W.: Was sagt denn nun eine wirkliche Rechtslogik zu den angesprochenen Zusammenhängen?

W. Heidt: Das ist ein entscheidender Punkt. In diesem Zusammenhang kann ich auch beantworten, wie ich selber auf diese ganze Problematik gestoßen bin. Dies war um die Jahreswende 1982/83, als wir im Zusammenhang mit der Nachrüstungsdiskussion schon einen Vorstoß für die Volksgesetzgebung unternehmen wollten.

Diese Nachrüstungsdebatte war für uns ein Anlaß, der wie prädestiniert erschien, durch direkte Demokratie geklärt zu werden. Denn durch Wahlen konnte diese Klärung nicht zustande kommen, weil mit Wahlen niemals klar wird, wie die Mehrheitsverhältnisse in bezug auf eine Sachfrage wirklich sind. Ich ging damals noch ganz unbefangen an die Sache heran und war davon überzeugt, daß der Artikel 20 Abs. 2 ausreiche, um zum Beispiel für ein Sachproblem wie die Nachrüstung eine Volksabstimmung anzusetzen. Mit dieser Position kam ich bei einer Tagungsdiskussion mit einem Teilnehmer - einem Verfassungsrechtsexperten - ins Gehege, der mir entgegenhielt, daß meine Absicht zwar wünschenswert, aber grundsätzlich nicht möglich sei, darin würden alle Kommentare zum Grundgesetz übereinstimmen. Er fügte hinzu, daß man an diesen Kommentaren nicht vorbeikomme, denn sie würden die Sache gültig interpretieren.

Die Folge davon war, daß ich mir die gesamten Zusammenhänge sehr viel genauer vornahm, und in diesem Moment beginnt die Erkundung der verfassungsrechtlichen Situation in bezug auf den Artikel 20 Abs. 2, die letztendlich dazu führte, daß wir im Laufe des Jahres 1983 eine Interpretation des Artikels 20 Abs. 2 verfaßten, mit der wir zunächst allein auf weiter Flur standen. Für uns ergab sich diese Interpretation aber ganz klar aus der Logik des Artikels 20 Abs. 2. Denn wir stellten fest, daß dieser Artikel 20 Abs. 2 die Materie vollkommen uneingeschränkt normiert, also eine Grundnorm des Demokratieverständnisses darstellt, und deswegen nicht mit dem Artikel 29 in Verbindung steht, weil in diesem Artikel ein ganz anderes Rechtssubjekt als im Artikel 20 erscheint. Der Artikel 20 bezieht sich auf das Bundesstaatsvolk insgesamt und normiert die Ausübung der Staatsgewalt durch das Bundesstaatsvolk in prinzipieller Hinsicht, umfassend und uneingeschränkt; während der Artikel 29 als Rechtssubjekt den jeweiligen von einer Grenzänderung betroffenen Bevölkerungsteil hat. Das Bundesstaatsvolk agiert nach dem Artikel 29 überhaupt niemals. Wegen dieser unterschiedlichen Rechtssubjekte kann es sich in den Artikeln 20 und 29 nicht um die gleiche Rechtssubstanz handeln. Verfassungsrechtlich muß man also den Tatbestand konstatieren, daß der Verfassungsgesetzgeber, rechtslogisch gedacht, in das Grundgesetz eine Norm hineingebracht hat, die ihres normativen Charakters wegen aus der Logik der Sache *notwendigerweise* der weiteren Ausgestaltung bedarf. Man kann auf der einen Seite in eine Verfassung nicht etwas als *Norm*, Fundament, Sockel hineinschreiben, und dann auf die *Ausgestaltung* des Körpers verzichten. Das ist ein Widerspruch, und eine noch vorhandene Lücke kann eigentlich ausschließlich historisch erklärt werden. Spätestens aber in dem Moment, in dem diese Lücke entdeckt worden ist, hätte sie ihre weitere Ausgestaltung erfahren müssen.

Deshalb haben wir unsere verfassungsrechtliche Position so bestimmt, daß wir gesagt haben: hier stellt das Grundgesetz sich selbst - und damit dem Verfassungsgesetzgeber - die Aufgabe seiner eigenen Weiterbildung. Selbstverständlich bedarf ein Abstimmungsrecht einer weiteren Entfaltung im Grundgesetz; diese begriffliche Weiterentwicklung muß in der Verfassung selbst vollzogen werden, und zwar im Prinzip so, wie es bereits in der Weimarer Verfassung vorhanden gewesen ist. Das kann zum Beispiel die dreistufige Gesetzgebung sein, allerdings auch eine andere Form; darüber müßte dann im einzelnen gesprochen werden. Diese nächste Stufe muß im Grundgesetz untergebracht werden. Das heißt, es bedarf also einer Verfassungsänderung. Meiner Überzeugung nach genügt keine bloße Ausführungsgesetzgebung, weil damit aus rein verfassungsrechtslogischen Gründen nicht die wirkliche *Proportionalität* zwischen der Veranlagung der Volksgesetzgebung im Artikel 20 und der ebenfalls dort veranlagten parlamentarischrepräsentativen Demokratie samt der entsprechenden Organe hergestellt wäre. Was im Grundgesetz für die Volksgesetzgebung fehlt, ist diejenige Stufe der Begriffsentfaltung, die das Grundgesetz in bezug auf die Ausgestaltung der parlamentarischen Organe - Bundestag, Bundesrat usw. - zusammenstellt. Damit diese Parallele im Grundgesetz entstehen kann, muß eine Verfassungsänderung erfolgen.

Eine dritte Stufe wäre dann ein *Bundesabstimmungsgesetz*, welches alle weiteren Details regelt, entsprechend dem *Wahlgesetz*, welches als einfaches Bundesgesetz die Details des Wahlvorganges regelt. Das Grundgesetz beschreibt in bezug auf die Organschaften des parlamentarischen Systems genau die Rechtsmaterie, die zu bearbeiten ist, also zum Beispiel was Bundes- bzw. Landeskompetenz ist, welches Verhältnis die Organe zueinander haben usw. Die entsprechende begriffliche Ausgestaltung dieser Ebene für die Volksgesetzgebung müßte noch als Verfassungsrecht im Grundgesetz hinzukommen. Erst darauf aufbauend kann dann das eigentliche Bundesabstimmungsgesetz formuliert werden.

Ein Volksentscheid ist nicht verfassungswidrig!

W.W.: Haben die Äußerungen des ehemaligen Bundesinnenministers Zimmermann sowie anderer, daß ein Volksentscheid verfassungswidrig sei, damit zu tun, daß dieses Zwischenstück fehlt oder hat es noch ganz andere Gründe?

W. Heidt: Es gibt wohl auch psychologische und parteipolitisch-interessensmäßige Gründe. Was der Minister Zimmermann über die angebliche Verfassungswidrigkeit des Volksentscheides sagt, ist nicht richtig. Ein Volksentscheid ist nicht verfassungswidrig, sondern aufgrund dessen, was das Grundgesetz derzeit an begrifflicher Ausgestaltung der direkten Volksgesetzgebung bietet, ist die ganze Sache lediglich noch nicht durchführbar. Das verfassungsrechtlich dargestellte Fundament der Volksgesetzgebung im Artikel 20 Abs. 2 reicht nicht aus, um eine Volksabstimmung als staatsrechtlichen Akt stattfinden zu lassen. So formuliert es Zimmermann allerdings nicht, sondern er stellt eine angebliche Verfassungs*widrigkeit* dar und schlägt sich dabei wahrscheinlich auf diejenige Seite der herrschenden Lehre, die verkündet, daß der Volksentscheid mit dem Grundgesetz prinzipiell unvereinbar sei. Das mag bei ihm im Hintergrund stehen, explizit hat er es so aber nicht ausgesprochen.

Auf der anderen Seite ist es auch nicht ganz zulässig zu sagen, daß auf der Basis des Grundgesetzes die praktische Möglichkeit zu einem Volksentscheid bereits bestehe. Zwar ist dies die uns am nächsten stehende Position, aber für uns geht es nicht um die *Möglichkeit* des Volksentscheides, sondern um seine *Notwendigkeit*. Denn das Grundgesetz sieht die direkte Volksgesetzgebung als eine zwingende Notwendigkeit vor, und zwar durch das, was in ihm selbst veranlagt ist. Durch die beiden Sätze, "Alle Staatsgewalt geht vom Volke aus. Sie wird vom Volke in Wahlen und Abstimmungen ... ausgeübt", werden die elementarsten *Normen* für das Demokratieverständnis dieser Republik begrifflich ganz klar bestimmt.

W.W.: Das Grundgesetz ist ja auch keine Philosophie!

W. Heidt: Genau, und wenn diese Sätze in einem philosophischen Werk ständen, so hätten sie vielleicht den Charakter einer allgemeinen philosophischen Vorstellung, aber es müßten keine Konsequenzen daraus folgen. Aber insofern diese Sätze in einer Verfassung stehen, haben sie *normativen* Charakter.

W.W.: Wie verhält sich in diesem Zusammenhang der Artikel 79 Abs. 3?

W. Heidt: Das ist ganz umgekehrt zu dem, was die herrschende Lehre darüber aussagt. Denn aufgrund dieses Artikels 79 Abs. 3 wird festgeschrieben, daß der Artikel 20 Abs. 2 - und damit unter anderem das Abstimmungsrecht des Volkes - niemals geändert werden kann. - Es gibt noch einen weiteren Grund, warum kein Zusammenhang zwischen den Artikeln 20 und 29 besteht, und zwar deswegen nicht, weil der Artikel 29 im Gegensatz zum Artikel 20 vollständig eliminiert werden kann.

W.W.: Und weil der Artikel 29 zeitlich begrenzt ist!

W. Heidt: Wenn dieser Artikel 29 wegen der zeitlichen Begrenzung wegfiele, so würde sich ja das Abstimmungsprinzip des Artikels 20 nach dem Verständnis der herrschenden Lehre auf gar nichts mehr beziehen; es wäre dann sozusagen die Bezeichnung für eine Nullität. All dies ist dermaßen widersprüchlich, daß die herrschende Lehre endlich begreifen müßte, daß sie sich in einer Sackgasse befindet, und daß die ganz klare Rechtslogik nur so sein kann, daß im Artikel 20 Abs. 2 eine Grundnorm für das Demokratieverständnis dieser Republik formuliert ist, und zwar uneingeschränkt. Wäre es eingeschränkt zu verstehen, so müßte dies im Artikel 20 selber drinstehen. Aber so wie der Artikel formuliert ist, schafft er die optimalen Voraussetzungen, sich kreativ ans Werk zu machen und sich zu fragen, welche rechtslogische Konsequenz aus dieser Veranlagung zu ziehen ist, um der durch das Grundgesetz vorgegebenen Norm tatsächlich zu entsprechen. Hier liegt also eine sehr interessante notwendige Weiterbildung eines Rechtsprinzips vor, welche die Verfassung nicht nur aus politischen Gründen *zuläßt,* sondern aus ihrer eigenen Begriffsgestalt fordert.

VI. VON DER APO ZUR DREISTUFIGEN VOLKSGESETZGEBUNG. METAMORPHOSE IN DER STRATEGIE WILFRIED HEIDTS UND SEINER MITARBEITER

W.W.: Historisch zu Deiner Person: Was hat Dich veranlaßt, Dich mit dem Demokratieprinzip näher zu befassen?

W. Heidt: Meine erste Begegnung mit dem Gesichtspunkt der direkten Demokratie kam durch die Vermittlung von *Peter Schilinski* zustande, dem ich in der Mitte der sechziger Jahre begegnet bin. Einige Jahre vorher hatte ich begonnen, mich mit der Dreigliederungsidee *Rudolf Steiners* zu beschäftigen. Für Peter Schilinski waren die "Kernpunkte der sozialen Frage" von Rudolf Steiner bereits kurz nach dem Zweiten Weltkrieg eine Art Schulungsbuch geworden, und bei unserer Begegnung in den sechziger Jahren stellten wir beide fest, daß wir an derselben Sache tätig waren. Da es in dieser Zeit sehr wenige Menschen gab, die sich mit diesen Fragen beschäftigten, beschlossen wir zusammenzuarbeiten. Im Laufe der Jahre kamen wir inhaltlich auch über die Demokratiefragen ins Gespräch, und dabei zeigte sich, daß Peter Schilinski den Demokratiebegriff Rudolf Steiners als den Begriff des Direktdemokratischen las und verstand. Er las ihn als "Demokratie durch Volksabstimmung". Zwar fand ich Peter Schilinskis Gedanken folgerichtig, aber ich konnte diesen Begriff bei Rudolf Steiner so gedacht nicht finden.

Aus diesem Dreigliederungsimpuls heraus hat Peter Schilinski im Jahre 1951 in Schleswig innerhalb der selbstorganisierten Volksabstimmungsinitiative gegen die Wiederbewaffnung der BRD eine *Initiative "Bund für Freie Volksabstimmung"* gegründet, um sich mit diesem Bund in die damals heftig diskutierte Frage der Wiederbewaffnung einzumischen. Er selbst bezog die Sache also gleich auf den praktischen Fall der Wiederbewaffnung, tat dies seiner Meinung nach aber auf der Basis des Dreigliederungsgedankens. Sein Anliegen war es, in allen folgenden Jahren in immer neuen Varianten darzustellen, daß Demokratie und direkte Volksgesetzgebung unmittelbar zusammengehören, ja sogar identisch seien. Dies tat er unter anderem in seiner Zeitschrift "Jedermann". In dieser Zeitschrift hat Peter Schilinski immer wieder über direkte Demokratie durch Volksabstimmung geschrieben.

Seit der Mitte der sechziger Jahre arbeiteten wir zusammen und verstanden uns in all diesen Fragen sehr gut, empfanden unsere Zusammenarbeit als produktiv. Gemeinsam waren wir davon überzeugt, daß sich die Entwicklungen, die sich 1967/68 in der Bundesrepublik (Studentenbewegung, APO) und der CSSR (Prager Frühling) ergaben, unmittelbar mit dem Gedanken der sozialen Dreigliederung zusammenhingen bzw. objektive historische Erscheinungen des Dreigliederungsimpulses seien. Aus der Beschäftigung mit den Vorgängen in der Tschechoslowakei starteten wir damals in der BRD einen ersten

Versuch, um zu prüfen, wie weit die Menschen bewußtseinsmäßig wären, wenn man ihnen neue gesellschaftliche Perspektiven vortrüge. Die Frage an die Studentenbewegung war ja immer, was sie zusätzlich zu ihrer Kritik am Kapitalismus und am parlamentarischen System als *konkrete Utopie* vorzuweisen hatte. Wir haben unsere Aktivitäten innerhalb der Außerparlamentarischen Opposition entfaltet, um in den republikanischen Clubs unsere konkreten Vorstellungen einer realen Utopie darstellen zu können. In diesem Zusammenhang haben wir dann mit einer Initiative, die wir *"Demokratische Union"* nannten, auch die Frage der direkten Demokratie mit auf die Tagesordnung gebracht.

<h2 style="text-align:center">Die Idee der direkten Demokratie
als Brücke zwischen APO und Establishment</h2>

Der große Gegensatz des Jahres 1968 bestand ja zwischen der Außerparlamentarischen Opposition auf der einen Seite und dem Establishment auf der anderen Seite. Interessanterweise tauchte Ende 1968 auf beiden Seiten die Idee der direkten Demokratie auf: aus der Außerparlamentarischen Opposition durch die "Demokratische Union", und auf der anderen Seite - der des Establishments - trat am Jahresende 1968 der Bundeskanzler Kurt Georg Kiesinger vor die Mikrofone und sagte: "Ist nicht das, was wir während dieses Jahres erlebt haben, eine Aufforderung an uns, das, was da kocht, gärt und brodelt, in geordnete rechtliche Bahnen zu lenken und das Volksbegehren sowie den Volksentscheid zu ermöglichen?" So etwa war seine Rede.

W.W.: Das ist ja nicht sehr bekanntgeworden; konnte sich seine Position überhaupt längere Zeit halten?

W. Heidt: Nein, dieser plötzlich aus dem Establishment auftretende Beitrag für die direkte Demokratie hat weder breite Kreise gezogen noch konnte er sich längere Zeit aufrechterhalten. Zwar schlugen Kiesingers Worte, ähnlich wie unsere Initiative, sich für eine kurze Zeit in der Presse nieder, aber das war schon alles. Trotzdem konnte man den Eindruck haben, daß sich das Establishment zu öffnen schien, denn auch die FDP beschloß im Frühjahr 1969 in ihrer Nürnberger Wahlplattform, das Grundgesetz zu überprüfen und für Volksbegehren und Volksentscheid auf allen Ebenen einzutreten, und zwar vom Bund bis in die Gemeinden.1968 war also die Idee der Volksgesetzgebung tatsächlich einen Moment lang wie die Brücke zwischen den ansonsten sehr kontroversen Positionen der APO und dem Establishment.

W.W.: Hatte das irgendwelche Auswirkungen oder waren es nur leere Worte?

W. Heidt: Es war halt ein Programm. Ich selbst habe es damals auch nicht mitbekommen, weil ich mich nicht für Parteien interessierte, denn ich gehörte ja zur Außerparlamentarischen Opposition. Da der Parlamentarismus für mich gar kein Thema war, habe ich auch nicht gehört, was Kiesinger gesagt hat.

Die historische Situation war also wieder einmal die, daß alle nicht wach genug waren, was natürlich nicht heißt, daß, wenn man diese Initiativen aus dem Establishment aufgegriffen hätte, dabei etwas herausgekommen wäre. Aber meines Erachtens kann man nie wach genug sein wahrzunehmen, was in bezug auf notwendige Entwicklungsschritte in der Zeit auftaucht. *Objektiv* stand die Frage der direkten Demokratie an, aber *subjektiv* haben es beide Seiten gegenseitig nicht wahrgenommen. Die FDP hat ihr Bundestagswahlprogramm im Jahre 1969 im wesentlichen mit diesem Punkt bestritten, erweckte bei vielen fortschrittlichen Geistern auch Hoffnungen, zum Beispiel war Dahrendorf ein wesentlicher Verfechter dieser Idee, und im Prinzip forderte die FDP eine grundlegende Verfassungsreform bis hin zur Ausgestaltung der dreistufigen Volksgesetzgebung. Die Entwicklung der politischen Landschaft war am Ende der sechziger Jahre so weit, daß diese Frage auf die Tagesordnung kommen konnte.

W.W.: Aber statt dessen kamen die Notstandsgesetze!

W. Heidt: Die Notstandsgesetze kamen. Auch sie waren ein Grund, notwendige demokratische Entwicklungen zu diskutieren und in die Praxis umzusetzen.

W.W.: Wie ging die Entwicklung weiter; lief alles mit der Tendenz der vom Bundestag eingesetzten Enquete-Kommission ab, die als Enquete-Kommission "Verfassungsreform" in den Jahren 1970 bis 1976 unter anderem die Möglichkeit eines Volksentscheids prüfte, dann aber in ihrem Abschlußbericht jede Form der direkten Demokratie ablehnte, weil plebiszitäre Elemente zu einer Desintegration des politischen Systems und zu einer Emotionalisierung der Politik beitragen könnten sowie eine Dauerunruhe durch Splittergruppen entstehen würde? Wurden auch alle anderen Bestrebungen, zum Beispiel in der FDP, ähnlich oberflächlich zu Grabe getragen?

W. Heidt: Der Bericht der Enquete-Kommission war wirklich sehr dürftig, und von seiten der Parteien - mittlerweile waren SPD und FDP an der Regierung, und die Macht schmeckte ihnen - wurde dieses Anliegen einfach fallengelassen. Was manche von ihnen 1968/69 noch emotional bewegte, tauchte in der ersten Hälfte der siebziger Jahre bei ihnen als Thema überhaupt nicht mehr auf, nicht zuletzt deswegen, weil man das Thema dieser Fachkommission übertragen hatte.

Die Gründung des Internationalen Kulturzentrums in Achberg

Auch auf der anderen Seite, bei der Außerparlamentarischen Opposition, wurde der Faden aktiv nicht weitergeführt, zumindest nicht nach außen hin mit ähnlicher Resonanz, wie es in den Jahren 1968/69 der Fall war. Mit dem Hintergrund des Prager Frühlings sowie unseren bisherigen öffentlichen Aktivitäten tauchte die Frage auf, ob man nicht einen Ort schaffen sollte, an dem man alle aufgebrochenen Fragen in Ruhe bearbeiten konnte. Weil immer mehr Menschen zeigten, daß sie an der Bearbeitung von gesellschaftlichen Zukunftsfragen interessiert waren, kam es zur Gründung des Achberger Instituts, des Internationalen Kulturzentrums. Da für uns als Anthroposophen die Idee der Dreigliederung die Perspektive war, die alle Entwicklungsimpulse der neueren Menschheit zusammenfaßte, suchten wir einen Ort, an dem man permanent die gesellschaftlichen Fragen im Lichte der Dreigliederungsidee bearbeiten konnte. Aus dieser Fragestellung heraus gründeten wir das Internationale Kulturzentrum. In den Jahren 1971/72 waren wir deswegen von jeglicher Aktivität nach außen hin abgezogen; wir waren in die Gründungsphase von Institutionen eingetreten und mußten Boden schaffen, damit der institutionelle Teil unserer Strategie entstehen konnte.

Joseph Beuys übernahm die Fackel

W.W.: Auf welche Weise kamt Ihr in Zusammenarbeit mit *Joseph Beuys?* Hatte er gleiche Ideen bereits durch sich selber ausgebildet oder griff er Eure Initiative auf?

W. Heidt: Joseph Beuys führte die Initiative als "Organisation für direkte Demokratie" in den Jahren 1970 bis 1972 nach außen hin fort. Er griff den Faden dort auf, wo wir ihn wegen der Gründung des Achberger Instituts hatten liegenlassen müssen. Aus seiner völligen Übereinstimmung mit der Interpretation des Begriffes der direkten Demokratie und der entsprechenden Herleitung aus der Dreigliederung, wie wir es zwischen den Jahren 1967 und 1969 formuliert hatten, und der Art und Weise, wie Beuys mit der Sache umging, schließe ich, daß er durch unsere Initiative angeregt war, wahrscheinlich in erster Linie durch Veröffentlichungen in der Zeitschrift Peter Schilinskis. Auf jeden Fall hat

Joseph Beuys an dieser Stelle die Fackel übernommen und die Idee der direkten Demokratie nach außen hin weiter verbreitet. Wir führten das Projekt zunächst nach außen auch deswegen nicht weiter, weil wir davon ausgingen, daß diesem an sich sehr kräftigen ersten Versuch kein entsprechendes Echo aus der Bevölkerung entgegenkam. Bereits im Jahre 1969 erwies sich, daß das Echo noch nicht so stark war, daß man zum Beispiel eine Art Partei-Initiative hätte starten können. Wegen des schwachen Echos war unsere Schlußfolgerung, erst eine Arbeitsstätte zu gründen, an welcher sich die interessierten Menschen mit den Fragen der Demokratie im speziellen und der Dreigliederung im allgemeinen näher auseinandersetzen könnten.

Beuys war es, der die Arbeit für die direkte Demokratie politisch weitergeführt und im Bewußtsein der Öffentlichkeit aufrechterhalten hat. Er gründete in Düsseldorf das" Büro für direkte Demokratie". Aber auch bei ihm kristallisierte sich um dieses Büro keine soziale Bewegung. Daran zeigte sich, daß man im Jahre 1972 die Gemüter der Menschen noch nicht mit dem Impuls der direkten Demokratie aktivieren konnte, so daß daraus eine wirkliche gesellschaftliche Organisation hätte entstehen können. Als vorläufig letzten Akt stellte Beuys sein Büro als seinen Beitrag im Jahre 1972 in die Documenta in Kassel hinein, wo er dann 100 Tage lang die Gelegenheit hatte, als Repräsentant des "Büros für direkte Demokratie" Gespräche zu führen. Selbstverständlich hat er dabei auch den Gesamtzusammenhang der Dreigliederung immer mit dargestellt, pointiert war die Arbeit aber auf die direkte Demokratie gerichtet.

In dieser Zeit war also Joseph Beuys der Hauptträger dieses Impulses nach außen hin. Doch irgendwie war all unser Tun damals noch recht naiv: Direkte Demokratie als unmittelbare Folge aus der Dreigliederung war etwas, was jedem Menschen unmittelbar einleuchten müßte; so dachten wir.

Wir lernten Beuys 1969/70 kennen und empfanden uns sogleich als Verbündete, aber der Kontakt blieb zunächst noch spärlich. Ab 1972 begannen wir dann eng zusammenzuarbeiten. Und diese enge Zusammenarbeit mit Joseph Beuys dauerte bis zu seinem Tod.

Wilhelm Schmundts Beitrag über die drei Funktionszusammenhänge des sozialen Organismus

W.W.: Kamt Ihr in den Jahren Eurer Zusammenarbeit zu neuen Forschungsergebnissen und Weiterentwicklungen des Begriffs der direkten Demokratie?

W. Heidt: Ja, es ergaben sich immer wieder neue Einsichten, zum Beispiel durch die Anregungen, die wir von dem Dreigliederungs-Forschungsbeitrag von *Wilhelm Schmundt* bekamen. Nicht jeder in Achberg trug diese Forschungsergebnisse mit, so daß es auch zu einigen Schwierigkeiten kam. Wilhelm Schmundt ist eine Persönlichkeit, die in der Dreigliederungsforschung eine ganz besondere Stellung einnimmt, die man zunächst einmal dadurch kennzeichnen kann, daß sein Dreigliederungsbeitrag bis heute so gut wie nicht aufgegriffen wurde. Das liegt daran, daß seine Ergebnisse meist gar nicht als ein ideengeschichtlich legitimer Beitrag zur Dreigliederungsforschung verstanden werden, weil man bei Schmundt nicht mehr jene Beschreibung der Sache findet, wie man sie von Rudolf Steiner gewohnt ist. Das ist das Hauptproblem. Aber dieser originäre Forschungsbeitrag interessierte uns ganz außerordentlich, er hielt uns mehr und mehr in Atem und wir erkannten ihn als notwendige Weiterführung der gesamten Dreigliederungsforschung. Dies gilt heute wie damals. Es wurden uns dadurch Zusammenhänge offenbar und klar, die uns vorher aufgrund der Darstellungen Steiners noch nicht deutlich geworden waren.

W.W.: Könntest Du das mal ein wenig konkretisieren?

W. Heidt: Vor allem geht es darum, den sozialen Organismus so zu denken, daß sich diese *Ganzheit* in drei verschiedene *Funktions*zusammenhänge gliedert, und darunter ist nicht das zu verstehen, was Rudolf Steiner als die Teilgebiete des sozialen Lebens - Geistesleben, Rechtsleben, Wirtschaftsleben - beschreibt. Wenn bei Rudolf Steiner vom Geistesleben im sozialen Organismus die Rede ist - und entsprechend bei den meisten Vertretern der Dreigliederungsbewegung -, dann wird darunter in der Regel immer der Kulturbereich der Gesellschaft verstanden, also im wesentlichen die kulturellen Institutionen; als Wirtschaftsleben werden entsprechend die Einrichtungen der materiellen Produktion verstanden, während dagegen das Rechtsleben die staatlichen Institutionen umfaßt, insbesondere Exekutive und Legislative. Die Begriffe Geistesleben, Rechtsleben und Wirtschaftsleben, wie Wilhelm Schmundt sie entwickelt, betreffen dagegen eine Wirklichkeitsebene des sozialen Ganzen, die noch eine Stufe darunter liegt, also noch keine bestimmten "Organe" - zum Beispiel eine Schule - des sozialen Organismus, sondern die konstitutiven Funktionssysteme desselben.

Das Funktionssystem des Geisteslebens beispielsweise faßt alle Tätigkeiten zusammen, die in der Gesellschaft wirken, um das, was für das jeweilige Handeln der Arbeitsstätten als *Erkenntnis* notwendig ist, zu entwickeln. Alle Erkenntnisfragen, die sich im sozialen Leben ergeben, und die von den jeweiligen Einrichtungen bearbeitet werden, machen das Funktionssystem des Geisteslebens aus, welches sich an jedem Ort des sozialen Organismus darstellt. Es gibt im sozialen Organismus also gar keinen Ort, der nicht in das Funktionssystem des Geisteslebens mit einbezogen wäre.

W.W.: Also bis hin zur Fähigkeit eines jeden Menschen, Kaffee zu kochen!?

W. Heidt: Bis hin zur Fähigkeit, Kaffee zu kochen; bis in alle diese Fähigkeiten hinein, auf jedem Gebiet des Lebens, haben wir es mit dem Funktionssystem des Geisteslebens zu tun. Konsequenterweise ergäbe sich aus diesem Zusammenhang, daß zum Beispiel auch Parteien als Organe des Geisteslebens verstanden werden müßten, denn sie sind der Aufgabe nach, die sie sich selber gestellt haben, solche Organe, die Erkenntnisorientierungen vorbringen wollen, in welcher Richtung sich ihrer Meinung nach der soziale Organismus zu entwickeln habe, und zwar im besonderen im Hinblick darauf, wie ihrer Einsicht nach die Gesetzgebungen zu sein hätten. Da eine Partei an sich ein Organ des Geisteslebens ist, ist auch das Parlament - insofern dort Parteien als Organe des Geisteslebens wirken und dieses Parlament nicht gerade ein Gesetz beschließt, sondern Erkenntnisfragen der Gesellschaft bearbeitet - unter diesem Gesichtspunkt ein Organ des Geisteslebens.

W.W.: Und in dem Moment, wo das Parlament ein Gesetz beschließt, ist es ein Organ des Rechtslebens!?

W. Heidt: Dann ist es ein Organ des Rechtslebens. Und insofern das Parlament eine Arbeitsstätte ist, die einer gegliederten Organisation bedarf, ist es ein Organ des Wirtschaftslebens. Das Produkt dieser Arbeitsstätte sind ja die Gesetzgebungen, so daß die Gesetzgebungen also in diesem Sinne in den Begriff Wirtschaftsleben eingeordnet sind. Das Parlament ist gleich einer Maschinenfabrik oder einer Schule ein Arbeitskollektiv. Insofern sich dieser Zusammenhang der neuen Gesellschaft in den Geldprozessen darstellt, ergibt sich aus der Beschreibung des sozialen Organismus, die Wilhelm Schmundt gibt, daß das Geldwesen das ontologische, das soziale Leben fundamental bestimmende Wesen des Rechtslebens darstellt. Sämtliche Geldprozesse sind im sozialen Organismus die Träger von Rechten und Pflichten; im Geldwesen drückt sich aus, was zwischen den Menschen an Rechten und Pflichten zur Vereinbarung gebracht worden ist. Geld ist das im organischen Sinne konstituive Rechtselement. Es ist kein beschlossenes "positives" Recht, sondern das im sozialen Organismus funktionell sich darstellende Rechtsleben.

Diese Perspektiven, die in bezug auf alle Begriffe Konsequenzen haben - den Geldbegriff, den Eigentumsbegriff, den Arbeitsbegriff, den Begriff der Fähigkeiten -, waren diejenigen, die uns in der Begegnung mit Wilhelm Schmundt viele Jahre hauptsächlich beschäftigt haben. Das gleiche gilt für Joseph Beuys, denn für ihn war der Beitrag Schmundts genauso elementar existenziell wichtig, wie das auch für uns der Fall war. Um Wilhelm Schmundt verstehen zu können, mußten wir die Übung vollziehen, alles zu vergessen, was wir von Rudolf Steiner bereits kannten. Wenn uns immer die Bilder der Dreigliederungsidee von Rudolf Steiner vor Augen gestanden hätten, dann hätten wir Wilhelm Schmundt nicht verstehen können, geschweige denn, daß wir in der Lage gewesen wären, beide wiederum miteinander zu verbinden, und möglicherweise noch ein drittes Bild hinzuzufügen. Denn nach einer gewissen Zeit haben wir festgestellt, daß Wilhelm Schmundts Beschreibung noch nicht alle Fragen, die gestellt sind, gelöst hat. In bezug auf den Beitrag über die direkte Demokratie sind wir der Meinung, daß wir damit in der Dreigliederungsforschung etwas Neues hinzugefügt haben; und möglicherweise ist auch das noch nicht der letzte Punkt, aber es ist ein weiteres Glied, welches sich nicht unmittelbar aus den Arbeitsergebnissen Rudolf Steiners und Wilhelm Schmundts ergibt.

"Früher sahen wir die Dreigliederungsidee Rudolf Steiners nur als gesamtgesellschaftliche Entwicklungsperspektive"

In diesen Jahren - 1970 bis 1980 - gingen wir mit der Dreigliederungsidee als mit einer gesellschaftlichen Gesamtentwicklungsperspektive um. Wir standen damals noch nicht vor der Frage, ob man die Dreigliederungsidee, um sie in die Welt der Erscheinungen einzupflanzen, vielleicht in ihre Bestandteile auflösen müßte, indem man zum Beispiel darauf hinschaut, was die Geschichte - nicht die Ideengeschichte, sondern die politische und soziale Geschichte - aus der Dreigliederungsperspektive sozusagen herausgreift und faktisch bearbeitet. Diese Frage haben wir uns damals noch nicht gestellt, denn wir waren noch der Meinung, daß immer alles gleichzeitig in Arbeit sei. Wir waren so durchdrungen von der Idee, daß wir uns sagten, daß nur die Gesamtmetamorphose - und zwar hier und jetzt - die wirkliche Dreigliederungsarbeit sei. Deshalb setzten wir alle unsere Kräfte ein, dafür zu wirken, damit sich diese Gesamtmetamorphose vollziehen könne. Also haben wir immer in den Gesamtzusammenhängen gelebt und gearbeitet. Wir hätten in diesen Jahren niemals etwas machen können, was wir an sich Ende der sechziger Jahre in gewisser Weise bereits vollzogen haben und heute auf höherer Stufe wieder tun.

W.W.: Welche konkreten Ergebnisse für Euer praktisches Wirken habt Ihr aus den Werken Wilhelm Schmundts entfaltet?

W. Die Praxis, die sich aufgrund der Anregungen Wilhelm Schmundts ergab, war zunächst keine politische, sondern eine Praxis, die sich auf unser eigenes Unternehmen bezog. Durch Wilhelm Schmundt erkannten wir zum ersten Mal eine Möglichkeit, wie man zum Beispiel die Geldprozesse anders denken kann, wie man mit Arbeit und Einkommen anders umgehen kann, was Mitarbeiterselbstverwaltung bedeutet, ja, was überhaupt ein Unternehmen ist. Das waren alles Bereiche, die wir, als wir uns rein in der Dreigliederungs*idee* bewegten, überhaupt nicht gesehen und geschaut haben, denn die Dreigliederungsidee im Sinne Rudolf Steiners erschien für uns immer nur als eine gesamtgesellschaftliche Entwicklungsperspektive. Es war uns aber nicht möglich, eine Brücke zu unserem eigenen Unternehmen zu schlagen. In bezug auf manche Dinge empfanden wir uns daher wie Menschen aus dem Neandertal, zum Beispiel bezüglich der Leitung eines Unternehmens: wie kann aus einer Mitarbeiterschaft ein Unternehmen überhaupt geleitet werden usw.? Dies sind natürlich Fragen, die sich auch in anderen Betrieben, Schulen usw. als Frage nach dreigliederungsgemäßen Lebensformen stellen.

Die direkte Demokratie durch Volksgesetzgebung sollte an die Spitze des Wahlprogramms der GRÜNEN treten

W.W.: Wenn wir jetzt einmal einen Sprung in die Zeit machen, in der Ihr die Aktion Volksentscheid konkretisiert: wie vollzog sich das im wesentlichen? Soweit ich orientiert bin, entstand die erste konkrete Kurzfassung einer gesetzlichen Ausgestaltung des Artikels 20 Abs. 2 auf einer Sitzung der GRÜNEN!?

W. Heidt: In den siebziger Jahren gingen wir mit der Demokratiefrage nicht so um, daß wir sie auf das Staatsrecht bezogen hätten, sondern wir gingen mit der Demokratiefrage so um, daß wir uns darüber austauschten, was sie für die *Rechtsgemeinschaft eines Unternehmens* bedeutet. Das änderte sich erst in dem Moment, als wir in die politische Zusammenarbeit mit den GRÜNEN traten. Auch dort gaben wir zuerst Beiträge, die sich auf eine Gesamtprogrammatik einer GRÜNEN-Parteiperspektive bezogen. Und da spielte natürlich der Gedanke der direkten Demokratie zunehmend eine Rolle, wenn auch keine herausgehobene. In dem Versuch, eine grüne Gesamtalternative im Sinne der Dreigliederungsidee zu entwickeln, war der Gedanke der direkten Demokratie zwar immer involviert, hatte aber keine exponierte strategische Bedeutung. Dies war bis in das Jahr 1982 hinein so. Der Stand der Begriffsentwicklung in bezug auf die direkte Demokratie war in den Beiträgen, die wir der GRÜNEN-Programmatik lieferten, nicht weiter entwickelt als schon zehn/fünfzehn Jahre vorher.

Eine Weiterentwicklung unseres Begriffes der Volksgesetzgebung - darauf hast Du gerade hingewiesen - geschah im Zusammenhang mit den GRÜNEN. In deren Zusammenhang trat die Initiative "Aktion Volksentscheid" in Erscheinung. Ich wirkte damals auch noch innerhalb der GRÜNEN mit, weil ich das als eine Möglichkeit empfand, mit vielen Menschen ins Gespräch zu kommen. Während einer Sitzung des hiesigen Kreisverbandes (Wangen i.Allg.) um die Jahreswende 1982/83, welche unter anderem die Nachrüstung zum Thema hatte, kam es zu einem ersten Entwurf über die dreistufige Volksgesetzgebung. Es ging auf dieser Sitzung thematisch um die Rotation der Abgeordneten. Bei der Rotationsfrage drückte sich ja ein ganz berechtigtes Mißtrauen gegenüber dem Parlamentarismus aus. Die Antwort der GRÜNEN damals war, die Abgeordneten durch Rotation möglichst schnell wieder aus den Parlamenten zu entfernen, damit sich nicht zuviel Privilegien und Einfluß für eine Person entwickeln könnten. Es war natürlich eine fruchtlose Diskussion, denn im Grunde war man sich klar, daß ein Abgeordneter eine ganz wichtige Funktion an diesem Arbeitsplatz erfüllt, so daß eine Rotation an sich unsinnig ist. Jeder muß sich ja über eine längere Zeit erst einmal einarbeiten.

W.W.: Dein Diskussionsbeitrag war wahrscheinlich: Statt Rotation Volksentscheid!

W. Heidt: Ja, ich versuchte, das "Übel" an seiner Wurzel zu packen. Und diese Wurzel ist ja, daß die Bürgerschaft durch den Parlamentarismus prinzipiell von der Mitgestaltung der Politik ausgeschaltet ist. Ich sagte ganz konkret, daß die Lösung nicht in der Rotation liege, sondern daß wir als grüne Alternative eine auf die Wurzel des Problems gerichtete Idee ins Spiel bringen und unsere Gesamtpolitik unter diese Idee stellen müßten. *Alle grüne Politik,* so regte ich an, *solle künftig unter dem Vorbehalt der Idee der Volksgesetzgebung stehen,* d.h. wenn die Menschen meinen, daß das, was grüne Vorschläge sind, unbrauchbar ist, dann müssen die Menschen auch die Möglichkeit haben, diese Vorschläge abzulehnen. Gerade wenn die GRÜNEN an einer Regierung beteiligt wären, müsse es den *Popularvorbehalt* geben, daß also die Gesamtpolitik immer unter den Willen des Souveräns selbst gestellt wird. Ich war der Überzeugung - man stand vor der Bundestagswahl 1983 -, daß es völlig unzureichend sei, den diffusen Begriff der Basisdemokratie in die Welt zu setzen, und daß wir statt dessen eine wirkliche Alternative bieten müßten: eben die direkte Demokratie durch Volksgesetzgebung.

W.W.: Wurden Deine Vorschläge vom Kreisverband angenommen?

W. Heidt: Ja, es wurde sofort nachgefragt, wie dies praktisch aussehen könne. Ich lieferte dazu in Kürze einige Stichworte, und man sagte: "Ja, wunderbar, mach doch gleich mal einen Entwurf für eine entsprechende gesetzliche Regelung!" Man schickte mich für eine Viertelstunde raus, einige konkrete Punkte zusammenzustellen. Mein Vorschlag wurde dann einstimmig angenommen; er sollte an die Spitze des Wahlprogrammes treten.

W.W.: Wie reagierte die Bundesdelegiertenversammlung?

W. Heidt: Die wischte diesen Vorschlag immer wieder vom Tisch. Obwohl 47 Kreisverbände den Antrag unterstützten, wurde er auf der Bundesdelegiertenversammlung einfach ignoriert, unterdrückt. Das führte schließlich dazu, daß während des Bundestagswahlkampfes 1983 diese Idee überhaupt nicht ins Blickfeld trat.

Die Erfahrung führte dann zu dem Entschluß, die Initiative von den GRÜNEN abzukoppeln. Wir überlegten eine Strategie für eine *Bürgerinitiative*, um diesen Gesichtspunkt der direkten Demokratie im Bewußtsein der Bevölkerung zu befördern, denn wir hatten den Eindruck, daß das Bewußtsein der Öffentlichkeit an einem anderen Punkt angekommen war als vor zehn bis fünfzehn Jahren. Im Laufe des Jahres 1983 begannen wir, uns Schritt für Schritt die Zusammenhänge zu erarbeiten, schauten in die historischen Entwicklungen hinein, studierten die Quellen, befaßten uns mit verfassungsrechtlichen Fragen und arbeiteten dann vor allem in der Mitte des Jahres 1983 einen detaillierten Vorschlag für Kriterien eines Bundesabstimmungsgesetzes aus.

W.W.: Den ihr dann als bestausformulierteste Petition seit jeher dem Petitionsausschuß des Bundestages vorlegtet!?

W. Heidt: Ja, unser Bemühen ging dahin, innerhalb des Jahres 1983 eine Petition an den Bundestag auszuarbeiten. Zugleich war es uns aber wichtig, uns nicht nur an den Bundestag zu wenden, sondern wir wollten auch die Öffentlichkeit ansprechen. Im Prinzip hatten wir hier in Achberg dazu keine Möglichkeiten, wir hatten zum Beispiel keine Zeitung und kannten auch niemanden, der das Anliegen hätte veröffentlichen wollen. Wir überlegten uns also, wie wir unseren Vorstoß mit der Petition an den Bundestag gleichzeitig der Öffentlichkeit bekanntmachen könnten. Viele Möglichkeiten standen uns nicht offen, und so kamen wir auf die Idee, es mit einer größeren Anzeige zu versuchen. Die Wahl fiel auf die Wochenzeitung "DIE ZEIT". Gleichzeitig mit der Übergabe der Petition an den Bundestag, samt der dazugehörigen Begründung, erschien diese Anzeige ganzseitig in der "ZEIT". Thematisch war die Sache noch ein wenig an die auslaufende Erörterung über die Nachrüstungsfrage geknüpft; die Nachrüstung diente als Beispiel, wie man solche Fragen demokratisch lösen müßte. Dem Kern der Sache nach war aber alles nur auf die Weiterentwicklung der Demokratie selbst gerichtet. Diese Anzeige in der "ZEIT" erschien in der ersten Ausgabe im Jahre 1984, und durch eine Zustimmungserklärung, die aus der Anzeige herausgeschnitten werden konnte, hatten die Leser die Möglichkeit, mit uns in Verbindung zu treten.

Gigantische Zahlen

W.W.: Welches Feedback hatte diese Anzeige?

W. Heidt: Darüber waren wir außerordentlich erstaunt. Unser Angebot bestand in einem Sonderdruck dieser Petition sowie in Unterschriftenlisten. Nach wenigen Wochen waren es bereits 10.000 Unterschriften, nach einem halben Jahr 20.000. Für die Maßstäbe, in denen wir bisher zu denken und zu empfinden gewohnt waren, waren das gigantische Zahlen. Nach etwa einem dreiviertel Jahr waren bereits über 50.000 Unterschriften zusammengekommen. Das war für uns ein Signal dafür, daß in bezug auf die direkte Demokratie ein ganz anderes Echo innerhalb der Bevölkerung vorhanden war als noch vor Jahren.

Zusätzlich traten wir in Korrespondenz mit den Bundestagsabgeordneten, es gab ein vielfaches Hin und Her, alles in allem ein Briefwechsel mit 50 Bundestagsabgeordneten, die uns aber alle die gleichen Sprüche erzählten. Soweit man das an ihren Stellungnahmen ablesen konnte, hatte sich keiner mit der Materie der direkten Demokratie wirklich gründlich befaßt. Wer dies nachprüfen möchte, kann sämtliche Briefe lesen; wir haben die Korrespondenz seinerzeit veröffentlicht. Des weiteren gab es verschiedene Gutachten der Ministerien, denen wir widersprachen. Das führte zu neuen Gutachten, weil man sah, daß man es sich allzu leicht gemacht hatte und daß hinter unserer Initiative mehr steckte, als man ursprünglich annahm. Man nahm die gesamte Angelegenheit zunehmend ernster, weil man merkte, daß hinter dieser Petition mehr Kompetenz steckt als das, was man ansonsten gewohnt war, über den Petitionsweg auf den Tisch zu bekommen. Die Anzeige wurde in vielen kleineren Zeitschriften und Zeitungen aufgegriffen und erneut abgedruckt, so daß sie doch eine erhebliche Verbreitung erfuhr.

Die GRÜNEN haben die parlamentarische Aktion einigermaßen betreut, vor allem ist es das Verdienst von Christa Nickels, daß die Petition überhaupt aus dem Petitionsausschuß ins Plenum kam. Sie wurde am 4. Oktober 1984 in einer späten Nachtdebatte - ca. 22.00 Uhr - "behandelt" und als "erledigt" betrachtet. Der Tenor der Ablehnung war, daß "ein Volksentscheid" in unserer Verfassung "nicht vorgesehen" sei, im übrigen sei er verfassungspolitisch "nicht wünschenswert", da heutzutage alles außerordentlich kompliziert ablaufe und die Menschen die Zusammenhänge der Politik überhaupt nicht überschauen könnten. Politik müsse Gesamtpolitik sein, sozusagen aus einem Guß, gebunden an "verantwortliche" Kompetenzen und entsprechende Gremien.

W.W.: War dies ein Rückschlag für Eure Initiative?

W. Heidt: Nein, denn wir hatten es erwartet. Die Bereitschaft in der Öffentlichkeit, direkte Demokratie zu wollen, erlahmte nicht, allerdings flaute das Interesse wieder ab. Es wurde ziemlich schnell klar, daß noch nicht genügend Menschen entsprechenden Sachverstand und die nötige Energie aufzubringen gewillt waren, um die Initiative stark und weiterhin zu unterstützen. Man blieb nicht am Ball und allmählich verstummte das Echo. Allerdings hatten wir mittlerweile annähernd 100.000 Zustimmungserklärungen gesammelt, so daß eine erste Organisation aufgebaut werden konnte.

Die Idee der Stimmbriefe

W.W.: Wie fühltest Du Dich in so einer Situation: der Bundestag nimmt die Petition nicht an, das Echo verstummt, trotzdem bist Du von der Durchsetzung Eurer Idee überzeugt?

W. Heidt: Selbstverständlich war ich der Meinung, daß wir auf dem richtigen Weg waren, so daß wir nur zu prüfen hatten, was der nächste Schritt sein müßte. Zwar hatten wir schon gewisse Perspektiven, die ins Historische hineingingen, aber die Prüfung des gesamten Feldes des Vorgegebenen war noch nicht gültig durchgeführt. Mitten in unserer Suche nach einem nächsten kräftigen Schritt geschah das Unglück von Tschernobyl. Das führte dazu, daß sich erneut viele Menschen bei uns meldeten, um uns kundzutun, daß dies nun doch wiederum ein Ereignis sei, an dem man deutlich machen könne, daß der Volksentscheid eine Zeitnotwendigkeit sei. Wir griffen die Anregungen auf und starteten eine neue Anzeigenkampagne, indem wir das Beispiel der Atomanlagen aufgriffen. In diesem Zusammenhang haben wir den Hintergrund dargestellt, daß die derzeitige Atomwirtschaft in unserer Gesellschaft keine wirkliche demokratische Legitimation habe. Für uns kam es allerdings nicht in Frage, wie dies einige Vertreter mit einer separaten Initiative aus den eigenen Reihen

taten, gleich einen "Volksentscheid gegen Atomanlagen" zu fordern, denn für uns war das Beispiel der AKWs lediglich ein Illustrationsbeispiel, auf das sich unmittelbar noch keine Initiative richten konnte, weil die Voraussetzungen, einen Volksentscheid durchzuführen, verfassungsrechtlich noch gar nicht vorhanden sind. Die ganze Kampagne auf einen Volksentscheid gegen Atomanlagen zu reduzieren, wäre ohnehin eine einseitige Parteinahme gewesen. Unsere Position dagegen war die, daß der demokratische Impuls als solcher durch alle politischen Lager hindurch den *breitesten Konsens* bildet und jede Spezialisierung diesen Konsens verengt.

Das war für uns eine schwierige Zeit, in der die "Initiative Volksentscheid gegen Atomanlagen" zusätzlich zu unserer vorhanden war, weil in der Öffentlichkeit eine ziemliche Verwirrung entstand. Unendliche Diskussionen mußten geführt werden, warum wir nicht zusammenarbeiteten usw. Summa summarum setzte das Ereignis von Tschernobyl trotzdem neue Energien für die Initiative frei; die Zustimmungserklärungen gingen jetzt bereits in die hunderttausende. Fernerhin begriffen immer mehr Menschen, was wir grundsätzlich zu der Volksgesetzgebung erklärten, und immer mehr Menschen fragten nach Grundsatzinformationen. So lief das in den Jahren 1986/87. Parallel haben wir aber darüber nachgedacht, was mittel- und langfristig die weitere Strategie sein müsse.

Petitionsausschuß, elfte Wahlperiode

Ende 1986 kamen wir aufgrund unserer historischen Forschungen zu der Einsicht, daß das Jahr 1989 als Anlaß des 40jährigen Bestehens des Grundgesetzes und der darin klaffenden Lücke der neue Bezugspunkt sein könne. Die davon hergeleitete "Logik" war die, als nächsten Schritt dem Bundestag eine zweite Petition einzureichen mit der Aufforderung an das Parlament, ein Gesetz darüber zu erlassen, das Volk selbst über den Gegenstand der Einrichtung der Volksgesetzgebung selber abstimmen zu lassen.

Darauf war dann unsere zweite Petition gerichtet. Sie wurde am 23. Mai 1987 eingereicht.

W.W.: Welche Reaktionen seitens des Bundestages gab es?

W. Heidt: Der Bundestag hat am 05.05.1988 beschlossen, auch diese Petition nicht im Sinne der Petenten aufzugreifen, sondern sie lediglich an die Fraktionen weiterzuleiten, und zwar mit der Begründung, daß eine Petition mit einem Gesetzesvorschlag vorliege, Gesetzesvorschläge aber nicht durch Petitionen eingebracht werden könnten; Gesetzesvorschläge müßten von den Fraktionen eingebracht werden; also überwies man die Sache an diese. Auch wenn dieser Beschluß des Bundestages - die Überweisung der Petitionsmaterie an die Fraktionen -, noch keine Ablehnung bedeutete, war uns natürlich zwischenzeitlich längst klar, daß niemand im Bundestag unsere Gesetzesinitiative aufgreifen will, und deswegen haben wir die Initiative mit einer neuen Methode selbst in die Hand genommen.

Das zweite Halbjahr 1987 war sehr schwierig, weil niemand eine Idee hatte, wie es in der Sache praktisch weitergehen könne. - Ende 1987 wurde dann aber die Idee doch gefunden, *mit einem "Stimmbrief" die Abstimmung selbst zu organisieren*. Zwar hatten wir mit dieser Idee schon vorher geliebäugelt, waren aber lange in der Vorstellung befangen, daß eine solche Abstimmung an einem Tag durchzuführen sei, und dies war etwas, was vollkommen utopisch erschien. Das erforderte gigantische organisatorische Voraussetzungen, die jenseits jeder Möglichkeiten lagen. Weil wir zu lange an dieser Vorstellung festhielten, kamen wir zu keiner Konkretisierung.

Zum 23. Mai 1989: Die Ur-Abstimmung

»Volksentscheid über Art. 20 Abs. 2 GG«

STIMMBRIEF

Für alle Stimmberechtigten zur Teilnahme an der Abstimmung über die Frage:

Soll die politische Einflußnahme der Bevölkerung weiterhin auf die Wahl der Abgeordneten beschränkt bleiben oder soll es künftig auch Abstimmungen über Sachprobleme geben? Wie das Grundgesetz (GG) in seinem Artikel 20 Absatz 2 es vorsieht: „Alle Staatsgewalt geht vom Volke aus. Sie wird vom Volke in Wahlen und Abstimmungen... ausgeübt."

Als wir uns davon lösen konnten, ging's voran. Wir kreierten die Ur-Abstimmung, bezogen das Projekt zunächst auf den 23. Mai 1989 und begannen mit der Verbreitung der Stimmbriefe, um jedem einzelnen Menschen die Möglichkeit zu verschaffen, in dieser Sache seinen Willen in die Waagschale zu werfen.

"Den Stimmbrief in die Hand eines jeden stimmberechtigten Bürgers!"

W.W.: Räumst Du dem Projekt, daß jeder stimmberechtigte Bürger der Bundesrepublik aufgrund der Stimmbriefe seine Meinung abgibt, eine Chance ein?

W. Heidt: Aber sicherlich!

W.W.: Ist es denn kontrollierbar, daß nicht verschiedene Persönlichkeiten mehrfach abstimmen?

W. Heidt: Im ganz exakten Sinne ist es nicht kontrollierbar, weil es natürlich Menschen geben kann, die sich nicht an die Selbstverpflichtung der einmaligen Stimmabgabe halten, wie es im Stimm-brief ausdrücklich gefordert ist. Dort, wo der Mensch den Stimmbrief unterschreibt, un-terschreibt er die Verpflichtung, sich nur einmal an dieser Aktion zu beteiligen. Eine weitere Si-cherheit gibt es nicht, denn mehr ist bei einer selbstorganisierten Aktion nicht realisierbar.

W.W.: Nun ist der zuerst festgesetzte Endpunkt dieser Aktion, der 23. Mai 1989, aufge-hoben worden; war der Zeit-punkt von 500 Tagen, den Ihr Euch - entsprechend Eurer Tele-fonnummer - für die gesamte Aktion selbst gesetzt habt, zu optimistisch angesetzt?

W. Heidt: Es hat sich herausgestellt, daß der Zeitraum, den wir brauchen werden, um wirklich alle Menschen in der Bundesrepublik, die stimmberechtigt sind, zu erreichen, ein sehr viel längerer sein wird. Die ganze Aktion hat aber nur dann einen Sinn, wenn man auch alle Menschen erreicht. *Die Hauptaufgabe, die wir uns gestellt haben, ist, den Stimmbrief in die Hand eines jeden stimmberechtigten Bürgers zu bringen.* Wir haben uns innerlich dazu verpflichtet, in einem Zeitraum, der nicht näher bestimmt werden muß, die Frage der direkten Demokratie so in Bewegung zu bringen, daß sie vor das Bewußtsein eines jeden Menschen treten kann. Das Aufbauen der dazu notwendigen Infrastruktur ist ein praktisches Erfordernis, also die organisatorischen Zusammenhänge aufzubauen, die entsprechenden Materialien zu besorgen und die notwendigen Veranstaltungen durchzuführen, kurz gesagt, die geistig-kulturelle Infrastruktur auszubilden, ist die Aufgabe, die unsere Initiative sich stellt. Letztendlich kommt es natürlich auf die Bevölkerung der Bundesrepublik an, denn mehr als Anregungen zu geben und einen entsprechenden Umfang an Materialien zu liefern, kann man nicht tun.

W.W.: Wann zählt Ihr die Stimmen aus?

W. Heidt: Die zählen wir dann aus, wenn alle stimmberechtigten Bürger der Bundesrepublik der Möglichkeit nach ihren Stimmbrief in die Hände bekommen konnten. Das Projekt ist dann beendet, wenn sich ca. 100 Millionen Stimmbriefe in der Zirkulation befinden, d.h. aber auch, daß entsprechend viele Stimmbriefe bei uns angefordert werden müssen, denn wir geben nur an solche Menschen Stimmbriefe, die sie auch verbreiten.

W.W.: Wie viele Stimmbriefe habt Ihr bisher ausgegeben, wie viele sind zurückgekommen?

W. Heidt: Ausgegeben haben wir mittlerweile 2,5 Millionen, die Zahl der zurückgekommenen Briefe zu nennen, bringt nicht viel, da sich in dieser kurzen Zeit noch zu viele Briefe in der Zirkulation befinden und wir nicht abschätzen können, wie viele derjenigen Stimmbriefe, die wir ausgegeben haben, wirklich bei den Menschen angekommen sind. Auch haben wir festgestellt, daß sich die Menschen oft wochenlang Zeit lassen, um ihre Position für die Stimmabgabe abzuwägen. Und das ist an sich ein gutes Zeichen, denn diese Bedenkenszeit zeigt, daß man nicht leichtfertig seine Stimme abgibt. Man muß diesen Zeitverlauf berücksichtigen. Deswegen betreiben wir das Projekt weiter über den 23. Mai 1989 hinaus, bis wir den Eindruck haben, daß in der Bundesrepublik kein Bedarf mehr nach Stimmbriefen besteht. Nehmen wir an, die Sache würde versiegen, dann bedeutet dies, daß das Projekt zu Ende ist.

Zum ersten Mal nehmen die Menschen die Frage der Souveränität in die eigene Hand

W.W.: Dann könnte es ja noch zehn bis zwanzig Jahre dauern.

W. Heidt: Ja, es könnte noch zehn Jahre dauern. Die Französische Revolution hat auch zehn Jahre gedauert, dann wurde sie "amtlich" für beendet erklärt. Das wird bei uns anders sein. Letztlich ist es eine Frage der Bekanntmachung der Sache, es könnte ja sein, daß sich ab einem gewissen Zeitpunkt die Medien sehr stark einschalten; dann bekommt alles eine große Schwungkraft. Wenn wir die Mittel hätten, uns über alle Medien auszubreiten, dann wäre die ganze Aktion in einem Jahr abgeschlossen. Der Zeitfaktor hängt davon ab, wie die Machtorgane in unserem Staat damit umgehen. Sind wir darauf angewiesen, allein schon die Information über das bloße Vorhandensein der Initiative aus eigenen Kräften zu transportieren, so dauert es eben eine längere Zeit, aber auch diese zehn Jahre - wenn es so sein sollte - sind im Grunde keine lange Zeit. *Wenn man das Ganze als ein historisches Projekt begreift, wenn man sich klarmacht, daß die Menschen damit zum ersten Mal die Frage der Souveränität in die eigene Hand nehmen, sie durcharbeiten und eine Methode in die Wege leiten, durch die jeder Mensch seine individuelle Position zu dieser Sache bestimmen, seinen Willen bekunden und ernsthaft mit der Sache umgehen kann, dann sind zehn Jahre eigentlich nicht viel.* Wenn sich zeigen sollte, daß das Bewußtsein der Menschen am Ball bleiben will, dann wird es innerhalb der neunziger Jahre zu einem Endpunkt kommen. Wenn die Menschen wollen, daß die Sache weitergeht, wird es an uns nicht scheitern; wir stehen zur Verfügung.

VII. DIE DREIFACHE SOUVERÄNITÄT ALS AUSGANGSPUNKT FÜR EIN NEUES VERFASSUNGSRECHT

W.W.: Was ist der Souverän: Ist es die Gesellschaft als solche oder die agierende Menge einzelner Individualitäten, wenn sie gemeinsam Recht setzt?

W. Heidt: Das ist eine wichtige Frage. Am besten beantwortet man sie von den Phänomenen her. Dabei ergibt sich ein Dreifaches: In bezug auf alle Fragen, die den einzelnen Menschen als Individualität betreffen - nicht insofern er sich mit anderen Menschen zu vereinbaren hat -, haben wir als erstes das Geistesleben eines Menschen, also das, was er denkt, glaubt, vorstellt. In bezug auf dieses Geistesleben, das zeigt die Bewußtseinsgeschichte der Menschheit, erhebt der Mensch immer mehr den Anspruch, darüber der Souverän sein zu können, und jeden Übergriff einer anderen Instanz auf dieses Feld weist er zurück. Deswegen ist es als eine historische Forderung, als ein Bedürfnis der Menschen entstanden, in bezug auf alle Fragen der Individualität, des "geistigen" Menschen, den *individuellen Souveränitätsanspruch* zu erheben und auf ihm zu bestehen. Keine andere Instanz, weder eine Gruppe, noch ein Gesamtkollektiv, noch eine andere einzelne Person darf über diese souveräne geistige Selbstbestimmung des Menschen verfügen oder auf sie Einfluß nehmen. Die Souveränität in allen Fragen des *Geisteslebens* wird ausschließlich von der Individualität ausgeübt. *Der Souverän ist hier das Individuum.*

Andererseits ist es gerade die Gesamtmenschheit, das Kollektiv - oder besser gesagt *die Rechtsgemeinschaft* -, die in bezug auf alle diejenigen Fragen, die in der Gesamtheit zur Vereinbarung kommen sollen, bestimmen muß. Für alle diejenigen Fragen, die in der Rechtsgemeinschaft zur *Vereinbarung* kommen sollen oder wollen, ist die *Gesetzgebung* zuständig. Es ist im eigentlichen Sinne nicht einmal das Staatliche, sondern bloß die

Gesetzgebung. Damit tritt ein Souveränitätsanspruch in Verbindung, den jetzt natürlich nicht der eigene Mensch anmelden kann, sondern ausschließlich die *Souveränität des Volkes. In bezug auf die Gesetzgebung ist die Gesamtbürgerschaft der Souverän.* Es bedarf hier eigentlich nur der Regelung, ab welchem Lebensalter man die Bürgerschaft aktiv wahrzunehmen beginnt. Vorher ist man in gewisser Hinsicht passiv, hat zwar die Menschenrechte etc., an derem Zustandekommen ist man aber noch nicht aktiv beteiligt. Heute haben wir die Regelung, daß die Aktivbürgerschaft mit der Vollendung des 18. Lebensjahres beginnt. Die Gesamtbürgerschaft übt also die Souveränität in bezug auf das Rechtsleben aus.

Der dritte Zusammenhang des sozialen Organismus ist das *Wirtschaftsleben.* Wenn man sich auch hier durch die Tatsachen belehren läßt, kommt man zu der Erkenntnis, daß dort nicht mehr der einzelne agiert, denn es ist nicht mehr typisch, daß die wirtschaftliche Produktivität aus der Einzelleistung hervorgebracht wird; auch ist es nicht so, daß wir uns alle am selben Arbeitsplatz befinden.

In bezug auf die Gesetzgebung dagegen befinden wir uns alle immer am selben Arbeitsplatz, denn es gibt nur dieses eine Produkt, welches hervorgebracht werden soll, nämlich die Gesetzgebung. Deswegen haben wir das Plebiszit einmal als "Arbeitsplatz der Gesellschaft" bezeichnet, denn es handelt sich lediglich um das Hervorbringen eines einzigen Produktes, an dessen Hervorbringung alle gleichen Anteil haben.

Im Wirtschaftsleben ist dies nicht der Fall, denn dort handelt es sich um *Arbeitsgemeinschaften* bzw. um *Unternehmen*; oder schaut man genauer auf die aktive Tätigkeit, so sind es die Arbeits*kollektive. Aus der Tatsache dessen, was im sozialen Leben geschieht, ergibt sich, daß die Arbeitskollektive als die Souveräne des Wirtschaftslebens zu gelten haben.* Dies erkennt man sofort dann, wenn man die Souveränitätsfrage konsequent aus den Entwicklungstatsachen ableitet. Die Arbeitskollektive sind die Souveräne des Wirtschaftslebens. Da aber die Souveräne im Wirtschaftsleben auch wiederum nicht autonom , sondern mit allen anderen Arbeitskollektiven im Sinne einer gegliederten Gesamtheit *assoziiert* sind, hängen sie alle zusammen. *Charakteristisch für unser Wirtschaftsleben ist dieses Geflecht von Arbeitskollektiven, die assoziativ zusammenhängen.* Das bedeutet, daß im Wirtschaftsleben die Arbeitskollektive und ihre Assoziationen die Souveränität auszuüben haben.

Die Dreigliederungsidee beschreibt diese Tatsachen so, wie sie sind, antwortet also auf die Souveränitätsfrage in dreifacher Hinsicht. *Im Geistesleben ist der Souverän die Individualität, die Souveränität im Rechtsleben, insofern es sich um die Gesetzgebung handelt, ist die Gesamtbürgerschaft bzw. Rechtsgemeinschaft und die Souveränitätsinstanz für das Wirtschaftsleben sind die Arbeitskollektive und ihre Assoziationen.*

Diese *dreifache Souveränität* müßte eigentlich der Ausgangspunkt für ein Verfassungsrecht sein, welches dreigliederungskonform ist. Wenn man das zur Kenntnis nehmen würde, so würde sich alles von daher wie selbstverständlich und organisch ergeben. Hätte man diese Grundeinrichtung im sozialen Organismus, so könnte strukturell eigentlich nichts mehr schiefgehen, denn dann hinge es nur noch davon ab, ob die Menschen fähig sind, das jeweilig Notwendige zu wollen und zu tun. Dieses wäre ein Elementarschritt in Richtung auf die Dreigliederung insgesamt, und dann wären die Menschen nicht mehr daran gehindert, etwas Gesundes hervorzubringen.

Aber da die Legitimation für die individuelle Souveränität im Geistesleben wie alle Legitimation der Kollektive im Wirtschaftsleben am Ausgangspunkt wiederum als eine Rechtsfrage gestellt ist, bedeutet das in der Konsequenz, *daß die Souveränitätsschaft über das Rechtsleben der Ausgangspunkt für die Bearbeitung und Beantwortung des Souveränitätsproblems überhaupt ist.* Auch in bezug auf die faktische Rechtsentwicklung muß alles von der Möglichkeit oder Notwendigkeit der Konstitution der Souveränitätsschaft der Gesamtbürgerschaft im Rechtsleben ausgehen. Das ist der Ausgangspunkt der Entwicklung, sowohl in der systematischen Betrachtung wie in der historischen Umsetzung.

Auch Ausländer gehören zur Rechtsgemeinschaft

W.W.: Welchen Begriff des Volkes hast Du? Ist der Begriff "Volk" im Artikel 20 der Souverän in bezug auf das Rechtsleben?

W. Heidt: Nur das. Der Begriff des Volkes auf der Höhe der Zeit hat nichts Ethnisches mehr an sich, entsprechend ist es auch im Artikel 20 gemeint. Dieser Begriff hat nichts Blutmäßiges mehr an sich, sondern ist reiner Rechtsbegriff. Eigentlich wäre der Begriff der Nation besser, denn die Nation im Sinne des Begriffes, wie er durch die Aufklärung geprägt wurde, ist sozusagen der freiwillige Zusammenschluß der Menschen, die miteinander ein gemeinsames Rechtsleben bilden, entwickeln und weiterentwickeln wollen.

W.W.: Dann würde sich dieser Begriff des Volkes, der sich nur auf die Rechtsgemeinschaft bezieht, also keineswegs ausschließlich auf die Deutschen beziehen, sondern auch auf alle Ausländer, die mit uns in diesem Lande leben, da sie auch zu der Rechtsgemeinschaft gehören!?

W. Heidt: Selbstverständlich. Gemeint ist nicht das deutsche Volk im ethnischen Sinn, sondern das Volk im Sinne der *Rechtsgemeinschaft.* Entsprechend muß man diesen Begriff auf der Höhe der Zeit denken. Und in diesem Sinne können zu dem "Volk" auch Menschen gehören, die nicht Deutsche sind, denn vielleicht möchte man gerade mit denen eine Rechtsgemeinschaft sein. Sie könnte doch durch verschiedene rechtliche Inspirationen der verschiedenen Träger der Kulturen befruchtet werden. Das könnte ein Motiv sein zu sagen, daß man in diese Rechtsgemeinschaft auch Menschen einbeziehen will, die blutsmäßig, kulturell und von der Sprache her originär gar nichts mit uns zu tun haben. Das alles sind Fragen, die die Rechtsgemeinschaft klären muß.

W.W.: Was ist für Dich das demokratische Prinzip; und welches ist der grundlegende Demokratiebegriff bei Rudolf Steiner?

W. Heidt: Rudolf Steiner sieht den Demokratiebegriff an sich ganz genauso, wie ich es jetzt in den verschiedenen Fragestellungen zu beschreiben versucht habe. Das demokratische Prinzip ist - Rudolf Steiner beschreibt es so - die Herbeiführung der

Möglichkeit, daß jeder einzelne Mensch, der zu einer Rechtsgemeinschaft gehört, am Zustandekommen und an der Feststellung des Rechts beteiligt sein *können* muß. Das ist der Grundgedanke, den Rudolf Steiner an verschiedenen Stellen in seinen Vorträgen entsprechend formuliert, nämlich daß alle mündigen Menschen - und darunter versteht Rudolf Steiner nichts anderes als wir, nämlich die Menschen in staatsrechtlicher Hinsicht ab einem bestimmten Lebensalter - an der Feststellung des Rechts teilhaben *können* müssen. An einer Stelle formulierte Rudolf Steiner einmal ungefähr so, daß sich alle einzelnen Menschen an einer bestimmten Stelle mit allen anderen versammeln, die zu einer bestimmten Rechtsgemeinschaft gehören, um das Recht zu beschließen. Im Prinzip ist da bei Rudolf Steiner die Idee dessen veranlagt, was wir hier die Volksgesetzgebung nennen. Zwar arbeitet Rudolf Steiner diesen Begriff nicht weiter aus, aber seine Grundidee ist ohne Zweifel in diesem Prinzip fundiert, nämlich daß jeder mündige Mensch an der Feststellung des Rechts teilhaben können muß.

VIII. DIE RECHTSIDEE ZWISCHEN INDIVIDUAL- UND SOZIALPOL

W.W.: Wie ist die Feststellung des Rechts das Überleiten des Rechts aus der Sphäre der Rechtsideen und Rechtsimpulse in die Gesetzgebung?

W. Heidt: Wichtig ist der Gesamtprozeß. Es geht nicht um die private Meinungsäußerung, die gemeint ist, wenn ich zum Beispiel am Stammtisch eine Rechtsidee diskutiere, denn das ist für die Gesellschaft vollkommen irrelevant. Sondern es geht darum, daß ich berechtigt bin, einen der Möglichkeit nach *gesellschaftsrelevanten Rechtsvorschlag* zu unterbreiten, der a priori die Intention verfolgt, zum *gesellschaftlichen Beschluß* zu werden. Es ist auf der einen Seite also *im Vorschlagsrecht der Individualpol,* auf der anderen Seite *im Bestimmungsrecht der Sozialpol* zu beachten. Natürlich kann sich niemals der Individualpol anmaßen, die Tätigkeit des Sozialpols auszuüben, umgekehrt kann niemals der Sozialpol nur für sich als Kollektiv in Anspruch nehmen, was Recht des Individualpols ist, nämlich Vorschläge zu unterbreiten.

Das Wichtige und Interessante ist nun, wie man die Brücke vom Individualpol zum Sozialpol schlägt. Am Individualpol ist es das Recht, eine Rechtsidee a priori mit der Intention, sie zum gesellschaftlichen Beschluß zu machen, auf die Tagesordnung zu bringen. Und da natürlich nicht jede Idee eines jeden einzelnen Menschen zum Beschluß aller gebracht werden kann, denn das ist eine praktische Unmöglichkeit, muß nun abgespürt und austariert werden, wie die Brücke zum Sozialpol gebaut werden kann, also welche Resonanz, welches Echo eine Rechtsidee in der Gesellschaft findet, um die Gesamtheit zum Beschluß aufzurufen. Letztendlich ist dies eigentlich ein quantitatives Problem, das Abspüren einer gewissen *Quantität.* Die Frage ist, wann eine Bewegung in der Entwicklung des Rechtsbewußtseins so weit gediehen ist, daß man von der Sache her befürworten kann, daß diese Rechtsidee zur Definition, zum Beschluß an den Sozialpol gegeben werden kann.

Man kann hierfür zum Beispiel auf die Schweiz hinweisen, wo sich spezielle Quantitätsbestimmungen bewährt haben. In der Schweiz wird ja nicht jeden zweiten Tag eine Volksinitiative für eine Volksabstimmung ergriffen. Andererseits ist es aber auch nicht so, daß es zu selten vorkommt, denn es finden - auf die Gesamtschweiz bezogen - etwa drei bis sechs Volksentscheide pro Jahr statt. Die Schweiz verkraftet das. Sicherlich kann man sagen, daß, wenn ein halbes Dutzend Mal Gesamtfragen von der Rechtsgemeinschaft bearbeitet und entschieden werden, das bei weitem genug ist, um die Verhältnisse in gesunde Bahnen zu bringen. Die quantitativen Bestimmungen, die sich in der Schweiz aus der historischen Erfahrung ergeben haben, also daß zum Beispiel 2,5 % der Schweizer Bürgerinnen und Bürger - etwa 100.000 - notwendig sind, um ein Volksbegehren einzuleiten, haben sich in der Schweiz als lebenspraktisch erwiesen. Es wäre zu prüfen, ob dies auch bei uns in der BRD eine lebenspraktische Sache wäre. Der Vorschlag, den wir unterbreitet haben, geht auch ungefähr von diesen quantitativen Vorstellungen aus, nämlich daß bei einer Million Zustimmungserklärungen ein Volksbegehren eingeleitet werden muß; die Schweiz hat etwa ein Zehntel der Einwohner der BRD.

Von der Rechtsfrage sind wir am tiefsten existentiell berührt

W.W.: Recht ist oft nicht sehr bewußt, vielleicht ein dämmerndes Gefühl, das zu ganz bestimmten Anlässen erwacht. Recht ist auch nicht unbedingt mit der Wahrheit identisch und ändert sich über die Zeiten. Was ist Recht?

W. Heidt: Ein Dreifaches. Drei Stufen sind auf dem Weg des Zustandekommens des Rechts zu beachten. Der Ausgangspunkt ist ganz sicher das *Rechtsempfinden* der Menschen; Rechtsempfinden ist eine existentielle Gesamtbewegung des Menschen. Man beobachtet ja, daß die politisch-rechtlichen Fragen diejenigen sind, über die am heftigsten diskutiert wird, gegen oder für die man demonstriert und sich mit aller Kraft einsetzt. Demgegenüber würde man kaum für eine philosophische Grundfrage "in Bewegung" geraten. Das weist darauf hin, daß wir von der Rechtsfrage am tiefsten existentiell berührt sind. Wenn man das genauer anschaut, dann bemerkt man, daß wir dreifach berührt sind, entsprechend unserer dreifach vorgegebenen Seelenkonfigurationen.

Der Auslöser ist ein bestimmtes Recht*sempfinden*, d.h. es wird etwas in die Zukunft hinein als gerechte Lösung einer Sache, die heute noch nicht gelöst ist, empfunden oder es wird eine bestehende Situation als ungerecht empfunden. Dieses Empfinden einer Unrechtssituation ist historisch meist der Ausgangspunkt einer Veränderung gewesen. Dies greift also sehr existentiell in den Menschen ein und führt zu einem Impuls, etwas Neues in die Wege zu leiten.

An dieser Stelle führt die Sache aber sofort in das *Denken* über. Der Ausgangspunkt ist ein Gefühl, ein existentielles Rechtsempfinden, während dagegen die Bearbeitung dieses Gefühls in eine begriffliche oder *ideelle Auseinandersetzung* hineinführt. In diesem Vorgang muß versucht werden, das neue Recht organisch mit dem bestehenden Recht zu verbinden, möglicherweise müssen eine ganze Reihe von Gesetzen, die von dem neuen berührt werden, damit in Einklang gebracht, harmonisiert werden. In dieser zweiten Phase steht die denkende Arbeit der Materie im Mittelpunkt, und sie führt dann zur Initiative.

Die Initiative ist zunächst von ihrem Ausgangspunkt her gesehen eine Idee. Die neue Rechtsidee tritt in einem bestimmten Begriffszusammenhang auf, führt aber in der Öffentlichkeit zunächst wiederum an das Empfinden der Menschen heran. Die erste Reaktion der Menschen wird nicht eine begriffliche Auseinandersetzung sein, sondern sie werden diese Rechtsidee mit ihrem Empfinden beurteilen. Die ganze Angelegenheit geht also an das Gefühl der großen Öffentlichkeit über und die Menschen scheiden sich zunächst in sympathisch bzw. antipathisch von dieser neuen Rechtsidee Angesprochene. An dieser Stelle polarisieren sich die gesellschaftlichen Verhältnisse in Zustimmung und Ablehnung. Aber das ist noch nicht das Endgültige.

Nach diesem ersten gefühlsmäßigen Hin und Her wird nun mehr und mehr durch die Allgemeinheit das nachvollzogen, was die Initiative bereits vorweggenommen hat: *die begriffliche Erarbeitung* der Sache. Allerdings ist dies in dieser Phase ein sozialer und gesamtgesellschaftlicher Prozeß.

Nachdem die Prüfung eine gewisse Zeit hin- und hergeschwungen ist, kommt die Entscheidung: Ablehnung oder Zustimmung. Verbinde dich willensmäßig mit dem ganzen Gewicht deiner Verantwortung mit der Sache oder stelle dich willensmäßig dagegen, lehne sie ab! Im dritten Schritt des gesamten Rechtsbildungsvorganges ist der Mensch existentiell gesehen schwerpunktmäßig in seinem *Willen* angesprochen.

So hat man die dreistufige Volksgesetzgebung - anthropologisch betrachtet - als den Weg eines lebendigen Prozesses von Denken, Fühlen und Wollen, in mehrfachen Bewegungen der gesamten Seelenkultur des Menschen. Wenn der Mensch nicht durch die dreistufige Volksgesetzgebung an dem Rechtsfindungsprozeß beteiligt ist, dann wird er höchstens hin und wieder eruptiv-gefühlsmäßig angesprochen, und er wird nicht viel Gelegenheit haben, sich klar-begrifflich mit der Sache auseinanderzusetzen, denn es bleibt ihm nur die Möglichkeit, seine Wut am Stammtisch herauszulassen oder zu einer Demonstration zu gehen. An die Bearbeitung des jeweiligen Problems wird er sich nicht machen, und in bezug auf seine Verantwortung wird er ohnehin grundsätzlich abseits stehen, weil er zur Willensbildung nie aufgerufen ist. Das ist meines Erachtens auch der Hauptgrund, warum sich die meisten Menschen nicht so energisch mit den Angelegenheiten des öffentlichen Lebens befassen.

Die direkte Volksgesetzgebung als
Schulungsweg einer sozialen Meditation

W.W.: Wie weit besteht ein innerer Kraftzusammenhang zwischen Menschen, die innerhalb eines Rechtsfindungsprozesses über ein Volksbegehren bis hin zum Volksentscheid miteinander in Verbindung treten?

W. Heidt: Ich denke, daß dadurch eine geistig-seelische Wirklichkeit entsteht, die ohne die dreistufige Volksgesetzgebung im sozialen Organismus überhaupt nicht vorhanden ist, und zwar dergestalt, daß die Menschen in eine andere Bewußtseinslage eintreten. Man kann sich dies dadurch vergegenwärtigen, daß man sich klarmacht, wie das Geistige sich individuell im Menschen vergegenwärtigt, was dadurch geschieht, daß der Mensch einen *Ausnahmezustand,* einen nicht üblichen Zustand seiner Bewußtseinslage herbeiführt und in eine Bewutseinslage eintritt, die *meditativen* Charakter hat. Genau das gleiche geschieht eigentlich dadurch, daß die Menschen in der dreistufigen Volksgesetzgebung insgesamt mit einer gemeinsam von ihnen zu klärenden Frage aus der Zerstreutheit des Bewußtseins heraustreten und in den Ausnahmezustand der *Konzentration* eintreten.

Das schlechthin Typische des heutigen Bewußtseins ist die *Zerstreuung,* unter anderem bedingt durch die Massenmedien. Die Überfülle von Eindrücken, die jeden Tag durch die Medien an die Menschen herankommen, erlauben methodisch kaum noch, daß sich die Menschen besinnen. Aber dadurch, daß wir den Weg der dreistufigen Volksgesetzgebung eröffnen, ermöglichen wir allen Menschen, die daran teilnehmen wollen, eine Besinnung des Bewußtseins auf etwas Wesentliches. Das schafft sicherlich ein *Energiefeld,* ein gesellschaftliches Kraftfeld, welches nur durch diesen *Übungs- und Schulungsweg der direkten Volksgesetzgebung* entsteht, der zugleich auch einen gewissen Gefäß- bzw. Aufnahmecharakter für derartige Inspirationen hat, die nicht aus den egoistischen Alltagskräften des Menschen entspringen, sondern über sein höheres Wesen seine Seele erreichen.

Wenn die Menschen in diese Übung eintreten, haben sie also die Möglichkeit, Aufnahmeorgane, Wahrnehmungsgefäße für Inspirationen zu werden, die aus höheren Intentionen herauskommen als diejenigen, mit denen sie heutzutage in der Zerstreutheit des Bewußtseins umgehen. Und innerhalb dieses zerstreuten Bewußtseins sind sie weitgehend von den *egoistischen* Kräften, die aus dem niederen Wesen des Menschen stammen, bestimmt, für die die heutigen gesellschaftlichen Formen mehr oder weniger den strukturellen Boden bilden. Demgegenüber gibt es aber auch eine gesellschaftliche Form als Äquivalent zu dem Prozeß, der sich innerhalb der dreistufigen Volksgesetzgebung vollzieht, und dies ist eine Gesellschaftsform mit höherer *Selbstlosigkeit,* weil die Notwendigkeit besteht, sich *gemeinsam* zu besinnen und zu konzentrieren. Innerhalb der Klärung einer solchen Materie gilt es, weitgehend Abstand von dem zu nehmen, was das Bewußtsein ansonsten ablenkt; dies aber schafft die Voraussetzungen dafür, daß die Menschen von ihren Spezialinteressen frei werden, die sie in der Vereinzelung ihres Daseins innehaben bzw. daß sie sich bestimmten Gruppen zugehörig fühlen.

Insofern glaube ich, daß die direkte Volksgesetzgebung auch *ein geistiges Wahrnehmungsorgan in der Gesellschaft* ausbilden wird, auch wenn wir noch nicht wissen, welche Möglichkeiten dieses Organ haben wird, weil eine derartig bewußte *soziale Meditation* noch niemals stattgefunden hat. Denn das, was wir bisher als Volksgesetzgebung kennen - auch in anderen Ländern -, hat diesen Charakter noch nicht, was aber damit zusammenhängt, daß es noch nicht aus dem hier dargelegten anthropologischen Verständnis heraus und mit der entsprechenden praktischen Ausgestaltung in den Regelungen stattgefunden hat. Wahrscheinlich kann man die angesprochene Qualität erst dann entwickeln und aufbauen, wenn man die Sache von der Idee her so sieht, wie wir es bisher besprochen haben. Betrachtet man alles nur als ein *Instrument* zur Herbeiführung von diesen oder jenen pragmatischen Beschlüssen, wird man nicht aus diesem Bewußtseinshintergrund in die Übung eintreten und der Methode überhaupt kein besonderes Gewicht beimessen.

Deswegen ist es für uns besonders wichtig, daß wir die dreistufige Volksgesetzgebung für die Menschen auch als eine *Methode* bewußt machen wollen, damit sie darauf ihr Augenmerk lenken und wissen, daß das Entscheidende der ganzen Sache die *Ermöglichung der Besinnung* ist.

Es ist meine Überzeugung, daß letztendlich alle Fehlentwicklungen, die wir heute im sozialen Zusammenhang vorfinden, aus der Besinnungslosigkeit kommen. Denn die Menschen haben überhaupt gar keine Gelegenheit, eine Sachfrage in allen Möglichkeiten zu durchdenken bzw. in ihren Konsequenzen nach allen Seiten hin abzuwägen. Statt dessen werden die Menschen vor vollendete Tatsachen gestellt, und zwar deswegen, weil die Sphäre, in der diese Fragen aufgeworfen werden können, ihnen entzogen ist. Es kommt überhaupt nicht zum Tragen, wenn die Menschen zu Hause, privat, über eine Rechtsidee sprechen, denn es ist eine ganz andere geistige Tatsache, wenn sehr viele Menschen auf die gleiche Bewußtseinshaltung einsteigen.

Alles Recht muß aus der Quelle der inneren Souveränität des Gewissens geschöpft werden

W.W.: Das menschliche Gewissen hat innerhalb der Menschheitsentwicklung eine Veränderung durchgemacht, auf die Rudolf Steiner immer wieder hinweist: In alten Zeiten wurde das Gewissen wie etwas von außen Kommendes - der Mensch wurde zum Beispiel durch Furien geplagt - empfunden, dann zog es als eine menschliche Kraft in das Innere des Menschen ein und wurde zu einer individuellen mehr oder weniger bewußten Stimme. Ist es mit dem Recht entsprechend? Mußte es früher von außen vorgeschrieben werden, heute dagegen als innerer Wert individuell und mit anderen Menschen zusammen geschaffen werden?

W. Heidt: Unbedingt. Es ist interessant, daß man heutzutage immer dann mit dieser Frage konfrontiert wird , wenn im Gespräch mit manch einem Politiker herauskommt, daß Entscheidungen über bestimmte Gebiete dem Volk entzogen werden sollen. Meist will man bestimmte Rechtsinhalte - oft gar die wichtigsten, die Menschenrechte - diesem Verfahren entziehen, weil man die Befürchtung hat, daß die Menschen von gewissen Menschenrechten, die sehr wichtig sind, wieder abrücken könnten. An dieser Stelle gibt es auch in den Kreisen der Dreigliederungsbewegung die Vorstellung, die dann von dem sogenannten "Unabstimmbaren" spricht, oder die noch auf ein ganz bestimmtes Naturrecht rekapituliert. Fernerhin gibt es die Ansicht, daß die Dreigliederungsidee als solche, wie sie Dr. Steiner beschrieben hat, etwas Unverrückbares sei. In Fragen des Geisteslebens und des Wirtschaftslebens - so heißt es dann - dürfe das Recht bzw. der Staat "nicht eingreifen".

Das sind im Grunde genommen nur Vorstellungen, die in die Fragestellung hineingehören, die Du aufgeworfen hast, denn es wird in irgendeiner Weise noch vorgegebenes Recht von außen reklamiert, auf das man sich zu beziehen hätte, weil diese Menschen offenbar die Vorstellung haben, daß bei ihnen und ihren Mitmenschen - wahrscheinlich aber nur bei ihren Mitmenschen! - noch nicht *die innere Souveränität des Gewissens* vorhanden ist, alles Recht aus einer neuen und originären Quelle zu schöpfen. Diese Menschen trauen also ihrer eigenen Rechtskreativität - und der ihrer Mitmenschen - nicht zu, daß sie dieses historisch erreichte Niveau von Rechtssubstanz sichern werden und schon gar nicht befähigt zu sein scheinen, es weiterzuentwickeln. Manche Menschen sind sogar noch der Meinung, daß es am allerbesten sei, wenn die Feststellung des Rechts bei Instanzen bleibt, die es nicht nur als abstraktes Naturrecht belassen, sondern auch als positives Recht beschließen, weil sie die Menschen für dumm erachten. Noch rückständiger sind allerdings diejenigen Menschen, die das Recht auf ein göttliches Recht zurückführen, was wir in denjenigen Ländern finden, in denen noch alte Theokratien bestehen.

Alle diese Fragen wird man auf den Tisch bringen müssen, um zu sehen, wie weit heutzutage die Bewußtseinsentwicklung der Menschen ist. Dadurch, daß man die verschiedenen Antworten nach der Rechtsquelle bespricht, in den Dialog bringt, haben die Menschen die Möglichkeit, dazu eine reflektierte Einstellung einzunehmen, und dann wird man sehen, wie weit die allgemeine Bewußtseinsentwicklung ist, wenn man auch den Mut aufbringt, sich sozusagen bis an den Nullpunkt heranwagt, ähnlich wie Rudolf Steiner es formuliert, wenn er über das spricht, was Du aus der Bewußtseinsgeschichte der Menschheit heraus in deiner Frage angebracht hast. Wir sind im Zeitalter der Bewußtseinsseele an dem Punkt angekommen, an dem alles, in welcher Art auch immer *vorgegebene* Recht *anachronistisch* ist. Natürlich kann die Freiheit gegenüber dem Recht nur dadurch erreicht werden, daß sich die Menschen als die einzige Quelle des Rechts erleben. Allerdings müssen dabei die Menschen natürlich den Unterschied zwischen dem Individualpol und dem Sozialpol unterscheiden lernen, denn in bezug auf das Erfassen der Rechtsidee oder des Rechtsempfindens sind die Individuen der Ausgangspunkt der Bewegung, während im Hinblick auf die Vereinbarung und den Beschluß alle Menschen miteinander der soziale Ort des Geschehens sind.

Diese zwei Seiten müssen natürlich aufrechterhalten werden, aber diese Polarität sowie der sich zwischen dieser Polarität vollziehende Prozeß ist die einzig legitime, auf der Höhe der Zeit stehende Quelle des Rechts.

W.W.: Dann ist der Rechtsfindungsprozeß einer Gruppe von Menschen ein selbstloser Freiheitsakt?

W. Heidt: Ja, das kann man so sagen, der *Freiheitsaspekt* spielt im Prozeß der dreistufigen Volksgesetzgebung in mehrfacher Hinsicht hinein. Zum einen kann nur aus der Selbstbestimmung des Menschen heraus entstehen, was er ins Spiel bringen möchte. Es ist ein ganz ursprünglicher Freiheitsakt, welche der Ideen aus der Gesamtheit der Ideen von dem einzelnen Menschen herausgegriffen werden, um sie in den gesellschaftlichen Prozeß für eine neue Regelung einzubringen. Das ist ein Ausgangspunkt, den man in dieser Weise als ein Freiheitsgeschehen bezeichnen kann. Fernerhin ist der Freiheitsaspekt auch als ein gesellschaftlicher im Spiel, dort nämlich, wo die Volksgesetzgebung in der Weise geregelt sein muß - zumindest nach dem Vorschlag unserer Initiative -, daß in bezug auf die Urteilsbildung der Gesamtbevölkerung auf eine Frage die verschiedenen Seiten der Sache frei - im Sinne von gleichberechtigt - zum Tragen gebracht werden können müssen. *Freies Geistesleben spielt also als eine gesellschaftliche Tatsache in den Prozeß der dreistufigen Volksgesetzgebung mit hinein*, und *zwar in dem Moment, in dem alle verschiedenen Aspekte einer Sache von allen möglichen Seiten angeschaut werden.* Wie dies im einzelnen zu geschehen hat, darüber werden sich die Menschen die Köpfe zu zerbrechen haben. Je vollkommener es gemacht wird, umso weniger wird die Freiheit in Frage gestellt sein.

IX. DER RECHTSFINDUNGSPROZESS IN KLEINEREN GRUPPEN

W.W.: Immer wieder erlebt man es zwischen Menschen - auch Anthroposophen sind davon nicht ausgenommen -, wie dem Rechtsleben keinerlei Bedeutung zugemessen wird, es oft überhaupt nicht im Bewußsein lebt. Wählen wir als Beispiel eine Gruppe, die untereinander etwas bespricht und letztendlich eine Vereinbarung trifft; also einen Rechtsfindungsprozeß mit anschließendem Beschluß durchführt. Man kann es nun oftmals erleben, daß mehrere Menschen bei diesem gemeinsamen Rechtsfindungsprozeß mit anschließendem Beschluß zwar anwesend sind, dem Konsens auch zustimmen, innerlich aber ganz anderer Meinung sind, welche allerdings nicht geäußert wird. Man sitzt still dabei, erhebt keinen Widerspruch, stimmt demzufolge zu.

Nun aber geschieht es oft, daß Menschen, die dem gemeinsamen Beschluß zugestimmt haben - innerlich aber ganz anderer Meinung gewesen sind -, sich anschließend nicht an den gemeinsamen Beschluß halten, oftmals darin nicht einmal eine Notwendigkeit sehen. Wie kommt es, daß dieser miteinander errungene Rechtsakt so wenig im Bewußsein lebt, daß viele Menschen es nicht einmal als einen Gewissenskonflikt empfinden, wenn sie ihre eigene Meinung und Haltung gegenüber dem gemeinsam errungenen Beschluß im Nachhinein einseitig zum Ausdruck bringen?

Im weiteren erlebt man, wenn man jemand an seine selbst getroffene Verabredung, die er nicht eingehalten hat, erinnert, daß man selbst in die Rolle des Prinzipienreiters bzw. des Unverschämten gedrängt wird, daß aber derjenige, der seine Verabredung nicht eingehalten hat, keinerlei Schuldbewußsein, Verletzung der Rechtssphäre empfindet. Wie kommt es, daß auf diese Rechtssphäre, die zwischen den Menschen vorhanden ist, so wenig Bewußsein gelenkt wird?

W. Heidt: Man kann es vielleicht daran erklären, daß heute noch ein sehr starkes überschüssiges individualistisches Bewußsein herrscht, daß die Menschen noch sehr stark die Tendenz haben, in erster Linie ihre Individualität herauszubilden; und wenn man sich herausindividualisiert, so ist diese Entwicklung noch sehr stark mit dem Egoismus verbunden. Im Mittelpunkt der Entwicklungsgeschichte dieser Menschen steht noch sehr stark die egoistische Triebkraft, und da erst sehr wenige Menschen dort angekommen sind, wo der Individualismus aus dem Egoismustrieb herausgehoben ist, so daß sich der Egoismus bis zu einem gewissen Grade erschöpft hat, ist für diese Menschen ihr eigenes Bedürfnis am wichtigsten. Durch dieses egoistische Bedürfnis mag es eintreten, daß die Menschen nicht so sehr im Bewußtsein halten können, was sie mit anderen Menschen zusammen zu vereinbaren haben, weil dies nicht aus dem eigenen inneren Trieb heraus bestimmt werden kann. Ein überschüssiges egoistisches Bedürfnis drängt oft alles andere in den Hintergrund.

An diesen zwischenmenschlichen Tendenzen können wir immer wieder sehen, wie weit die Menschen noch davon entfernt sind, aus Selbstlosigkeit heraus - rein aus dem Geiste, rein aus der Sache - Freiheit zu verwirklichen. Denn wer sich auf das Geistige bzw. auf die Sache einstellt, wird sich gar nicht mehr so sehr im Mittelpunkt sehen wollen. Natürlich gibt es einige Menschen - denn Entwicklung bedeutet immer Ungleichzeitigkeit -, die sich auf diesem Wege bereits an einem anderen Ort befinden, aber die Gesamtsituation ist wahrscheinlich die, daß auf der einen Seite dieses egoistische Individualisierungsbedürfnis bei den meisten Menschen noch sehr stark vorhanden ist, und deswegen dem, was aus einer Gemeinschaft an Regelungen kommt, an die man sich zu halten hat, noch kein genügenes Gewicht beigemessen wird.

"In allen zwischenmenschlichen Vereinbarungen fällt die Bestrafung weg"

Allerdings könnte ich mir auf der anderen Seite auch noch ein zweites vorstellen: Da die Menschen diesen gemeinsamen Rechtsfindungsprozeß im Gesellschaftlichen ebenfalls noch niemals erleben konnten, könnte dieser Mangel ein Grund dafür sein, daß es deshalb auch in kleineren Gruppen noch nicht wichtig nehmen. Hinzu kommt das Wissen bzw. die Erfahrung, daß derjenige, der sich im öffentlichen Leben nicht an das beschlossene Recht hält, unter Umständen bestraft wird.

W.W.: Genau, und diese Bestrafung fällt in kleineren Gruppierungen, die sich aus Freiheit zusammensetzen, weg.

W. Heidt: Das ist das Neue. In allen zwischenmenschlichen Vereinbarungen fällt die Bestrafung weg. Und es wäre ja unsinnig, irgendwelche Sanktionen zu erheben, wenn man gegen zwischenmenschlich vereinbarte Regelungen verstößt. Vielleicht ist die Sanktion - im öffentlichen Leben - noch eine notwendige Bewußtseinsstütze, die die Menschheit noch über eine gewisse Zeitlang braucht, weil das Bewußtsein aus seiner eigenen Souveränität noch nicht die Standfestigkeit hat, entsprechende Prozesse entlang den Vereinbarungen zu vollziehen.

W.W.: Was aber kann man in diesen zwischenmenschlichen Beziehungen an die Stelle von Sanktionen setzen, wenn sich ein Mensch nicht an das Vereinbarte hält, wenn ihm sogar die Gewissenskomponente fehlt, sich treu an das zu halten, dem er mit vollem Bewußtsein zugestimmt hat? Welche Selbsthilfe empfiehlst Du gegen diesen Bewußtseinsmangel?

W. Heidt: Ich sehe die einzige Möglichkeit in einer verstärkten *Kommunikation,* also das *gemeinsame Gespräch* - das Rechtsorgan - zu schaffen und es regelmäßig zu pflegen. An dieser Stelle haben wir natürlich alle eine gewisse Entwicklungshilfe nötig, deswegen wäre es immer wichtig, sich gemeinsam ins Gewissen zu rufen bzw. sich vor Augen zu stellen, was unsere eigene Unfähigkeit auf diesem Gebiet ist. An dieser Stelle sollten wir auch ruhig den Mut haben, unsere Unfähigkeit zuzugeben. Zusätzlich sollten wir in diesen Organen des Gespräches lernen, mit unserer Unfähigkeit - aber nicht lieblos - umzugehen, und zwar aus der Haltung heraus, daß wir uns tendentiell alle in einem Boot befinden und damit der Hilfe der anderen bedürfen. Daraus kann es resultieren, daß wir in bezug auf dieses wichtige Element, das Du angesprochen hast, auf Zukunft gesehen fähiger, bewußter und vereinbarungsgetreuer werden. Eine andere Möglichkeit, als dieses durch entsprechende Formen der Kommunikation zu verbessern, sehe ich eigentlich nicht.

Es gibt kein höheres Recht!

W.W.: Ein weiteres Phänomen, das man beobachten kann - leider auch unter Anthroposophen - ist, daß jemand, der Zugang zu höheren Ideen und größeren Einsichten hat (unabhängig davon, ob dies real ist oder nicht), für sich dadurch auch das größere bzw. höhere Recht ableitet. Was ist das für eine Eigenschaft?

W. Heidt: Das ist Arroganz und der Nachweis für den Mangel an höheren Einsichten. Denn wenn ich von einer höheren Einsicht spreche, müßte es mir ja an sich bewußt sein, daß es gar keine höhere Einsicht geben kann in bezug auf das, was mich mit anderen Menschen auf diesem Planeten verbindet und was ich mit allen Menschen als Gleicher unter Gleichen - völlig unabhängig von meinen sonstigen Einsichten - gemeinsam habe. Die höchste Einsicht, die man auf diesem Felde haben kann, ist, daß ich als Gleicher unter Gleichen lebe. Wenn ich das mißachte, dann fehlt zumindest an diesem Punkt die höchste Einsicht.

W.W.: Man erlebt hin und wieder, daß diese Einsicht bei gewissen Menschen überhaupt nicht vorhanden ist; oft geht es sogar so weit, daß man meint, man hätte unter Geistesmenschen überhaupt keine Rechtsstrukturen nötig, Rechtsstrukturen müßten sich auflösen; meist sogar bevor sie überhaupt bewußt geschaffen sind.

W. Heidt: Das ist ein total absurder Standpunkt, weil der Entwicklungsstand unserer gegenwärtigen sozialen Wirklichkeit in allen ihren Dimensionen - mikrosozial, Unternehmensebene, gesamtgesellschaftlich - im Gegenteil nicht das Rechtsleben erübrigt, sondern sich erst in dem Stadium befindet, in dem sich die Mitte des sozialen Organismus überhaupt erst emanzipiert, d.h. als ein autonomes Funktionssystem ausbildet. Wer in einem Stadium, in dem es gerade erst um diese Ausbildung geht, die Vorstellung hat, man könne auf diese Rechtsstrukturen verzichten, der befindet sich in einer Vorstellungswelt, die mit unserem historischen Entwicklungsmoment überhaupt nichts mehr zu tun hat. Wie sich der Charakter des Rechtslebens, der in unserer Zeit ein demokratischer geworden ist,einmal in der Zukunft verändern wird, kann ich nicht sagen; vielleicht wird

es ganz andere Formen der Herstellung von Übereinstimmung zwischen Menschen geben. Ich kenne auch gar keine klare Position, in der das, was Du sagst, begrifflich klar und explizit gefordert würde. Vielmehr wird es eine gedankliche Vernachlässigung der Beschäftigung mit diesen Fragen sein.

Es gibt sehr viele Menschen, die aus einem Mißtrauen gegenüber ihren Mitmenschen heraus sich dieser Rechtssphäre nicht öffnen wollen, weil sie davon ausgehen, daß die allgemeine Bewußtseinslage der heutigen Menschen eine betrübliche sei. Für sich selbst - und das hast Du ja angesprochen - nehmen sie allerdings diese betrübliche Bewußtseinsentwicklung nicht in Anspruch, sondern wähnen sich auf ganz anderen Höhen der Bewußtseinsentwicklung und befürchten jetzt, daß, wenn alle Menschen als Gleiche unter Gleichen Vereinbarungen miteinander schließen, sich dann die mindere Bewußtseinsqualität der anderen durchsetzen würde.

Das ist meiner Meinung nach ein Irrtum, weil diese Menschen einfach übersehen, daß durch den neugeschaffenen Weg die Menschen gemeinsam die Möglichkeit haben, ihre Bewußtseinslage miteinander zu bearbeiten. Meistens wird gegenüber der Feststellung des Rechts nur der Endpunkt, der Beschluß betrachtet, aber daß vor diesem Beschließen eine sehr sehr lange Zeit der Bearbeitung liegt, in der das höhere Bewußtsein entstehen kann, wird meistens übersehen.

W.W.: Es ist ja schon fast eine Art geistiger Absolutismus bzw. dogmatischer Herrschaftsanspruch, wenn man meint, die Einsicht in die Wahrheits- bzw. Ideensphäre zu haben (selbst wenn es stimmt), und für sich daraus ein höheres Recht ableitet, aus dem heraus man andere aburteilt!

W. Heidt: Ja, es ist im Grunde Menschenverachtung. Vor allem ist es unsolidarisch und lieblos, und es kann gerade vom geistigen Standpunkt aus nur das Umgekehrte gesagt werden. Wenn ich einmal annehme, daß dieser Standpunkt in irgendeiner Weise begründet wäre - daß der eine höher entwickelt sei als der andere -, dann resultiert daraus eine Verpflichtung, um so mehr an Solidarität beizutragen, damit eine gemeinsame Entwicklung erreicht wird, durch das, was ein weiterentwickeltes Bewußtsein für ein weniger weit entwickeltes Bewußtsein zu leisten in der Lage ist.

Aber ich glaube, daß dieses Problem nicht mehr vorhanden sein wird, wenn die Rechtsimpulse und Rechtsinspirationen aus jeder Bewußtseinslage heraus zu einer gesellschaftlichen Tatsache werden können. Dann wird sich dieses Problem erübrigen, weil dann alle diejenigen Menschen, die heute noch von einem recht vermessenen Standpunkt ausgehen, die Möglichkeit haben, ihre Intentionen ins Spiel zu bringen und dann auch zu sehen, daß es durchaus auch andere Menschen gibt, die in bezug auf das Rechtsempfinden ein sensibleres Entwicklungsniveau zum Ausdruck bringen können. Es gibt eben Menschen, die in bezug auf geistige Fragen weit entwickelt sind, und es gibt Menschen, die in bezug auf Rechtssensibilität weiter entwickelt sind.

Wenn die Sensibilität einer Rechtsgemeinschaft untergraben wird

W.W.: Aber es gibt dieses Rechtsempfinden auch in einem negativen Sinne, zum Beispiel dann, wenn ein Mensch in einer Gruppe oder in einem Kollegium empfindet, er habe aufgrund bestimmter Positionen, Eigenschaften oder Traditionen das sogenannte höhere Recht; und das ist seine ureigene Empfindung. Es können dann zwischen dieser Person und der Gruppe bzw. dem Kollegium Phänomene vorkommen, daß ein gemeinsam errungener Beschluß von dieser einen Person untergraben wird, indem sich diese Person im Vorab Vorteile verschafft. Desweiteren kommt vor, daß manipulativ nur einseitige Fakten in den Rechtsfindungsprozeß eingebracht oder vorher mit wenigen anderen Menschen Beschlüsse abgemacht werden, weil man mit der Schläfrigkeit der anderen rechnet. Zerstören derartige Haltungen nicht jede Sensibilität einer Rechtsgemeinschaft?

W. Heidt: Aber das hängt natürlich davon ab, ob es sich bei dem, was da beschlossen wird, wirklich um eine Rechtsfrage handelt. Es könnte ja auch sein, daß es ein Bedürfnis dieser einzelnen Menschen, wie Du sie jetzt schilderst, ist, Dinge illegetimerweise zu Rechtsfragen zu erklären.

W.W.: Nein, ich denke an wirkliche Rechtsbeschlüsse: zum Beispiel die Erweiterung eines Projektes, die Neueinstellung eines Kollegen usw.

W. Heidt: Wenn die Rechtsordnung des Kollegiums so ist, daß dieses Kollegium die Neueinstellung von Kollegen zu entscheiden hat, dann ist das natürlich eine Frage, ob dies überhaupt eine sinnvolle Regelung ist, um mit diesem Problem zurechtzukommen. Das kann natürlich sehr unterschiedlich sein; ein Kollegium, das sehr lange Zeit miteinander arbeitet, welches die Biographie eines gemeinsamen Unternehmens mitgemacht hat, wird aus einer solchen Regelung arbeiten können. Aber andererseits sollte die Rechtssensiblität in bezug auf bestimmte Fragen auch in der Hinsicht kultiviert werden, daß man sich die Frage stellt, ob man nicht, weil man erst sehr kurz in diesem Kollegium tätig ist - vielleicht zwei bis drei Jahre -, besser nur seine Standpunkte zur Einstellung eines neuen Kollegen vorträgt, aber bewußt auf die Verantwortung der Entscheidung verzichtet. Denn ich weiß, daß die Erfahrung, die ein derartig verantwortungsvoller Beschluß erfordert, noch nicht vorhanden ist, ohne die Übersicht zu haben, aus der heraus man eine solche Entscheidung wirklich treffen kann.

Es ist ja so, daß die Rechtsfragen, die ein Unternehmen betreffen, sehr viel komplizierter und komplexer sind als die Rechtsfragen der Gesamtgesellschaft. Denn etwas, wie die intime Kenntnis eines Menschen in einer Arbeitsgemeinschaft, hat unendlich viele Dimensionen an sich, die in eine Vereinbarung einbezogen sein müssen, so daß eine Entscheidung hier sehr diffizil ist. Ich scheue mich deswegen ein bißchen, allgemein über diese Fragen zu sprechen, denn aus meiner Erfahrung heraus ist es so, daß man immer sehr genau die einzelne Situation kennen muß, welches die Implikationen einer Frage sind, ob sich diese Rechtsgemeinschaft überhaupt schon eine bewußte Rechtsordnung gegeben hat usw. Ich würde es zum Beispiel überhaupt nicht als einen Verstoß gegen das demokratische Prinzip empfinden, wenn die Mitarbeiterschaft eines bestimmten Unternehmens beschließt, daß die Frage der Berufung von neuen Mitarbeitern nur eine, zwei oder drei Personen von 25 übernehmen.

W.W.: Aber nur dann, wenn das Unternehmen sich diese Rechtsordnung selber gibt!

W. Heidt: Natürlich, das ist die Voraussetzung. Eine entsprechende Rechtsordnung muß man sich bewußt geben. Wenn dann neue Menschen in dieses Unternehmen eintreten, ist man verpflichtet, diesen neuen Mitarbeitern die bestehende Rechtsordnung vorher mitzuteilen, so daß sie nicht aus einem Mißverständnis heraus bzw. einer Illusion in diese Gemeinschaft eintreten.

W.W.: Ich dachte jetzt auch bei einem Unternehmen bzw. Kollegium und den einzelnen Personen, die, wie oben dargestellt, darin wirken, mehr an die Machtfrage, also daß man die Rechtsgemeinschaft eines Unternehmens bewußt manipulativ hintergeht.

W. Heidt: Aber das sind alles menschliche Schwächen, die natürlich eine entsprechende Rechtsgemeinschaft sehr stark belasten oder stören. Die Rechtsgemeinschaft ist in bezug auf die menschlichen Schwächen, die wir alle haben, in den kleinen Gemeinschaften sehr viel störanfälliger als in der Gesellschaft, denn bei einem Volksentscheid habe ich eine Stimme unter Millionen, und da können meine menschlichen Schwächen nicht sehr viel bewirken, aber alles, was wir an menschlichen Unfähigkeiten und Unzulänglichkeiten haben, ist immer dort massiv im Spiel, wo sich die Menschen als Gesamtpersönlichkeiten in all ihren biographischen Situationen konfrontiert sehen. In dieser Zusammenarbeit ist es sehr viel schwieriger, mit dem Recht umgehen zu lernen. Hier sehe ich es auch in vielen Jahrzehnten noch lange nicht, daß man sagen könnte, Fähigkeiten erworben zu haben, um auf dieser Ebene einigermaßen befriedigend miteinander umgehen zu können. Möglicherweise sind dies Entwicklungsperspektiven von Jahrhunderten.

Deswegen meine ich, daß die Rechtsfrage, die wir jetzt möglicherweise zu einer gemeinsamen Rechtsfrage, zu einer ersten tatsächlichen definitiven grundsätzlichen Klärung bringen können, eine Rechtsfrage ist, die aus der Mitte des gesamten Rechtskomplexes - also aus der Mitte der Mitte - entspringt. Die Mitte dieses Gleichheitsproblems ist die Rechtssphäre, auf der das allgemeine Recht, *das Staatsrecht,* definiert wird. Und das ist auch die Ebene, die in der Gesamtgeschichte bisher zur Bearbeitung gekommen ist und zur Bearbeitung gedrängt hat, und ich sehe an sich in keiner einzigen Frage als in dieser einen schon sehr weitgehenden Konsens unter den Menschen entwickelt. Selbst dieser Konsens ist noch nicht so weit entwickelt, daß er aus sich selbst heraus existieren würde, sondern er bedarf natürlich noch der *Entwicklungshilfe.* Das ist ganz klar, und deswegen gibt es eine Initiative, wie wir sie zu betreiben versuchen.

X. ANTHROPOSOPHEN UND POLITIK

W.W.: Hin und wieder hört man von manch einem Anthroposophen den Vorwurf, man könne nicht über gewisse geistige Sachen abstimmen. Zum Beispiel über diejenigen Bereiche des menschlichen Lebens, die über die Grenzen der Geburt und des Todes hinausreichen. An dieser Stelle möchte ich etwas von Rudolf Steiner zitieren:

"Dann gibt es etwas, was man durchmacht bloß dadurch, daß man hier auf der Erde lebt zwischen Geburt und Tod. In dieses Leben wächst man allmählich erst hinein. Tritt man durch die Geburt ins Dasein, ist man Kind, dann trägt man noch viel - wenn ich mich eines recht törichten Vergleiches bedienen darf, denn es ist ja nicht hart, was man trägt - von den Eierschalen der geistigen Welt. Das Kind ist sehr geistig, trotzdem es gerade den physischen Leib am meisten auszubilden hat. Aber in seiner Aura hat es viel Geistiges; was es mitbringt, ist sehr verwandt mit dem, was das irdische Geistesleben ist. Allmählich tritt man aber immer mehr und mehr ein in das Leben, das nur angehört der Zeit zwischen der Geburt und dem Tode. In diesem Leben, das zunächst auf nichts im Geistigen hinweist, da liegen die Quellen zu dem Leben des politischen Staates, der politische Staat hat es nur zu tun mit demjenigen, was der Mensch durchlebt zwischen Geburt und Tod. Daher soll sich auch in das politische Staatsleben nichts hineinmischen, was etwas anderes angeht als das Verhältnis von Mensch zu Mensch, insofern wir Wesen sind zwischen Geburt und Tod. Mischt sich irgendetwas anderes hinein - breitet zum Beispiel der Staat seine Fittiche aus über das geistige Leben, über Kirche und Schule -, so unterliegt das dem Urteil, das an den Orten, wo man über solche Dinge urteilsfähig war, die Leute so fällten, daß sie gesagt haben: Mischt sich der Staat in irgendetwas hinein, was sich auf etwas anderes bezieht, als auf das öffentliche Rechtsleben zwischen Geburt und Tod, so herrscht der widerrechtliche Fürst dieser Welt. In all dasjenige, was Gegenstand staatlicher Organisationen ist, gehört eben nichts anderes hinein als dasjenige, was sich auf das Leben zwischen Geburt und Tod bezieht." (Rudolf Steiner: Die soziale Frage als Bewußtseinsfrage. GA 189, 16.02.1919, S.41 f.)

An anderer Stelle (GA 202, 2. Vortrag) spricht Steiner in diesem Zusammenhang darüber, daß das Vorstellungsleben bis zu einem gewissen Grade Erbe des Vorgeburtlichen ist, das Willensleben Keime für die Zukunft legt; während sich dagegen das Gefühlsleben zwischen Geburt und Tod langsam entwickelt, unter anderem präpariert durch die Schicksalsschläge, die einen Menschen treffen. - Kann man aus diesem Ganzen den Schluß ziehen, daß man über Dinge, die über die Spanne Geburt bis Tod hinausgehen, zum Beispiel Abtreibung, Todesstrafe, Atomkraftwerke, die Atommüll für die nächsten Generationen erzeugen, nicht abstimmen darf? Wo liegt der Fehler, wenn man diese Denkweise vertritt?

Auch die Phänomene des Übersinnlichen bedürfen innerhalb des sozialen Organismus der rechtlichen Regelung

W. Heidt: An dieser Stelle muß man zwei Aspekte, die in dieser Frage enthalten sind, ganz präzise unterscheiden, sonst kommt man in ein begriffliches Wirrwarr hinein. Bei manchen Menschen liegt dieses Wirrwarr deswegen vor, weil sie diese Unterscheidung nicht treffen. Der eine Aspekt betrifft die Zusammenhänge, von denen Rudolf Steiner spricht, die ich einmal *ontologische* Tatbestände nennen möchte, also Grundtatbestände des Daseins. Steiner weist in dem von Dir verlesenen Zitat darauf hin, wie im irdischen Leben drei Grundgegebenheiten unterschiedlich zusammenhängen. Wenn man diesen ontologischen Aspekt - Geistesleben, Rechtsleben, Wirtschaftsleben, oder entsprechend Vorstellungsleben, Gefühlsleben, Willensleben - im Lichte der geisteswissenschaftlichen Betrachtung anschaut, dann ist dies zweifellos die Schilderung der Wirklichkeit.

Damit ist aber überhaupt noch nicht beanwortet, *wie* diese Phänomene *im sozialen Organismus in rechtlicher Hinsicht eingeordnet* werden müssen. Das ist der andere Aspekt; über diese Fragestellung spricht Rudolf Steiner hier nicht. Er geht darauf eigentlich nicht ein, sondern greift einen bestimmten Gesichtspunkt heraus und verbindet das mit dem Staatsbegriff oder sagt, der widerrechtliche Fürst dieser Welt agiere, wenn er Zusammenhänge, die nicht irdischer Natur sind, an sich ziehe. An dieser Stelle gibt er das Beispiel mit dem Geistesleben. Rudolf Steiner fährt fort, daß sich der Staat, wenn er sich recht versteht, heraushalten muß, aber nur unter diesem ontologischen Gesichtspunkt betrachtet. Aber dieses Heraushalten des Staates selbst bedarf natürlich *auch* einer rechtlichen Form, einer rechtlichen Verfassung. Alles, was die irdischen Formen des Zusammenlebens im sozialen Organismus betrifft, auch diese ontologischen Zusammenhänge, muß im sozialen Organismus in irgendeiner Weise in eine rechtliche Form gebracht werden. Die Inhalte, um die es geht, müssen immer durch eine bestimmte Gesetzgebung ergriffen werden, weil die Gesetzgebung ihnen erst die Lebensbedingung im sozialen Organismus zuteilt, denn ansonsten sind diese Inhalte in überhaupt gar keiner Weise mit dem irdischen Leben in geregelter Verbindung. Das heißt, es ist in bezug auf alle diese Aspekte grundsätzlich notwendig, daß diese Regelungen und Ordnungen selbstverständlich - auch die Phänomene des Übersinnlichen, insofern sie im Sinnlichen des sozialen Organismus auftauchen - der rechtlichen Regelung bedürfen, und die rechtliche Regelung wiederum bedarf der demokratischen Legitimation.

Von diesem Gesichtspunkt, der die *sozialwissenschaftliche* Fragestellung aufwirft, nicht die ontologische, kann es nichts geben, was a priori von einer Abstimmung ausgeklammert wäre. Es ist immer nur die Frage, welche rechtliche Form der jeweiligen Sache gemäß ist. Natürlich wird aus einer geisteswissenschaftlichen Wirklichkeitsbetrachtung heraus ein anderer Gesetzgebungsvorschlag unterbreitet werden als beispielsweise aus einer materialistischen Perspektive und dann wird es im demokratischen Exkurs eben notwendig sein, den Menschen die Gründe für die Sach- und Wesensgemäßheit eines anthroposophisch inspirierten Gesetzgebungsvorschlages nahezubringen und zu verdeutlichen, d.h. Anthroposophie kommt dadurch der Sache nach ins öffentliche Leben, und zwar nicht durch irgendeine Gruppe oder spezielle weltanschauliche Richtung, die dann auch vielleicht für manche Menschen sektiererische Züge an sich haben kann, sondern sie kommt nüchtern und sachlich als Tatbestand des öffentlichen Lebens zur Sprache. Anthroposophie wird damit auch aus ihrem Ghetto befreit, in dem sie sich notwendigerweise so lange befinden muß, wie sie selber nicht die Möglichkeit hat, ihre Ergebnisse und Früchte im öffentlichen Leben, d.h. politisch zur Darstellung zu bringen. Das ist eine Chance. Wenn man diesen Zusammenhang nicht von seiner sozialwissenschaftlichen Seite her realistisch beurteilt, entsteht einfach das Problem, daß man der Sache gegenüber untätig bleibt und postulatorisch abstrakt die Meinung vertritt, der Staat müsse sich aus dem Geistesleben heraushalten.

"Nach 70 Jahren ist es Zeit,
der Waldorfschulbewegung eine demokratische Legitimation zu geben"

W.W.: Solches ist eine völlige Abstraktion. - Genauso wie man nicht abstrakt fordern sollte, daß der Staat nicht in das Geistesleben einzuwirken habe, muß man sich aber auch dafür offenhalten, daß der Wunsch nach dieser Einwirkung - zum Beispiel auf das Bildungswesen - aus dem Volk heraus kommt. Es könnte ja eine Volksinitiative entstehen, die ein Volksbegehren gegen freie Schulen einleiten möchte, um diese zu verbieten. Auch wenn eine derartige Initiative mit Sicherheit nicht unsere inhaltliche Position wäre, sieht man daran wiederum, daß man nicht abstrakt fordern könnte, daß der Staat nicht auf das Bildungs- bzw. Geistesleben einzuwirken habe.

W. Heidt: So ist es. Eine entsprechende Initiative wäre meiner Ansicht nach für die freien Schulen die allerheilsamste. Denn dadurch würde ihre Sache erst wirklich vom sozialen Organismus wahrgenommen werden, was heute überhaupt noch nicht der Fall ist. Aber es ist notwendig, daß die Menschen die freie Schule als eine Entwicklungsnotwendigkeit für die Zukunft wahrnehmen. Und die Menschen werden dies im großen Stile nur dann wahrnehmen, wenn sie alle aufgefordert sind, sich darüber nicht nur eine Meinung, sondern durch eine Abstimmung einen *Willen* zu bilden, indem jeder Mensch aufgefordert wird zu entscheiden, ob er für ein freies Schulwesen eine solche Existenzberechtigung sieht. Ich bin zusätzlich der Meinung, daß es nach 70 Jahren Waldorfschulbewegung - und insofern auch nach 70 Jahren Idee der freien Schule, also nach einem wirklichen menschlichen Lebensalter - an der Zeit ist, sich jetzt eine wirkliche demokratische Legitimation zu verschaffen, denn die Waldorfschulbewegung hat bisher keine demokratische Legitimation.

W.W.: Du denkst an die demokratische Legitimation gegenüber der Gesellschaft?

W. Heidt: Ja. Sie hat diese Legitimation deswegen nicht, weil die Schulgesetze, auf denen sie basiert, und die ihre Lebensbedingungen darstellen, selbst keine demokratische Legitimation haben. Ich greife dabei auf einen Gesichtspunkt zurück, den wir an einer anderen Stelle des Gespräches bereits behandelt haben, nämlich daß gerade vom Gesichtspunkt der anthroposophisch orientierten Sozialwissenschaft der Demokratiebegriff als ein solcher gesehen werden muß, daß keine Gesetzgebung eine demokratische Legitimation hat, wenn sie nicht die Chance hatte, vom Gemeinwillen ergriffen und bestimmt zu werden. Die Schulgesetze, auf denen die Waldorfschulbewegung aufbaut, die nach 1949 geschaffen worden und der Länderkompetenz zugeordnet sind, haben bisher diese Prüfung nicht bestanden, d.h. sie haben sich dieser Prüfung noch nie unterzogen, weil noch niemals durch ein Volksbegehren der Versuch gemacht wurde, diese Gesetze zu bestätigen, zu erweitern oder abzulehnen. Einen solchen Versuch würde ich auch gar nicht auf die Grenzen, in denen sich die Gesetze momentan befinden, eingeschränkt sehen, denn die Waldorfschulbewegung hat momentan nicht nur keine demokratische Legitimation, sondern ist auch gegenüber dem öffentlichen Staatsschulsystem *benachteiligt*. Unter dem Gesichtspunkt der demokratischen Gleichberechtigung ist sie zwar in gewisser Weise privilegiert, zugleich aber auch eine unterprivilegierte Institution. Deswegen wäre es sehr am Platze, diese 70 Jahre Waldorfschulbewegung zum Anlaß zu nehmen - zum Beispiel in Baden-Württemberg, wo es die Möglichkeit zum Volksbegehren gibt -, den Gegenstand des freien Schulwesens zum Inhalt eines Volksbegehrens zu machen, um den freien Schulen - also der Waldorfschulbewegung und dem freien Schulwesen überhaupt - eine wirkliche demokratische Gleichberechtigung mit dem Staatsschulsystem zu verschaffen. Ich sehe darin eine große Chance und denke, wenn man davon überzeugt ist, daß der Freiheitsimpuls, der Gedanke der Selbstgestaltung des Lebens von der Anthroposophie und der Dreigliederung her gesehen als ein Ausdruck des Zeitgeistes gesehen werden muß, dann sollte man auch den Mut haben, dem zu vertrauen und sich mit einer ganz konkreten Initiative darauf beziehen.

W.W.: Es könnte ja sogar so weit gehen, daß man von seiten der Waldorfschulbewegung in einem Bundesland mit einem Volksbegehren das freie Schulwesen überhaupt fordert.

W. Heidt: Ja genau, die Waldorfschulen wären meines Erachtens sogar verpflichtet, von ihrer Mission her, von dem her, womit sie ins Leben geschickt wurden, die zeitgemäßen Rechtsformen dafür zu entwickeln, daß ein wirklich freies Schulwesen entstehen kann. Aus den Waldorfschulen heraus muß die Schulgesetzgebung impulsiert werden, vorgeschlagen werden, die für alle Schulen gleichberechtigte Entwicklungsbedingungen schafft. Das wäre eine wirkliche soziale Tat der Waldorfschulbewegung. Es wäre zeitgemäß, dieses Jahr 1989 auch in diesem Lichte zu sehen und noch in diesem Jahr zu praktischen Schritten zu kommen. Ich selber bin mit Freunden an dieser Frage dran, und es könnte durchaus sein, daß wir noch in diesem Jahr einen Vorstoß in dieser Richtung unternehmen werden. Freilich nicht ohne noch einen größeren Kreis von Menschen konsultiert zu haben, denn solche Vorhaben kann man nicht übers Knie brechen, sondern man muß sehr fundierte Grundlagenarbeit geleistet, Forschungen durchgeführt haben, um die Gesetzesentwicklungen genau zu kennen. .

Für die politischen Zusammenhänge fehlt oft die aktive Aufmerksamkeit

W.W.: Ein trübes Kapitel in der anthroposophischen Bewegung bzw. bei recht vielen Anthroposophen ist das Vorurteil, Politik sei etwas, mit dem ein guter Anthroposoph sich nicht zu beschäftigen habe. Woher rührt dieses Vorurteil bzw. diese Scheu, sich politisch zu engagieren?

W. Heidt: Als Ursache sehe ich zwei Gründe, einen psychologischen und einen, der von gewissen Formulierungen Rudolf Steiners abgeleitet wird. Bestimmte Aussagen Rudolf Steiners, die es zu dieser Frage gibt - zumindest sehr bekannte, oft tradierte, die auch an sehr pointierter Stelle, nämlich den Prinzipien der Anthroposophischen Gesellschaft, auftreten - werden offensichtlich so mißverstanden, daß der Sachzusammenhang, um den es geht, von vielen noch nicht gründlich genug durchdacht ist. Wenn es dann so heißt, mit Politik habe man sich nicht zu befassen ...

W.W.: ... obwohl es so ja nicht einmal in den Prinzipien enthalten ist ...

W. Heidt: ... genau, aber so wird es dann oft tradiert; so kann man eigentlich nur wiederholt formulieren, daß dies ein komplettes Mißverständnis ist. Warum soll man sich eigentlich nicht mit Politik befassen?

W.W.: Ich habe nicht die geringste Idee, warum man dies etwa nicht sollte; aber gerade das war meine Frage.

W. Heidt: Es bleibt daher nur der psychologische Grund übrig, der darin besteht, daß wohl doch viele Menschen, die der Anthroposophie begegnen, dazu neigen - und Rudolf Steiner weist selber oft auf diese Gefahr hin -, durch die Geisteswissenschaft und den Schulungsweg sehr stark auf sich selbst verwiesen zu sein. Es geht dabei ja um die Selbstbeobachtung; und das kann dazu führen, daß Menschen damit mit so stark beschäftigt sind, und dies auch für sehr attraktiv halten, daß sie einfach dazu neigen, egozentrisch zu werden und auf die soziale Konsequenz ihrer Seelenpflege weniger achten. Ich gebrauche den Begriff der "Seelenpflege" nicht in einem ironisierenden Sinn. Nur führt die soziale Seite derselben meist nicht über den nächsten Lebensumkreis hinaus, reicht höchstens bis zum Berufszusammenhang. Hingegen fehlt für die politischen bzw. die gesamtgesellschaftlichen Zusammenhänge die aktive Aufmerksamkeit.

"Den meisten Menschen sind die elementarsten Kenntnisse, die mit dem Demokratiebegriff zusammenhängen, nicht geläufig"

Wenn wir nicht sehr viel Energie entwickeln, in diesen Bereichen zu einem Durchblick zu kommen, dann sind wir sehr stark daran gehindert, das öffentliche Leben wirklich zu durchschauen, denn es gibt nirgends ein Interesse, uns die Zusammenhänge dieses öffentlichen gesamtgesellschaftlichen Lebens zu erklären. Man braucht nur daran zu denken, was alles durch unsere Geldmechanismen verursacht wird, wie diese zusammenhängen mit den internationalen Währungszusammenhängen usw. Das alles wird den Menschen nicht transparent gemacht, und es gibt auf diesem Gebiet wenig Hilfe. Wenn ein Mensch überhaupt beginnt, in diese Horizonte hineinzudenken, dann wird er sich oft recht hilflos vorkommen, sich sehr schnell wieder abwenden und sich nicht die Mühe machen, sich in diese Zusammenhänge weiterhin einzuarbeiten. Natürlich ist auch alles mit einem gewissen Zeitaufwand verbunden.

Wir haben festgestellt, daß den meisten Menschen die elementarsten Kenntnisse, die mit dem Demokratiebegriff zusammenhängen, nicht geläufig sind. Ich denke, daß dies eine wirkliche psychologische Schwierigkeit bedeutet, denn an sich ist man aufgerufen und aufgefordert, mehr zu tun, und dies bedarf einer inneren, zusätzlichen Anstrengung, zu der man sich wirklich entschließen muß. Aber man wird sich dazu nur dann entschließen, wenn man Erkenntnisergebnisse erreicht hat, die einem elementar vermitteln, wie entscheidend lebenswichtig und -bedeutend, zukunftsentscheidend und -bedeutend es ist, daß wir uns diese Zusammenhänge transparent machen und die Möglichkeit verschaffen, in die Gestaltung dieser großen gesellschaftlichen Zusammenhänge einzugreifen. Erst wenn die Erkenntnis der Wichtigkeit der Weichenstellungen auf diesem Gebiet dem Bewußtsein klargeworden ist, empfindet der Mensch auch die Verantwortung der Sache gegenüber und wird dann das, was über das Übliche hinaus notwendig ist, tun, um sich in die Lage zu versetzen, die Zusammenhänge zu durchschauen und in sie einzugreifen.

W.W.: Das würde aber bedeuten, daß denjenigen Anthroposophen, die sich scheuen, sich wirklich für die sozialen Zusammenhänge zu interessieren und diesen desinteressiert gegenüberstehen, wirkliche Erkenntnisse fehlen.

W. Heidt: Selbstverständlich.

W.W.: Diese Scheu bzw. Angst, von der Du gesprochen hast, vor der Politik bzw. dem gesellschaftlichen Engagement, setzt sich auch sehr leicht in eine ablehnende Haltung anderen gegenüber um. Ich möchte hier nur ein Beispiel wählen: Zum Beispiel gibt es eine Gemeinde der Christengemeinschaft - auf andere trifft dies nicht zu -, in der der Verkauf der FLENSBURGER HEFTE verboten ist, weil sie angeblich zu politisch seien. Dies ist zwar schwachsinnig, aber es kommt vor. Niemand aber würde auf die Idee kommen, Rudolf Steiner zu verbieten, weil er zu politisch ist, obwohl jeder weiß, daß Rudolf Steiner sehr viel über die Politik spricht. Ist es nicht also eine Art Suggestion, die auch durch viele Kreise von Anthroposophen zieht - also daß man sich nicht mit Politik zu beschäftigen habe -, ähnlich der Suggestion von Theodor Heuss, die vorgaukelt, daß man in der Weimarer Republik bittere Erfahrungen mit dem Volksentscheid gemacht habe?

W. Heidt: Aber ganz gewiß. Mit dieser Haltung, die einem da entgegenschlägt, muß man nun nachdrücklich umgehen, indem man mit den Menschen, die aus einem irregeleiteten Denken argumentieren, ins Gespräch kommt. Was soll man anderes machen, wenn man widersprüchliche Auffassungen davon hat, wie dies und jenes zu handhaben sei; das mindeste, was man miteinander herstellen kann, ist das Gespräch. Meine Erfahrung in den anthroposophischen Zusammenhängen, die ich kennengelernt habe, ist, daß dort wirklich noch keine hinreichenden Erkenntnisvoraussetzungen in bezug auf die Beurteilung der gesellschaftlichen Zusammenhänge bestehen. Aber wenn man sich dem Gespräch und der Auseinandersetzung über diese Fragen entzieht, ist das natürlich schon irgendwo betrüblich. Das ist das mindeste, was man dazu sagen muß. Und ich finde, daß das, was durch die FLENSBURGER HEFTE und ähnliche Initiativen geschieht, ein positives Engagement ist, dem man doch zumindest insoweit entgegenkommen müßte, daß man bereit ist, das offene Gespräch über alle damit berührten Fragen zu führen. Denn nur dadurch können die ganzen Mißverständnisse, Legenden bzw. dogmatischen Auffassungen über bestimmte Sätze Rudolf Steiners - die meist gar nicht so vorliegen, wie man sie kolportiert - beseitigt werden. Man muß einfach gesprächsbereit sein.

W.W.: In den Prinzipien der Allgemeinen Anthroposophischen Gesellschaft heißt es seit der Weihnachtstagung 1923, daß die Politik nicht in den Aufgaben der Anthroposophischen Gesellschaft liege; trotzdem gibt es eine verwunderliche Dokumentation eines Gespräches Rudolf Steiners aus dem Jahre 1919 mit Emil Molt, Roman Boos und Hans Kühn, in dem Rudolf Steiner der Auffassung widerspricht, daß die damalige Anthroposophische Gesellschaft sich nicht mit Politik zu befassen habe (*vgl. FLENSBURGER HEFTE Nr.24, S.61 ff.; Red.*) . Wie ist das zu verstehen?

RUDOLF STEINER

Soziale Frage – Soziale Zukunft

Grundlegende Schriften und Vorträge (Auswahl)

Die Kernpunkte der sozialen Frage in den Lebensnotwendigkeiten der Gegenwart und Zukunft

166 Seiten, GA 23, Leinen und Tb 606
sFr. 27.50 / DM 32,– (3-7274-0230-X)
sFr. 7.80 / DM 9,80 (3-7274-6060-1)

Der Mensch in der sozialen Ordnung – Individualität und Gemeinschaft

Drei öffentliche Vorträge, Oxford 1922

72 Seiten, kartoniert
sFr. 10.50 / DM 12,40 (3-7274-5197-1)

Geisteswissenschaft und soziale Frage

In dieser grundlegenden Schrift entwickelt Steiner das »Soziale Hauptgesetz« und weist auf die Notwendigkeit der Trennung von Arbeit und Einkommen hin.

48 Seiten, kartoniert
sFr. 6.60 / DM 7,80 (3-7274-5072-X)

Soziale Zukunft

Sechs öffentliche Vorträge, Zürich 1919
Die Dreigliederung in ihren Grundgedanken und praktischen Auswirkungen.

238 Seiten. GA 332a, Leinen und Tb 631
sFr. 37.– / DM 43,– (3-7274-3325-6)
sFr. 11.80 / DM 13,80 (3-7274-6310-4)

Neugestaltung des sozialen Organismus

Vierzehn Vorträge, gehalten öffentlich und für die Arbeiterschaft grosser Industriebetriebe im Stuttgarter Raum 1919.

440 Seiten. GA 330, Leinen und kart.
sFr. 44.– / DM 52,– (3-7274-3300-0)
sFr. 34.– / DM 40,– (3-7274-3301-9)

Gedankenfreiheit und soziale Kräfte. Die sozialen Forderungen der Gegenwart und ihre praktische Verwirklichung

Sechs öffentliche Vorträge, Ulm, Berlin und Stuttgart 1919. Eine Ergänzung zum Band »Neugestaltung des sozialen Organismus«.

176 Seiten. GA 333, Leinen und Tb 652
sFr. 28.50 / DM 33,50 (3-7274-3330-2)
sFr. 9.80 / DM 11,80 (3-7274-6520-4)

Vom Einheitsstaat zum dreigliedrigen sozialen Organismus

Elf öffentliche Vorträge, Basel, Zürich und Dornach 1920. Grundlegende Darstellungen der anthroposophisch orientierten Geisteswissenschaft und ihrer Erkenntnisse für die Bewältigung der sozialen Aufgaben.

312 Seiten. GA 334, Leinen
sFr. 42.– / DM 49,– (3-7274-3340-X)

RUDOLF STEINER VERLAG, DORNACH/SCHWEIZ

Sich aus der Anthroposophie heraus in sachgemäßer Weise in die Politik einmischen!

W. Heidt: Zunächst spielt es einmal überhaupt gar keine Rolle, in bezug auf das Prinzipielle der Frage, wann Rudolf Steiner was sagt. Denn es ist ja unsinnig zu denken, daß Rudolf Steiner in wenigen Jahren einen derartig gravierenden Meinungsumschwung vollzogen hätte; und wenn es so wäre, dann müßte er dafür ausführlichste Begründungen gegeben haben. Das aber hat er nicht. Man faßt die beiden Äußerungen, auf die Du hinweist, immer als etwas völlig Gegensätzliches auf, aber das ist falsch. Es ist schwer vorstellbar, daß Rudolf Steiner 1919 das eine, 1923 das andere gesagt hat; 1919 war also der politische Aktivismus angesagt - zum Beispiel die Dreigliederungsoperationen -, und dann 1923/24 war dieser Aktivismus passé, weil man sich wieder der Esoterik zugewandt und die Dinge nach innen gewendet habe. Anzunehmen, Rudolf Steiner habe vier Jahre später über die politische Aktivität diametral entgegengesetzt gedacht, ist kompletter Unsinn.

Rudolf Steiner weist in diesem Gespräch aus dem Jahre 1919 auf gewisse Bedenklichkeiten hin, die die Freunde um ihn herum hatten, ob es opportun sei, sich in die Politik einzumischen, und antwortet, daß es gut gewesen wäre, wenn man bereits vor der Katastrophe des Ersten Weltkrieges in das politische Geschehen eingegriffen hätte. Es ist auch heute eine Notwendigkeit, daß sich die Anthroposophische Gesellschaft in die Politik einmischt, denn warum soll ausgerechnet dieses Lebensgebiet - vor allem wenn man durchschaut hat, wie entscheidend es für die Gestaltung der gesamten Lebenszusammenhänge ist, weil die Politik und die Gesetzgebung, wie es Rudolf Steiner selber formuliert, die Grundlagen und die Strukturen der sozialen Verhältnisse selber schaffen - ausgeklammert sein. Welcher Grund sollte bestehen, sozusagen den Nerv der Sache ausgespart zu lassen? Vielmehr sollte man aus der Anthroposophie heraus in sachgemäßer Weise auf die politischen Zusammenhänge eingehen.

Es ist ganz klar, daß natürlich niemals ein Grund vorhanden sein kann, oder Rudolf Steiner gemeint haben könnte, daß die Anthroposophische Gesellschaft als solche sich nicht in die Politik einzumischen habe. Was natürlich dem Wesen der Sache widerspräche, heute wie auch 1919 - als er die Freunde in jenem Gespräch darauf aufmerksam macht, warum sich die Anthroposophische Gesellschaft ruhig in die Politik einmischen solle, denn er täte es ja auch -, wäre, wenn man explizit mit dem *Namen* der Anthroposophischen Gesellschaft in die Politik eingreifen würde. Er sagt in diesem Gespräch ferner, daß sich die Anthroposophische Gesellschaft nicht unbedingt unter diesem Namen als Partei zu etablieren brauche ...

W.W.: ... aber nicht einmal das schließt er aus.

W. Heidt: ... Genau, das wäre der Sache nach möglich, nur nicht mit diesem Namen. Gleich, ob Steiner es gesagt hat oder nicht, man kann es von der Sache her begreifen, denn es ist möglich, wäre allerdings taktisch und strategisch unklug durchzuführen, und zwar deswegen, weil man unter einer Partei etwas ganz Bestimmtes versteht, nämlich die Formation eines *Gruppeninteresses*. Meist liegt diesem Gruppeninteresse zusätzlich eine spezielle Weltauffassung zugrunde, und es formiert sich gegen ein anderes Gruppeninteresse. Auf dem Felde des Politischen treten dann die verschiedenen Gruppeninteressen miteinander in den Kampf, um sich durchzusetzen.

Das ist natürlich eine Position, die man vom Standpunkt der Anthroposophie her niemals einnehmen kann. Insofern wäre es unklug, eine ins politische Feld hineinwirken wollende Anthroposophische Gesellschaft als Partei zu etablieren. Aus Gründen der Klugheit, um nicht Mißverständnisse allzu leicht entstehen zu lassen, sollte man darauf verzichten; und das ist es meiner Meinung nach auch, was Rudolf Steiner meint, wenn er 1919 in diesem Gespräch davon spricht, daß man diesem Wirken nicht den Namen der Anthroposophischen Gesellschaft zu geben brauche.

Natürlich aber könnte der Menschenzusammenhang der Anthroposophischen Gesellschaft - nicht der Name, nicht der Verein - in voller Berechtigung politisch wirken. Wenn auf den Menschenzusammenhang der Anthroposophischen Gesellschaft hingeblickt wird, dann hat dieser seine wirkliche Menschenpflicht darin, auch die Aufgaben des Politischen zu sehen, sich damit auseinanderzusetzen und die notwendigen Gestaltungen auf diesem Gebiet zu inspirieren.

"Die Anthroposophische Gesellschaft könnte Stellungnahmen zu politischen Fragen erarbeiten"

W.W.: Denkst Du jetzt an die Anthroposophische Gesellschaft als ein Zusammenschluß von Individualitäten oder an die Anthroposophische Gesellschaft als Ganzes, als geistiges Gefäß?

W. Heidt: Ich möchte so weit gehen zu sagen, daß die Anthroposophische Gesellschaft in bezug auf das, was die Erkenntnisse der Geisteswissenschaft über die Notwendigkeiten der Umgestaltung des sozialen Organismus im Sinne der Dreigliederung sind, als Anthroposophische Gesellschaft jederzeit das Wort ergreifen können sollte und in der allgemeinen, politischen Gesellschaft die Menschen auch sammeln sollte, die sich damit beschäftigen und sich für Schritte der Verwirklichung des Notwendigen einsetzen wollen. Was die Anthroposophische Gesellschaft nicht tun sollte, sind die Schritte der praktischen Verwirklichung von Erkenntnissen des sozialen bzw. gesellschaftlichen Zusammenhanges selbst, also die Schritte der moralischen Technik. Alles, was in diese Richtung geht, ist nicht Sache der Anthroposophischen Gesellschaft.

Natürlich ist es eine ganz andere Haltung, ob ich eine bestimmte politische Aufgabe prinzipiell als Aufgabe eines *Menschenzusammenhanges* sehe oder ob es für mich so aussieht, als sei dies lediglich die Aufgabe der Individuen. Wenn ich den Standpunkt einnehme, daß alles nur individuell sei und die Geistes*strömung*, der ich angehöre, nicht betreffe, so wird es natürlich auch sehr viel schwerer möglich sein, die menschlichen Zusammenhänge zu finden und zu schaffen, die notwendig sind, wenn man im gesellschaftlichen Leben zu entsprechenden Taten kommen will. Ich sehe die Schwelle an der Stelle, wo der Übergang aus der Erkenntnis und der Darstellung der Notwendigkeiten zu den Taten liegt, die sich aus der Anthroposophie in bezug auf die Entwicklung des sozialen Organismus in gegenwärtiger Zeit ergeben, und ich denke, daß auch von seiten der Anthroposophischen Gesellschaft - ähnlich wie dies zum Beispiel von seiten der Kirchen immer wieder geschieht -, mit Memoranden, Stellungnahmen und ähnlichem Position bezogen werden sollte.

W.W.: Bloß wer soll diese Position für die Anthroposophische Gesellschaft beziehen? Wenn aus der Erkenntnis geistiger Zusammenhänge Positionen zu gesellschaftlichen Fragen genommen werden, so besteht doch sehr stark die Gefahr, daß etwas völlig Einseitiges, persönlich Gefärbtes als Gesamtmeinung der Anthroposophischen Gesellschaft abgegeben wird. Ich sehe an sich keine praktische Möglichkeit, dieses zu verwirklichen, wenn man nur bedenkt, wie gering die Zahl der wirklichen Geistesforscher sein wird, die wirklich exakte geistige Forschungsergebnisse über gesellschaftliche Zusammenhänge abgeben könnten, und wenn man zusätzlich bedenkt, wie sehr sich die Anthroposophen über die Darstellungen Rudolf Steiners streiten. Wer sollte dann derjenige sein, der als Sprecher der Anthroposophischen Gesellschaft - mit dem Konsens aller - wirklich exakte Erkenntnisse von sich gibt? Ich sehe da wenig Chancen und Möglichkeiten.

W. Heidt: Ich will gerne zugeben, daß meine Gedanken hierzu noch nicht abschliessend sind, und möchte sie an sich mehr als einen Anstoß verstehen, sich überhaupt in dieser Richtung einmal zu öffnen und sich mit diesen Fragestellungen zu beschäftigen. Mir ist es wichtig, daß man nicht a priori jede Überlegung in dieser Richtung ablehnt und im Keim erstickt, weil dieses oder jenes als Dogma oder Legende vorgebracht wird.

Ich könnte es mir so vorstellen, daß die Anthroposophische Gesellschaft nicht von vorneherein eine Aussage über einen gesellschaftlichen Zusammenhang macht, sondern daß sie bestrebt ist, eine Aussage vorzubereiten, um sie dann aber auch zu treffen. Das kann dadurch geschehen, daß man die Notwendigkeit erkennt, zu gewissen politischen und gesellschaftlichen Fragen eine Stellungnahme abzugeben. Dazu müssen Arbeitsformen geschaffen werden, in denen die Menschen zusammenarbeiten, die eine derartige Stellungnahme abgeben möchten. Ihre Entwürfe müßten dann in die gesamte Anthroposophische Gesellschaft hineinstrahlen und jedes Mitglied erreichen. Was diese Gruppe vorbereitet und vorgeschlagen hat, könnte dann aus dem gesamten Menschenzusammenhang der Anthroposophischen Gesellschaft bereichert bzw. variiert werden - genauso könnten grundsätzliche Bedenken erhoben werden -, bis ein allgemeiner Konsens erreicht ist.

Wenn man in dieser Richtung überhaupt etwas tun möchte, dann wird man sich schon fragen, welche Arbeitsformen dafür am besten geeignet sind, damit so etwas in einer sachgemäßen Weise geschehen kann. Ich bin durchaus der Meinung, daß unter einer entsprechenden Fragestellung sehr viel Produktives zustandekommen könnte, wenn man es wirklich wollte. Letztlich käme es mir überhaupt nicht darauf an, ob es unter der Flagge Anthroposophische Gesellschaft segelt oder nicht. Aber die Anthroposophische Gesellschaft sollte dafür der Boden sein, so daß irgendwie jeder Zweig zusätzlich zu dem, womit er sich ansonsten beschäftigt, solche aktuellen Fragen der Zeit mehr oder weniger gleichzeitig überall in Angriff nimmt und bearbeitet.

Die Überwindung des Politik-Tabus

Hierzu möchte ich ein praktisches Beispiel geben: Es liegt schon einige Jahre zurück, da hatte die Ärztegruppe der Filder-Klinik in Stuttgart die Idee, sich wegen der drohenden Gesetzesverschärfungen bei den Naturheilmitteln politisch für die Dreigliederung einzusetzen. Es hatte sich etwa ein Jahr lang ein Strategiekreis mit dem Willen zusammengesetzt, mit einem neuen Memorandum über die Perspektive der Dreigliederung des sozialen Organismus an die Öffentlichkeit zu treten. Die Freunde kamen aber zu keinem einheitlichen Ergebnis, so daß zwei Papiere entstanden. Als dies in einem größeren Kreis, zu dem auch ich eingeladen war, besprochen wurde, habe ich zunächst einmal mit Verwunderung zur Kenntnis genommen, daß dort zwei verschiedene Memoranden in der Schublade lagen, daß aber die eingeladenen Personen überhaupt nicht darüber informiert wurden, daß es diese Memoranden gab. Als dann doch der Inhalt dieser Memoranden bekanntgegeben wurde, konnte man den Eindruck bekommen, daß es der Gruppe fast peinlich war, kein einstimmiges Ergebnis erzielt zu haben. Ich fand beide Memoranden gut, wenn auch nicht als der Weisheit letzter Schluß.

Ich habe in der Runde gesagt, daß es meiner Ansicht nach heute überhaupt nichts mehr gibt, von dem man sagen kann: das ist es! *Man muß heute mit Varianten arbeiten,* und alles, was ich selbst in den letzten 20 Jahren gemacht habe, ist eigentlich immer nur die Variation eines Themas. Wichtig ist ferner, daß man sich zusammensetzt, und die verschiedenen Varianten in die gemeinsame Beleuchtung der anderen Varianten bringt.

Ich dachte mir damals bei den Ärzten der Filder-Klinik, daß es doch wichtig wäre, wenn diese beiden Entwürfe überall in den Zweigen der Anthroposophischen Gesellschaft in die Zirkulation kämen, die Menschen sich damit befaßten, ihre Verbesserungsvorschläge einbrächten, so daß eine gemeinsame Arbeit an diesen Dingen entstünde. So dachte ich damals, aber dann sind diese Initiativen versandet. Wenn eine soziale Energie in die Gesellschaft einfließen soll, dann wird man in dieser Richtung, wie ich es eben angedeutet habe, Arbeitsformen finden müssen, was aber die Überwindung dieses Politik-Tabus voraussetzt. In diesem Sinne aber könnte Anthroposophische Gesellschaft auch eine politische Arbeitsform darstellen. Auch in das Parteipolitische hineinzuwirken, halte ich für denkbar, sogar für geboten, man muß sich nur darüber unterhalten, was die sachgemäße Form dafür wäre.

W.W.: Kannst Du dies ein wenig konkretisieren?

"Die wirksamsten Orte des Geisteslebens im sozialen Organismus sind die Parteien"

W. Heidt: Geboten ist, eine parteipolitische Aktivität zu entwickeln, aber nicht von der Anthroposophischen Gesellschaft als Institution, sondern als anthroposophischer Menschenzusammenhang, und zwar in der sachgemäßen Form, daß man dabei nicht in irgendeiner Weise im Auge hat, in der Machtpolitik mitzumischen, sondern so, daß eine entsprechend gegründete Partei zu einem Inspirationsorgan der sozialen Welt wird. Die heutigen Parteien sind auch "Inspirationsorgane". - Nimm das Beispiel der Republikaner! Vor einem halben Jahr hat die Republikaner kaum einer gekannt, aber nun sind sie ein Inspirationsorgan in dem Sinne, daß die ganze Gesellschaft pausenlos durch die Massenmedien mit diesem Phänomen Republikaner belästigt wird. Die Ideen der Republikaner hat es auch vorher gegeben, denn die waren frei schwebend im Raum, und kein Mensch hat sich darum gekümmert. Aber seitdem eine *Partei* diese Ideen aufgegriffen hat, spricht jeder darüber. - Ich möchte behaupten, daß *die wirksamsten Orte des Geisteslebens im sozialen Organismus die Parteien sind.* Wenn ich wirksam am Geistesleben teilnehmen, die Gesellschaft inspirieren möchte, dann *muß* ich - ich wähle dieses Wort bewußt - eine Partei gründen. Zumindest muß ich ein Gebilde gründen, das als Partei funktionieren kann und mit dem man auch an Wahlen teilnimmt.

In einem anderen Gesprächszusammenhang ist es für Rudolf Steiner überhaupt gar keine Frage, daß man sich mit einer Partei am Parlamentarismus beteiligt. Man denke doch nur einmal, wie enorm wirksam und ausstrahlend es ist, was heute vom Parlament ausgeht. Natürlich ertönt aus dem Parlament nichts qualitativ Inspirierendes, statt dessen aber im quantitativen Sinne überall Präsentes. Warum also sollte nicht auch *Qualität quantitativ* ausstrahlen; das ist doch eine ganz einfache Überlegung. Und ich denke, daß es an der Zeit ist, sich darüber Gedanken zu machen, sich zusammenzusetzen und ohne Scheu zu beraten, um sich die Gesamtlage anzuschauen, denn dann kann man die sachgemäße Form finden, die solch eine Partei haben müßte.

Man wird sich verschiedenste Fragen vorlegen, zum Beispiel ob man einer Regierungsbeteiligung zustimmen würde, oder ob dies überhaupt nicht denkbar ist. Eine Partei wäre für mich nur dann sachgemäß, wenn jetzt im Augenblick an ihrer Spitze ihr Eintreten für die Ermöglichung der dreistufigen Volksgesetzgebung stünde. Diese Partei müßte also derzeit a priori *alles* unter dem Popularvorbehalt zusammenfassen. Eine solche Partei würde nichts beschließen wollen, ohne daß ein entsprechender Beschluß eine demokratische Legitimation durch das Volk hätte. Ein zweites Kriterium dieser Partei wäre, daß sie sich jeglicher Allgemeinplätze enthielte, d.h. nicht Ideale verkünden sollte, sondern das Notwendige und Wichtige von der Sache her in der Form des Gesetzesvorschlages präsentierte. Die Menschen müßten an einer solchen Partei erkennen, wie man als Partei verantwortlich mit dem Gegenstand Politik umgehen kann. Diese Partei würde keine Programme aufstellen, sondern höchstens eine Präambel mit einem großen Ideenzusammenhang haben, und im übrigen konkrete Gesetzesvorschläge auf den Tisch bringen, mit den Darlegungen der Folgen, die diese Gesetzesvorschläge hätten. So könnte ich mir ein aus der Anthroposophie herauskommendes Gebilde einer Partei vorstellen, und ich sehe das, was Rudolf Steiner an verschiedenen Stellen peripher dazu gesprochen hat, durchaus im Einklang mit einer solchen weiterführenden Überlegung.

W.W.: Nun steht der Paragraph 4 der Prinzipien bzw. Statuten der Anthroposophischen Gesellschaft dazu in einem gewissen Widerspruch, in dem es unter anderem heißt: "Die Politik betrachtet sie (die Anthroposophische Gesellschaft) nicht als in ihrer Aufgabe liegend." Wie erklärst Du Dir diesen Widerspruch?

Während der Weihnachtstagung mußte Rudolf Steiner dreimal fragen

W. Heidt: Ich lese diesen Satz so, wie die Sache dann auch in der Weihnachtstagung zur Sprache gekommen ist. In einem ersten Erläuterungsansatz sagt Rudolf Steiner bei der Lesung und Besprechung dieser Prinzipien, daß dieser Satz deswegen gebraucht werde, weil während der Zeit der Aktivität der Dreigliederungsbewegung manche Freunde unsachgemäß mit dieser Geschichte umgegangen seien. Das unsachgemäße Umgehen bestand wohl darin - Rudolf Steiner geht allerdings nicht genau darauf ein, deswegen ist meine Annahme ein wenig spekulativ -, daß man Einzelelemente des Dreigliederungskonzeptes in irgendeiner Weise an Parteien herangetragen hat, mit der Intention, daß diese Parteien diese Fragmente ihren programmatischen Vorstellungen eingliedern mögen. Damit bestünde tatsächlich die Gefahr, da im übrigen die programmatischen Konzepte der Parteien Gruppeninteressen verfolgen, daß anthroposophische Inhalte im Zusammenhang von machtpolitischen Gruppeninteressen auftreten und notwendigerweise mißverstanden werden müssen.

Aus dieser Gefahr resultierte wohl der Satz, daß man sich davor schützen müsse, damit die Anthroposophische Gesellschaft nicht in ein parteipolitisches Fahrwasser gezogen werden kann. Dieser Satz hat also Abwehrcharakter. Er macht zusätzlich nur dann einen Sinn, wenn in der Anthroposophischen Gesellschaft mit dem Dreigliederungsansatz konkret umgegangen wird, aber wenn in dieser Hinsicht überhaupt nichts geschieht, dann kann es darüber auch gar kein Mißverständnis geben. Der Satz wäre dann überflüssig. Er hat meines Erachtens nur aus der selbstverständlichen Annahme heraus eine Logik, daß innerhalb der Anthroposophischen Gesellschaft ein lebendiges Dreigliederungsforschen, eine lebendige Dreigliederungsaktivität stattfindet, so daß er - bei unsachgemäßem Umgehen mit den Fragen der Dreigliederung - dann eine Art Schutzcharakter ausüben könnte. Man käme dann seitens der Anthroposophischen Gesellschaft nicht in den Verdacht, auf der Seite eines parteipolitischen Gruppeninteresses zu stehen. Um diese Gefahr abzuwehren, mußte dieser Satz in die Statuten der Anthroposophischen Gesellschaft hinein.

W.W.: Ist es nicht eine ziemliche Tragik, daß Rudolf Steiner bei der Diskussion über Paragraph 4 dreimal fragen muß, ob Diskussionsbeiträge erwünscht seien, aber niemand darauf eingeht? Obwohl er die Mitglieder ermahnt, daß es wichtig sei, über diesen Paragraphen zu sprechen, weil es bei ihm um das Verhältnis der Anthroposophischen Gesellschaft zur Öffentlichkeit gehe, fühlt sich niemand aufgerufen, Fragen zu stellen oder Erläuterungen zu geben. Gibt es irgendwelche Hinweise darauf, was außer dem bisher Ausgeführten hätte besprochen werden können?

W. Heidt: Das ist wirklich eine große Tragik, wie es ebenfalls eine ist, daß auch heute noch innerhalb der Anthroposophischen Gesellschaft in einer ganz merkwürdigen Weise um diesen Problemkomplex herumgeredet wird. Dies gilt sowohl für die Anthroposophische Gesellschaft wie auch für das allgemeine gesellschaftliche Leben in Deutschland. Es ist eine tiefe Tragik in der deutschen Geschichte, daß man sich scheut, über das Politische zu sprechen. Dies beginnt bereits mit Goethe und Schiller, die auch nur sehr aphoristische und zwiespältige Bemerkungen über das Politische gemacht haben. Diejenigen deutschen Geister, die in der deutschen Geistesgeschichte den Begriff des Politischen wirklich geklärt haben, wie zum Beispiel Fröbel und Rittinghausen, sind unbekannt geblieben.

Als es um das Politische geht, bricht das Gespräch ab

Und so ist es sehr tragisch - und darauf weist Du mit Deiner Frage hin -, daß auch jetzt wieder in der Anthroposophischen Gesellschaft während der Weihnachtstagung das Gespräch in dem Moment abbricht, in dem es um das Politische geht. Ich bin der Meinung, daß in keinem Bewußtsein der Teilnehmer eine wirkliche Klarheit über das Politische geherrscht hat, und deswegen ist es ihnen auch nicht bewußt geworden, daß die Erörterung dieses Punktes dringend notwendig gewesen wäre.

W.W.: Rudolf Steiner hat die Mitglieder dreimal aufgefordert, sich zu diesem Punkt zu äußern.

W. Heidt: Ja, alle anderen Paragraphen wurden bis auf Punkt und Komma genauestens erörtert, was die Mitglieder wohl sehr ermüdet hat, so daß sich ausgerechnet beim Paragraphen 4, bei dem es sich darum handelt, daß die Anthroposophische Gesellschaft im vollen Sinne vor die Welt als eine öffentliche hingestellt werden solle, ein älteres Mitglied meldet, Mr. Collison, und ein Ende der Debatten über die Prinzipien fordert, da Rudolf Steiner doch alles so schön formuliert habe. Er schlägt deswegen vor, sämtliche Paragraphen per Akklamation zu beschließen. Die Mitglieder wollen im weiteren nicht mehr über diese Paragraphen diskutieren, obwohl Rudolf Steiner sie allein beim Paragraphen 4 dreimal dazu auffordert.

W.W.: Rudolf Steiner nennt Mr. Collison einen Magier, der es bewirkt habe, daß man über den Paragraphen 4 und die weiteren an diesem Tag zu besprechenden Paragraphen nicht mehr diskutieren wolle.

W. Heidt: Ja, und er sagt zusätzlich noch, daß Mr. Collisons Worte eine merkwürdig dämpfende Wirkung auszuüben scheinen. Beide Äußerungen Rudolf Steiners scheinen locker dahingesagt, aber die Worte von Mr. Collison scheinen wirklich wie eine Magie gewirkt zu haben und die Chance der Klärung des Sachverhaltes war damit vertan.

"Die Verbindung größter Öffentlichkeit mit innerlichster Esoterik"

Wir sind mit unserer Initiative an keinem anderen Punkte tätig, indem wir uns an die breiteste Öffentlichkeit wenden, vor allem mit dem Stimmbrief. Im Grunde ist es nichts anderes als das Wiederaufgreifen der damals abgebrochenen Situation, es ist sozusagen ein Weihnachtstagungsgeschehen. Das kann man ruhig so sagen, ich sehe das so. Denn es wird ein elementarer und unabdingbar notwendig zu klärender Sachverhalt in diesen Tagen damit zur Sprache gebracht und mit allen Menschen in die Erörterung geführt. Das ist auch das, was durch die Gründung der Anthroposophischen Gesellschaft hätte geschehen sollen.

Rudolf Steiner war ja in der Not, daß vor der Weihnachtstagung die Anthroposophische Gesellschaft eigentlich nicht mehr existierte, so daß sie neu konstituiert und als ein neues Kraftzentrum geschaffen werden mußte, damit die Anthroposophie in den bevorstehenden Jahren zur Kulturtatsache hätte werden sollen. Und man kann sagen, daß dieser letzte große Versuch, die Anthroposophie zur Kulturtatsache zu machen, gescheitert ist. Auf der anderen Seite scheitert das Angebot der direkten Demokratie innerhalb der Weimarer Verfassung in der Zeit der Weimarer Republik. Diese beiden Dinge haben sehr viel miteinander zu tun; das Ergebnis ist das Auftreten der Nationalsozialisten. Ich denke sogar, daß die abgebrochene Klärung des Paragraphen 4 sehr viel damit zu tun hat.

W.W.: Rudolf Steiner spricht während der Gründungsversammlung der Anthroposophischen Gesellschaft am 26.12.1923 über dieses Verhältnis der Anthroposophischen Gesellschaft zur Öffentlichkeit und darüber, daß die denkbar größte Öffentlichkeit mit wahrster, innerlichster Esoterik verbunden werden solle:

"Und wir müssen sie erreichen, wir müssen es erreichen, daß wir bei allen unseren Handlungen die Empfindung haben können des Zusammenhanges mit der geistigen Welt. Denn das muß ja gerade der Unterschied sein zwischen unserer Anthroposophischen Gesellschaft und irgendeiner anderen Vereinigung, die es gegenwärtig geben kann. Der Unterschied muß der sein, daß aus der Kraft der Anthroposophie selber heraus diese Möglichkeit besteht, die denkbar größte Öffentlichkeit zu verbinden mit wahrster, innerlichster Esoterik. Und die Esoterik darf uns in der Gegenwart auch bei den äußerlichsten Handlungen nicht fehlen. Wir müssen auf diesem Gebiet von den letzten zehn Jahren eben doch manches lernen.

Und dasjenige, was ich da sage, bezieht sich auch auf die Verantwortlichkeiten. Bedenken Sie, meine lieben Freunde, das Folgende: Wir stehen als eine kleine Gesellschaft in der Welt, und diese Gesellschaft hat in der Gegenwart ein merkwürdiges Schicksal. Sie könnte gar nicht, wenn sie auch wollte, diesen Charakter der Öffentlichkeit, den ich jetzt so besonders stark betone, ablehnen, sie könnte es nicht. Denn würden wir heute aus irgendeiner Sympathie heraus beschließen, in den Gruppen nur innerlich zu arbeiten, was ja gewiß sehr schön wäre, würden wir uns nicht um die Öffentlichkeit kümmern, so würden wir sehen, wie das noch immer mehr und mehr überhand nimmt, daß sich die Öffentlichkeit um uns im feindlichen Sinne bekümmert. Je mehr wir uns um dasjenige, was die Zeichen der Zeit sind, nicht kümmern, desto mehr wird sich im feindlichen Sinne dasjenige, was irgendwie nur dastehen kann als gegnerisch von uns, um uns bekümmern. Und nur wenn wir den Weg finden, mit Mut den geraden Weg finden zu dem Folgenden, dann wird es uns gelingen, das Schiff der Anthroposophischen Gesellschaft durch die heute um sie herum brandenden und wallenden, sehr stürmischen Wogen hindurchzuleiten." (Rudolf Steiner: Die Weihnachtstagung zur Begründung der Allgemeinen Anthroposophischen Gesellschaft. GA 260, 26.12.1923, S.85 f.)

W. Heidt: Das drückt genau das aus, was ich über das Verhältnis der Anthroposophischen Gesellschaft zur Öffentlichkeit gemeint habe.

"Unsere konkrete Position wird innerhalb der anthroposophischen Bewegung so gut wie gar nicht zur Kenntnis genommen"

W.W.: Wie ist die Resonanz, Zustimmung oder Ablehnung, Eurer "Initiative für Volksentscheid" innerhalb der anthroposophischen Bewegung?

W. Heidt: Das Bemerkenswerteste von allem ist die Ignoranz, und es ist noch immer eine weit verbreitete Ignoranz. Die Kritik und den Widerspruch in der Sache würde ich sehr begrüßen, denn das würde weiterbringen. Vielleicht ist das eine oder andere unserer Ideen und Aktionen noch unausgegoren, das mag ja sein. Aber aufs Ganze gesehen herrscht in der anthroposophischen Gesamtkonfiguration - vor allem an gewissen zentralen Orten, auf die man hinblickt - Schweigen. Es gibt keine Stellungnahme zur Sache, obwohl die Dinge nicht erst seit heute laufen. Seit vielen Jahren versuche ich, unsere Initiative und unsere Ideen ins Gespräch zu bringen, aber es gibt keine Resonanz. So habe ich immer wieder einem guten alten Freund, Manfred Schmidt-Brabant, dem jetzigen Vorsitzenden der Anthroposophischen Gesellschaft, unsere Arbeitsergebnisse im Laufe der Jahre zugeschickt, mit der Bitte um Stellungnahme. Ich habe ihm immer wieder geschrieben: "Sage bitte, wie Du darüber denkst, Deine Einschätzung ist mir sehr wichtig."

W.W.: Welche Antwort hat er Dir gegeben?

W. Heidt: No comment!

W.W.: Nie?

W. Heidt: Nie! Ähnlich ist es uns auch mit anderen Persönlichkeiten gegangen. Wir haben unsere Forschungsergebnisse an einen größeren Kreis von Personen geschickt, die wir für kompetent halten, und um Stellungnahmen gebeten. Aber auch von denen gab es keine Reaktionen. Das ist die Situation gegenwärtig! Diejenigen Anthroposophen, die nach außen hin das Bild prägen, Publizisten, Vortragsredner, Autoren usw. - sie haben bisher geschwiegen. Auf der anderen Seite gibt es viele Anthroposophen, die natürlich mit unserer Sache verbunden sind und sie unterstützen, und ohne deren Unterstützung und Hilfe hätten wir vieles nicht tun können. Das ist wunderbar, daß es auf dieser Ebene läuft und daß auch immer mehr Menschen auf die Dinge aufmerksam werden, aber es ist natürlich klar, daß eine offenere, kollegialere Erörterung dieses Themas und unserer Aktivitäten natürlich viel dazu beitragen könnte, daß noch mehr Menschen innerhalb der anthroposophischen Bewegung ermutigt und veranlaßt werden könnten, sich mit dem Demokratieprojekt zu befassen, es zu unterstützen oder aber eine wirklich begründete Gegenposition zu entwickeln.

W.W.: Hat es eigentlich überhaupt jemals eine wirklich kompetente Gegenposition - schriftlich oder mündlich - zu Euren Aktivitäten und Verlautbarungen gegeben?

W. Heidt: Was bisher als Widerspruch gekommen ist, das ist ..., ja wie soll man es eigentlich nennen, damit es nicht übelgenommen wird, ... es ist wirklich schwach. Ich will keine Namen nennen, aber was hier und da in manch einer anthroposophischen Zeitung beiläufig abgedruckt wird, ist keine wirkliche Auseinandersetzung mit unserer Position, sondern oberflächliches Daherlabern über das Thema Volksentscheid im allgemeinen. Zwar ist das auch interessant, aber es bleibt diffus und in bezug auf die Sache, um die es geht, einfach schwach. Unsere konkrete Position wird so gut wie gar nicht zur Kenntnis genommen. Man nimmt höchstens indirekt auf uns Bezug, sei es negativ oder positiv. Noch unbefriedigender als die Ignoranz ist allerdings die halbherzige Zustimmung, indem man uns von oben herab begütigend zulächelt.

W.W.: Ganz nett, die Kinderchen!

W. Heidt: Ja, bei manchen Stellungnahmen kommen wir uns vor, als würden wir in der Sandkiste spielen, und zwar immer dann, wenn so getan wird, als wäre der Volksentscheid zwar besser als nichts, im Prinzip aber sei er unnötig. So eine Position ist eigentlich viel schlimmer als manch eine wilde Polemik gegen uns, denn bei diesen Kommentaren ist es meist ganz offensichtlich, daß sie von der Problematik nur wenig Ahnung haben.

"Ich wünsche mir eine inhaltlich kontroverse Diskussion"

Was ich mir wünschen würde, wäre eine inhaltlich kontroverse Diskussion, vor allem in den anthroposophischen Zeitschriften; vielleicht könnt Ihr mal ein Heft machen, in dem kontroverse Standpunkte ins Gespräch gebracht werden, allerdings in sachkundiger und pfleglicher Art und Weise. Die Veranstaltung, die dazu nötig wäre, müßte fair moderiert werden, es dürfte nicht herumgeschwatzt werden, und die Voraussetzung wäre, daß die verschiedenen Positionen sich erst einmal zur Kenntnis nehmen. So etwas ist bisher noch nicht durchgeführt worden, aber immerhin gibt es nun schon verschiedene Publikationen, die unsere Arbeit aufgreifen. Und wenn dann das eine oder andere mehrfach erscheint, so sollte man es pädagogisch nehmen, da die Leserschaft der einen Zeitung nicht immer mit der der anderen abgedeckt ist. Es ist so lange nichts zu diesem Thema gesagt worden, daß es meines Erachtens nicht schadet, wenn es nun mehrmals auf dem Tisch landet.

XI. RUDOLF STEINER UND DIE VOLKSGESETZGEBUNG

W.W.: Hat sich für Dich die Idee der direkten Volksgesetzgebung als konsequent zu Ende gedachtes Ergebnis Deiner Dreigliederungsarbeit ergeben?

W. Heidt: Ja. Selbstverständlich hat sich alles aus der Dreigliederungsforschung ergeben, so daß es für mich überhaupt nicht mehr unabhängig von der Dreigliederung zu denken ist. Ich kann mich selbst überhaupt nicht mehr ohne das tägliche Umgehen mit der Dreigliederungsidee vorstellen. Alles, was ich auf dem Gebiete der Sozialforschung gemacht habe, war immer aus der Dreigliederungsidee inspiriert. Der Anstoß, den Begriff der direkten Demokratie in einfachster Form erstmals zu denken, kam nicht durch das, was Rudolf Steiner über den dreigegliederten sozialen Organismus dargestellt hat, sondern er kam - ich erwähnte es bereits - von Peter Schilinski. Er war in seiner Dreigliederungsforschung dazu gekommen, daß der Demokratiebegriff Rudolf Steiners mit dem der direkten Demokratie gleichzusetzen sei. Insofern war es dann doch wiederum ein

Dreigliederungsforschungszusammenhang, über den ich auf den Begriff der direkten Demokratie verwiesen wurde. Ich habe dies zunächst wie eine Selbstverständlichkeit aufgenommen. Über die weitere Entwicklung haben wir gesprochen.

Ich bin dann der Souveränitätsfrage nachgegangen, kam dabei auf die dreifache Gestalt dieser Frage, bis dann ein nächster Schritt zum Begriff der dreistufigen Volksgesetzgebung führte, der den besonderen Charakter der "Souveränität der Mitte" bezeichnet. Was sich an dieses Ergebnis der Dreigliederungsforschung als Initiative angeschlossen hat, ist der Methodik nach ein Ergebnis dessen, was ich unter Anthroposophie und Goetheanismus verstehe. Unser gesamtes Projekt - sowie das, was auf Zukunft gesehen noch kommen mag - ist für mich "Ausführung der Dreigliederung".

"Es ist ein Rätsel, wie beziehungslos alles abläuft"

W.W.: Nun hat Rudolf Steiner niemals auf die Volksgesetzgebung hingewiesen, obwohl sie zu seinen Lebzeiten in der Weimarer Reichsverfassung noch Gesetz wurde und in der Schweiz seit 1891 existierte. Wie kommt das?

W. Heidt: Das ist ein wirkliches Rätsel für mich. Gleiches gilt für alle übrige Dreigliederungsforschung, in der man auch niemals einen Hinweis darauf findet: daß ja im Jahre 1919, als Rudolf Steiner innerhalb der Dreigliederungsbewegung öffentlich agiert, in Weimar die verfassungsgebende Versammlung zusammentritt, um sich auch mit den Fragen der sozialen Neuordnung zu beschäftigen. Wenn nach dem Zusammenbruch einer alten Ordnung eine neue Ordnung geschaffen werden muß, dann stellt sich für eine verfassungsgebende Versammlung die gleiche Frage, die sich auch für Rudolf Steiner mit der Dreigliederung gestellt hat. Man war also in diesem Jahr 1919 an der gleichen Sache tätig. In dem, was bisher von Rudolf Steiner veröffentlicht ist, gibt es keine Bezugnahme auf die Tatsache, daß in Weimar, wo er selber sehr lange gewirkt hat und den genius loci sehr genau kannte, die verfassungsgebende Versammlung durchaus offen war für Eingaben, Memoranden etc. zur Neugestaltung der sozialen Verhältnisse.

W.W.: Zu den Kaisern ist er gegangen!

W. Heidt: So ist es, aber mir ist nicht bekannt, daß er seine Mitstreiter in der Dreigliederungsbewegung inspiriert hätte, dieser Versammlung etwas vorzulegen. Man hätte, wie den Kaisern ein Memorandum, so auch der Weimarer Nationalversammlung ein entsprechendes Dokument vorlegen können. Es ist für mich rätselhaft, daß Steiner diese Möglichkeit nicht ergriffen hat. Andere Geister der Zeit, wie zum Beispiel Max Weber, haben der Nationalversammlung solche Memoranden auf den Tisch gepackt, und die wurden auch beachtet. Es ist verwunderlich, wie beziehungslos alles abläuft, so als hätte man nichts miteinander zu tun. Man konnte doch nicht erwarten, daß aus der gewählten Nationalversammlung an Dr. Steiner die Bitte ergeht, ihr eine Dreigliederungsexpertise zu unterbreiten...

W.W.: Natürlich hätte auch jemand aus der Anthroposophenschaft Rudolf Steiner darauf aufmerksam machen können, eine Eingabe an die Nationalversammlung zu machen.

W. Heidt: Ja natürlich. Es hätte dies ja auch ein anderer tun können. Warum sollte immer nur Rudolf Steiner alles machen? Wie dem auch sei, es ist nichts geschehen. Aber das ist nicht das einzige, was rätselhaft geblieben ist. Als die Weimarer Verfassung am 31.07.1919 verabschiedet und am 11.08.1919 verkündet wurde, gibt es wiederum keinen Hinweis Rudolf Steiners auf diese Vorgänge. Ich kann mir kaum vorstellen, daß noch irgendwo unveröffentlichte Aussagen Rudolf Steiners in den Schubladen liegen, in denen er auf diese Verfassung mehr als beiläufig hinweist. Es gibt also kein Eingehen Steiners auf diese Verfassung, obwohl sie doch in dem entscheidenden Punkt nun wirklich den Schritt in die Dreigliederungszukunft hinein getan hatte, und zwar insofern, als sie das, worum seit 1869 in der Arbeiterbewegung gerungen und gekämpft wurde, aufgriff und verfassungsrechtlich verankerte: den Gedanken der Volksgesetzgebung.

In Weimar war es gelungen, freies Geistesleben verfassungsrechtlich zu verankern

Den Gedanken der Volksgesetzgebung verstehe ich in diesem Zusammenhang primär als *Konstitution des freien Geisteslebens an seiner entscheidenden Stelle,* insofern es das verfassungsgesetzlich garantierte Initiativrecht für legislative Gestaltungen bedeutet; das ist Wirksamkeit des freien Geisteslebens an der entscheidenden Stelle. Das Gesetzesinitiativrecht bedeutet also, aus dem freien Geistesleben der Gesellschaft für die Entwicklung des Rechtslebens *initiativ* tätig werden zu können. Es war also an der wichtigsten Stelle gelungen, freies Geistesleben in der Weimarer Verfassung verfassungsrechtlich zu verankern. Es wurde hiermit das, was Rudolf Steiner als den ersten und wichtigsten Schritt immer wieder verkündet hatte, nämlich die Befreiung des Geisteslebens, verfassungsrechtlich konstituiert. Damit wurde die soziale Emanzipation wirklich auf die Spitze getrieben, auch wenn die spezifischen Verfahrensweisen noch nicht optimal geregelt waren. Dies war der historische Tatbestand des "Gipfelns der Emanzipation des Rechts", wie es Rudolf Steiner am Anfang des "Nationalökonomischen Kurses" darstellt. Freies Geistesleben, konstitutionell verankert, mit der Möglichkeit des Gesetzgebungsvorschlagsrechts, des Initiativrechts bis hin zum Abstimmungsrecht, war das wichtigste Ergebnis der Arbeit der Weimarer Nationalversammlung. - Aber Rudolf Steiner spricht weiterhin von der Notwendigkeit der Befreiung des Geisteslebens, so als sei in der Weimarer Verfassung davon überhaupt nichts vorhanden. Rätselhaft.

W.W.: Heißt das, daß er dies nicht erkannt hat?

W. Heidt: Ich kann nur vermuten, daß er es nicht wahrgenommen, offensichtlich nicht zur Kenntnis genommen hat; hat er es wahrgenommen, dann halte ich es für ein großes Versäumnis, daß er es den Menschen nicht mitgeteilt, nicht in seiner Bedeutung erklärt hat. Aber das Schweigen dazu setzt sich ja fort; weder zu Lebzeiten Rudolf Steiners noch nach seinem Tode ist jemals ein Anthroposoph auf diesen Punkt eingegangen.

Rudolf Steiner hatte sich zunächst mit seiner Dreigliederungsidee an die Rätebewegung gewendet, aber die Würfel fielen nicht zugunsten der Rätebewegung, sondern zugunsten der parlamentarischen Demokratie. Das war auch in Ordnung so, dazu könnte man sehr viel sagen. In den Jahren 1918/19 gab es heftige Auseinandersetzungen zwischen den Vertretern der Räterepublik und denen der parlamentarischen Demokratie. Man sollte nicht befangen sein, bloß weil sich Rudolf Steiner mit den *rätedemokratischen Tendenzen* in Württemberg auseinandergesetzt und verschiedene Kontakte zu deren Vertretern gehabt hat, Anstöße für die Prozesse, die in dieser Zeit dort abliefen, gegeben hat und sagen, daß allein dies der sachgemäße Weg gewesen sei, denn es hat sehr gute und wichtige Gründe gegeben, sich für die *parlamentarische Demokratie* zu entscheiden. Denn es hat sich mit dem inneren Rechtsempfinden der SPD nicht in Einklang bringen lassen, *revolutionäres* Recht zu setzen; sie wollten von der Gesellschaft *demokratisch legitimiertes* Recht haben. Sie wollten den Sozialismus nicht durch ein revolutionäres Recht erreichen, sondern sie hatten die Vorstellung, daß der Sozialismus nur über den demokratischen Prozeß entstehen könne. Deswegen plädierten sie gegen die Revolution und für eine Verfassung, auf deren Grundlage dann aber die demokratische Entwicklung zum Sozialismus möglich war.

Die Weimarer Republik trocknete am Mangel der Kreativität aus

Steiner hätte also darauf hinweisen können, daß nach Verabschiedung der Weimarer Verfassung die Dreigliederungsschritte aus der emanzipierten Gesellschaft heraus möglich gewesen wären. Man hätte aus dem freien Geistesleben im Sinne der Dreigliederung entsprechende Gesetzesvorschläge unterbreiten können, wobei es nicht einmal das Wichtigste gewesen wäre, daß diese gleich beschlossen worden wären. Schon die öffentlich wirksame Anregung des sozial Vernünftigen hätte viel geholfen, die Entwicklung in die richtigen Bahnen zu lenken.

Gerade weil die Menschen damals im Herzen nicht demokratisch gesinnt waren, sondern noch am Obrigkeitsstaat hingen, wäre es umso wichtiger gewesen, demokratische Übungsfelder zu schaffen aufgrund entsprechender Vorschläge aus der Dreigliederungsbewegung heraus. Doch auch aus dieser Ecke kam nichts, so trocknete die Weimarer Republik letztendlich an dem Mangel aus, daß es keine Kreativität gab im Hinblick auf Gesetzesvorschläge aus dem freien Geistesleben, und man schließlich meinte, das Gift des Nationalsozialismus als ein neues Lebenselixier empfinden zu müssen. Das ist die Tragik. Aber in Verbindung mit dieser Tragik Mitteleuropas muß man die Fragen stellen, warum in dieser Hinsicht nie etwas geschehen ist, weder von Rudolf Steiner noch von anderen Anthroposophen. Diese Fragen müssen gestellt werden, und zwar deswegen, weil man sie heute auf die Gegenwart bezogen auch stellen muß. Indem man den Blick auf die Vergangenheit richtet, kann man sich um so klarer werden, wie wichtig es ist, daß man heute diese Fragen aufwirft.

W.W.: In seiner ersten Schrift (1886), "Grundlinien einer Erkenntnistheorie der Goetheschen Weltanschauung", gibt Rudolf Steiner grundlegende Gedanken dafür, daß ein Volk sich seine Verfassung selbst zu geben habe, seinem innersten Wesen entsprechend:

Rudolf Steiner (Radierung von Otto Fröhlich; ca. 1891)

"Die Verfassung, die sich ein Volk gibt, muß aus seinem innersten Wesen heraus entwickelt werden. Auch hier sind nicht geringe Irrtümer im Umlauf. Man hält die Staatswissenschaft nicht für eine Erfahrungswissenschaft. Man glaubt, die Verfassung aller Völker nach einer gewissen Schablone einrichten zu können.

Die Verfassung eines Volkes ist aber nichts anderes als sein individueller Charakter in festbestimmte Gesetzesformen gebracht. Wer die Richtung vorzeichnen will, in der sich eine bestimmte Tätigkeit eines Volkes zu bewegen hat, darf diesem nichts Äußerliches aufdrängen: er muß einfach aussprechen, was im Volkscharakter unbewußt liegt." (Rudolf Steiner: Grundlinien ..., GA 2, Kap. F, 18.)

Zwar ist dies sehr allgemein, aber es geht doch über das hinaus, was wir bis heute haben - das Grundgesetz ist nicht vom Volk beschlossen -, und klammert deshalb mit Sicherheit auch nicht die Volksgesetzgebung aus.

W. Heidt: Ja, das ist vollkommen klar! Das sind sehr schöne Sätze, die eigentlich genau zeigen, was sich hier aus der anthroposophischen Weltbetrachtung heraus als Aufgabe stellt. Es gibt kein substantielleres Motiv als aus dem Charakter und dem innersten Wesen eines Volkes heraus, den Gemeinwillen ans Tageslicht zu heben, um ihm die Rechtsform zu geben. Das ist's.

Der demokratische Gedanke
ist heute zum erdumspannenden Impuls geworden

Ich möchte die Worte Rudolf Steiners nur ein wenig nuancieren, wenn er davon spricht, daß die Verfassung der Völker nicht nach einer gewissen Schablone eingerichtet werden könne. Wenn man heute in die Welt schaut und sich die Frage stellt, ob es dort ein gemeinsames Motiv gibt, welches die Gemüter der Menschen gemeinsam bewegt, dann kann man gerade in diesen Tagen sehen, wenn man nach Asien oder Osteuropa schaut, daß dieses Gemeinsame der demokratische Impuls ist. Dieser demokratische Impuls äußert sich quer durch alle Völker hindurch in einer ganz bestimmten Weise, und das ist etwas, was aus dem Zeitgeist heraus kommt. Deswegen muß man für eine Verfassung beide Gesichtspunkte zusammenbringen, denjenigen, den Rudolf Steiner anspricht, also den volkstypischen Charakter, zugleich aber das, was der Charakter des Zeitgeistes ist. Und dies sehen wir eben heute noch sehr viel deutlicher als vor hundert oder siebzig Jahren, daß das, was mit der Französischen Revolution begonnen hat, erst jetzt zu einem planetarischen, erdumspannenden Impuls geworden ist: Das ist nicht der Sozialismus, auch noch nicht das Freiheitsverständnis im Sinne der Dreigliederung, sondern der demokratische Gedanke.

Dieser demokratische Gedanke kann natürlich in der jeweiligen Verfassung einen typischen Ausdruck finden, zum Beispiel entsprechend der Verfassung von 1793 während der Französischen Revolution. Innerhalb dieser Verfassung, die nie in Kraft getreten ist, wurde schon aufgrund einer inneren Notwendigkeit für die Erfüllung des Wesens des demokratischen Prinzips auf die Volksgesetzgebung hingewiesen.

In dieser Verfassung steht noch etwas zweites, was sich sehr gut an den von Dir zitierten Gedanken Rudolf Steiners anschließen läßt, nämlich daß keine Generation einer nachfolgenden Generation eine Verfassung oktroyieren darf. Die Idee der Französischen Revolution ist es also, daß mit jeder Generation eine neue Arbeit an der Verfassung stattfinden müsse, und jede Generation müsse aus dem innersten Wesen ihres Volkes heraus erneut an dieser Verfassung arbeiten. Die Idee der Französischen Revolution war es bereits, daß jede Generation neu ihre staatsrechtliche Verfaßtheit beschließen solle.

W.W.: Folgende Worte Rudolf Steiners scheinen mir wie eine Art Zukunftsbild für die Volksgesetzgebung zu sein:

"Wir stehen heute auf einem anderen Boden, und heute sind eben die Menschen nicht so, daß sie sich von kleinen Gruppen diktieren lassen wollen dasjenige, was sie zu tun haben, daß sie bloß eine kleine Gruppe gegen die andere kleine Gruppe austauschen wollen. Heute will schon ein jeder mittun. Heute ist die Zeit, wo man lernen muß den Unterschied zwischen herrschen und regieren. Es scheint ja allerdings, als ob der noch nicht gründlich genug gelernt worden wäre. (Beifall). Herrschen muß heute das Volk, eine Regierung darf nur regieren. Das ist das, worauf es ankommt. Und damit ist auch gegeben, daß in einem gesunden Sinne heute die Demokratie notwendig ist. Deshalb habe ich auch keine Hoffnung, daß man mit den schönsten Ideen, wenn man durch kleine Gruppen sie verwirklichen will, etwas erreichen kann, wenn man nicht getragen wird von der

Erkenntnis und Einsicht der wirklichen Majorität der Bevölkerung. Die wichtigste Arbeit ist heute: sich zu erwerben das Mitgehen der großen Mehrheit der Bevölkerung mit dem, was man als ausführungsmöglich erkennt. So stehen wir heute eben vor der Notwendigkeit, daß wir für das, was zuletzt wirklich an wahrer Sozialisierung erreicht werden wird, wir in demokratischer Weise die Mehrheit der Bevölkerung haben müssen. Es könnte ja Übergangszeiten geben, wo eine kleine Gruppe irgend etwas verwirklichen würde, was von der Mehrheit nicht anerkannt wird, aber es würde doch von sehr kurzer Dauer sein. Auch gerade in diesem Punkte muß man sich klar werden, daß sogar heute die Zeit da ist, wo die Demokratisierung alle Menschen gleichmachen muß, und deshalb müssen wir den Boden haben, wo alle Menschen gleich sein können in ihrem Urteil und den wir loslösen müssen von dem, worin die Menschen in ihrem Urteil eben nicht gleich sein können." (Rudolf Steiner während eines Diskussionsabends mit den Arbeiter-Ausschüssen der großen Betriebe Stuttgarts am 22. Mai 1919 im Gewerkschaftshaus in Stuttgart. In: Nachrichten der Rudolf Steiner-Nachlaßverwaltung, Nr.27/28, Dornach 1969, S.23)

Ist das nicht ein wunderbares Fundament für die Idee der Volksgesetzgebung?

W. Heidt: Von diesem Text unterschreibe ich jedes Komma und jeden Punkt. Was Rudolf Steiner hier ausspricht, hat einen Grundlagenblick, denn es ist das Fundamentalste, was man zu der ganzen Angelegenheit sagen kann. Natürlich nur dann, wenn man daraus die praktische Konsequenz zieht. Rudolf Steiner hat allerdings nichts Praktisches in der Richtung unternommen, daß man die Majorität der Bevölkerung hätte feststellen können. Diese Majorität stelle ich natürlich nicht dadurch fest, daß ich mich hinter ein Pult stelle und sage: so soll es sein! Natürlich kann es niemals darum gehen, daß man die Mehrheit durch Masse oder per Akklamation feststellt, sondern man kann den Willen der Mehrheit nur so feststellen, daß man jeden einzelnen, der zu der Rechtsgemeinschaft dazugehört, individuell anspricht und erreicht, ihm den Sachverhalt vorträgt und ihm die Möglichkeit gibt, sich sein Urteil zu bilden und seinen Willen in die Waagschale zu werfen. Die praktische Schlußfolgerung dessen, was Rudolf Steiner hier ausgesprochen hat, ist mit unserer Initiative zum ersten Mal in die Wege geleitet, und zwar sachgemäß zunächst einmal mit der Methode des Stimmbriefs. Ob es allerdings stimmt, was Rudolf Steiner sagt, daß sich die Mehrheit der Bevölkerung nicht von kleinen Gruppen die Meinung diktieren lassen will, muß sich natürlich erst noch erweisen. Rudolf Steiner spricht dies aus dem Zeitgeist heraus, aber wie weit der Zeitgeist bereits in den Seelen der Menschen wirkt, wird die Zukunft zeigen. Was Rudolf Steiner hier ausspricht, ist der Michael-Gedanke.

XII. ENGEL UND ERZENGEL IM GESPRÄCH MIT MENSCH UND MENSCHENGEMEINSCHAFT

W.W.: Er spricht an anderer Stelle über geistige Wesenheiten, die zukünftig näher mit dem Menschen in Kontakt kommen werden, zum Beispiel die Engel, die ihre Inspirationen in ein freies Geistesleben hineinbringen möchten, und führt dazu aus:

"Die Menschen werden immer mehr und mehr darauf angewiesen sein, ein freies Geistesleben zu haben. Warum? Weil wir im fünften nachatlantischen Zeitalter einer sinnlich-übersinnlichen Einrichtung der Welt entgegengehen, in der diejenigen Geister der höheren Hierarchien, die wir als Angeloi bezeichnen, tiefer heruntersteigen als vorher, in eine viel innigere Gemeinschaft mit den Menschen treten, als das vorher der Fall war. Die Beziehungen zwischen der sinnlichen und der übersinnlichen Welt sollen vom jetzigen Zeitalter an intimer werden. Die Menschen sollen nicht nur den Regen empfangen aus den Wolken, sondern sie sollen von höheren Regionen auch wie Eingebungen der immer mehr sich unter die Menschenseelen mischenden Engel wahrnehmen lernen.

Dadurch wird das Geistesleben, das befreit wird, in der Tat zu einem solchen, das durch die Gedankenfreiheit aufnehmen wird dasjenige, was als Einflüsse einer übersinnlichen Welt herunterkommt. Ein auf sich selbst gebautes Geistesleben zu begründen, das emanzipiert ist vom Staats- und Wirtschaftsleben, ist nicht ein äußeres Programm, das ist etwas, was in Zusammenhang mit den die Menschheit fortentwickelnden inneren Kräften des Menschenlebens erlernt werden muß. Deshalb kann man sagen: Wenn man eine solche soziale Orientierung fordert, wie sie durch unsere Dreigliederung angestrebt wird, so fordert man nicht etwas im Sinne eines Programms, sondern etwas, was gefordert wird durch die Offenbarungen der geistigen Welt, die immer deutlicher und deutlicher zu den Menschen sprechen werden, und die zugleich sagen werden, wie die Menschheit in ihre Verderben, in krankhafte Zustände sich hineinlebt, wenn sie dasjenige nicht hören will, was aus übersinnichen Welten heraus sich zum Heil, zur Gesundung der Menschheit offenbart." (Rudolf Steiner: Vergangenheits- und Zukunftsimpulse im sozialen Geschehen. GA 190, 23.03.1919, S.53)

Könntest Du dafür ein Beispiel geben?

W. Heidt: Wie weiß man, daß in einer Idee, die man faßt, eine Inspiration lebt? Ich beobachte es so: Im Laufe des Tages befasse ich mich sehr genau mit verschiedenen Sachverhalten, zum Beispiel mit der Quellenlage einer bestimmten Frage, und zwar in einer möglichst exakten Gewissenhaftigkeit beim Zusammenstellen der Dinge, die zu einem Zusammenhang gehören. Aber während des Tages fällt mir eigentlich nichts Neues ein, sondern ich bringe die "Neuigkeiten" eigentlich immer am Morgen mit in den Tag hinein. Und das sind dann meist Früchte, die nicht unbedingt aus der bisherigen Beschäftigung logisch ableitbar sind. Ich denke, man bringt das Neue aus seinen Beratungen mit den geistigen Wesen in der Nacht mit, muß es dann aber während des klaren Tagesbewußtseins in eine konkrete Begriffsgestalt gießen, so daß es von jedem Menschen mitvollzogen werden kann. Das ist ein Vorgang, der voraussetzt, daß man sein Bewußtsein in bezug auf eine bestimmte Sache in eine konzentriert-meditative Haltung bringt.

In einem anderen Zusammenhang sprachen wir ja auch bereits in bezug auf die Volksgesetzgebung von einer *sozialen* Meditation. Ich denke, daß das wissenschaftliche Arbeiten im Sinne der Anthroposophie die meditative Methode ist, indem man sich in gewissenhafter Weise auf einen bestimmten Weltinhalt konzentriert, um ihn in seiner inneren Gesetzmäßigkeit oder "Logik" immer konsequenter zu durchdringen. Aus dieser Bewußtseinsverfassung heraus kann sich dann in zunehmendem Maße das Gespräch mit der geistigen Welt ergeben, und zwar in einem ganz anspruchslosen Sinn, denn was man an Mitteilungen mitbringt, muß sich vor dem nüchternen Tagesbewußtsein bewähren. Es muß von jedem Menschen nachvollzogen werden können, denn nur dann ist es von Wert, was die Engel uns mitzuteilen haben.

W.W.: Ich möchte noch einmal auf die Partei als Inspirationsorgan zurückkommen, Du hattest schon einiges dazu ausgeführt; inwieweit siehst Du eine Möglichkeit, daß eine Partei zu einem Inspirationsorgan der Engel werden kann?

W. Heidt: Rudolf Steiner sieht in Parteien Abziehbilder, die nur das zum Ausdruck bringen, was die hinter ihnen stehenden geistigen Wesen wollen. Rudolf Steiner möchte darauf hinweisen, daß in dem Moment, in dem man sich einer Partei anschließt, man sich in die Reihen *luziferischer* oder *ahrimanischer* Heerscharen einreiht, die unmittelbar mit dem verbunden sind, was eine Partei ist. Diese Zusammenhänge aus der Geisteswissenschaft sollte man kennen, wenn man sich im irdischen Bereich einer Partei anschließt. Jetzt stellt sich natürlich die Frage: Gibt es eine *christliche* Alternative im "partei"-politischen Sinne? Diese Alternative müßte ein Wahrnehmungsorgan für die Inspirationen aus der geistigen Welt sein.

Mit einer sozial-meditativen Bewußtseinshaltung können wir die Inspiration der Erzengel aufnehmen

W.W.: An dieser Stelle spricht Rudolf Steiner im weiteren auch darüber, daß in den demokratischen Prozessen des irdischen Rechtslebens das Walten der Erzengels gefühlt werden könne und daß dies die innere Substanz der Zukunftsstaaten sein werde.

W. Heidt: Dazu muß das Rechtsleben mit einer Organik ausgestattet werden, durch die es zukünftig in der Lage ist, die Inspirationen der Erzengel - die ja die Regenten der Völker sind - aufzunehmen. Aus diesem Grunde braucht man eine entsprechende Verfassung. Wenn man statt dessen ein Rechtsleben hat, dessen Organik der Parteienstaat ist, hat man keine Organe zur Verfügung, um die Inspirationen aus der Sphäre der Erzengel im Rechtsleben zu empfangen. Um diese Inspirationen wahrzunehmen, benötigen wir eine bestimmte Bewußtseinsverfassung - entsprechend derjenigen, mit der man die Inspirationen der Engel aufnimmt -, damit wir als Menschen überhaupt in der Lage sind, in die Beratung miteinander einzutreten. Und ich denke, daß dies auch für die Gesellschaft diejenige Bewußtseinshaltung ist, die man die meditative nennt.

In dieser meditativen Bewußtseinshaltung wird das "Vorschlagsrecht der Erzengel" eine Rolle spielen können, denn die geistige Welt wird auf Zukunft hin nichts anderes zu bieten haben als ihre Vorschläge, und es wird in der Freiheit der Menschen liegen, diese aufzunehmen. Wenn wir die Vorschläge der geistigen Welt zur Kenntnis nehmen wollen, dann wird es notwendig sein, daß wir uns als Menschengemeinschaft in eine Bewußtseinsverfassung bringen, die einen sozial-meditativen Charakter hat. Das aber bedeutet, daß wir aus der gegenwärtigen Methodik herauskommen müssen, mit der sich unsere heutigen Bewußtseinsabläufe vollziehen; also Konzentration statt Zerstreuung.

Man braucht nur in die Tageszeitung bzw. Nachrichtensendungen hineinzuschauen, und man wird bemerken, daß man da ständig von Thema zu Thema gehetzt wird, bewußtes Verweilen ist nicht möglich; und diese Methode benötigen Ahriman und Luzifer, um *ihre* Inspirationen der Menschheit einzugeben. Sie benötigen nicht das meditative, sondern das seiner selbst nicht bewußte Bewußtsein. Sie brauchen also ein Bewußtsein, das nicht selbst wirklich aktiv ist, das nicht besonnen, konzentriert, sondern zerstreut ist; und zerstreut sein heißt in diesem Zusammenhang, daß man Platz für alles das macht, was sich dort tummeln möchte. Und diesen Inspirationen wird dann bei der Wahl pauschal grünes Licht gegeben. Mit der Wahl geben die Menschen dann ihre Zustimmung dazu ab und sind sich überhaupt nicht darüber im klaren, daß sie sich ganz schrecklich in die Zwickmühle setzen, daß sie zwar für ihre Entscheidung zur Verantwortung gezogen werden, aber letztlich aus einer Bewußtlosigkeit heraus entscheiden.

W.W.: Kannst Du diese soziale Meditation, die vonnöten ist, um das Walten der Erzengel bewußtseinskräftiger aufzunehmen und umzusetzen, näher beschreiben?

W. Heidt: Nach dem, was mir innnerlich anzuschauen möglich ist, sehe ich in der dreistufigen Volksgesetzgebung - wie wir sie vorschlagen, bis hin zu den praktischen Ausgestaltungen - die Elementarorganik, dafür, daß ein Volksorganismus eine Sensibilität entwickelt, um mit seiner legitimen geistigen Führung in Verbindung zu treten. Das ist das, was Rudolf Steiner die "neuen Theokratien" nennt. Diesen Begriff der neuen Theokratie kann man überhaupt nicht verstehen, wenn man ihn nicht in Verbindung gebracht hat mit dem entwicklungsgeschichtlich jetzt fällig gewordenen und relevanten Begriff des demokratischen Prinzips.

Diesen Zusammenhang muß man auf jeden Fall herstellen, denn sonst könnte es ja sein, daß zum Beispiel im Dritten Reich jemand geglaubt haben könnte, Hitler sei irgendeine Erscheinungsform dieses neuen theokratischen Prinzips. Deswegen muß es immer im Zusammenhang mit dem Prinzip der Demokratie, welches die dreistufige Volksgesetzgebung einschließt, gesehen werden.

Diese dreistufige Volksgesetzgebung hat zum Ausgangspunkt das Vorschlagsrecht, was etwas sehr Wichtiges ist, weil sich nur dadurch die Gesamtkreativität, die in einer Gesellschaft lebt, dem sozialen Organismus mitteilen kann. Wenn die Sache bei den Parteien monopolisiert bleibt, bedeutet dies die faktische Ausschaltung nahezu aller Kreativität, mit Ausnahme des kleinen Restbestandes, der sich in diesen kleinen Parteigruppierungen noch vorfinden läßt. Was man aber nicht vergessen darf, ist das Initiativ- und Vorschlagsrecht der geistigen Welt. Das brauchen wir mehr und mehr in der Zukunft. Der zentrale Lebensprozeß ist dann das, was die meditative Haltung bewirken kann, so daß sich in den dafür geschaffenen Formen der dreistufigen Volksgesetzgebung - aufgrund einer durch Zahlen festzustellenden Relevanz einer Frage, die einem Vorschlag entgegengebracht wird - über eine längere Zeit hin die gesamtgesellschaftliche Konzentration auf diese Frage richten kann. Dadurch schwingt die Volksseele ein in die geistige Struktur, die mit einem solchen Vorschlag verbunden ist. Diese Volksseele ist dann ein Wahrnehmungsorgan für die Vorschläge, die aus dem Volk kommen, und sie wird diese Vorschläge in ihre Konferenz mit dem Volksgeist einbeziehen.

Der Zeitgeist will gehört werden

W.W.: Würdest Du in dieses Gespräch zwischen Volksseele und Bürgerschaft auch das mit einbeziehen, was sich zu gewissen Zeiten als große demokratische Bewegung durch die Bevölkerung zieht, zum Beispiel die Studentenbewegung von 1968 oder diejenige, die wir zur Zeit in China erleben?

W. Heidt: Ja, aber dies sind mehr unbewußte Schübe. Ich denke, daß im Zusammenhang damit von der geistigen Welt ganz bestimmte Bewegungen und Impulse ausgehen, auch bringen bestimmte Menschenseelen Impulse aus der geistigen Welt mit, die sich dann in einem bestimmten Lebensalter tumultuarisch äußern, aber wenn diese tumultuarischen Äußerungen nicht nach einer gewissen Zeit von klarer Begrifflichkeit erfaßt werden, versanden sie. Deswegen ist es so entscheidend, auf der einen Seite mit den Impulsen verbunden zu bleiben, sie nicht in sich einschlafen zu lassen, sie andererseits aber begrifflich zu durchdringen, ihnen die begriffliche Geburtshilfe so zu leisten, daß sie angenommen werden können. Möglicherweise ist das Jahr 1989 ein Jahr - obwohl es auf dieses Jahr nicht unbedingt ankommt -, das uns darauf aufmerksam machen kann, die Idee der Demokratie mit der dreistufigen Volksgesetzgebung konkret anzupacken. So scheint es mir für das Jahr 1989 eine Aufgabe zu sein, weltweit darauf zu achten, wo und wie sich auf der Erde diese Demokratiebewegung äußert, weil dies die Botschaften des Zeitgeistes sind. Die menschheitlichen Botschaften des Zeitgeistes werden uns hiermit kundgetan, und ich denke, daß wir dafür wach und aufnahmebereit sein sollten, um aus den Ergebnissen unseres meditativen Umganges mit diesen Entwicklungsprozessen in klaren Begriffen die erforderliche Geburtshilfe leisten zu können.

W.W.: Denkst Du hiermit an den Michael-Gedanken, über den Rudolf Steiner sich auch so äußert, daß die Dreigliederungsbewegung ein Prüfstein dafür sei, inwieweit dieser Michael-Gedanke bereits von den Menschen aufgenommen worden ist?

W. Heidt: So sehe ich das. Ich denke, daß diese Prüfungen nicht zu jeder Zeit stattfinden können, sondern nur dann, wenn die Frage der Menschen außergewöhnlich vernehmlich ist. Dann sind wir aufgerufen zu erkunden, ob es eine Möglichkeit gibt, den Michael-Gedanken zu verwirklichen. Das geht aber nur dann, wenn sich dieser Impuls wirklich tief mit den Menschenseelen verbunden hat, so daß auch daraus die konstruktiven und manifestativen Schritte folgen können, und zwar ohne daß wiederum Katastrophen als Peitschenhiebe dazukommen müssen. Wir stehen heute vor einer ganz anderen Katastrophenperspektive als dies noch vor Jahrzehnten der Fall war, wenn man nur an die ökologische Katastrophe denkt und zur Kenntnis nimmt, was dazu von naturwissenschaftlicher Seite heute gesagt wird. Daraus kann man erkennen, daß uns in wenigen Jahrzehnten Zustände ereilen können, die uns ein ganz anderes Ausmaß von Katastrophen bieten und die schlimmere Folgen haben werden als jede Katastrophe bisher. Das ist aber alles eine *Folge der Politik,* Folge der Weichenstellungen von Politik und Gesetzgebung im Schul- und Wirtschaftsrecht usw. In diesen Bereichen werden die Weichen gestellt, und da müssen wir eingreifen. Das ist das Gebiet, von dem wir sagen können, daß hier der Zeitgeist ganz besonders spricht und gehört werden will.

XIII. STIMMBRIEF, DIREKT-DEMOKRATISCHE REPUBLIK UND STERNTALER

W.W.: Man weiß von Rudolf Steiner, daß sich seine Forschungsergebnisse ständig weiterentwickelt und metamorphosiert haben, ähnlich ist es bei jedem ernsthaft forschenden Menschen, und entsprechend hast Du es auch in bezug auf Eure Initiative dargestellt; welche Metamorphose bzw. Abrundung hat sich für Euch nach der Kreierung des Stimmbriefes mit dem Paß der D-DR und dem Sterntaler ergeben?

W. Heidt: Das sind zwei Produkte, die zur Sache gehören. Sie sind Ergebnisse von Entwicklungen, die oft weit zurückreichen, und dann - weil man eben über längere Zeit hinweg seinen Sinn darauf hat verweilen lassen - wie plötzlich eine derartige Erscheinungsform annehmen. Diese zwei Elemente sind eine Abrundung unseres Demokratie-Projektes: zum einen die *Gründung der "Direkt-Demokratischen Republik"*, zum anderen der *"Sterntaler"*.

Der Paß

Die Direkt-Demokratische Republik hat als äußere Dokumentation einen "Paß". Einen Paß haben wir ja alle als *Staats*bürger eines Landes, damit ist unsere Zugehörigkeit zu einem bestimmten Staatswesen dokumentiert. Mit der Gründung der Direkt-Demokratischen Republik und ihrem Paß haben wir einen Parallelprozeß in Gange gesetzt. Diesen Paß kann sich jeder Mensch bei der Paßstelle der Direkt-Demokratischen Republik, derer es für jedes Land nur einer bedarf, besorgen. Die Bürgerschaft dieser Direkt-Demokratischen Republik bezieht sich nicht auf ein staatlich begrenztes Territorium, sondern sie ist ein allgemein-menschlicher Tatbestand und gründet sich auf das Prinzip und die Einsicht, daß von Volkssouveränität nur dann wirklich gesprochen werden kann, wenn sie sich in dem Prinzip der dreistufigen Volksgesetzgebung auslebt.

Wir haben als Extrakt des Umgehens der Menschheit mit diesem Impuls der dreistufigen Volksgesetzgebung eine Art prototypischer Verfassung formuliert, welche in dem Paß enthalten ist, so daß jede Bürgerin und jeder Bürger, die ihre Mitgliedschaft zur Republik erklären, dieser Verfassung zustimmen. Zusätzlich zu dieser Verfassung sind alle speziellen Daten der Persönlichkeit in diesem Paß enthalten, aber auch - und das ist eine Besonderheit - mehrere Seiten, die zur Formulierung persönlicher Motive benutzt werden können. Jeder Mensch kann dadurch aufmerksam darauf werden, daß er zu bestimmten Zeiten seines Lebens ganz gezielte Grundmotive für seine Lebensführung hat, die man für besonders tragfähig hält. Das kann ein Gedicht sein, eine Ikone, ein Bild von Raffael, ein Gebet, eine Meditation oder ein paar Takte von Beethoven. Wenn Du mir also Deinen Paß geben würdest, dann würdest Du mir durch das persönliche Motiv, welches Du in diesen Paß eingetragen hast, einen sehr wichtigen Einblick in Deine Persönlichkeit gestatten. Diese persönlichen Motive sollen also ein Wink sein, was der jeweiligen Person individuell wesentlich ist.

Auf diese Weise - so denke ich - könnten wir künftig unser Zusammenleben in den sozialen Gemeinschaften verstehen, daß wir uns solche Hinweise geben. Gemeinschaft und Individualität sind zwei Bereiche, die immer zusammengehören: in der Gemeinschaft lebt die Individualität und in der Individualität lebt die Gemeinschaft. Entsprechend gibt es diesen schönen Spruch, das Motto für Sozialethik, von Rudolf Steiner:

> Heilsam ist nur, wenn
> Im Spiegel der Menschenseele
> Sich bildet die ganze Gemeinschaft;
> Und in der Gemeinschaft
> Lebet der Einzelseele Kraft.

Das könnte man auch als persönliches Motiv eintragen. Also diesen Paß bringen wir jetzt in Umlauf, und alle Menschen, gleich welcher Nationalität können ihn in ihrer Muttersprache erhalten. Die Letten bekommen ihn also auf lettisch, die Portugiesen auf portugiesisch, die Chinesen auf chinesisch, die Japaner auf japanisch usw. In der Muttersprache liegt die besondere Identifikation des Menschen vor. Aber das Allgemeine ist das *Zeitprinzip Demokratie* in der konkreten Form der Volksgesetzgebung; dies manifestiert sich im Paß der Direkt-Demokratischen Republik. Dieser Republik können alle Menschen angehören.

Die Währung der Direkt-Demokratischen Republik

Das andere Element hängt damit zusammen, daß jedes Gemeinwesen eine Währung hat, ein Geldgeschehen. Das Geld ist das andere Fundament des Rechtslebens im sozialen Organismus neben der Demokratie, und zwar das funktionelle Element. Und daher haben wir im Zusammenhang mit der Begründung der Direkt-Demokratischen Republik eine entsprechende "Erfindung" gemacht: die Direkt-Demokratische Republik soll ebenfalls eine Währung haben, und diese greift auf eine alte deutsche Münze, den Taler, zurück. Die Währung wird also ein Taler sein, und zwar ein ganz besonderer, der *"Sterntaler"*. Diese Währung des Sterntalers ist in alle anderen Währungen "konvertierbar", in bezug auf die DM im Verhältnis von 1:10.

W.W.: Wie sieht dieser Sterntaler aus?

W. Heidt: Es ist eine Münze, die auf der einen Seite die Symbolik der Direkt-Demokratischen Republik zeigt und auf der anderen Seite ihren Wert, nämlich *1 Sterntaler*. Den Sterntaler haben wir deswegen herangezogen, weil mit dem Grimmschen Märchen eigentlich alles wesentliche darüber gesagt ist, wie wir das Geldwesen verstehen sollen, nämlich als das Transportmittel für den Austausch des Geistes im sozialen Organismus. Freilich müssen wir sogleich den wichtigen Unterschied beachten, der sich ergibt, je nachdem wir es mit einem Geldprozeß im *Bedarfsfeld* oder im *Arbeitsfeld* zu tun haben. Laß' mich das noch etwas genauer erläutern. Sind wir in der Rolle von

Konsumenten, repräsentiert das Geld in unserer Hand die *Berechtigung zum Kauf der Konsumgüter.* Versetzen wir uns dagegen in die Rolle eines Unternehmens, so repräsentiert das Geld hier die *Verpflichtung zur Arbeit.* Sieht man von allen Nebenfunktionen der Geldläufe einmal ab, hat man darin die zwei Seiten der Rechtsfunktion der Währung. Würde man den menschlichen Organismus zum Vergleich heranziehen, könnte man den Geldkreislauf mit dem Blut in Beziehung bringen. Je selbstloser dieses den ganzen Organismus durchströmt und versorgt, je weniger es sich an dieser oder jener Stelle staut, desto gesünder ist der Organismus.

Nun weiß man, daß das Rechtsleben der Gesellschaft nicht nur daran krankt, daß die Demokratie noch immer mangelhaft ausgebildet ist; es wird auch ständig untergraben und ausgehöhlt durch Funktionen des Geldes, die entstanden sind, weil man die angedeutete elementare Gliederung in die zwei Rechtsbedeutungen nicht beachtet. Das schafft - im Zusammenhang mit dem Eigentumsbegriff, dem Profitprinzip und dem Lohnverhältnis - Ungleichgewichte, soziale Disproportionen. Von der psychologischen Seite her betrachtet hat diese Entwicklung dahin geführt, daß die egoistischen Triebkräfte sich insbesondere mit diesem ungegliederten Geldbegriff verbunden haben, ja daß das Geld geradezu zu deren Vehikel geworden ist.

Der Sterntaler als Kampfansage an das Dollar-Prinzip

Und *eine* westliche Währung ist dafür besonders typisch; sie ist zugleich die sogenannte Leitwährung der heutigen Weltwirtschaft. Aller Welthandel befindet sich sozusagen im Würgegriff dieser Währung: *des Dollars.* Was hat nun der Dollar mit der Direkt-Demokratischen Republik zu tun?

Wenn der Dollar das Symbol der sozialen Ungleichheit ist, dann haben wir mit der D-DR - in der Idee jedenfalls - den Gegenpol dazu; denn sie bezeichnet ja in ihrer Verfassung die konzeptionelle Grundlage der allgemein-menschlichen Solidarität, wo kein Mensch gegenüber einem anderen ein Privileg genießt. Alle stehen als Gleiche neben Gleichen, um auf dieser Basis zu vereinbaren, was das Recht sein soll.

So ergab sich die Frage: Wenn der "Dollar" das Synonym ist für einen Geldbegriff, der alles seinem Herrschaftswillen unterordnet und dem Egoismus, d.h. der Macht des Stärkeren unterwirft (= Sozialdarwinismus), was wäre dann diejenige "Währung", die sozusagen das adäquate Rechtssymbol sein könnte für den allgemeinmenschlich-solidarischen Grundcharakter der Direkt-Demokratischen Republik?

Nun, der Name "Dollar" stammt ja ab vom deutschen *Taler.* Der Taler wurde von deutschen Emigranten im 18. Jahrhundert in die "Neue Welt" mitgenommen. Dort wurde er 1792 zur Währungseinheit der Vereinigten Staaten und gelangte im 20. Jahrhundert schließlich zur Weltherrschaft. Während der Taler zuletzt nur noch als Name für die Drei-Mark-Silbermünze existierte (bis 1933!).

Gut 100 Jahre vorher, in der Blüte der Goethe-Zeit, griffen zwei junge demokratisch gesinnte Sprachgelehrte, die Brüder Grimm, den Begriff des Talers auf, indem sie einem der Märchen, das sie in ihre berühmte Sammlung aufnahmen, den Titel "Die Sterntaler" gaben. - Und in diesem Märchen wendet sich das Schicksal der Taler ins Gegenteil dessen, was dadurch geschah, daß er zum Dollar wurde. Kann man den Eindruck haben, er sei in letzterem zur Währung der Hölle, gleichsam zum "Höllen-Taler" herabgestürzt, erhebt ihn das Märchen in den Himmel. Rafft die Hölle alles gierig an sich, verschenkt sich der Himmel mit seiner Füle an den, der bereit ist, selbstlos und frei alles für seine Mitgeschöpfe hinzugeben. Märchen haben gewiß viele Bedeutungen. Aber es ist sicher nicht falsch, im "Sterntaler" auch eine Kampfansage an das Dollar-Prinzip zu sehen, das alles dem Gesetz des Egoismus unterwirft. Wo dieses Gesetz regiert, kann auch die Demokratie nicht gedeihen. Denn Demokratie heißt, alle Privilegien "zu opfern", die einem mehr Einfluß geben auf die Bestimmung von Recht und Gesetz als alle anderen ihn haben.

Diese Zusammenhänge tauchten auf, als wir zunächst nur über eine Gedenkmünze zum Tag der Gründung der Direkt-Demokratischen Republik nachdachten, und führten zu der Idee, daß ja, von der Geldseite her betrachtet, das Sterntaler-Motiv es ist, das dem entspricht, was mit der Botschaft der Direkt-Demokratischen Republik ins Leben treten möchte. Das heißt: Dem neuen Demokratiebegriff korreliert der neue Geldbegriff. Der "Sterntaler" wird daher mehr sein als eine Gedenkmünze. Er wird das Symbol sein für eine Zukunft des Geldes, eines Geldes, das sich befreit hat von der Knechtschaft des "Habens" und das sich verpflichtet weiß, selbstlos -d.h. gemeinnützig - dem Gemeinwohl zu dienen. Es wird sich dann zeigen, daß gemeinnütziges Geld allen zugute kommt; während wir alles Leben immer mehr vernichten, wenn wir weiterhin dem Dollar-Prinzip frönen.

So wird der "Sterntaler" künftig neben dem "Paß" und dem "Stimmbrief" das dritte Entwicklungsfeld unseres Demokratieprojektes sein. Der "Sterntaler" als die "Währung" der Direkt-Demokratischen Republik wird eine Münze sein, die wie ein Magnet "Dollars" - also herkömmliches Geld - aus dem Kreislauf zieht und damit einen gemeinnützigen Geldstrom aufbaut. Ein "Sterntaler" hat den "Kurs"-Wert von 10,- DM. Das heißt, je mehr "Sterntaler" ausgegeben sind, desto mehr gemeinnützige Arbeit kann geleistet werden. Und Priorität hat dabei zunächst jene Arbeit, die geleistet werden muß für die Verwirklichung der Demokratie durch die dreistufige Volksgesetzgebung. Das ist zunächst die konsequenteste Form, dem Gemeinwohl zu dienen.

Der Hase

Rainer Rappmann
(für die Aktion Volksentscheid)

Seit alten Zeiten wurde der Hase in vielen Kulturkreisen der Menschheit immer wieder als Sinnbild für geistige Zusammenhänge des Daseins erlebt. Zur Verkürzung des Symbols als Hinweis auf die Fruchtbarkeit (im Sinne bloßer Paarungslust) kam es immer mehr vor allem in der Epoche der materialistischen Weltanschauung.

Mit den drei Briefmarkenmotiven soll - auf dem spirituellen Hintergrund der Initiative für die Volksgesetzgebung - auf die tieferen und subtileren Dimensionen hingewiesen werden.

Aus dem fernen Osten

kommt das Motiv des Hasen mit dem Spaten. Der Hase steht neben einem Baum, beide sind von einem Kreis umschlossen. Der Kreis wird getragen von rhythmisch angeordneten fließenden Linien. Schauen wir uns die einzelnen Elemente etwas genauer an. Der Kreis steht für die Ganzheit, für die Welt(kugel). Einem Mutterkuchen vergleichbar wird er (sie) von drei wolkenähnlichen Gebilden gehalten und ernährt. Durch sie ist hingewiesen auf eine geistige Welt, deren Kräfte die sinnlichen Erscheinungen bilden. Der Hase hat menschliche Züge; er ist aufgerichtet und trägt einen Spaten. Dieses Werkzeug dient zum Umgraben der Erde (der Hase gräbt seine Schlafmulden ebenfalls in die Erde). Der Mensch wird in das irdische Dasein hineingeboren und hat die Aufgabe, sich selbst und die Erde "umzugraben", umzugestalten, neuzugestalten. Der Baum (Lebensbaum) symbolisiert die Lebenskräfte (Ätherwelt), die im Erdenorganismus wirken.

Zusammenfassend kann man sagen, daß in diesem Motiv aus dem fernen Osten, dessen genauere Datierung leider nicht festgestellt werden kann, das "Ich" des Menschen als geistiges Willenszentrum angesprochen ist, welches die Erde ergreift, um sie zu einem höheren Dasein umzugestalten.

Am Dom zu Paderborn

tritt ein Ornament auf, das drei Hasen im Kreis so vereinigt, daß insgesamt gesehen nur drei Ohren vorhanden sind, aber dennoch jeder Hase für sich betrachtet zwei Ohren hat, also vollkommen ist. Hierin liegt ein soziales Geheimnis: Gemeinschaft ist mehr als die Summe der einzelnen Teile. Man kann es auch so sehen, daß der einzelne Hase etwas geopfert hat, um auf einer höheren Ebene eine neue Ganzheit zu gewinnen. Hierher gehört auch jenes eigentümliche Hasen-Verhalten, daß, wenn ein Hase gejagt wird und nicht mehr weiter kann, ein anderer Artgenosse die Verfolger auf sich lenkt, um seinen "Bruder" zu retten. So ist der Hase zum Wahrbild des selbstlosen Menschen geworden, der jederzeit wachsam und opferbereit ist.

"Friedenshase mit Zubehör" (Joseph Beuys, 1982)

Während der documenta 7 hat Joseph Beuys eine goldene Kopie der Zarenkrone Iwans des Schrecklichen in einen "Friedenshasen" mit der Sonne umgeschmolzen. Gold und Sonne verkörpern "ein Zentralorgan zur Harmonisierung der menschlichen Verhältnisse, aber auch die Demokratisierung eines alten Machtsymbols in ein sehr populäres Friedenszeichen, das jedes Kind und jeder Mensch kennt, ganz besonders in Mitteleuropa." (J. Beuys)

Des weiteren sieht Beuys den Hasen im Zusammenhang mit der "Wandlung": "Der Hase ist ja in der alten Alchemie ein Zeichen für die Wandlung, für die Transformation. Deswegen war es für die mittelalterliche Wissenschaft ein Zeichen der Chemie, weil sie unter der Alchemie die Transformation des Geistes verstanden haben ... Die Idee der Alchemisten war, das Gold im Innern zu wandeln, das Herzorgan, das Zentralorgan (die Sonne) auf die Erde zu holen."

Der Hase (Mensch), der nicht seinem angeborenen Fluchtinstinkt folgt und sich nicht rettet, (der den "Angsthasen" und den "Hasenfuß" in sich überwindet, verwandelt) ist zum Opfer bereit, wie es Christus vorgelebt hat. Nicht umsonst taucht in mittelalterlichen Christusdarstellungen oft ein weißer Hase auf.

Denkt man die oben genannten Wesenszüge des Hasen zusammen, so ist damit der Bewußtseinsschritt des Menschen vom "Ego" zum selbstlosen, wahrhaft souveränen "ICH" angesprochen, ein Wandlungsprozeß, der mit Opfern verbunden ist. Dieser neugeborene "Meister Lampe" kann ein Licht anzünden, eine Substanz erzeugen, die die Erde und die Menschheit auf eine neue Stufe hebt.

LEBENSHILFEN

*eine Schriftenreihe,
hrsg. vom Verein für ein
erweitertes Heilwesen,
in der die wichtigsten Zeit-
und Zivilisationsfragen
knapp und allgemein-
verständlich auf geistes-
wissenschaftlicher Grund-
lage behandelt werden.*

Die ersten Bände:

**Natur – Ernährung –
Gesundheit**
Gefährdung und Pflege

Lebenslauf
Das Ich als geistige
Wirklichkeit

Arzneimittel
Was ist Heilung?

Freuden der Zivilisation?
Die täglichen Verführer

Die neuen Titel:

Sucht und Drogen
Gewohnheit – Flucht –
Abhängigkeit

Otto Wolff / Walther Bühler
Weltproblem Alkohol
Walther Bühler:
Sie rauchen noch?
Olaf Koob: *Droge und
Suchtentstehung*

Zivilisations-
krankheiten
Ursachen – Vorbeugung –
Heilung

A. H. Bos: *Meine Arbeit und
ich.*
Walther Bühler: *Arbeits-
hygiene als psychosomati-
sches Problem*
Rudolf Treichler / Walther
Bühler: *Die Nervosität*
Alfred Schütze / Walther
Bühler: *»Ich habe keine Zeit«*
Rudolf Treichler: *Depression
als Zeitkrankheit*
Walther Bühler: *Meditation
als Heilkraft der Seele*

Kinderkrankheiten und
Entwicklungsstörungen
Menschenkundliche
Grundlagen

Wilhelm zur Linden / Wal-
ther Bühler: *Abhärtung im
Kindesalter*
*Vom Sinn der Kinderkrank-
heiten*
Wilhelm zur Linden / Otto
Wolff: *Die Rachitis und ihre
Verhütung*
Hermann Lauffer:
*Unsere Zähne – Opfer der
Zivilisation?*
Johannes Bockemühl:
*Krankhafte Störungen der
Eßgewohnheiten – Mager-
sucht und »Freßsucht«*
Walter Holtzapfel:
*Legasthenie – ein Zeit-
problem*
Hans Müller-Wiedemann:
Das autistische Kind

*Alle Bände haben etwa
130 bis 170 Seiten Umfang
und kosten je DM 16,–*

VERLAG
Urachhaus

Volksentscheid -
ein Weg zur Mediendiktatur?

GEFAHREN UND AUSWEGE
Thomas Mayer

Der Bundestagsabgeordnete Hermann Scheer gehört zu den heftigsten Kritikern von Volksentscheiden in der SPD und führt hierzu u.a. aus:

"Beim direkten Volksentscheid haben diejenigen im Normalfall den Vorteil, die besonders artikulationsfähig sind und Mittel und Wege zur Verfügung haben, die öffentliche Meinung in ihrem Sinne zu beeinflussen. Die wirtschaftlich einflußreichen, mit entsprechender Medienmacht ausgestatteten Interessengruppen hätten den überwiegenden Vorteil, mit dem andere leicht überspielt werden können"[1]

Ich will im folgenden aufzeigen: natürlich ist das ein sehr ernstzunehmendes Problem. Es spricht aber gerade nicht gegen die Einführung von Volksentscheiden, sondern eher dafür und kann durch entsprechende Regelungen gemildert werden.

1. Das Problem ist alt - eine Schwäche der parlamentarischen Demokratie

Den Einfluß finanzstarker Kreise kennen wir in unserer rein repräsentativen Demokratie sehr gut. Es geht hierbei um die stille oder direkte Kontrolle von Redaktionen bzw. Auswahl von Journalisten durch die Medienbesitzer, um millionenschwere Anzeigenkampagnen (zum Beispiel für Atomkraftwerke) und insbesonders um die direkte Einwirkung auf die jeweiligen politischen Repräsentanten. An allen Regierungsorten übersteigt die Zahl der Lobbyisten die Zahl der Parlamentarier um ein Vielfaches. Diese Möglichkeit der direkten Beeinflussung würde bei Volksbegehren und Volksentscheiden wegfallen, da hier ja die gesamte Bevölkerung entscheidet. Und die, zugespitzt formuliert, zu bestechen, dürfte sogar die Kapazitäten von Multis übersteigen. Gerade durch die vielen Skandale der letzten Jahre in der BRD (zum Beispiel Flick-Skandal, Bauskandal in Berlin, Spielbank-Skandal in Niedersachsen u.a.) bekam die Frage der politischen Einflußnahme wirtschaftlicher Interessengruppen besonderes öffentliches Gewicht.

Insgesamt ist festzustellen, daß in den westlichen Demokratien auf diese Problematik mit entsprechenden Regelungen und Gesetzen reagiert wird. So ist zum Beispiel ein Anliegen der staatlichen Parteienfinanzierung, entsprechende Artikulations- und Organisationsmöglichkeiten auch für finanzschwache Bevölkerungsschichten zu gewährleisten. Die oft als "zu hoch" kritisierten Diäten der Parlamentarier werden unter anderem auch mit dem Argument verteidigt, daß eine gute Alimentation vor privater Annahme fremder Gelder schütze. Im Wahlkampf bekommen die Parteien zur Gewährleistung gleicher Informations- und Werbemöglichkeiten staatliche Unterstützung. Außer den

Wahlkampfkostenrückerstattungen sind das zum Beispiel kostenlose Werbezeiten in Fernsehen und Rundfunk, kostenlose Plakatwände, verbilligte oder kostenlose Nutzung von staatseigenen Räumlichkeiten u.a.

Der Hinweis auf die Einwirkung finanzstarker Kreise bei Volksentscheiden ist nicht tauglich, um gegen direkte Demokratie überhaupt zu argumentieren. Ist es doch ein Problem der Demokratie an sich, wobei die Beeinflussung kleiner Führungszirkel sicherlich einfacher ist, da man aufgrund der Überschaubarkeit ihrer eher habhaft werden kann. Niemand will deswegen den Parlamentarismus abschaffen, sondern es wird versucht, durch staatliche Maßnahmen regulierend zu wirken. Genauso sollten wir bei Volksentscheiden verfahren.

2. Wie groß ist überhaupt der Einfluß der Medien?

Der Medienwissenschaftler Ulrich Saxer formuliert hier vorsichtig: "Die mit den Medien direkt zusammenhängenden Verhaltensdeterminanten machen nur einen kleinen Teil der Faktoren aus, die das Alltagshandeln der Menschen bestimmen."[2] Die individuelle Stellung zu bestimmten Fragen wird sicherlich mehr von der jeweiligen Sozialisation und Lebensgeschichte, von den Gesprächen mit Freunden, Bekannten und Familienangehörigen, von Erfahrungen in der Arbeitswelt, in der Schule, Kirche, Vereinen, der Art der Freizeitgestaltung usw. abhängen als von kurzfristigen Abstimmungs-Werbekampagnen in den Massenmedien. Wie jemand zum Beispiel zur Ausländerfrage steht, wird doch nicht vorrangig von einigen Zeitungsartikeln, Anzeigen und Fernsehsendungen bestimmt, sondern von seiner Herkunft, seinen Bekanntschaften mit ausländischen MitbürgerInnen usw. Der Einfluß der Medien wird andererseits proportional zur Länge des Werbe- bzw. Manipulationszeitraumes steigen. Das heißt, daß die öffentliche Meinung eher durch jahrelange Stellungnahmen und Kampagnen als durch kurzfristige vor einem Entscheid beeinflußt werden kann.

Über die tatsächliche Größe des Medieneinflusses kann man streiten[3], und ich möchte hier lieber keine eindeutige Antwort zu geben versuchen. Doch unstreitbar ist, daß auch ein sehr kleiner Einfluß in einem Volksentscheid viel bewirken könnte, wenn es sich um knappe Ergebnisse handelt, der Gewinn weniger Prozentpunkte zum Erfolg verhilft (wie zum Beispiel bei der letzten Anti-AKW-Abstimmung in der Schweiz mit 51 % zu 49 %. AKW-Gegner kritisierten zu Recht, daß die Elektrizitätsunternehmen ihren knappen Erfolg nur durch den großzügigen Einsatz von Geldern der Stromkunden erreicht hätten.).

3. Der Geldeinsatz bei Volksentscheiden

Es ist feststellbar, daß der Werbeaufwand bei Volksabstimmungen in den letzten Jahren kräftig gestiegen ist. Leider gibt es in der Schweiz keine Veröffentlichungspflicht wie in

vielen Bundesstaaten der USA, so daß nur differierende Schätzungen vorliegen. Ausgabenrekorde dürften zum Beispiel bei folgenden Initiatven aufgetreten sein:
- die "Bankeninitiative" 1984, die eine gewisse Öffnung des schweizerischen Bankgeheimnisses forderte, hat die Banken zu einer Gegenpropaganda in geschätzter Höhe bis 20 Mill. Franken angetrieben;
- die Werbekosten gegen die zweite Atom- und Energiesparinitiative 1984 der AKW-Betreiber wurden zwischen 3 bis 28 Mill. Franken geschätzt;
- die Gegner der "Stadt-Land-Initiative" gegen Bodenspekulation dürften an die 15 Mill. Franken investiert haben.[4]

Die Initiativekomitees, die keine kräftigen Geldgeber aus der Wirtschaft im Rücken haben, müssen sich mit privaten Kleinspenden begnügen. Ihre Etats sind entsprechend niedrig.

Der absolute Rekord in den USA trat bei den Versicherungsinitiativen in Kalifornien im Herbst 1988 auf. Es ging um die schon längst fällige Begrenzung der Versicherungsprämien, die durch Absprachen der Versicherungsgesellschaften in ungewöhnliche Höhen gestiegen sind. Dieses Thema reizte die Versicherungen zur Investition von über 200 Mill. DM. (Die Konsumentenschutzorganisation, der nur ca. 4 Mill. DM zur Verfügung standen, gewann trotzdem die Abstimmung.) Bei anderen Initiativen werden aber auch oft mehrere zehn Mill. DM ausgegeben, zum größten Teil für Werbespots im Fernsehen, entsprechend dem American-way-of-life.[5]

Die Tatsache, daß Positionen, die wirtschaftlichen Interessen nahestehen bzw. finanzstarke Kreise für sich gewinnen können, ein Vielfaches an Werbegeldern zur Verfügung stehen als ihren Gegnern, könnte durch viele weitere Beispiele belegt werden. Uns ist für die BRD dieser Sachverhalt zum Beispiel bei den Auseinandersetzungen um die Atomkraft auch sehr gut bekannt.

4. Erfahrungen im Ausland

In der Schweiz führt dieses finanzielle Ungleichgewicht, gekoppelt mit einer konservativen "Gleichschaltung" der Medien, immer häufiger zu öffentlicher Kritik. So schreiben zum Beispiel die Mitglieder eines "Arbeitskreises für eine Demokratie-Initiative", die sich zum Ziel gesetzt haben, über eine Volksinitiative die "Volksrechte in der Schweiz zu demokratisieren", in einem Arbeitspapier:

"In der Schweiz sind grundlegende Voraussetzungen für eine direkte Demokratie nicht erfüllt. Allen ist klar, daß die Propagandamittel im Abstimmungskampf absolut entscheidend sind, entscheidender als die Qualität der Argumente. (...) Es muß erreicht werden, daß die Abstimmungsprozesse künftig nicht mehr verzerrt werden durch Ungleichheit zwischen Pro- und Contraposition während der Informations- und Diskussionphase über eine Initiative. Es muß künftig gewährleistet sein, daß insbesondere in den Massenmedien für beide Seiten gleichberechtigte Bedingungen für die authentische Darlegung ihrer Standpunkte herrschen."[6]

Gestützt wird diese Ansicht durch die (leider einzige) Untersuchung des Politologen Hans Peter Hertig[7], der zu dem statistischen Ergebnis kommt: "In einer klaren Mehrheit der Fälle, bei denen die eine Seite im Abstimmungskampf über bedeutend mehr Werbemittel verfügte als die andere, ging sie auch als Siegerin aus dem Rennen. (...) Votierte sie dabei auch noch für Nein, war ihr Erfolg in 9 von 10 Fällen sicher." Grundlage dieser Aussage waren die Inserate, die in drei Zeitungen in der Woche vor den Volksentscheiden über die 41 eidgenössischen Abstimmungsvorlagen der Jahre 1977 bis 1980 erschienen waren. Auf die Frage "Sind Abstimmungsergebnisse käuflich?" antwortet Hans Peter Hertig: "Im Prinzip ja. Der Preis ist zwar manchmal hoch und die Ware vielleicht schon vergeben, bevor der kaufkräftigste Kunde den Laden betritt. Eine gute Kaufchance ist im allgemeinen aber gegeben."[7]

Aber auch diese Ansicht ist in der Schweiz umstritten. So zum Beispiel der bedeutende Schweizer Philosoph und Politologe Hans Saner in einer Großveranstaltung der Abstimmungsinitiative "Schweiz ohne Armee" in Basel im Januar 1989: Auf die Klage einer Frau, viele fortschrittliche Abstimmungen würden wegen mangelnder Medienpräsenz und zu kleinem Werbeetat verloren, antwortete er: "Das Problem sind nicht die Medien, sondern die Menschen."[8] Womit wir wieder bei der Frage wären, die wir in Punkt 2 angeschnitten haben. Wiederum empirisch unterstützt, wenn auch nicht für die Schweiz, wird Hans Saners Ansicht durch eine Untersuchung des Politologen Charles M. Price. Price wies nach, daß in den USA seit 1980 in 19 Initiativabstimmungen nur zur Hälfte sich jene Parole durchsetzte, für die auch am meisten Werbung gemacht worden war. Ein dicker Werbeetat verbesserte die Erfolgschancen also nicht.[9]

Eine Art Synthese dieser beiden Extrempositionen nimmt der Schweizer Politologe Tony Tschudy in seiner "kritischen Bilanz über die Volksrechte als Mittel sozialistischer Politik" ein. Geld sei allemal wichtig, denn: "Obendrein ist natürlich für den Ausgang jeder Initiative von entscheidender Bedeutung die öffentliche Meinungsbildung, die *lange vor* der betreffenden Abstimmung gemacht wird von den Masenmedien, den politischen Parteien und Verbänden, damit jedoch wesentlich von deren personellen und vor allem finanziellen Möglichkeiten abhängig ist."[10]

Wenn also auch die Wirkung von finanzkräftigen, aber kurzfristigen Werbekampagnen vor einer Abstimmung zumindest differenziert betrachtet werden sollte, so muß anerkannt werden, daß die Auseinandersetzung und Diskussion um jede einzelne Abstimmungsvorlage einen Teil der langfristigen politischen Willensbildung der Bevölkerung darstellt. Und in dieser sollte der überragende Einfluß finanzstarker Gruppierungen auf alle Fälle soweit wie möglich gedämpft werden, was entsprechende Regelungen in einem Volksentscheidsverfahren gebietet.

5. Bezahlte Unterschriftensammler

Jedoch könnte viel Geld nicht nur zu einer Beeinflussung des Ergebnisses von Volksabstimmungen führen, sondern auch Vorteile bei der Einleitung einer Abstimmung mit sich bringen. Volksabstimmungen können aus der Bevölkerung über Volksbegehren eingeleitet werden, wozu eine bestimmte Unterschriftenzahl gesammelt werden muß. In den USA wird dies immer wieder von kommerziellen Firmen übernommen. Sie erfüllen ihre gut bezahlte Aufgabe entweder über Direct-Mail (Briefversand) an strategisch ausgewählte Bevölkerungssegmente, deren Adressen auf speziellen Computerdateien gespeichert werden oder indem sie bezahlte Unterschriftensammler auf die Straße und an die Haustüren schicken.[11]

In der Schweiz gibt es zwar keine solche Sammelfirmen, aber es ging zum Beispiel durch die Presse, daß die Helvetia-Versicherung und die Firma Denner 1984 und 1985 für jede Unterschrift für das von ihnen jeweils unterstützte Volksbegehren einen Franken zahlte.[12] Ein Helvetia-Sprecher sah daran nichts Anrüchiges: "Jede Organisation, die Unterschriften sammelt, hat Kosten. Wir stützen uns auf nebenamtliche Sektionskassierer, andere Organisationen haben hauptamtliche Angestellte, wo niemandem auffällt, daß das Sammeln mit Kosten verbunden ist." Und es ist natürlich richtig, daß der Erfolg eines Volksbegehrens nicht nur durch die Möglichkeit, Außenaufträge bezahlen zu können, sondern auch infolge des bezahlten Mitarbeiterstamms einer Organisation, die das Volksbegehren initiiert, gefördert werden kann.

6. Abhilfen

Im folgenden wollen wir mögliche Regelungen zur Begrenzung der übermäßigen Einflußnahme durch Geld und entsprechendem Zugang zu Massenmedien auf die Volksgesetzgebung betrachten:

a. Offenbarungspflicht:

Sehr wichtig erscheint eine finanzielle Offenbarungspflicht von Volksentscheidinitiativen und -komitees. In den meisten US-Bundesstaaten müssen deren Einnahmen und Ausgaben regelmäßig veröffentlicht werden, in der BRD ist dies für die Parteien ähnlich geregelt. Die Initianten eines Volksbegehrens, aber auch deren Gegner schließen sich in Ländern mit Volksentscheiden regelmäßig und notgedrungen zu eigenen Komitees oder Gruppierungen zusammen, um die notwendige Arbeit sinnvoll und koordiniert leisten zu können. Damit ist die institutionelle Grundlage für die Offenbarungspflicht gegeben. (Es muß ja auch jemand bestimmbar sein, der seine Zahlen offenbaren soll.)

Nicht nur, daß durch die "gläsernen Kassen" eine allgemeine Sensibilität für dieses Problem entsteht, nur durch sie kann die reale Einflußnahme durch Finanzmächte überhaupt festgestellt werden.

b. Staatliche Information:

Häufig werden vom Staat Informationsschriften über den Inhalt und das Für und Wider von Volksentscheidsvorlagen an die Stimmberechtigten übersandt. Dies ist zum Beispiel in den USA, Australien, Frankreich, Schweiz und in Baden-Württemberg bei kommunalen BürgerInnenentscheiden üblich. Dieses Vorgehen ist als Beitrag für eine gesicherte und gleichberechtigte Information der StimmbürgerInnen unbedingt zu empfehlen und sinnvoll. Jedoch sollte hierbei vor einseitiger Stellungnahme der Regierung abgesehen werden. So werden zum Beispiel im "Bundesbüchlein", das jedem Schweizer Stimmberechtigten vor einer eidgenössischen Abstimmung zugestellt wird, die jeweiligen Positionen nicht authentisch, d.h. durch Originaltexte - was ohne weiteres möglich wäre -, sondern kommentiert dargestellt. Dazu findet sich in ihm eine nicht zu übersehende Abstimmungsempfehlung der Bundesregierung auf jeder Seite des Büchleins. Zu Recht kritisiert der Politologe und Volksentscheids-Aktivist Ruedi Epple, daß das Bundesbüchlein eine mit behördlicher Autorität versehene einseitige Werbeschrift der Regierung und damit Teil des staatlichen "Puffersystems" sei, mit dem unliebsame Initiativen gekippt würden.[13)]

c. Änderung der Medienstruktur:

Der Medienwissenschaftler Horst Holzer machte schon 1971 auf einen Grundwiderspruch in unserem Medienwesen aufmerksam: Das Dilemma der Medien besteht für ihn darin, "öffentliche Institution mit einem verfassungsrechtlich legitimierten Auftrag sein zu wollen und hart konkurrierende, gewinn- und anzeigenorientierte, auf größtmöglichen Absatz angewiesene Wirtschaftsunternehmen sein zu müssen."[14)]

Die Massenmedien haben eine hervorragende öffentliche Aufgabe, sie müssen das "Grundrecht jedes einzelnen auf freie Meinungsäußerung" (GG Art. 5) zur Ausführung bringen. Dem steht natürlich die privatwirtschaftliche Organisation von Medien gegenüber. Genauso aber auch ein übergebührlicher Einfluß bestimmter Parteien auf Rundfunkräte. Es ist ja bekannt, daß dieses Grundrecht je nach Besitzverhältnissen und ideologischer Orientierung unterschiedlich in Anspruch genommen werden kann.

Hier macht die Aktion Volksentscheid (Achberg) in ihrem Stimmbrief zur Änderung des Artikel 20 Abs. 2 GG einen sehr bedenkswerten Vorschlag: Alle Massenmedien, d.h. Rundfunk, Fernsehen und Presse ab einer Auflage von 100.000 sollen gesetzlich verpflichtet werden, bei Einleitung des Volksbegehrens den vorgeschlagenen Gesetzesentwurf zu veröffentlichen und während der eigentlichen Informations- und Diskussionsphase vor dem Entscheid (mindestens sechs Monate) die Pro- und Contra-Position gleichberechtigt zu behandeln. Dieser Vorschlag bezieht sich insbesondere auch auf die redaktionellen Teile der Medien.

Allerdings müßte hier nach gängiger Rechtsauffassung zuerst Artikel 5 GG geändert werden, der in sich - wie oben angedeutet - widersprüchlich ist. Das Recht des "einzelnen auf freie Meinungsäußerung" steht im Widerspruch zu der durch die "Pressefreiheit" und dem Verbot jeglicher "Zensur" geschützte privatwirtschaftliche Ausrichtung der Medien. So führt zum Beispiel der Staatsrechtler Roland Geitmann aus: "Die Frage der Vereinbarkeit einer solchen Medienverpflichtung mit Art. 5 GG (Pressefreiheit und Freiheit der Berichterstattung durch Rundfunk und Film) drängt sich geradezu auf. Ingo von Münch (Öffnungsklauseln bei Zeitungen und Zeitschriften, 1977) hat diese Frage mit dem

Ergebnis untersucht, daß eine öffentlich-rechtliche Verpflichtung, Gruppen mit selbst-verfaßten, über Leserbriefe, Gegendarstellungen und Anzeigen hinausgehenden Beiträ-gen einen Zugang zu Presseerzeugnissen zu gewähren, gegen Art. 5 GG verstoßen würde. Gleiches müßte für privaten Rundfunk und privates Fernsehen gelten."[15]

Eine gesetzliche Regelung zur gleichberechtigten Information der BürgerInnen durch die Massenmdien (nach Änderung des Art. 5 GG) würde die Substanz der Presse- und Meinungsfreiheit nicht angreifen, sondern im Gegenteil erst sichern. Damit muß nicht das Privateigentum der Medienbesitzer angegriffen werden - jedoch ist immer zu bedenken: "Eigentum verpflichtet" (Art. 14 GG).

d. Freigestellter Anzeigenraum und Sendezeit:

Ohne eine Änderung des Artikel 5 GG könnten aber sicherlich von Staatsseite Werbezei-ten in den öffentlich-rechtlichen Medien (wie den Parteien im Wahlkampf) Volksent-scheidsinitiativen zur Verfügung gestellt werden. Ebenso könnte Anzeigenplatz in Zei-tungen vom Staat zum selben Zweck aufgekauft werden, wodurch ein gewisser "Grund-stock" an Information gewährleistet wäre.

e. Direkte Finanzierung von Volksentscheidsinitiativen:

Ebenso ist an eine direkte Finanzierung, ähnlich der Parteienfinanzierung zu denken. Dies wird in verschiedenen US-Staaten praktiziert. Hier tritt jedoch das Problem auf (genauso bei den Vorschlägen im vorigen Absatz), daß es im Grunde doch um das finan-zielle Mißverhältnis zwischen Pro- und Contraseite geht. Intention unserer Überlegungen ist, eine - wenn auch begrenzte - Gleichheit beider Seiten im Abstimmungskampf herzustellen.

Bekommt nun die Seite, die das Volksbegehren eingeleitet hat, einen gewissen Etat zur Verfügung gestellt, so kann es sein, daß sie eben genau die finanzstarke Seite ist. Damit würde das finanzielle Mißverhältnis nur vergrößert und somit das Gegenteil unserer Intention erreicht werden. Bekämen beide Seiten einen staatlichen Zuschuß, so würde das Mißverhältnis absolut gleich bleiben, proportional zwar etwas verringert (entsprechend der Höhe des Zuschusses am gesamten Finanzvolumen der Initiativen), im wesentlichen aber nur wenig erreicht werden. Trotz einer staatlichen Grundfinanzierung kam es zum Beispiel in Kalifornien - wie oben aufgeführt - beim Versichungsabstimmungskampf zu einer Kluft von 4 zu 200 Mill. DM. Gerade bei Initiativen, die wirtschaftlichen Interessen entgegenlaufen, ist mit einer solchen Kluft zu rechnen, und dies ist tatsächlich in den USA und der Schweiz, wie wir gesehen haben, nicht unüblich.

In Kalifornien sind nun aufgrund der Erfahrungen mit dem Versicherungsabstim-mungskampf Bestrebungen im Gange, eine Begrenzung der Werbeausgaben gesetzlich zu regeln. D.h. eine Seite darf nur zum Beispiel das Doppelte der anderen Seite ausgeben, auch wenn sie mehr Geld hätte. Wenn dieser Vorschlag in Kalifornien eingeführt würde, so darf man sehr gespannt darauf sein, wie die finanzkräftigeren Seiten dann sicherlich die erfindungsreichsten Wege suchen werden, trotzdem Werbung machen zu können, zum Beispiel unter anderem Namen, nur indirekt, also zum Thema, aber ohne Nennung der kommenden Abstimmung usw.

Einen sehr interessanten Schritt macht hier der Staat Oregon. In ihm ist ein "Ausgleichssystem" eingeführt, d.h. der Staat garantiert ein gewisses Verhältnis der Etats beider Seiten, indem er der schwächeren Seite Gelder in der Höhe eines gewissen Teilbetrages des Etats der stärkeren Seite zur Verfügung stellt (zum Beispiel die Hälfte). Dies scheint mir der wirkungsvollste Weg zu sein, unser Ziel zu erreichen.

f. Sonstige Hilfen:

Nicht vergessen werden sollten auch direkte materielle, staatliche Unterstützungen, wie sie im Wahlkampf der BRD bekannt sind, zum Beispiel Zurverfügungstellung von staatlichen Räumen und Plätzen für Veranstaltungen, von Plakattafeln usw.

g. Zur Unterschriftensammlung:

Eine Chancengleichheit beim Volksbegehren wird am wirkungsvollsten durch ein nicht zu hohes Unterschriften-Quorum erreicht werden können. Je höher das Quorum, desto schwieriger wird es für Initiativen mit nur ehrenamtlichen Sammlern. Mit entsprechend viel Geld macht ein hohes Quorum jedoch keine Probleme. Aber zu denken ist auch an ein schlichtes Verbot von bezahlten Unterschriftensammlungen.

7. Volksentscheide können Medien- und Wirtschaftsmacht brechen!

Gerade Volksbegehren und Volksentscheide sind ein Instrument, "unliebsame" Themen in die öffentliche Diskussion zu bringen und damit die Medienmacht einflußreicher Interessengruppen zu brechen. - Ein Beispiel aus der Schweiz. Spötter sagen: "Die Schweiz hat keine Armee, sie ist eine Armee", und das kleine Land besitzt in der Tat über 600.000 Milizsoldaten. Panzer stehen bei Bauern in den Scheunen, Gewehre hängen im Kleiderschrank. Die Abstimmungsinitiative "Schweiz ohne Armee" trat an, "diese heilige Kuh zu schlachten", das Diskussionstabu hierüber zu brechen.[16]

Der schon oben zitierte Schweizer Philosoph und Meisterschüler von Karl Jaspers, Hans Saner, erläutert dies sehr schön:

"Man muß heute nicht erst beweisen, daß es in unserem Land Zensur gibt, leise, aber sehr effiziente. Sie ist an den monopolisierten Massenmedien institutionell verankert worden, und ihre Einhaltung wird überdies durch selbsternannte Kontrolleure überwacht. Die großen privaten Massenmedien sind deshalb keineswegs umso freier. Sie wachen nicht nur, wie ihre monopolisierten Brüder, über das Ansehen der Armee und der Religionen - die beiden Institutionen haben offenbar den gleichen Stellenwert -, sondern auch über das Ansehen der Wirtschaft; denn von ihr sind sie ausnahmslos abhängig. Wer an diesen Massenmedien festberuflich arbeitet, weiß, wo die Schere am schmerzlosesten schneidet, nämlich bei der richtigen Auswahl der Themen und Mitarbeiter. (...)

Wie kann man die offene und öffentliche Sprache zurückgewinnen in einem politischen Bereich, der tabuisiert und zensuriert wird? Einzelnen wird das schwerlich gelingen, selbst wenn sie bereit sind, dafür etliches in Kauf zu nehmen. Denn jenseits der Narrenecken verschließen sich ihnen die Medien zumindest für diesen Bereich. Aber politisch gibt es dennoch einen Weg, der die verschlossene Türe aufbrechen kann und muß. Es ist die Lancierung einer Initiative, die ein Tabu zum Gegenstand hat. Genau dies tut die Initiative für eine Schweiz ohne Armee. Man kann sie während der Phase der Unterschriftensammlung verschweigen. Man kann auch zum voraus ihre Initianten diskreditieren. Aber falls sie zustande kommt, dann muß man über ihr Anliegen öffentlich diskutieren, und zwar aufgrund von Fakten und mit Argumenten. Dann wird wenigstens auf Zeit die Schere ins Eck gehängt, selbst bei den staatstreuesten Medien."[17]

Und genau so trat es ein! Nachdem die Initiative 1986 die benötigten 100.000 Unterschriften eingereicht hat, wuchs die öffentliche Diskussion. Zwischenzeitlich sind die Zeitungsspalten voll und das Thema in aller Munde.

Ein weiterer Aspekt: In den USA sind die Politiker aufgrund der immensen Wahlkampfkosten in viel größerem Maße als in der BRD von Wirtschafts-"Spenden" abhängig. Die bekannte Folge: bestimmte Gesetze werden immer wieder vertagt, da man ja nicht gegen die Interessen der Unternehmen Politik machen kann, die den eigenen Wahlerfolg finanziert haben. Hier bekommen Volksinitiativen eine hervorragende Bedeutung. Denn häufig werden in ihnen gerade Fragen thematisiert, die von den Parlamenten aufgrund mehr oder weniger durchsichtigen, aber schwer beweisbaren Gründen nicht angegangen werden. Volksbegehren sind in den USA ein bedeutendes Regulativ für die direkte wirtschaftliche Abhängigkeit der Politik.

8. Fazit

Wirtschaftliche Medienmacht ist kein Argument, das gegen die Einführung von Volksentscheiden spricht, denn dann müßte man um so mehr für die Abschaffung der Parlamentarischen Demokratie plädieren.

Volksbegehren und Volksentscheide sind statt dessen gerade ein Instrument, den Einfluß finanzstarker Kreise in einer Demokratie zu mindern und zu korrigieren, denn damit können "unliebsame" Themen in die öffentliche Diskussion gebracht und die auch in der BRD sehr wirksame direkte Beeinflussung von Politikern durch Lobbyisten usw. umgangen werden.

Auch wenn der kurzfristige Einfluß der Massenmedien auf Volksabstimmungen differenziert betrachtet werden muß, besteht ein dringendster Bedarf, "Medien- und Finanzierungsklauseln" in mögliche Volksentscheidsgesetze aufzunehmen. Hier gibt es eine Reihe praktikabler Möglichkeiten.

Anmerkungen:

1. Hermann Scheer: Mittendrin. Köln 1982, S.197.

2. Zitiert nach Vortragsmanuskript Dr. Roger Blum: Medien und direkte Demokratie. Bern 1988.

3. Wie schon angeschnitten, wird diese Frage in der Medienwissenschaft sehr kontrovers diskutiert. Einführend hierzu zum Beispiel: Öffentliche Kommunikation und politisches System: Alte und Neue Medien. Politische Bildung Heft 3/1988, Stuttgart.

4. Daten nach: Ungleiche Spieße. BUND, Bern, 30.11.1988.

5. Siehe Andi Groß: Werbeschlacht in Kalifornien. Tagesanzeiger Zürich, 07.11.1988, abgedruckt in der letzten Ausgabe des EINBLICK.

6. Liegt dem Verfasser vor.

7. Hans Peter Hertig / Gruner: Der Stimmbürger und die neue Politik. 1983; hier zitiert nach: Ungleiche Spieße, a.a.O.

8. Veranstaltung wurde vom Verfasser besucht.

9. Siehe Andi Groß: Mittels Volksinitiative macht sich Ärger Luft. Die Weltwoche, Zürich, 17.11.1988.

10. Toni Tschudy, in: Initiative - eine Sackgasse? Volksblatt, Schweiz, Februar 1979.

11. Siehe Andi Groß, a.a.O.

12. Helvetia bezahlt ihre fleißigen Sammler. Berner Zeitung, 31.3.1985.

13. Ruedi Epple, in: Diskussionspapier des Schweizerischen Friedensrates. April 1979.

14. Horst Holzer: Gescheiterte Aufklärung ...? München 1971, S.9.

15. Roland Geitmann, in: Volksentscheide auf Bundesebene. Unveröffentlichter Aufsatz.

16. Siehe hier zum Beispiel das Interview mit Andi Groß in der letzten Ausgabe des EINBLICK.

17. Hans Saner in dem Sammelband: Unterwegs zu einer Schweiz ohne Armee. Z. Verlag, Basel 1987.

"Alle Gewalt geht vom Volke aus"

VON DER ZUSCHAUER- ZUR TEILNEHMER-DEMOKRATIE
Vortrag von Ernst Lutterbeck*

Ich beginne mit einem Zitat des Staatsmannes, der schon vor fast 2.500 Jahren in der ersten Demokratie der Menschheit, in Athen, gelebt, gewirkt und der Athen groß gemacht hat, Perikles: "Bei uns heißt er, der an den Dingen des Staates keinen Anteil nimmt, nicht ein stiller Bürger, sondern ein schlechter." Das sollte sich auch heutzutage und hierzulande so mancher gesagt sein lassen.

Am Anfang aller Übungen, die wir heute anstellen wollen, steht das Faktum, das alle unsere Bemühungen um direkte Demokratie von den sogenannten "herrschenden Kreisen" unseres Landes nicht zur Kenntnis genommen werden, und zwar das Faktum, das der Artikel 20 Abs. 2 des Grundgesetzes (GG) darstellt: "Alle Staatsgewalt geht vom Volke aus. Sie wird vom Volke in Wahlen *und Abstimmungen* und durch besondere Organe der Gesetzgebung, der vollziehenden Gewalt und der Rechtsprechung ausgeübt."

"Alle Gewalt geht vom Volke aus"! Was heißt das? Das heißt, daß das Volk der Souverän ist, nicht der Bundespräsident, nicht der Bundestag, schon gar nicht die Bundesregierung und am wenigsten die Parteien. Diesem Souverän aber wird nun seit 40 Jahren sein im Art. 20 Abs. 2 festgelegtes Recht vorenthalten. Und im Wesen eines Souveräns liegt es doch wohl, daß er Entscheidungen trifft, daß ihm die Befugnis zukommt, die Initiative selbst in die Hand zu nehmen, wenn es in einem Volksentscheid so entscheidet.

"... *und Abstimmungen*"! Darauf kommt es entscheidend an, und das ist der Ausgangspunkt unserer Überlegungen. Zunächst sind dazu einige Erläuterungen erforderlich.

"Das plebiszitäre Defizit unserer Verfassungswirklichkeit"

Die meisten Grundgesetzkommentare, zum Beispiel der bekannteste, "Mauz/Dührig", gelten heute noch in der gesamten Verfassungsjustiz als nahezu sakrosankt. Und diese Grundgesetzkommentare definieren solange an dem Ausdruck "... und Abstimmungen" herum, bis zum Schluß das Gegenteil von dem herauskommt, was die "Väter der Verfassung" wirklich gewollt haben. Ich werde das noch beweisen.

So wie die Verfassungspraxis sich bis heute entwickelt hat, geht eben *nicht* alle Staatsgewalt vom Volke aus. Der frühere Bundesinnenminister, Professor Maihofer - immerhin der für das Verfassungsrecht zuständige Minister(!) - nennt dies "das plebiszitäre Defizit unserer Verfassungswirklichkeit". Die Gewalt geht vielmehr nach außen

---

*Ernst Lutterbeck, MinRat a.D., hielt diesen Vortrag am 15.Februar 1989 im Albert-Schweitzer-Haus, Bonn-Bad Godesberg

hin ausschließlich von den Parteien aus. Diese, d.h. ihre Vertreter, werden zwar alle vier Jahre vom Volke gewählt, aber Wahlen sind immer unspezifisch, pauschal, undifferenziert. Was sind schließlich die Wahlprogramme der Parteien wert? Sie sind schon am Tag nach der Wahl Makulatur. Die Wähler müssen nach unserer Wahlpraxis die Katze im Sack kaufen, sie stellen den Parteien mit Abgabe ihrer Stimme eine Blanko-Vollmacht aus. Das Wichtigste, was der mündige Staatsbürer hat, seine Stimme, gibt er unwiderruflich weg. Er hat sie im wahrsten Sinne "abgeordnet", und so entstehen dann "Abgeordnete". Diese sind zwar angeblich "Vertreter des ganzen Volkes, an Aufträge und Weisungen nicht gebunden und nur ihrem Gewissen unterworfen", wie es in Artikel 38 Abs. 1 GG ebenso schön wie in der Praxis unzutreffend heißt.

Wie sieht denn die Praxis aus? Jeder Abgeordnete vertritt, fast ohne Ausnahme, die Interessen seiner Partei bzw. Fraktion und leistet also höchstens indirekt und mehr zufällig etwas für das Wohl des ganzen Volkes. Gibt es nicht Großkonzerne, die sich "ihren" Abgeordneten halten? Erinnert man sich nicht noch dunkel an die Barschel-Affäre, an die "Landschaftspflege" des Herrn von Brauchitsch im Auftrage des Flick-Konzerns und an viele ähnliche Skandale? Weiß man nicht, daß die meisten Abgeordneten nicht die Interessen des Gesamtvolkes, sondern der Wirtschaft, der Gewerkschaften, der Landwirte oder gar einzelner Branchen vertreten? Über das "Gewissen" lassen Sie mich lieber schweigen, es ist nur allzuoft mit dem Bankkonto oder anderen Interessen gekoppelt.

Fazit? Geht in unserer parlamentarischen Demokratie wirklich alle Gewalt vom Volke aus, oder nicht doch eher von den 20 Obersten in jeder Partei und nicht zuletzt auch von den Bewohnern der Chefetagen von Großbanken und Multis? Sind wir, das Volk, von dem angeblich alle Gewalt ausgeht, nicht also eigentlich nur Zuschauer in dieser Demokratie, die sich zwischen den Wahlen nur auf dem Bildschirm abspielt? Daß solche Fragen überhaupt gestellt werden können, zeigt doch schon, daß die Rede von der Staatsgewalt, die vom Volke ausgeht, nicht viel mehr als eine schöne Metapher ist, auf die sich "die da oben" in ihren Sonntagsreden berufen können.

Gebetsmühlenartige Wiederholungen

Aber das ist ja im Hinblick auf unser Thema noch längst nicht alles. Es heißt doch in Artikel 20 Abs. 2 ganz eindeutig, daß die Staatsgewalt "vom Volke in Wahlen *und Abstimmungen*" usw. ausgeübt wird. Ja, wo sind denn diese Abstimmungen? Hat jemand von Ihnen schon einmal an einer bundesweiten Volksabstimmung teilgenommen? Wohl kaum, denn die Möglichkeit dazu gibt es nicht. Warum gibt es sie nicht? Warum gibt es wohl ein Bundeswahlgesetz, mit dem Parteien und Abgeordnete von Parteien gewählt werden, aber kein *Bundesabstimmungsgesetz?!*

Das ist die Frage, die uns jetzt zunächst beschäftigen soll. "... und Abstimmungen", das heißt nicht schlicht das, was da steht, und das, was die "Väter des Grundgesetzes" mit diesem Wort gewollt haben, sondern die "herrschende Lehre" hat dekretiert - und fast alle Politiker, Journalisten, Juristen haben das fraglos akzeptiert! - "Die Einführung einer unmittelbaren Demokratie ... würde in einer modernen Industriegesellschaft mit ihren hohen Bevölkerungszahlen und komplizierten Rechts- und Organisationsproblemen schon an ihrer praktischen Undurchführbarkeit scheitern; sie würde überdies einer demagogischen Beeinflussung des Volkes die unmittelbarste politisch-rechtliche Wirkung verschaffen." Und jetzt kommt der erstaunliche Salto mortale: "Das Grundgesetz hat sich daher für die mittelbare Demokratie entschieden..." (GG-Kommentar Hesselberger, S.134).

Das heißt doch nichts anderes, als daß die Bestimmung "... und Abstimmungen" schlicht negiert wird, als ob es sie gar nicht gäbe. Es wird lediglich auf Artikel 38 Abs. 1 verwiesen, durch den ja die Berücksichtigung des Willens des Souveräns, des Volkes nämlich, genügend gesichert sei. Dieser Artikel enthält aber nur Bestimmungen über die Wahl und die Pflichten der Abgeordneten. Also gerade nicht die Berücksichtigung der vom Volke ausgehenden Staatsgewalt, die in Abstimmungen zum Ausdruck kommen soll! Schmutzige Tricks solcher Art und die ständige, gebetsmühlenartige Wiederholung längst widerlegter Geschichtslegenden ziehen sich durch nahezu alle Grundgesetzkommentare und die gesamte bisherige Diskussion über die Volksgesetzgebung, von Anfang an!

Man ist also gezwungen zu folgern: Daß Volksabstimmungen zwingend vom Grundgesetz vorgeschrieben sind, ist ganz eindeutig und mit guten Gründen nicht mehr zu bestreiten. Man argumentiert von der einen Seite her nur, daß Volksabstimmungen nicht "zweckmäßig" seien. Als ob es hier um Zweckmäßigkeit oder Unzweckmäßigkeit gehen könnte! Seit dem Inkrafttreten des Grundgesetzes verweigert "man", d.h. die um ihr Monopol bangenden Parteien - nicht die GRÜNEN, die die Einführung des Volksentscheids in ihrem Programm haben, sich bisher aber nur halbherzig dafür eingesetzt haben -, im Bunde mit der ihnen dienenden "herrschenden Meinung" der Verfassungsrechtler dem Volke mit absurden, blamablen und durchsichtigen Gründen und mit verfassungswidrigen Tricks das ihm zustehende Mitwirkungsrecht bei der Ausübung der Staatsgewalt.

Damit es wirklich ganz klar ist, wiederhole ich noch einmal: Es geht nicht darum, ob irgendeine Partei oder der Bundestag insgesamt dem Volke gnädig "plebiszitäre Elemente" gewährt, wie sie das meist mit schlechtem Gewissen verschämt nennen und womit sie irgendwelche Volksbefragungen - oder was auch immer - meinen. Sondern wir, das Volk, der Souverän, wollen endlich das uns verfassungsmäßig zustehende, aber seit 40 Jahren vorenthaltene Recht ausüben, als Träger der Staatsgewalt mitzuentscheiden.

Auch wenn man Meinungsumfragen nicht überbewerten sollte, so sollte es doch zu denken geben, daß eine von der "Aktion Volksentscheid" 1986 bei INFAS in Auftrag gegebene Umfrage ergeben hat, daß nur 17 % aller Wahlberechtigten ein Abstimmungsrecht des Volkes nicht für nötig halten. Nach all den Skandalen seither ist diese Zahl sicherlich noch viel geringer geworden.

Nun gibt es - wen wundert das? - noch andere verfassungsrechtliche Spitzfindigkeiten, mit denen man gegen den Volksentscheid zu Felde zieht. Ich kann im Rahmen dieses kurzen Vortrags auf die meisten nicht eingehen. Einige seien aber besonders erwähnt, weil sie besonders einseitig sind.

Die fragwürdige Einstellung des Bundesinnenministeriums

Sie werden - und das wundert erst recht niemanden mehr - von dem für das Verfassungsrecht zuständigen Innenministerium, dem ich ja selbst einmal angehört habe, vertreten. Dieses sagt, ganz kurz zusammengefaßt, das Wort "... und Abstimmungen" bezöge sich nur auf die Artikel 29 bzw. 118 des Grundgesetzes, bei denen es um die Neugliederung der Länder geht, denn dafür seien Volksentscheide ausdrücklich im Grundgesetztext erwähnt.

Es gibt wahrscheinlich nichts Dummes, Unrechtes, Unlogisches, das von Juristen nicht zu Gescheitem, Logischem und Rechtmäßigem verbogen werden könnte. In unserem Fall geht es um eine der wichtigsten und an hervorragendster Stelle stehende Verfassungsvorschrift, die so behandelt wird, als würde sie nur nebensächliche, temporär und lokal relevante Bestimmungen abstützen. Einen solchen, von höchsten Ministerialbeamten ausgearbeiteten und von Herrn Zimmermann unterschriebenen Unsinn müssen wir uns gefallen lassen! Auf diesem Unsinn beruhte auch die ablehnende Stellungnahme des Petitionsausschusses des Bundestages und der Fraktionen gegen unseren Antrag! Überlegen Sie: Artikel 20 ist ein hervorgehobener Verfassungsartikel, der die ganzen Grundlagen unserer staatliche Ordnung regelt; er ist wohl neben dem Satz 1 von Artikel 1, "Die Würde des Menschen ist unantastbar", der wichtigste Satz im ganzen Grundgesetz. Und da kommt man uns mit "Ländergrenzen"!

Und selbst wenn dieser in seiner Einfalt kaum zu übertreffende Einwand gegen den Volksentscheid stichhaltig wäre, es hülfe seinen Gegner nichts: die Abstimmungen stehen im Grundgesetz, und wir wollen sie haben!

Unredliche Verfassungsrechtler

Nun gibt es noch raffiniertere, in Wahrheit noch unredlichere, Verfassungsrechtler. Sie behaupten nämlich in etwa, die Abstimmungen seien eigentlich nur mehr zufällig und aus Versehen im Text stehengeblieben. Man habe sozusagen bei der Schlußredaktion vergessen, sie zu streichen. Sie würde auch dem übrigen Geist der Verfassung, der ganz auf die repräsentative Demokratie abzielt, widersprechen. Abgesehen davon, daß auch das kein Argument wäre - denn was drin steht, steht drin -, ist es entweder eine bewußte Lüge oder derjenige, der das behauptet, ist ein Ignorant, sei er auch ein noch so berühmter Verfassungsrechtler. - Es gibt allerdings auch verständigere Verfassungsrechtler oder -richter, wie Helmut Simon und Rudolf Wassermann, oder sogar den früheren Innenminister Maihofer, der sich 1983 entschieden für den Volksentscheid eingesetzt hat. "Soviel Plebiszit wie möglich, soviel Repräsentation (Parlament) wie nötig" (Handbuch des Verfassungsrechts, Berlin 1983, S.1410 f.).

Ich persönlich habe sämtliche Protokolle der zuständigen Ausschüsse des Parlamentarischen Rates im Archiv des Bundestages durchgesehen und eindeutig festgestellt: Im Gegensatz zu den Behauptungen der "herrschenden Lehre" ist mit diesen beiden entscheidenden Worten "... und Abstimmungen" genau das gemeint, was wir, die wir für den Volksentscheid kämpfen, meinen. Es war nämlich in einer der letzten Sitzungen des zuständigen Ausschusses so, daß der Vertreter der CDU, Dr. von Mangoldt, ausdrücklich verlangte, daß es nicht genüge, in Artikel 20 Abs. 2 nur die erwähnten "besonderen Organe" aufzunehmen, sondern daß auch die Volksabstimmung vorzusehen sei. Dies bestätigte SPD-Vertreter Carlo Schmid energisch und definitiv: "Wir wollen kein Monopol für die repräsentative Demokratie".

Also kein Parteienmonopol, keinen Parteienstaat, nicht das, was wir jetzt haben und was inzwischen bis in die letzten Rundfunk- und Fernsehräte, bis in alle höheren Etagen der staatlichen Betriebe und die Aufsichtsgremien aller großen Energieunternehmen, also auch der Kernkraftwerkbetreiber, hineingewuchert ist. Obwohl also die Lage vom Ursprung her ganz klar ist, haben wir bis heute noch keinen Volksentscheid.

Keine bitteren Erfahrungen von Weimar

Das hat zum großen Teil geschichtliche bzw. pseudogeschichtliche Gründe: Schon im Parlamentarischen Rat hat Theodor Heuss, den wir später als verehrten Bundespräsidenten kennengelernt haben, argumentiert, die nach der Weimarer Verfassung zulässigen und durchgeführten Volksentscheide seien am Scheitern der ersten deutschen Demokratie und gar am Nationalsozialismus mitschuldig gewesen. Es gab in unserer jüngeren Geschichte kaum ein Argument, kaum eine Fälschung, die sich so verheerend in der Zukunft auswirken sollte, wie dieses. Dieses absolut falsche und nachweisbar wider besseres Wissen in die Diskussion eingeführte Pseudoargument geistert noch heute durch fast alle mündlichen und schriftlichen Äußerungen zum Volksentscheid; bei höchsten Politikern genauso wie bei Verfassungsjuristen und Historikern. Einer schreibt eben vom anderen ab, keiner macht sich die Mühe, der Sache auf den Grund zu gehen. "Die Sache" stützt ja auch so prächtig die vorgefaßte Meinung, Volksentscheide seien von Übel.

Die Wahrheit ist: Die sogenannten "bitteren Erfahrungen der Weimarer und NS-Zeit", eine wie gesagt ebenso oberflächliche wie falsche Standardbehauptung aller Ignoranten, gibt es im Hinblick auf Volksentscheide nicht. In der Weimarer Republik, deren Verfassung Volksbegehren und Volksentscheide vorsah, gab es überhaupt nur zwei Volksbegehren, die bis zum Volksentscheid kamen (über den Unterschied zwischen beiden später). In beiden Fällen erlebten die Initiatoren einen eklatanten Reinfall. Im ersten Fall scheiterten die Linken mit dem Thema Fürstenenteignung, im zweiten die Rechtsextremen mit ihrem angestrebten Votum gegen den sogenannten Young-Plan. Diese zweite Volksabstimmungsaktion war von Hitler und dem damaligen Herrscher über alle nationalistischen, chauvinistischen und kleinbürgerlich-spießigen Presseorgane, Hugenberg, mit ungeheurem demagogischen Aufwand vorbereitet worden. Trotzdem scheiterte sie; ein Beispiel dafür, daß auch mit viel Geld und schlimmster Demagogie sich das Volk nicht dazu verführen läßt, gegen seine eigenen Interessen zu votieren. Was dann nach 1933 kam, muß wieder unter anderen Gesichtspunkten beurteilt werden.

Das Fazit ist jedenfalls: die Behauptung, die Weimarer Republik sei durch Volksentscheide ruiniert worden, ist entweder unsäglich ignorant oder - das ist in den meisten Fällen wahrscheinlicher - eine bewußte Geschichtsklitterung zu Ungunsten des Wahlvolkes. Das Gegenteil ist richtig!!! Vielleicht wäre sogar die Institution des Volksentscheids die einzige Möglichkeit gewesen, Hitler zu verhindern, etwa so, wie ein Generalstreik den Erfolg des militaristisch-chauvinistischen Kapp-Putsches im März 1920 verhindert hatte. Professor Chr. Pestalozza hat es auf den Punkt gebracht: "Weimar ist sicher eher am Parlamentarismus zerbrochen als an der direkten Demokratie". Diese Beispiele sind außerdem ein starkes Indiz dafür, daß Demagogie beim Plebiszit keine größere Gefahr ist als im parteiparlamentarischen System. Mit diesem Argument wird nämlich auch häufig gearbeitet.

Ausgerechnet Theodor Heuss, der als Bundespräsident in Unkenntnis seines wirklichen Verhaltens während seiner langen Politikerlaufbahn auch für mich eine bewunderswerte Leitfigur war, war es, der im Parlamentarischen Rat immer wieder massiv gegen die Aufnahme der Volksabstimmung in den Artikel 20 polemisiert hatte. Ausgerechnet er hätte den meisten Anlaß gehabt, sich zurückzuhalten, denn erstens hat er ja die beiden gescheiterten, also keineswegs für den Mißerfolg der Weimarer Demokratie verantwortlichen Volksbegehren als Politiker selbst miterlebt, zweitens hat er durch seine Zustimmung zu dem Gesetz, das dann Hitler freie Hand für alle künftigen Verbrechen gegeben hatte, zum Ermächtigungsgesetz, selber geschichtliche Schuld auf sich geladen und drittens hat er, wie gesagt, im Parlamentarischen Rat wider besseres Wissen, aber vielleicht mit nicht sehr gutem Gewissen, gegen den Volksentscheid polemisiert; und er war der "Liberale", dem sogar der CDU-Vertreter widersprach!

Was aber die sogenannten Volksabstimmungen im Dritten Reich angeht, so sind die Behauptungen hochgestellter Politiker, wie die des FDP-Fraktionsvorsitzenden Mischnik, diese seien ein Beispiel für die Gefahren von Plebisziten, geradezu grotesk. Sie sind bewußte Schutz- und Abwehrbehauptungen gegen alle Bestrebungen der direkten Demokratie, denn die von Hitler/Goebbels inszenierten sogenannten Volksabstimmungen (mit einem Ergebnis von meistens nahe bei 100 %) haben doch nicht das Geringste mit einer echten plebiszitären Demokratie zu tun. Sie waren im Gegenteil ein raffiniertes, mit allen demagogischen Mitteln der Massenpsychologie inszeniertes Spektakel, mit dem man durch scheindemokratisches Getue "beweisen" wollte, daß das Volk nahezu hundertprozentig hinter dem "Führer" steht.

All das sind bewußt oder aus Unkenntnis in die Welt gesetzte Geschichtslegenden, die von interessierter Seite, hauptsächlich von den "etablierten Parteien", und unter ihnen wieder hauptsächlich von der CDU/CSU, aus durchsichtigen Gründen in die Welt gesetzt wurden, wobei ihnen hilfreiche Verfassungsrechtler zur Hand gingen. Würde doch eine durch ein Bundesabstimmungsgesetz ermöglichte Volksgesetzgebung die angemaßte und im Grundgesetz so nicht vorgesehene Allmacht der Parteien ebenso einschränken wie den Einfluß von Interessenverbänden aller Art? Diese Aussicht schafft der Bewegung für einen Volksentscheid natürlich viele Feinde, auch in den öffentlichen und privaten Medien, denn Journalisten pflegen nicht selten ihre Argumente ohne größere Nachprüfung von anderen zu übernehmen. - *Deshalb* wurden zwei Petitionen der Aktion Volksentscheid beim Petitionsausschuß des Bundestages abgelehnt (entsprechend dem grotesken Fehlgutachten des Innenministeriums), *deshalb* schießen alle Rechten beider großen Parteien gegen den Volksentscheid.

Es gibt allerdings neben bewußt oder unbewußt falschen, läppischen und ignoranten Einwänden gegen den Volksentscheid auch ernstzunehmende, nachdenklich machende Gründe, und es darf nicht verschwiegen werden, daß die Volksgesetzgebung auch gewisse Risiken mit sich bringt, die heute noch nicht genau abzuschätzen sind. Aber darauf komme ich noch zurück.

20 Jahre Einsatz für den Volksentscheid

Damit schließe ich zunächst das Kapitel des geschichtlichen Rückblicks und des Überblicks über die Gegenkräfte ab und wende mich nun dem zu, was die Bewegung, die sich seit 20 Jahren für die Schaffung der Möglichkeit von Volksentscheiden einsetzt, die "Aktion Volksentscheid", an konkreten Vorstellungen und Vorschlägen bis heute erarbeitet hat. Ausgegangen ist das Ganze von der in Achberg im Allgäu in der Nähe des Bodensees von Anthroposophen gegründeten "Aktion Volksentscheid", die heute den Zusatz trägt: "Überparteiliche Arbeitsgemeinschaft für Demokratie und Recht". Als Motto könnte über der ganzen Bewegung ein Wort von Rudolf Steiner stehen: *"Ich will mitreden können, wenn das Recht entsteht."* *(GA 83, S.201)*. Darum geht es!

Ich will nicht über den zwanzigjährigen, harten, oft frustrierenden und von der Anthroposophischen Gesellschaft überhaupt nicht unterstützten Kampf gegen Windmühlenflügel sprechen, gegen die unverständliche Borniertheit, mit der die wahren geschichtlichen, verfassungsrechtlichen und verfassungspolitischen Tatsachen nicht zur Kenntnis genommen werden, noch nicht einmal in ernsthafter Weise von denen, die für das Verfassungsrecht zuständig sind, und von denen, die Verfassungsrechtsurteile fällen; sie haben unsere Beschwerde nicht inhaltlich behandelt, sondern aus formalen Gründen abgelehnt. Was soll man denn unter diesen Verhältnissen noch tun? Eine Revolution anzetteln? Wir brauchen sie gar nicht mehr anzuzetteln, denn sie ist mitten im Gange. Was aber fast noch mehr verbittert, ist die soziale, politische und moralische Stumpfheit der Menschen, die nicht über den Tellerrand einer Harald-Juhnke-Show, über die BILD-Zeitung und eine Fußballübertragung hinausdenken können oder zu bequem dazu sind, die in ihrer Mehrheit wohl immer noch dem guten, alten deutschen Obrigkeitsstandpunkt anhängen: "Die da oben werden es schon machen." Dieser vermaledeite Untertanengeist, der dem Kaiser Wilhelm und Hitler die Weltkriege ermöglichten!

Nun, es hat keinen Zweck zu jammern; gehen wir wieder an die Arbeit. Wir feiern in diesem Jahr mit ungeheurem Aufwand den 40. Geburtstag der Bundesrepublik. Auch der kritische Betrachter und Beurteiler dieser 40 Jahre kommt nicht umhin festzustellen, daß diese Republik sich zur stabilsten, sozialsten, demokratischsten der deutschen Geschichte entwickelt hat, und daß dieses Lob auch angesichts aller verpaßten Chancen, aller verwerflichen Skandale und aller Unzulänglichkeiten, die es natürlich auch in jedem anderen Land gibt, nicht geschmälert wird.

Doch jetzt kommt das große *Aber:* Schon viele Staaten in der Geschichte sind gescheitert und aus der Geschichte verschwunden, weil man nicht rechtzeitig die Notwendigkeit eines Wandels erkannt hat, weil das Aufsteigen neuer geschichtlicher Kräfte und Ideen verschlafen wurde bzw. weil man sich in reaktionärer Sturheit dagegen gewandt hat. Und zwei der wirklich neuen geschichtlichen Kräfte sind heute der Wille des mündigen Wahlbürgers, über seine Geschicke mitzuentscheiden, und die "Dreigliederung".

Um "denen da oben" zu zeigen, was das Volk wirklich will, hat die Aktion Volksentscheid eine selbstorganisierte Volksabstimmung in Gang gesetzt. Sie versucht, über Unterstützerkreise, wie es sie in der ganzen Bundesrepublik und auch hier in Bonn gibt, Millionen von Stimmbriefen an die Wahlbürger heranzubringen. Ein solcher Stimmbrief liegt auf Ihrem Platz, und ich bitte Sie herzlich, zu Hause diese Stimmbriefe sorgfältig zu lesen, um dann zu entscheiden, ob Sie an der Abstimmung teilnehmen wollen und wenn ja, ob sie mit "Ja" oder "Nein" stimmen wollen. Das steht selbstverständlich ganz in Ihrer persönlichen Entscheidungsfreiheit.

Einzelne Erläuterungen zur Volksgesetzgebung

Auf einige besonders wichtige Punkte möchte ich aber noch eingehen, da diese auch am meisten auf Bedenken stoßen. Was diese anbetrifft: Glauben Sie nur, es gibt sicher kaum noch Einwände, die wir uns nicht schon selbst gemacht haben, und selbstverständlich sind darunter auch welche, die wir noch nicht beantworten können, da sich eine Antwort erst aus der Praxis ergibt.

1. Die Volksgesetzgebung ist *kein Ersatz für die parlamentarische Gesetzgebung.* Wir wollen keine Rätedemokratie. Es ist deshalb auch durchaus unangebracht, wie jetzt in Schleswig-Holstein, die "plebiszitären Elemente" auf "Volksbefragungen" beschränken zu wollen und Volksentscheide nur dann zuzulassen, wenn das Parlament sie veranlaßt. "Volksbefragungen" bringen wenig und verhindern eben das, was für uns das Wichtigste ist: Volksentscheide, die "von unten" kommen, die der Souverän *will.* Durch die von uns angestrebte Art der Volksgesetzgebung werden Bundestag und Landtage nicht nur nicht überflüssig, sondern ihr Ansehen und ihre politische Wirkung wird verstärkt.

2. Manche Bundesländer haben in ihren Verfassungen schon "plebiszitäre Elemente", zum Beispiel Volksbefragungen. Aber diese Regelungen sind durchweg unbefriedigend und bedürfen der Weiterentwicklung in der Richtung unseres Vorschlages.

3. Das Verfahren ist dreistufig: Die *erste* Stufe ist die *"Volksinitiative"*, die jeder Stimmberechtigte ergreifen kann. Aber nur, wenn er dafür 50.000 Unterschriften bekommt, soll der Bundestag gezwungen sein, sich damit zu befassen, und dann muß das Anliegen auf Kosten der Staatskasse in den Medien auf geeignete Weise veröffentlicht werden. Akzeptiert der Bundestag das Anliegen, dann ist der Zweck erreicht und das Verfahren ist abgeschlossen. Akzeptiert er es nicht, kann die *zweite Stufe* in Gang gesetzt

werden. Um damit durchzukommen, braucht man eine Million Unterschriften. Diese Hürde ist hoch genug, um Spinner und Egoisten abzuschrecken, die Volksgesetzgebung vor ihren Karren zu spannen. Diese Stufe heißt *Volksbegehren*. Wenn der Bundestag ein Volksbegehren nicht innerhalb von sechs Monaten unverändert übernimmt, kommt es zur *dritten Stufe*, dem *Volksentscheid*. Entscheidet sich dabei die absolute Mehrheit der Wahlberechtigten *dafür*, dann *muß* der Bundestag ein entsprechendes Gesetz erlassen bzw. ein von ihm geplantes Gesetz unterlassen.

4. Eine *Mindestbeteiligungsgrenze* darf es nicht geben. Wer nicht mitentscheidet, muß akzeptieren, was über ihn entschieden wurde. Ein Volksentscheid kann also nie, wie es jetzt in Schleswig-Holstein vorgesehen ist, "von oben" kommen.

5. Von entscheidender Bedeutung und absolut neu in der Geschichte der Volksgesetzgebung ist die sogenannte *"Medienbedingung"*. Es ist doch völlig klar, daß zum Beispiel eine Initiative für Tempo 100 auf Autobahnen keinerlei Chance hätte gegen die geballte Finanzmacht der Autokonzerne, Zuliefererbranchen und Automobilclubs, wenn nicht beide Gruppen, die Pro- und Contra-Gruppe, ausreichend Gelegenheit hätten, ihren Standpunkt in den öffentlichen und privaten Medien gleichberechtigt darzustellen, wobei die Kosten natürlich aus der Staatskasse kommen müßten. Wo es diese Medienbedingung nicht gibt, wie zum Beispiel in der angeblich so urdemokratischen Schweiz, da ist der Manipulation der öffentlichen Meinung durch finanzstarke Gruppen oder durch den Staat selbst, d.h. natürlich durch die jeweils herrschende Regierung, Tür und Tor geöffnet. Ich bringe dafür noch ein unmißverständliches Beispiel.

6. Die vorgeschriebenen *Quoten und Diskussionszeiten* zwischen den einzelnen Stufen mit der Möglichkeit einer breitesten öffentlichen Diskussion gewährleisten, daß momentane Stimmungen im Volke für oder gegen irgendetwas (für oder gegen "Ausländerstop", für oder gegen Tiefflüge) sich nicht auswirken können.

7. *Verfassungsändernde Volksbegehren*, zum Beispiel die Wiedereinführung der Todesstrafe (geregelt in Artikel 102 des Grundgesetzes) bedürfen selbstverständlich - wie auch im Bundestag - der Zweidrittelmehrheit. Damit ist der am meisten gebrauchte Einwand gegen den Volksentscheid schon ad absurdum geführt: es wird doch niemand im Ernst glauben, er bekäme durch den oben beschriebenen Stufengang hindurch schließlich eine Zweidrittelmehrheit für die Wiedereinführung der Todesstrafe zusammen.

Beispiele für mögliche Initiativen

Ergänzend einige Beispiele, für die man sich eine konkrete Volksinitiative vorstellen könnte. Ich reihe ohne weiteren Kommentar lediglich eine Reihe von Beispielen aneinander, für die ich persönlich gerne eine Initiative ergreifen würde. Ich möchte dabei bemerken, daß der Volksentscheid ein politisch ganz neutrales Instrument ist. Es können doch, wenn es die Volksgesetzgebung einmal gibt, Entscheide sowohl für als auch gegen die Initiative ausfallen. Ich verstehe daher nicht, warum die Konservativen in beiden großen Parteien die Volksgesetzgebung so sehr fürchten. Also Beispiele:

- *Tempolimit* auf Autobahnen 100, auf Landstraßen 80 km/h.
- *Paragraph 218:* Für oder gegen Straffreiheit des Schwangerschaftsabbruchs? (Man müßte hier allerdings - wie auch in anderen Fällen - differenziertere Fragen stellen. Hier kann man nicht nur mit Ja/Nein operieren).
- Soll die *Genforschung* überhaupt, auch am Menschen, und wenn ja, in welchem Umfang erlaubt werden?
- *Kernkraftwerke:* Abschaffen ja oder nein, unter welchen Bedingungen, innerhalb welcher Zeit? (Hier kann ich mir eine kurze persönliche Bemerkung nicht verkneifen: Die ganze skandalöse Hilflosigkeit der Politiker angesichts der Katastrophe von Tschernobyl kommt in folgendem Zitat von Hondrich im SPIEGEL Nr. 21/86, S.45, gut zum Ausdruck: "Sie (die Regierung) hat das Land mit Atomwaffen und -meilern gespickt und weiß beim Auftreten der ersten atomaren Wolke nicht, wohin mit dem Kopfsalat.")
- *Paragraph 116, Arbeitsförderungsgesetz:* Garantiertes Streikrecht und die Tarifautonomie sind gefährdet. Sind Sie für oder gegen eine Gesetzesänderung?
- *Strukturreform im Gesundheitswesen:* Plädieren Sie für eine stärkere Einbeziehung der Pharmaindustrie? Sind Sie für oder gegen eine größere Selbstbeteiligung? Für oder gegen eine Pflegeabsicherung?
- *Tiefflüge:* Ja oder Nein?
- *Atombomben* und *Giftgas* auf dem Territorium der Bundesrepublik Deutschland: Ja oder Nein?
- *Waffenexporte:* Einschränken oder verbieten?
- *Innere Sicherheit:* Für oder gegen bestimmte Verschärfungen (Vermummungsverbot, Demonstrationsfreiheit ohne Beobachtung des Verfassungsschutzes)?
- *Schulwesen:* Für oder gegen den Rückzug des Staates aus dem Erziehungswesen?
- *Bankwesen:* Beteiligung von Banken an Aufsichtsräten der Aktiengesellschaften? Demokratisierung der Kreditvergabe? Verschärfung der Fusionskontrolle?
- *Bodenrecht:* Beschränkung der Bodenspekulationen?
- *Umweltschutz:* Für oder gegen geplante Großanlagen in Naturschutzgebieten? Giftverklappung in der Nordsee?

Diese Beispiele ließen sich fast unbegrenzt vermehren. Aber noch einmal: es muß sich jeweils um Anliegen handeln, an denen das ganze Volk potentiell Interesse haben könnte. Man kann nicht - d.h. man kann schon, aber man wird bald feststellen, daß man nicht durchkommt - jeden lokalen Ärger zu einer Volksinitiative machen wollen. Dafür sind lokale Bürgerinitiativen zuständig. Zu einem Volks*entscheid* kann es ja nur kommen, wenn die ganze Bevölkerung zwei mal sechs Monate Gelegenheit gehabt hatte, sich über das Thema gründlichst zu informieren. Auf diese Weise ist die von uns vorgeschlagene Volksgesetzgebung mit ihren drei Stufen auch ein hervorragendes volkspädagogisches Erziehungsmittel und trägt zum weiteren Mündigwerden der Bürger bei - ob sie nun durchkommt oder nicht!

Einwände

Nun noch einige weitere Gedanken zu den Bedenken, die gegen die Volksgesetzgebung erhoben werden. Das Primitivste, das jedesmal wie aus der Pistole geschossen geäußert wird, ist: dann wird die *Todesstrafe* wieder eingeführt. Bekommen Sie dafür erst einmal eine Zweidrittelmehrheit! Noch dümmer ist natürlich die Ansicht: wir brauchen keine Volksgesetzgebung. Das Volk versteht von diesen komplizierten Problemen nichts. Laß "die da oben" nur machen; die verstehen das besser! - Dann das ähnliche Argument, daß die Abgeordneten aufgrund ihrer größeren Übersicht, ihrer besseren Informationsmöglichkeiten und der Unterstützung durch den geballten Sachverstand der Bürokratie die Probleme eben doch besser beurteilen könnten als der "einfache Bürger". Genau dies ist ja wohl auch das wichtigste Argument für eine repräsentative Demokratie. Aber wissen Sie denn, wie es tatsächlich im Bundestag zugeht?

Von den meisten der jeweils zur Entscheidung anstehenden Probleme versteht nur eine Minderheit von Abgeordneten wirklich so viel, daß sie einigermaßen kompetent entscheiden können. Welchen Einflüssen von allen Seiten diese kleine Minderheit ständig ausgesetzt ist, erfährt man hin und wieder, wenn besonders gravierende Fälle von Beeinflussung bekannt werden. Ich behaupte nicht - das will ich ausdrücklich bemerken -, daß die Abgeordneten sich von diesen Einflüssen auch be-einflussen lassen. Aber die Einflüsse sind da und sie sind ein großes Manko der rein parlamentarischen Demokratie. Diese kleine Minderheit hat dann in der Fraktion die Meinungsführerschaft im Plenum, d.h. wenn sie die Hand hebt oder nicht hebt, dann macht die ganze Fraktion es ihnen nach. Den Sachverstand, den ein Abgeordneter, der nicht Fachmann ist, braucht, um zum Beispiel über den Paragraph 218 abzustimmen, den kann sich jeder Bürger im Verlaufe der zweimal sechs Monate dauernden Diskussionsperioden, die unser Entwurf vorsieht, selber aneignen.

Wenn eine Volksinitiative bis zum Volksentscheid vorgedrungen ist, wenn also eine Million Wahlberechtigte dafür gestimmt haben, dann - das kann man doch wohl sagen - handelt es sich um eine so wichtige, die Allgemeinheit betreffende Frage, daß man davon ausgehen kann, daß dafür - nach den vorausgegangenen Diskussionsphasen - jeder Bürger kompetent ist oder jedenfalls sein kann. Wie kompetent waren, im Gegensatz dazu, in vielen Fällen die Abgeordneten, wenn sie über fundamentale Dinge abgestimmt haben? Wie oft haben sie fundamentale Fehlentscheidungen getroffen? Zum Beispiel bei der Schätzung des Energiebedarfs, die für den Bau von Kernkraftwerken ausschlaggebend war? Oder bei der Einschätzung von Risiken für Natur und Mensch bei der Bestimmung von Grenzwerten schädlicher Zusatzstoffe in der Nahrung oder bei der Strahlenbelastung? Wohin hat denn das sogenannte Expertenwissen der Abgeordneten geführt im Hinblick auf die schier unaufhaltsame Umweltzerstörung, die Arbeitslosigkeit, den "Jäger 90" usw.? Die Rede vom Sachverstand der angeblichen Experten im Bundestag ist ein Mythos. Diesen Sachverstand beziehen sie zu einem wohl nicht kleinen Teil von den immer sehr hilfsbereiten Lobbyisten. Nichts gegen diese Berater, aber auf die gleiche Weise wird sich für die Volksgesetzgebung jeder Wahlbürger auch informieren können.

Von vielen Kritikern wird für die vorgesehene Diskussionsphase eine ausufernde *Demagogie* befürchtet. Man hat Angst - und man muß diese Angst sehr ernst nehmen -, es könnten durch künstlich aufgeputschte Massen Wahlentscheidungen zustandekommen, die objektiv schädlich sind. Wenn man so etwas je nach dem emotionalen Gehalt einer anstehenden Frage nicht völlig ausschließen kann, so sei doch noch einmal auf das Volksbegehren über den Young-Plan hingewiesen, bei dem Hitler und Hugenberg trotz ihrer riesenhaften Demagogie gescheitert sind, und es sei erlaubt, auf die Bundestagswahl 1972 hinzuweisen, in der die CDU/CSU dank großzügigster Spenden aus der Wirtschaft mit Hilfe von mehr als obskuren "Staatsbürgerlichen Vereinen" auf schmutzige Art und Weise und mit schamloser Demagogie gegen die damalige sozialliberale Koalition zu Felde gezogen ist ... und dennoch verloren hat! Der Schuß ging nach hinten los und wird sich auch bei künftigen Volksentscheiden nicht auszahlen.

In diesen Bereich der Einwände gehört auch das Argument, *der Bürger sei noch gar nicht reif,* noch gar nicht mündig genug dafür, obwohl er *vor* Wahlen doch immer als mündiger Bürger umschmeichelt wird. Dazu ist zu sagen: Mündigkeit kann nur durch Eigenverantwortung erworben werden. Wenn man mit der Volksgesetzgebung warten wollte, bis alle Bürger wirklich mündig wären (was immer das heißen mag!), dann wäre der Volksentscheid bis zum Sankt Nimmerleinstag verschoben. Aber das wollen die Bedenkenträger ja gerade. Beim Volksentscheid, ebenso wie bei Wahlen, entscheidet nicht der einzelne Fernsehglotzer oder BILD-Leser, auch nicht Millionen solcher einzelner, sondern die dem Volk innewohnende "Volksvernunft", die bei Wahlen schon so oft verblüfft hat, wie wir alle wissen.

Im übrigen: allein schon die Existenz der zahlreichen Bürger-, Friedens-, Anti-AKW- und Naturschutz-Initiativen zeigt doch deutlich, daß sehr viele Menschen in unserem Volke mündig geworden sind und mitentscheiden wollen und können. Dabei ist auch die volkspädagogische Funktion der Volksgesetzgebung zu bedenken. Die zweimal sechs Monate Diskussionszeit sind eine hervorragende Möglichkeit, weniger zu hemmungsloser Demagogie als zu der allgemeinen Volksverdummung durch das Fernsehen und Teile der Presse, der Desinformation und Informatinsunterdrückung entgegenzusteuern. Daß zum Beispiel die Volkszählung im ersten Anlauf nicht zustandekam, liegt letzten Endes nur am Vorhandensein einer starken Bürgerbewegung gegen dieses seinerzeit verfassungswidrige Projekt des Innenministers. Im zweiten Anlauf ist sie dann allerdings unter Einsatz der geballten Staatsmacht durchgesetzt worden.

Und noch ein Gegenargument: das *Minderheitenproblem.* Kommen bei Volksentscheiden nicht die Minderheiten unter die Räder? Aber ist das denn nicht in den Parlamenten noch viel schlimmer? Wenn im Bundestag zum Beispiel eine Entscheidung 40 : 60 gefällt wird, dann heißt das, daß von 528 Abgeordneten 317 über das Schicksal von 40 Millionen Bundesbürgern entscheiden. Das gleiche Verhältnis bei einem Volksentscheid brächte aber viele Millionen auf beiden Seiten. So wird aus Stimmvieh engagierte Bürgerschaft, die sich an der Entscheidungsfindung beteiligt und die nicht einfach von 317 "Oberen" manipuliert wird. Die Fähigkeit zur Toleranz, zur Achtung Andersdenkender, wird auch bei den Unterlegenen gefördert. Ich habe bei meinen umfangreichen Recherchen zu diesem Thema noch nie gefunden, daß bei Gegnern des Volksentscheides solche indirekten Folgen auch nur in Erwägung gezogen werden.

Eine Abstimmung käme höchstens in einer kleinen Gemeinde oder in Stadtteilen großer Städte in Frage, wo sie auch jetzt schon im Grundgesetz (Artikel 28 Abs. 1) vorgesehen seien. Dies, d.h. die angebliche Unmöglichkeit, daß sich zum Beispiel mehr als 400 Menschen wirklich untereinander abstimmen könnten (Laut Info3, 2/85), sei der eigentliche Grund für eine repräsentative Demokratie. Was über den Gesichtskreis von Nachbarschaften hinausgehe, erfordere zwingend das Delegationsprinzip. Allerdings bedürfe das eines "Auftragsmandats" ("imperatives Mandat"), wobei das untere Gremium jeweils das höhere wählt und der Inhalt des Mandats jeweils streng vorgeschrieben ist, also radikaler Föderalismus.

Dieser Einwand und zugleich konstruktive Vorschlag ist sehr bedenkenswert. Ich gestehe, daß mir diese Staatsverfassung bzw. Gesellschaftsordnung, bei der ja auch alle Gewalt vom Volke ausgeht, noch weitaus sympathischer ist als die von uns vorgeschlagene Volksgesetzgebung mit ihrer unbestreitbar nivellierenden Tendenz. *Aber:* Wenn wir wollen, daß die Möglichkeit der Mitwirkung des Bürgers an der "res publica" der "öffentlichen Sache", den öffentlichen Angelegenheiten, auf den Sankt Nimmerleinstag verschoben wird, dann müssen wir mit solchen Vorschlägen an die Öffentlichkeit gehen. Die Widerstände, die sich ihnen entgegenstemmen würden, wären noch hundertmal größer, und die Zeit, so etwas durchaus Wünschenswertes zu realisieren, wäre noch hundertmal länger. Man müßte den Staat und das Grundgesetz grundlegend umgestalten. Dies auf mittlere Zukunft auch nur anfänglich ansteuern zu wollen, ist meines Erachtens völlig illusorisch. Hätten wir aber einmal die Volksgesetzgebung, *dann, aber erst dann,* könnte man mit diesem Instrument drangehen, Staat und Gesellschaft nach diesen Prinzipien im Verlaufe längerer Zeiträume umzugestalten.

Mehrheit ist Mehrheit

Manche befürchten, daß die Möglichkeit von Volksentscheiden das Ansehen und die Wirksamkeit des Parlaments untergraben könnte. Das Gegenteil ist richtig. Die wenigen Male, in denen es den Initiatoren von Volksinitiativen gelingen wird, bis zum Volksentscheid durchzudringen und in diesem dann auch noch zu obsiegen, tangieren weder das Ansehen noch die Wirksamkeit des Parlaments, sondern setzen dieses vielmehr voraus. Allerdings wird die Existenz der Volksgesetzgebung für die Abgeordneten eine dauernde Mahnung sein, ihre Entscheidungen vor dem Souverän auf eine viel wirksamere Weise verantworten zu müssen, als dies bisher bei nur alle vier Jahre erfolgendem Urnengang der Fall ist.

In den meisten Fällen wird es sich bei den Gegenständen der Volksabstimmungen um Themen handeln, die Parlament und Regierung noch nicht aufgegriffen haben oder partout nicht aufnehmen wollen, obwohl das Volk es will; oder solche Fälle, in denen das Parlament offensichtlich gegen das Wohl der großen Mehrheit des Volkes entschieden hat

(Affäre Flugbenzin), oder in denen die Regierung zum Beispiel Anträge der Opposition abgelehnt hat, obwohl diese ganz offensichtlich dem Willen der Mehrheit des Volkes entsprechen.

Man darf nie vergessen, was es heißt, wenn der Sprecher der Tagesschau verkündet: "Der Bundestag hat das und das entschieden oder abgelehnt." Was heißt denn hier "der Bundestag"? Das ist in einem solchen Falle doch nur die manchmal hauchdünne Mehrheit (siehe die Albrecht-Regierung im Landtag Niedersachsen). Natürlich: Mehrheit ist Mehrheit, auch beim Volksentscheid. Aber hinter einem Volksentscheidsvotum stecken Millionen Stimmen, hinter einer Bundestagsmehrheit können nur wenig mehr als 250 stehen. Der bekannte Politikwissenschaftler Agnoli meint dazu: Die heute verlangte Basisdemokratie und das Plebiszit "sind instrumentell in den gegebenen Verfassungsstaat einbringbar, sie lassen sich mühelos in das System einbinden ...: da wird keine Republik verändert, die bestehende eher gefestigt." (Randelshofer/Sülz, Hg.: Konsens und Konflikt. 35 Jahre Grundgesetz. Berlin 1985).

Ein sehr kluges Gegenargument brachte Dagobert Lindlau; der allseits geschätzte Fernsehjournalist meinte in einer Fernsehsendung, der Vorteil einer repräsentativen Demokratie sei unter anderem, daß eben nicht alles geschähe, was die Mehrheit des Volkes will. So könnte man sich zum Beispiel theoretisch denken, daß es den rechtsextremen Rattenfängern à la Frey oder Schönhuber gelänge, eine Initiative "Ausländerstop" zu starten und dafür soviel emotional aufgewühlte Sympathie zu gewinnen, daß sie eine Volksinitiative begännen. Was im Bundestag vielleicht keine Mehrheit fände, könne auf dieser Schiene schließlich sogar Gesetz werden.

Es handelt sich hier nur um eine Variation des bereits behandelten Demagogie-Argumentes. Zu einem geglückten Volksentscheid könnte es nach meiner Meinung dennoch niemals kommen, denn: Warum hält man eigentlich die Wähler bei Volksentscheiden für dümmer als bei Bundestagswahlen? Das müßte mir doch mal einer erklären.

Ein Blick zu den Nachbarn

Sicher gibt es noch viele weitere Gegenargumente. Aber die erwähnten waren wohl die wichtigsten. Ich möchte es dabei belassen und mich jetzt noch kurz den Erfahrungen und der Gesetzeslage in unseren Nachbarstaaten zuwenden.

Da ist natürlich in erster Linie die Schweiz, *das* Land der direkten Demokratie. Sie kennt drei Formen von Referenden: die obligatorische, d.h. Parlament oder Regierung müssen dem Volk eine Vorlage zur Abstimmung geben; eine fakultative, d.h. eine bestimmte Anzahl von Bürgern kann verlangen, daß ein im Parlament beschlossenes Gesetz dem Volk vor Inkrafttreten dem Volk zur Abstimmung vorgelegt wird und schließlich das, was wir von der Aktion Volksentscheid allein wollen: drei Stufen zum Volksentscheid. Ist sie das? Klare Antwort: Nein! Es sind dort starke Bemühungen im Gange, alles in Richtung auf eine echte Demokratie zu reformieren, auch die Verfassung grundsätzlich umzugestalten. Insbesondere soll das eingeführt werden, was unseren

Entwurf erstmalig in der Geschichte der Volksgesetzgebung auszeichnet: die "Medien-bedingung". Ich habe sie ja dargestellt. Bei den schweizerischen Abstimmungen bekommen meist die die Mehrheit, die das meiste Geld haben, denn nur sie können die teure Medienkampagne für ihren Standpunkt bezahlen. Gegen diesen absolut undemokratischen Zustand opponiert in wachsendem Maße eine immer stärker werdende Gegenbewegung. Sie streben im Rahmen der Verfassungsreform die Berücksichtigung ihrer Vorschläge, insbesondere die "Medienbedingung" an.

Wie diese so bewunderte schweizerische Urdemokratie in der Praxis aussehen kann, kann man aus der Frankfurter Rundschau vom 09.01.1989, also erst vor ganz kurzer Zeit, nachlesen: Das höchste Gericht der Schweiz, das Bundesgericht in Bern, hat eine bereits stattgefundene Volksabstimmung aufgehoben - und das ist übrigens auch bei uns eine immer vorhandene Sicherheit gegen Volksentscheide, die tatsächlich einmal gegen das Grundgesetz verstoßen -, weil diese Volksabstimmung von der Kantonsregierung in Bern "in verwerflicher Weise" (wörtlich!) durch hohe Schmiergelder - natürlich aus Steuermitteln - den Volkswillen verfälscht habe. Das Ergebnis dieses und anderer Mißstände ist zum Beispiel auch, daß das Volk viel zu oft zu den Urnen gerufen wird, wodurch schon seit langem Wahlmüdigkeit entstanden ist, so daß die Wahlbeteiligung auf jetzt weniger als 50 % zurückgegangen ist.

Aber nicht nur in der "urdemokratischen" Schweiz, sondern auch in Österreich, Italien, Spanien, Frankreich, Luxemburg, Dänemark, Schweden und Griechenland gibt es Einrichtungen der Volksgesetzgebung, die von einer einfachen Volksbefragung über von oben verordnete Volksentscheide (zum Beispiel in Frankreich) bis zu sehr ausgebauten, mehrstufigen Plebisziten (zum Beispiel Dänemark) reichen. Auch bei uns bekanntgeworden ist vor allem der Volksentscheid in Österreich, durch den der bereits betriebsfertige Atomreaktor Zwentendorf nicht in Betrieb genommen werden durfte, und in Italien, wo ein von der "Democratia Cristiana" und vom Vatikan heftig unterstütztes Referendum, das die Aufhebung der vom Parlament bereits beschlossenen Möglichkeit zur Ehescheidung bezweckte, kläglich scheiterte.

Ich will mit dieser kurzen Erwähnung der Lage in unseren Nachbarländern lediglich aufzeigen, daß wir im Norden, Westen und Süden - im Osten natürlich nicht - umgeben sind von Ländern, in denen das Volk das Referendum seit langem hat und wo deshalb weder Chaos herrscht, noch das Parlament entmachtet wurde, noch sonstige Nachteile zu beobachten sind.

Die Dreigliederungsidee Rudolf Steiners

Ziemlich zu Anfang habe ich ein Zitat Rudolf Steiners gebracht, von dem ich gesagt habe, es könnte als Motto über der ganzen Volksgesetzgebung stehen: *"Ich will mitreden können, wenn das Recht entsteht."* Ist damit nicht alles gesagt? Das Recht entsteht durch Gesetzgebung, und dabei will ich mitreden können.

Erlauben Sie, daß ich für diejenigen, die bei meinem letzten Vortrag nicht dabei waren, noch einmal in wenigen Sätzen das revolutionäre Konzept der Dreigliederung umreiße:

Es geht dabei um die Versöhnung und die endliche Realisierung der drei Postulate der großen Französischen Revolution: *Freiheit - Gleichheit - Brüderlichkeit.*

Sie sind *zusammen* bisher noch an keinem Ort der Welt, abgesehen vielleicht von Klöstern, wobei dann die Freiheit spirituell zu verstehen wäre, und von anthroposophischen Projekten aller Art, verwirklicht worden. Warum nicht? Darüber wird jetzt zum 200. Jubiläum der Französischen Revolution unendlich viel geredet und geschrieben; das meiste, jedenfalls soweit ich es zur Kenntnis nehmen konnte, scheint mir so zu sein, wie wenn der Blinde von der Farbe spricht. Diese drei für den Fortgang der Menschheit in der Tat entscheidenden Postulate konnten ihrem inneren Wesen nach nicht *zusammen* verwirklicht werden, weil sie untereinander unverträglich sind, wenn sie nicht - und hier kommt der total neue und entscheidende Gedanke Rudolf Steiners zum Zug -, wenn sie nicht auf den Bereich beschränkt werden, für den jene von ihnen ihre Gültigkeit hat, also

- die Freiheit für das Geistesleben (im weitesten Sinne),
- die Gleichheit für das Rechts- und Staatleben;
- die Brüderlichkeit für das Wirtschaftsleben.

Ich habe im letzten Vortrag gezeigt, wieso es unsinnig ist, diese drei Postulate für einen anderen als dem ihr gemäßen Bereich zur Wirkung bringen zu wollen. Das führt im Endeffekt zur Unfreiheit, zum Wirtschaftschaos und unsozialer Gesellschaft. Rudolf Steiner hat nachgewiesen, daß schon der Erste Weltkrieg - und erst recht gilt das für den Zweiten Weltkrieg - weder aus militärischer noch aus weltpolitischer Notwendigkeit entstanden ist, denen die Regierungen auswichen, indem sie die Auseinandersetzung mit dem äußeren Feind suchten. Das ist also nicht viel anders als bei dem Ehemann, der - vielleicht weil er mit seiner Arbeitslosigkeit nicht fertig wird - deshalb zu trinken anfängt, immer weniger mit sich fertig wird, immer mehr trinkt und schließlich zu Hause seine Frau und Kinder verprügelt. Persönliche und geschichtliche Katastrophen entstehen aus den gleichen Gründen.

Es geht also bei der Einführung der Dreigliederung um den viele Jahre bzw. Jahrzehnte erfordernden Prozeß der Realisierung absoluter Freiheit im Geistesleben, d.h. in Wissenschaft, Kunst, Erziehung, Presse und Medien, Religion; jedem Menschen ist es absolut freigestellt und es wird ihm ermöglicht, sich nach seinen Kräften zu entwickeln und zu entfalten. Es geht um Gleichheit im Staats- und Rechtsleben: Jeder ist vor dem Gesetz und in seinen demokratischen Rechten jedem anderen gleich, nicht wie heute, wo manche gleicher sind als die meisten anderen. Und es geht um die fast biblisch zu nennende Brüderlichkeit im Wirtschaftsleben durch Bildung von Assoziationen, d.h. in der Tat um die heute als "bolschewistisch" verachtete Abschaffung des Privateigentums an Produktionsmitteln und wohl auch an Grund und Boden. Das wurde von den Kommunisten zwar von Anfang an gefordert, wurde aber da, wo sie an die Macht kamen, in grauenhafter Weise pervertiert zu Gunsten einer kleinen Schar von Ausbeutern, "Nomenklatura" genannt. In der Dreigliederungsgesellschaft soll auf brüderliche Weise jedem nach seiner Art und nach dem Maß seines Bedarfs zukommen, was er braucht: also nicht jedem das Gleiche, sondern jedem das Seine.

Das ist im wesentlichen der Kern der sozialen Dreigliederung.

Nun ist der Vorwurf, das sei Utopie, so alt wie die Dreigliederungsidee selbst. Schon Rudolf Steiner hat sich damit auseinandergesetzt und dies insofern widerlegt, als er gesagt hat, wenn nur eine relativ kleine Anzahl von Menschen diese Idee, die natürlich esoterische Fundamente hat, wirklich verstehen und verinnerlichen würden, dann realisiere sich diese Idee mit der Zeit quasi von selbst. Aber diese kleine Schar hat er selbst leider nicht gefunden, was für ihn und für die Welt eine große Tragödie war. Heute scheinen sich die Aussichten, daß immer mehr Menschen von dieser Idee wirklich ergriffen werden, langsam zu verbessern. Im Gegensatz zu manchen Anthroposophen, die - meiner Ansicht nach aus Bequemlichkeit und mangelndem "sozialen Gewissen" (Steiner) - auch heute noch sagen, die Zeit sei eben noch nicht reif dafür, sage ich und sagen meine Freunde von der Aktion Volksentscheid:

Die Zeit ist reif!

Aber, und das war immer die große Frage auch bei allen, die sich gerne für die Dreigliederung einsetzen würden, *wie* kann man sich die Realisierung der Dreigliederung vorstellen? Ich wiederhole noch einmal, daß es bei uns und in vielen anderen Ländern bereits Institutionen, Organisationen, Schulen, Universitäten, pharmazeutische Fabriken, Bauernhöfe, Softwarehäuser usw. gibt, die mehr oder weniger nach Dreigliederungsgesichtspunkten funktionieren, leben und arbeiten. Aber ohne ihre enormen Verdienste auch nur im geringsten schmälern zu wollen: es sind Insellösungen, vergleichbar vielleicht am ehesten mit den Klöstern als Inseln des Glaubens in einem Meer von Unglauben. Es fehlt bisher die übergeordnete Klammer, es fehlt jemand oder etwas, der nicht eine beschänkte Aufgabe in einem beschränkten Bereich "dreigliedrig" bearbeitet, sondern der versucht, die ganze Gesellschaft, den Staat, die Wirtschaft, die Kultur, das Erziehungswesen langsam aber zielstrebig in die Richtung der Dreigliederung zu bugsieren (welchen Ausdruck ich für passend halte: dahinter steht das Bild des kleinen Bugsierschleppers, der ein Riesenschiff langsam aber sicher an die Pier bringt oder in die offene See geleitet).

Das, was da fehlt, der archimedische Hebel sozusagen, das Instrument, das geeignet wäre, diese revolutionäre Gesellschaftsidee der Dreigliederung des sozialen Organismus Schritt für Schritt, erst ganz langsam, dann immer schneller in die Tat umzusetzen, dieses Instrument ist die Volksgesetzgebung.

Ein weiser alter Mann der anthroposophischen Bewegung (der Christengemeinschaft), Pfarrer Ogilvie, hat auf die Frage eines Journalisten (Info3, 7/81, S.5), daß bis heute noch nirgendwo die Dreigliederung so richtig gelungen sei, geantwortet: "Dann wird sie durch eine Katastrophe kommen, wenn es nicht aus freiem Willen und aus Einsicht geschieht." Ich bin fest überzeugt: Der Mann hat recht! Deshalb noch einmal: *Die Zeit ist reif!*

Rudolf Steiner hat mit der Idee der Dreigliederung auch ein neues Verständnis des Politischen aufgezeigt. Nach diesem neuen Verständnis geht es darum, durch entsprechende Gesetzgebungen die Grundlagen dafür zu schaffen, daß Staat, Wirtschaft und Kultur sich so entwickeln können, wie es den Bedürfnissen der ein Gemeinwesen bildenden

Menschen entspricht. Er sagt: "Die Gesetzgebungen bilden die Grundlage für die Struktur des sozialen Verhaltens" (02.10.1918). Daraus ergibt sich doch zwingend die Aufgabe aller, daran mitzuwirken, daß alle gegenwärtigen Gesetze (politischen Verträge, Organisationen, Methoden usw.), die der Bedingung der Freiheitsgestalt des sozialen Organismus zuwiderlaufen, langfristig abzuschaffen bzw. umzuformen und durch Volksentscheide eine neue Rechtsgrundlage zu schaffen.

Wie aber soll das geschehen? Durch die derzeitigen Parteien? Sie werden (fälschlicherweise) sagen: Wir werden uns doch nicht durch diese Volksgesetzgebung das eigene Wasser abgraben lassen! Dies aber täten sie gar nicht, wenn sie der Volksgesetzgebung zustimmen würden. Man braucht sie ja auch in einer Dreigliederungsgesellschaft. Nein, von ihnen ist wohl nicht viel zu erwarten. Obwohl - wie ich sagte - die SPD und die GRÜNEN langsam aufwachen.

Nein: Wir, das Volk müssen die Dinge selbst in die Hand nehmen. Zunächst mit dem Versuch eines selbstorganisierten, bundesweiten Volksentscheids. Das alles steht ja in dem Ihnen ausgehändigten Stimmbrief. Weitere können Sie zur Verteilung in Ihrem Freundes- und Bekanntenkreis in Achberg anfordern. Sollte diese Abstimmung nicht gelingen - viele, viele sind dafür, das weiß ich aus Erfahrung, aber die meisten sind zu träge, den Stimmzettel nach Achberg zu schicken -, so müssen wir uns andere strategische Ideen überlegen: Fernsehsendungen, Pressearbeit, lokale Aktionen, Überzeugungsarbeit in den Parteien selbst. Wir müssen immer und überall trommeln. Rudolf Steiner spricht auch von der jetzt notwendigen (NOT-wendigen!) "Sozialisierung der Herrschaft".

So wie der berühmte Künstler und Anthroposoph Joseph Beuys gesagt hat, daß jeder Mensch ein Künstler sei, so ist jeder Mensch im Verein mit seinen Mitmenschen sein eigener Gesetzgeber. Wir, das Volk, der Souverän, sind die Quelle des Rechts, nicht die Parteien oder irgendein Abstraktum. Also müssen wir einen Weg finden, um den uns zustehenden Einfluß auf Recht, Politik, Wirtschaft und Kultur geltend zu machen. Dieser Weg heißt: *Volksentscheid.*

Damit komme ich zum Schluß: Die vorne so negativ apostrophierte "herrschende Meinung" der Verfassungsrechtler, Verfassungsverwalter im Innenministerium und der von ihnen beeinflußten Politiker ist im Begriff, ihre Herrschaft zu verlieren. Immer mehr kompetente Juristen und Politiker nähern sich dem Gedanken der Volksgesetzgebung oder unterstützen ihn sogar offen. Sie geben zu, daß die Altparteien, die Bürokratie, die Justiz mit allen Mitteln das Volk unmündig halten wollen.

Selbst hochgestellte Politiker äußern sich immer öfter und immer eindeutiger im Sinne unserer Bestrebungen, so zum Beispiel aus der SPD Jochen Vogel, Oskar Lafontaine, Herbert Schnoor, Helga Däubler-Gmelin. Und sogar aus der FDP, die früher einmal - zu Zeiten Karl-Hermann Flachs - den Volksentscheid bereits in ihrem Programm hatte, meldet sich eine einsame Stimme dafür: Frau Hamm-Brücher. Nur aus der CDU/CSU ist mir niemand bekannt. Ich bin aber überzeugt, daß es auch in diesem Lager Zustimmung gibt. Man traut sich nur nicht, es zu sagen. Man will ja wieder aufgestellt werden! Dabei ist der Volksentscheid doch politisch ein absolut neutrales Instrument, dessen sich auch Konservative bedienen können. Fazit: Ich bin absolut davon überzeugt: *Die Zeit ist reif!*

WELEDA menschengemäß
heilen und pflegen
mit natürlichen Substanzen

Hochwertige Rohstoffe aus den drei Naturreichen werden mit Blick auf die Wesens-Verwandtschaft von Mensch und Natur ausgewählt, zusammengeführt und verarbeitet. So entstehen Kompositionen, die den Lebensprozessen des menschlichen Organismus entsprechen.

Grundlage für die WELEDA-Arbeit ist eine durch Anthroposophie erweiterte Menschenkunde und Medizin.

WELEDA
im Einklang
mit Mensch
und Natur

WELEDA · HEILMITTELBETRIEBE
7070 SCHWÄBISCH GMÜND

Grenzgänger des Nordens

INTERVIEW MIT KARL OTTO MEYER

von Klaus-Dieter Neumann und Wolfgang Weirauch

Karl Otto Meyer, *geb. am 16. März 1928 in Sünderup /Kreis Flensburg-Land, verheiratet, fünf Kinder. Dänische Privatschule in Tarup, Duborg Skolen Flensburg, 1949 Lehrerexamen am Seminar Skaarup (Dänemark). 1949 bis 1950 Lehrer an der dänischen Privatschule in Husum. 1950 bis 1963 Schulleiter der dänischen Privatschule in Schafflund. Von 1963 bis 1983 verantwortlicher Chefredakteur und Leiter der gesamten dänischen Presse Flensborg Avis und Südschleswigsche Heimatzeitung. Jetzt freier Journalist. - 1954 bis 1974 Gemeinderatsmitglied des SSW in Schafflund, wiedergewählt 1978, 1959 bis 1971 SSW-Kreistagsabgeordneter in Flensburg-Land, 1960 bis 1975 Landesvorsitzender des SSW und seit 1965 Mitglied des Beratenden Ausschusses für Fragen der dänischen Minderheit beim Bundesinnenministerium. - Mitglied des Landtages Schleswig-Holstein seit dem 26. Oktober 1971 (7. Wahlperiode).*

Einzigartig in der Republik ist die Einrichtung des Landes Schleswig-Holstein, der Partei der Dänischen Minderheit, dem Südschleswigschen Wählerverband (SSW), nicht die Hürde der 5 %-Klausel für den Einzug in das Landesparlament vorzusetzen. Lediglich die Wählerstimmen, die einem Mandat entsprechen, reichen für den Einzug eines Abgeordneten. Dieser SSW-Abgeordnete ist seit 1971 Karl Otto Meyer; von den meisten beim Vornamen - oder auch K.O. - genannt.

Der SSW hat ca. 5.000 Mitglieder und vertritt die Interessen der im Landesteil Südschleswig lebenden Dänen und Friesen. Nach dem verlorenen Ersten Weltkrieg gab es im Jahre 1920 ein Referendum, aufgrund dessen die Bewohner des Landesteiles Nordschleswig für ihre Zugehörigkeit zu Dänemark stimmten, diejenigen Bewohner von Flensburg und Südschleswig für das damalige Deutsche Reich.

Karl Otto Meyer, in der Nähe Flensburgs geboren, wechselte im Jahre 1945 über die Grenze, um dem dänischen Widerstand beizutreten, kam später als Lehrer an eine deutsche Schule zurück und erhielt wegen angeblicher Polemik gegen die Remilitarisierung der BRD im Jahre 1952 durch den schleswig-holsteinischen CDU-Kultusminister Berufsverbot. Aber nach gewonnenem Rechtsstreit konnte er 1954 sein Lehramt wieder aufnehmen.

Ins Rampenlicht der bundesrepublikanischen Öffentlichkeit geriet K.O. Meyer während der Barschel-Affäre im Jahre 1987, die ihm auch das Etikett "Der Unbestechliche" einbrachte. Damals entstand im Landtag bezüglich der Wahl eines neuen Ministerpräsidenten eine Patt-Situation: 37 Stimmen der CDU und FDP standen 37 Stimmen der SPD und des SSW gegenüber. K.O. Meyer, der erklärte, nach einem Rücktritt Barschels, keinen anderen CDU-Ministerpräsidenten zu wählen, wurde somit zum Zünglein an der Waage. Nur eine Enthaltung seinerseits hätte die relative Mehrheit, die im dritten Wahlgang genügt, für einen CDU-Ministerpräsidenten bringen können.

Das Pikante der Situation war, daß Barschels Vorgänger, Gerhard Stoltenberg, acht Jahre vorher die Abgeordnetenzahl von 73 auf 74 erhöht hatte, just aus dem Grunde, damit Karl Otto Meyer bei einer Abgeordnetenzahl von 73 nicht bei einer 36 : 36-Gleichlage das Zünglein an der Waage würde.

Wir besuchten Karl Otto Meyer in Flensburg, um mit ihm über die Volksgesetzgebung im allgemeinen, die verfassungsrechtlichen Grundlagen in Dänemark sowie die mögliche Einführung von plebiszitären Elementen in die Landesverfassung von Schleswig-Holstein im besonderen zu sprechen.

Das Mißtrauen gegenüber den Politikern wächst

Wolfgang Weirauch: Wie schätzen Sie das Verhältnis zwischen den Bürgern der Bundesrepublik Deutschland und den bundesrepublikanischen Parteien ein? Ist das Vertrauen in die Politiker und die Parteien noch groß oder greift eine beständige Parteienverdrossenheit bis hin zur krassen Ablehnung der Parteien um sich?

Karl Otto Meyer: In der letzten Zeit ist eine eindeutige Parteienverdrossenheit sowie ein Mißtrauen gegenüber den Politikern festzustellen. Dies liegt unter anderem an den vielen Skandalen, die wir gehabt haben: Parteienfinanzierung, Steuerhinterziehung, Barschel-Affäre, U-Boot-Affäre usw. Das Mißtrauen gegenüber den Politikern kommt auch dadurch zustande, daß die Kluft zwischen dem, was gesagt wird, und dem, was getan wird, immer größer wird. Man braucht in unseren Regionen nur an die bäuerlichen Familienbetriebe zu denken: Jeder Politiker verspricht, daß diese Betriebe erhalten bleiben, aber wir alle erleben eine Politik, durch die diese Betriebe kaputtgehen. Wir als Politiker sprechen darüber, daß wir dezentralisieren wollen, aber die Tendenz geht zu den Großbetrieben, und mit der EG werden wir einen Zentralismus ohnegleichen bekommen. Das merkt natürlich der Bürger und deswegen entsteht dieses Mißtrauen!

W.W.: Im Grundgesetz Artikel 20 Abs. 2 ist an grundlegendster Stelle die Möglichkeit zum Volksentscheid durch das Abstimmungsprinzip enthalten; es fehlen nur die Ausführungsgesetze. Würden Sie es als eine geeignete Bereicherung des demokratischen Lebens in der Bundesrepublik Deutschland sehen, wenn die Möglichkeit zu Volksbegehren und Volksentscheid als Initiativrecht bundesweit eingeführt werden würde?

"Volksentscheid wäre eine Bereicherung"

K.O. Meyer: Das würde absolut eine Bereicherung sein. Wir müssen erkennen, daß das Abgeben der Stimme bei den alle vier Jahre stattfindenden Wahlen nicht mehr genügt, denn unsere Zeit ist derart schnellebig, daß innerhalb von vier Jahren ganz neue Probleme entstehen, an die Politiker vor den Wahlen überhaupt nicht gedacht haben, und dann sollen sie plötzlich während der Wahlperiode zu diesen neuen Sachfragen Stellung nehmen, ohne daß sie eigentlich dazu legitimiert sind. Deswegen bin ich dafür, daß man Volksbefragungen sowie Volksentscheide einführen sollte. Insofern bin ich mit Bezug auf die neue Landessatzung in Schleswig-Holstein froh, daß wir in dieser Richtung wenigstens einiges erreichen werden. Allerdings geht es mir nicht weit genug! Wenn wir zwei Drittel der Stimmen aller Abgeordneten des Landtages zusammenbekommen - das setzt voraus, daß die CDU mitmacht -, werden wir die Bürgerinitiative als Novum in die Verfassung aufnehmen, durch welche ein Parlament durch die Bürger gezwungen werden kann - wenn eine genügende Anzahl von Unterschriften gesammelt worden ist -, sich mit einer Gesetzesvorlage oder einem Sachproblem zu beschäftigen. Daß wir diese richtungsweisende Bürgerinnen- und Bürgerinitiative bekommen, die allerdings nicht bindend ist, ist schon ein Plus.

Ich würde allerdings noch einen Schritt weitergehen - so wie es in Dänemark der Fall ist -, und zwar so weit, daß ein vom Parlament angenommenes Gesetz durch das Volk rückgängig gemacht werden kann. Wenn ein entsprechendes Gesetz zur Volksabstimmung durch eine Anzahl Parlamentarier vorgebracht werden würde, so würde ich dieses unterstützen. - Was ich zusätzlich als sehr wichtig ansehe, ist, daß Grundgesetzänderungen bzw. Änderungen in den Landesverfassungen auf jeden Fall dem Volk zur Abstimmung vorgelegt werden sollten. Denn die Politiker müssen sich im Rahmen des Grundgesetzes und der Landesverfassungen bewegen, und wenn diese geändert werden, dann muß das Volk befragt werden.

W.W.: In letzter Zeit äußern sich immer mehr SPD-Vertreter positiv zum Volksentscheid, allerdings wird der Volksentscheid dann meist erheblich eingegrenzt. Wirtschafts-, Finanz- und Verteidigungspolitik werden unter anderem ausgeklammert. Wie ist hier Ihre Position: Volksentscheid für Teilbereiche oder für alle Fragen?

K.O. Meyer: Es gibt schon Bereiche, die ich nicht zum Volksentscheid schicken würde; dazu gehören die Haushaltsgesetze oder so eine Frage wie die Todesstrafe, bei der die Emotionen ungeheuer angeheizt würden. Bezüglich der Todesstrafe kann man so sehr mit Gefühlen arbeiten, daß es gefährlich werden könnte. Natürlich ist es sehr schwierig, hier überhaupt eine Grenze zu finden, aber bedenken Sie, daß man in bestimmten verschärften Situationen heute sicherlich eine Mehrheit in der Bevölkerung für die Todesstrafe bekommen könnte. Ich als Parlamentarier würde trotzdem gegen die Todesstrafe stimmen.

W.W.: Dies wäre dann der Fall, wenn ein Volksentscheid kurzfristig - zum Beispiel über die Todesstrafe - stattfinden würde. Setzt man aber die Bedingungen derart, daß ein Volksentscheid nur dann zustandekommt, wenn aus dem Volk heraus eine Initiative entsteht, man ferner nach Vorlegen einer Gesetzesinitiative ca. ein Jahr das Pro und Contra - gesetzlich geregelt - in den Medien diskutieren würde, so meine ich, daß nicht im Zuge von Emotionen bei einer so wichtigen Frage wie der Todesstrafe abgestimmt werden würde. In bezug auf die Todesstrafe käme noch hinzu, weil dies eine Verfassungsänderung bedeuten würde, daß hier auch eine Zweidrittel-Mehrheit der Bevölkerung zustandekommen müßte, und die wird schwerlich erreicht werden. Wäre unter diesen Bedingungen für Sie nicht doch die Möglichkeit gegeben, das Volk im Prinzip über jede Gesetzesvorlage, die aus dem Volk heraus entsteht, abstimmen zu lassen?

K.O. Meyer: Wenn man entsprechende Rahmenbedingungen durchführen würde, so sieht es natürlich anders aus. Trotzdem würde ich es vorerst so, wie es in Dänemark praktiziert wird, belassen wollen: daß über den Bereich der Finanzpolitik oder die Todesstrafe nicht abgestimmt werden darf. Die Idealisten möchten natürlich keine Grenzen der Abstimmungsmöglichkeit haben, was im Prinzip auch richtig und gut ist, aber in der konkreten Handhabung doch Schwierigkeiten mit sich bringen würde.

In bezug auf die Progressivität der Deutschen eher skeptisch

W.W.: Eine weitere ablehnende Haltung - auch besonders in SPD-Kreisen - beruht auf der Annahme, Volksentscheide würden eher die konservative Meinung durchbringen, was mit wenigen Ausnahmen in der Schweiz und den USA kaum haltbar ist. In Italien zum Beispiel wurde mehrfach die progressive Linie durch das Volk bestätigt: Das von der Demokrazia Christiana, den Neofaschisten und der katholischen Kirche angestrengte Volksbegehren gegen das neu eingeführte Ehescheidungsgesetz wurde per Volksentscheid abgelehnt; ähnlich war es - wenn auch ein bißchen verwickelter - mit einer Volksinitiative zum Abtreibungsgesetz, die zuerst nur die damals nicht im Parlament vertretene Radikale Partei unterstützte, was aber mit einigen Umwegen - Rücktritt der Regierung usw. - zum damals freizügigsten Abtreibungsgesetz in Europa führte. Anführen könnte man auch den österreichischen Volksentscheid gegen das AKW Zwentendorf.

Wie schätzen Sie das bundesrepublikanische Volk ein: Würde es bei zum Volksentscheid anstehenden Fragen, wenn die Möglichkeit dazu bestünde - zum Beispiel über

Tiefflug, AKWs, Raketenstationierung, Gentechnologie -, eher konservativ oder eher progressiv abstimmen?

K.O. Meyer: Ich habe meine Bedenken, ob die Bevölkerung der Bundesrepublik Deutschland eher progressiv entscheiden würde, zum Beispiel bei den Kernkraftwerken. Nach Tschernobyl war eine gewisse Chance, aber ich habe doch den Eindruck, daß sehr viele Menschen die wirkliche Problematik wiederum vergessen haben, und bezüglich der gerichtlichen Entscheidung gegen Sozialminister Jansen hat man im Volke dieses Landes kaum eine Reaktion erfahren. Jansen ist bei seiner ablehnenden Haltung gegenüber den AKWs kaum aus dem Volk unterstützt worden. Aus diesem Grunde bin ich skeptisch, ob das Volk eher progressiv entscheiden würde. Obwohl ich auch andererseits sehe, daß zunehmend größere Bevölkerungsgruppen erkennen, daß wir auf dem Weg mit der Atomenergie viel zu weit gegangen sind, und daß wir hier Kräfte in Gang gesetzt haben, die wir nicht mehr beherrschen, und daß deswegen ein Austritt aus der Atomenergie wünschenswert ist. Zu dieser Erkenntnis kommen immer mehr Menschen, aber wenn wir heute eine Abstimmung darüber hätten, so weiß ich nicht, ob wir dafür eine Mehrheit bekommen würden.

W.W.: Sehen Sie diese eher konservative Haltung der deutschen Bevölkerung auch in anderen Fragen?

K.O. Meyer: In vielen Fällen sehe ich es ähnlich. Wenn ich nur an das Ausländerwahlrecht denke, so bin ich erschüttert, wie es in diesem Bereich in eine zunehmend konservative Richtung geht.

W.W.: Wie steht es mit der Sachkompetenz der Parlamentarier? Oft wird eingewendet, im Parlament säßen die Fachleute und das Volk sei nicht sachkompetent. Bezogen auf das Bundesparlament durchschaut der durchschnittliche Abgeordnete ca. 95 % der Gesetzesvorlagen, über die er abzustimmen hat, nicht und muß sich weitgehend auf seine Kollegen in den Fachausschüssen verlassen. Wenn aber die Bürgerinnen und Bürger Zeit haben, über ein Jahr hinweg das Pro und Contra einer Sachfrage zu diskutieren, so dürften sie in bezug auf diese Sachfrage besser Bescheid wissen als der einzelne Abgeordnete im Normalfall. Trifft dieses Argument des größeren Sachverstandes der Parlamentarier zu?

K.O. Meyer: Wenn ich das höre, so muß ich immer lachen. Wenn ich zum Beispiel daran denke, daß wir im Landtag über Fragen der Küstensicherung abstimmen sollen, dann bekommen wir verschiedenste Expertengutachten vorgelegt, wobei meist das eine dem anderen diametral entgegengesetzt ist. Und wenn wir uns dann endlich zu einem Entschluß durchgerungen haben, dann bekommen wir ein weiteres Gutachten, das wiederum etwas völlig anderes darstellt. Und in dieser Situation steht man, wenn man eine Entscheidung fällen soll.

Hinter den Deichen ...

Aber da entdeckst du, wenn du dich statt dessen draußen auf dem Lande bewegst, bei den Leuten hinter den Deichen, und dich mit diesen Bauern und Fischern unterhältst, die die Gezeiten und Strömungen kennen, daß diese Menschen mit Vorschlägen kommen, die ganz anders als die der Professoren und sonstigen Gutachter sind, und daß diese manchmal sehr viel tragfähiger sind.

Ich sehe also wirklich nicht, daß wir Parlamentarier besser gerüstet sind, Entscheidungen zu fällen als der allgemeine Bürger. Wenn wir uns aber in einem offenen und ertragreichen Gespräch mit den Bürgern befinden, so könnten wir sicherlich zu den vernünftigsten Beschlüssen kommen. Also ich sehe nicht, daß der Bürger inkompetent ist. Wenn die Politiker mit ihren Fachwörtern und Fremdwörtern herumschleudern, so können sie natürlich scheinbar imponieren, aber ich würde sogar so weit gehen, daß auch diese Sprache nicht einmal mehr dem Bürger imponiert; aber dann schweigt der Bürger! Mit Sachkenntnis auf der einen Seite und mangelnder Sachkenntnis auf der anderen Seite hat dies allerdings überhaupt nichts mehr zu tun. Es ist eine Frage der Sprache. Man braucht dazu als Beispiel nur einmal auf die Debatte über den Paragraph 218 zu schauen, in der unversöhnlich die Standpunkte ausgetauscht werden, ohne daß eine Chance besteht, miteinander und mit den Bürgern in einen Dialog zu kommen.

W.W.: Worin sehen Sie denn die Gründe, daß sich immer noch sehr viele Politiker gegen den Volksentscheid aussprechen: Ist es die Angst vor dem Volk oder will man die eigene Regierungsmacht nicht abgeben?

K.O. Meyer: Wenn ich es ernstnehmen soll, was über den Volksentscheid geredet wird, so müßte man die Weimarer Zeit anführen, während der angeblich mit dem Volksentscheid schlechte Erfahrungen gemacht worden seien. Aber diese Begründung hält nicht stich, denn Weimar ging nicht an den Volksentscheiden zugrunde, sondern deswegen, weil sich die großen Parteien nicht zu einer vernünftigen Zusammenarbeit finden konnten; die linke Seite bekämpfte sich untereinander, während die konservativen Kräfte sich mit den Nazis verbündeten. Das gehört wesentlich zu den Ursachen des Unterganges von Weimar. Trotzdem wird die Weimarer Republik immer wieder angeführt, wenn man sich gegen Volksentscheide ausspricht, es werden die Emotionen angeführt, die während dieser Volksentscheide in der Republik angeblich entstanden seien; und viele Menschen glauben das! Es stimmt deswegen noch lange nicht!

Die Angst vor dem Machtverlust

Aber wir müssen wohl erkennen, daß die Politiker Angst haben, ihre Macht zu verlieren. Man sieht das zum Beispiel auch an den Wahlgesetzen. Durch die Kommunalwahlgesetze hat man bei der Wahl zum Gemeinderat eine bis sieben Stimmen. Wenn man in einer Gemeinde wie Schafflund mit 1.600 Einwohnern sieben Direktkandidaten wählen soll, muß die entsprechende Partei sieben Kandidaten aufgestellt haben, denn jeder Bürger hat sieben Stimmen. Das gereicht zum Vorteil der großen Parteien, denn eine kleine Partei, die ohnehin nur die Stimmen für ein bis zwei Mandate im Parlament bekommt, hat es natürlich schwer, sieben Kandidaten aufzustellen. Die großen Parteien haben meist eine ausreichende Anzahl von Kandidaten. Dadurch zementiert man die Macht dort, wo sie ist.

Ähnlich ist es auch bei der Aufteilung der Wahlkreise, sowohl auf Landes- als auch auf Kreisebene. In jedem Wahlkreis soll ein Kandidat gewählt werden, und zwar derjenige, der die höchste Stimmenzahl bekommt. Das bedeutet wiederum, daß eine kleine Partei in einer Stadt wie Flensburg 24 Kandidaten benennen muß, denn in jedem Wahlkreis kann nur einer gewählt werden. Würde man aber eine ganze Stadt zu einem einzigen Wahlkreis zusammenfassen, so könnte jede Partei je nach eigener Einschätzung eine Anzahl von Kandidaten aufstellen. Das würde bedeuten, daß eine kleine Partei nicht 24 Kandidaten aufstellen müßte, sondern zum Beispiel lediglich fünf. Diese Kandidaten könnten dann vom Wähler frei gewählt werden. Bisher ist es aber so, daß die Bürgerinnen und Bürger nur die Kandidaten ihres Wahlkreises wählen können. Nach dem dänischen Wahlgesetz kann man in einer ganzen Stadt alle Kandidaten wählen. Hierbei kann der Wähler sehr viel freier entscheiden, ob er eine Frau oder einen Mann, einen Lehrer oder einen Handwerker wählt. Aber hier in der Bundesrepublik Deutschland bekommt man derartige Vorschläge nicht durch, denn die Partei kann bestimmen, welchen Kandidaten sie aufstellt, und die Bürgerinnen und Bürger haben keine Chance, einen anderen Kandidaten, der jetzt zum Beispiel in einem ganz anderen Wahlkreis aufgestellt ist, zu wählen.

Man könnte ähnliches auch für die Landtagswahlen einführen, wenn man nicht nur den Kandidaten des eigenen Wahlkreises wählen dürfte, sondern auch die Möglichkeit hätte - weil man mit dem eigenen Kandidaten unzufrieden ist -, den Kandidaten in Schleswig zu wählen. Hiermit würden wir den Bürgerinnen und Bürgern die freie Entscheidung anheimstellen, darüber zu entscheiden, ob sie eine Frau oder einen Mann, einen Gewerkschafter, einen Bauern oder einen Lehrer als Kandidaten wollen. Daraus würde auch eine ganz andere Zusammensetzung des Parlamentes erfolgen. Aber solche Vorschläge kommen hier im Land nie durch, weil dann die Parteien teilweise ihre Macht verlieren würden.

W.W.: Ich denke, daß sich der Souverän des Volkes auf Zukunft gesehen immer stärker bemerkbar machen wird; daß aber auch die Ablehnung des Staates (zum Beispiel im Bereich der Autonomen) zunehmen wird und daß die Gruppierung derjenigen, die auf alte und flache, mehr oder weniger rechtsradikale Parolen hereinfallen werden, ebenfalls stark zunehmen wird (wobei ich rechts und links keinesfalls gleichsetzen will). Ich vermute, daß dies anders werden wird, wenn die Bürgerinnen und Bürger die Möglichkeit hätten, sich wirklich engagiert an verschiedenen Sachfragen innerhalb unserer Demokratie beteiligen zu können, und auch durch die Abgabe ihrer Stimme bei einem Volksentscheid reale Verantwortung tragen müßten. Teilen Sie diese Ansicht?

K.O. Meyer: Je mehr wir die Bürger engagieren können, je mehr Mitspracherechte die Bürger bekommen, je mehr Einflußnahme sie erlangen, desto bessere Chancen hat die Demokratie in diesem Staat. Zwar will ich nicht dafür plädieren, daß wir alle zwei Jahre wählen sollen, aber Wahlen zu Unzeiten bzw. in unregelmäßigen Abständen wären nicht das schlechteste. Daß eine Regierung zurücktritt, weil sie im Parlament keine Mehrheit bekommen hat, und daß eine Neuwahl ausgeschrieben wird, obwohl die Wahlperiode noch nicht zu Ende ist, könnte auch schon ein wenig Bewegung bringen. Diese Möglichkeiten ziehe ich dem starren Vier-Jahres-Takt eindeutig vor. Ich halte es nicht für das schlechteste, daß eine Regierung in dem Moment, wo sie bei ernst zu nehmenden Fragen im Parlament in eine Minderheit kommt, zurücktritt, um dann das Volk durch eine Neuwahl in gewisser Hinsicht neu zu befragen. Das finde ich vernünftig, richtig und gut. Ich plädiere zusätzlich für Minderheits-Regierungen. Zwar möchte ich das nicht zum Prinzip erheben, aber wenn die Regierung in einer Minderheit ist, werden die Parteien im Parlament gezwungen, Mehrheiten untereinander zu finden.

Demgegenüber steht die Regierung mit absoluter Mehrheit, wie wir sie jahrelang in Schleswig-Holstein hatten, die grundsätzlich das getan hat, was sie wollte, und sämtliche Anträge der Opposition abgelehnt hat. Im Laufe der Zeit gab es 125 Anträge der Opposition zum Haushalt, und alle 125 Anträge wurden abgelehnt. Es kann mir aber niemand erzählen, daß bei einer Mehrheit von 37 Parlamentariern in der Regierung gegenüber 36 in der Opposition, die 37 Parlamentarier nur Vernünftiges bringen, die 36 der Opposition dagegen aber nie! Das kann mir keiner erzählen! Aber das haben wir alles erlebt, und deswegen schwärme ich an sich für Minderheits-Regierungen.

"Ich werde mich für plebiszitäre Elemente in Schleswig-Holstein einsetzen"

W.W.: Ein wesentlicher Faktor, den man bei Entscheidungen im Rechtsleben noch berücksichtigen sollte, ist, daß es bei derartigen Abstimmungen niemals um die Wahrheit geht bzw. um die politische Einstellung, die man selber hat, und daß es deshalb ohne weiteres angehen kann, daß eine Entscheidungsmehrheit zustandekommt, mit der man nicht übereinstimmt. Sie würden trotz dieser Möglichkeit für den Volksentscheid plädieren?

K.O. Meyer: Hierbei ist es natürlich wichtig, genau zu klären, ob so eine Volksabstimmung bzw. ein Volksentscheid nur richtungsweisend sein soll oder ob er bis zum Gesetz geht.

W.W.: Ich denke an einen Volksentscheid, bei dem die Mehrheitsentscheidung Gesetzeskraft erhält.

K.O. Meyer: Wenn eine Volksabstimmung nur richtungsweisend wäre und die Parlamentarier diese Mehrheitsentscheidung des Volkes nicht annehmen, so muß das Volk bei der nächsten Wahl natürlich die Konsequenzen ziehen und die entsprechende Regierung nicht mehr wählen. Im Prinzip bin ich aber auch dafür, daß wir einen Volksentscheid zulassen, bei dem die Mehrheitsentscheidung Gesetzeskraft wird. Trotzdem sage ich, daß man sich für beide Richtungen offen halten muß: auf der einen Seite für das Richtungsweisende, bei dem die Politiker die Vorschläge und Abstimmungsergebnisse der Bürger in ihre Gesetzesvorlagen einarbeiten müssen, und auf der anderen Seite für die Möglichkeit - wie auch in Dänemark -, daß ein Gesetz durch das Volk gekippt werden kann, wenn ein Drittel der Parlamentarier darüber einen Volksentscheid durchführen möchte. Ich denke, daß wir es ähnlich machen sollten. Dabei können natürlich Entscheidungen zustandekommen, die nicht mit der eigenen politischen Einstellung übereinstimmen.

W.W.: Für das Land Schleswig-Holstein schlägt Innenminister Bull ein suspensives Veto vor, was in etwa besagt, daß das Landesparlament einen Parlamentsbeschluß erneut zur Abstimmung bringen muß, wenn Bürgerinitiativen - wie eingangs schon besprochen - gegen diesen Beschluß opponieren. Dies käme Ihrem Vorschlag entgegen!?

K.O. Meyer: Dies geht zumindest in die richtige Richtung.

W.W.: Das ist aber kein Volksentscheid! Denn es kommt hier doch wieder eine Art der Bevormundung des Volkes vor: zwar darf das Volk in einem gewissen Rahmen mitsprechen, aber wieder ist es das Parlament, welches die Entscheidung fällt.

K.O. Meyer: Bezüglich von Gesetzesvorlagen ist das natürlich zutreffend.

W.W.: Könnten Sie sich zusätzlich die Einführung des Volksentscheides auf Landes- oder Bundesebene so vorstellen, daß aus einer Bürgerinitiative heraus dem Parlament ein Gesetzesvorschlag unterbreitet wird und im Falle der Ablehnung diese Bürgerintiative das Recht hätte, ein Volksbegehren einzuleiten, und daß bei einer genügenden Anzahl von Stimmen ein Volksentscheid bis hin zur Gesetzeskraft durchgeführt werden könnte?

K.O. Meyer: Ich wäre dafür zu haben, wenn sich eine genügend große Anzahl der Bürgerinnen und Bürger eines Landes an dieser Abstimmung beteiligen würde. Es geht aber nicht, wenn sich nur 35 % an einer derartigen Abstimmung beteiligen. Ich würde es ablehnen, daß, wenn von diesen 35 % 60 % mit Ja stimmen und 40 % mit Nein, das gesetzlich bindend wird. Es muß - wie in Dänemark - ein bestimmter Prozentsatz der gesamten Wahlberechtigten mit Ja stimmen, ehe eine derartige Entscheidung Gesetzeskraft wird. Ansonsten werden wir durch Entscheidungen von 35 % der Bevölkerung gebunden, während 65 % passiv sind.

W.W.: Aber bei den Wahlen ist das doch genauso, dort gibt es ja auch keinen Prozentsatz für eine Wahlbeteiligung, damit eine Wahl gültig wird. Sollten Abstimmungen und Wahlen nicht gleich behandelt werden?

K.O. Meyer: Bei den Wahlen werden wir wahrscheinlich mehr Menschen mobilisieren können!

W.W.: Es wäre allerdings Theorie zu meinen, daß bei Volksabstimmungen weniger Menschen zu mobilisieren wären.

K.O. Meyer: Sicherlich, das ist Theorie. Aber wir haben in Dänemark den Fall gehabt, daß nach der Volksabstimmung in Nordschleswig das Grundgesetz in Dänemark geändert werden mußte. Damals sollte Nordschleswig mit Dänemark vereinigt werden, und deswegen mußte das Grundgesetz geändert werden. Dafür benötigte man einen bestimmten Prozentsatz von Ja-Stimmen, die man nur gerade eben erreicht hat. Das war eine ganz schwache Beteiligung, selbst bei einer derart entscheidenden Abstimmung für das gesamte Volk.

W.W.: Warum konnte man die Menschen nicht dafür mobilisieren?

K.O. Meyer: Das liegt wohl daran, daß man im allgemeinen zu Wahlen geht, aber zu Volksabstimmungen nicht so recht zu bewegen ist. Wahrscheinlich hat man gemeint, daß die Menschen im Landesteil Nordschleswig ihre Stimme ja bereits abgegeben hatten, und insofern sah man es wohl nicht so recht ein, daß man auch noch einmal für die

Grundgesetzänderung zur Abstimmung gehen sollte. Eine ähnliche Situation könnte heutzutage auch eintreten, und das muß man natürlich berücksichtigen.

W.W.: Schleswig-Holstein gehört zu den drei Bundesländern, die keine direkte Volksgesetzgebung kennen: Wäre es nicht eine echte Chance für dieses Land, wenn der Volksentscheid auf Landesebene mit vernünftigen Quoren und Medienklauseln als Versuch einer Demokratiebereicherung eingeführt werden würde?

K.O. Meyer: Wenn wir zu einem solchen Volksentscheid kommen würden, so wäre das für mich eine Bereicherung des demokratischen Lebens in diesem Lande. Aber gleich welche Form nun zustandekommt - Volksentscheid bis hin zur Gesetzeskraft, Volksbefragung, suspensives Veto -, es muß eine Zweidrittel-Mehrheit der Parlamentarier zustande kommen, damit die Verfassung dahingehend geändert wird. Das wird wesentlich von der CDU abhängen, da sie mehr als ein Drittel der Stimmen hat. Ich werde mich selbstverständlich für plebiszitäre Elemente in diesem Lande einsetzen, und ich gehe auch etwas weiter als die Enquete-Kommission zur Parlaments- und Verfassungsreform, zumindest in dieser Frage.

W.W.: Würde ein Bürgerinnen- und Bürgerentscheid auf kommunaler Ebene für Sie einen Sinn machen? Wären Sie uneingeschränkt dafür?

K.O. Meyer: Die Kommunen, Ämter und Gemeinden haben ja keine gesetzgeberische Kraft. An dieser Stelle sehe ich einen großen Sinn in der Bürgerfragestunde. Wir würden auch sehr viel weiterkommen, wenn wir mehr öffentliche Anhörungen durchführen würden, möglicherweise auch öffentliche Ausschußsitzungen, wie dies im Landtag der Fall ist. Der Vorschlag der Enquete-Kommission beinhaltet, daß das Landesparlament sich bei 10.000 Unterschriften im ganzen Land mit einer Initiative, die aus der Bevölkerung kommt, beschäftigen muß. Wenn man diese Stimmenzahl auf die Kreisebene herunterdividiert - das wurde uns gerade gestern in Schleswig berichtet -, so wären hierfür bereits 500 bis 600 Unterschriften genug. Das könnte ein wenig schwierig werden, aber es ist meines Erachtens auch nicht so notwendig, da man durch Bürgerfragestunden alle entstehenden Fragen mit einbeziehen kann. Natürlich ist das nur dann möglich, wenn man die Bürgerfragestunden generell einführt.

W.W.: Zwar werden in den Gemeindeparlamenten keine Gesetze erlassen, aber es werden Entscheidungen gefällt. Würden Sie so weit gehen, daß mit einem Bürgerinnen- und Bürgerentscheid der Beschluß eines Gemeindeparlamentes gekippt werden sollte? Als Beispiel für Flensburg könnte man die Klinik Ost nehmen, wo eindeutig klar wurde, daß die Mehrheit der Flensburger Bevölkerung uneingeschränkt für die Beibehaltung der Klinik Ost eingetreten ist, während alle Parteien - mit Ausnahme der GRÜNEN und des SSW - die Schließung der Klinik Ost beschlossen haben?

K.O. Meyer: In so einer Frage - überhaupt in Krankenhaus- und Schulfragen - plädiere ich dafür, daß mit einer Bürgerinitiative eine Entscheidung eines Gemeindeparlamentes aufgehoben werden sollte. Das sollte natürlich nicht so weit gehen, daß bis hin zu jedem einzelnen Baum oder Weg eine Initiative gegen Beschlüsse des Gemeindeparlamentes entsteht. Diese mehr kleinen Fragen kann man durch Bürgerfragestunden oder durch Anträge an den Bürgermeister bzw. die Gemeindevertreter regeln. Ich bin ja selber

Jahrelang regierten sie das Land mit absoluter Mehrheit.
Niemand konnte ihre Entscheidungen ändern.
Bis Karl Otto Meyer
und seine Leute sich vornahmen, dem Parlament die Macht
zurückzugeben.

DER
·UNBESTECHLICHE·

Jugend im SSW präsentiert eine SSW-Produktion
in der Hauptrolle:
Idee: Jugend im SSW   Realisation: Design Team Nord
Verantwortlich: SSW, Landesverband
ein Plakat im Verleih der

LANDESPREMIERE AM 8. MAI

Wahlplakat des SSW zur Landtagswahl in Schleswig-Holstein 1988

Gemeinderatsmitglied, und ich habe es noch nie erlebt, daß, wenn auf einer Bürgerfragestunde eine von den Bürgern ausgehende Initiative kommt, die irgendwie vernünftig ist, dann nicht wenigstens eine Fraktion diese Initiative aufgreift und einen entsprechenden Antrag einbringt.

Die Beteiligung des Bürgerwillens in Dänemark

Klaus-Dieter Neumann: Sie erwähnten bereits die dänische Einrichtung des Volksentscheids, die sich im Laufe der Jahre bewährt hat. Durch die dänische Verfassung von 1953 wurde das Recht auf Volksentscheid eingeführt, das es vorher nur im Falle von Gesetzesvorlagen zur Verfassungsänderung gab. Welche Überlegungen lagen damals der Einführung des Volksentscheids zugrunde?

K.O. Meyer: Ich glaube, man hat in Dänemark einfach eine oft wiederkehrende Situation im politischen Alltag des Parlamentarismus erkannt und daraus die Schlüsse gezogen. Während des Wahlkampfes vor einer Folketingswahl werden die aktuellen Fragen erörtert und die Politiker nehmen dazu Stellung. Dann werden sie gewählt. Nun treten aber mitten in der Wahlperiode neue Fragen und Probleme auf, die nicht in den Wahlkampf mit einbezogen werden konnten, weil sie noch kein Thema waren. Dazu sollen die Politiker dann Stellung nehmen und Entscheidungen treffen. Natürlich sagen die Bürger dann: "Ihr habt uns zu dieser Entscheidung gar nicht gefragt und angehört." Die Politiker haben eben eingesehen, daß die Befragung und die Beteiligung des Bürgerwillens an einer solchen Entscheidung richtig und notwendig ist, insbesondere dann, wenn es sich um so ernste Probleme und weitreichende Entscheidungen wie über die Mitgliedschaft in der Nato oder später in der EG handelt. Das war die Begründung dafür, der Bevölkerung eine Möglichkeit zu geben, an den Entscheidungen mitzuwirken, zunächst meinungsbildend und richtungsweisend und dann schließlich auch mitentscheidend. Wenn das Parlament ein Gesetz angenommen hat, und man spürt, daß in der Bevölkerung ein ganz großer Widerstand gegen dieses Gesetz lebt, dann kommt es zum Volksentscheid, wenn ein Drittel der Abgeordneten, also sechzig, dies beantragen und das Gesetz nicht innerhalb von fünf Tagen zurückgenommen wird. Wenn das Volk dann mit Mehrheit der abgegebenen Stimmen nein sagt zu dem Gesetz und dies mindestens 30 % aller Stimmberechtigten sind, ist das Gesetz zu Fall gebracht. Grundgesetzänderungen schließlich sind in Dänemark immer mit einem Volksentscheid verbunden.

K.-D.N.: Das Initiativrecht zum Volksentscheid liegt immer beim Parlament und insofern ein Drittel der Abgeordneten genügt, um dieses Recht wahrzunehmen, ist es ein Oppositionsrecht, daß einen Schutz der parlamentarischen Minderheit bietet. Hat die Erfahrung gezeigt, daß die Regierung deshalb stärker mit der Opposition zusammenarbeitet, um von vornherein eine breitere Grundlage für die Verabschiedung eines Gesetzes zu erreichen?

K.O. Meyer: Von der Anlage des Volksentscheidgesetzes her ist es richtig, doch auf die politische Wirklichkeit in Dänemark bezogen ist das schwer zu behaupten, weil seit

1945 in Dänemark ohnehin immer Minderheitsregierungen gearbeitet haben. Sie mußten sowieso immer mit der Opposition verhandeln, um bei den einzelnen Gesetzen Mehrheiten zu erreichen. Die Verhandlungen mit der Opposition waren also immer eine Notwendigkeit, die nicht erst aufgrund des Volksentscheidgesetzes gegeben war. Der Volksentscheid bietet zusätzlich die Chance für die Parlamentsminderheit, die gegen ein Gesetz gestimmt hat, dieses durch das Volk revidieren zu lassen, wenn sie glaubt, daß die Mehrheitsentscheidung des Parlamentes im Gegensatz zum Willen des Volkes steht.

Die Regelung des Volksentscheids bietet aber nicht nur ein Instrument für die Opposition, sondern für jede parlamentarische Minderheit, und das ist in Dänemark seit 1945 auch immer die Regierung. Der Staatsminister hat also auch ein Instrument, mit dem er arbeiten kann, wenn ihm zum Beispiel die Opposition zu stark mit einem Mißtrauensvotum droht. Das hat Schlüter in der Frage der Mitgliedschaft in der EG getan und so die Opposition überrumpelt, die damit nicht gerechnet hatte. Schlüters Auffassung setzte sich im Volksentscheid durch. In diesem Fall handelte es sich um eine richtungsweisende Volksabstimmung, da noch kein Gesetz verabschiedet war. Aber auch die sozialdemokratische Opposition erklärte sich bereit, das Ergebnis dieser Volksabstimmung als bindend zu betrachten. Dadurch war sie schließlich gezwungen, eine andere EG-Politik zu betreiben, als sie ursprünglich wollte.

"Die Dänen sind viel unbürokratischer"

K.-D.N.: Im Paragraph 42 der dänischen Verfassung ist ausführlich beschrieben, wie der Volksentscheid im einzelnen geregelt ist, und im Paragraph 88 ist schließlich noch der Spezialfall des Volksentscheides zur Verfassungsänderung beschrieben. Im Paragraph 42 ist, wie zum Teil schon erwähnt, festgelegt, daß ein Drittel der Parlamentsmitglieder innerhalb von drei Tagen gegen ein verabschiedetes Gesetz den Volksentscheid beantragen kann. Wenn dann die Regierung dieses Gesetz nicht binnen fünf Tagen zurücknimmt, muß der Staatsminister möglichst zügig das Gesetz und den anstehenden Volksentscheid bekanntmachen. Der Volksentscheid muß dann frühestens nach zwölf und spätestens innerhalb von 18 Werktagen durchgeführt werden. Ist diese Zeit für eine ausführliche Erörterung und Diskussion des Gesetzes in der Bevölkerung nicht viel zu kurz bemessen?

K.O. Meyer: Die Zeit ist sicherlich zu kurz. Dadurch ist der Initiator des Volksentscheides im Vorteil, denn er ist vorbereitet und die anderen nicht. Was nur die Seite der organisatorischen Durchführung betrifft, reicht diese Zeit allerdings aus, weil die Dänen unbürokratisch sind. So können sie zum Beispiel auch eine Wahl ausschreiben, und drei Wochen später wird dann bereits gewählt. In der Bundesrepublik Deutschland brauchen wir mindestens 60 Tage, früher sogar 90 Tage, um eine Wahl durchzuführen. In Dänemark kann man bereits eine Woche nach der Ausschreibung einer Wahl seine Briefwahlstimme abgeben. Es genügt dazu ein weißer Zettel, auf den man den Parteinamen bzw. den Namen des Kandidaten schreibt; in der Bundesrepublik Deutschland geht das erst nach Erstellung der Wählerlisten, nach einem schriftlichen Antrag und nur mit offiziellen Stimmzetteln. In der Bundesrepublik Deutschland läuft die Wahl sehr viel bürokratischer ab. So muß hier zum Beispiel ein Kandidat eidesstattlich erklären, daß er Mitglied der Partei ist, für die er kandidieren will. Danach fragt in Dänemark niemand! Wenn jemand für eine Partei kandidieren will, wird überhaupt nicht gefragt, ob er Mitglied der Partei ist. Wenn er kandidieren will, soll er es tun. Das sind wesentliche Unterschiede, die bewirken, daß man in Dänemark Wahlen und Abstimmungen wesentlich schneller durchführen kann als etwa in der Bundesrepublik Deutschland.

K.-D.N.: Kommen wir zur Verfassungsänderung, die allerdings ein recht komplizierter Vorgang zu sein scheint. Wenn das Folketing einen Entwurf einer Verfassungsänderung ausgearbeitet hat, müssen Neuwahlen durchgeführt werden und das neu zusammengesetzte Folketing muß diesen Entwurf ohne Änderungen annehmen, und schließlich muß es dann noch zu einem Volksentscheid über diese Vorlage kommen, der spätestens in einem halben Jahr durchgeführt sein muß. Hat es angesichts dieser Prozedur seit 1953 überhaupt eine Verfassungsänderung gegeben?

K.O. Meyer: Nein, in Dänemark hat es seit 1849 nur sechs Verfassungsänderungen gegeben, während es in der Bundesrepublik allein seit 1949 weit über dreißig sind.

Die Möglichkeit, durch eine Partei repräsentiert zu werden, ist wesentlich größer

K.-D.N.: Wäre es aufgrund dieses Paragraphen 88 zur Verfassungsänderung theoretisch möglich, daß auf diesem Wege auch die konstitutionelle Monarchie abgeschafft würde?

K.O. Meyer: Theoretisch ist es denkbar, aber in der Praxis nicht. Über 80 % der Dänen sind Monarchisten, in der Weise, daß sie die Monarchie, wie sie in Dänemark konstituiert ist, ausgezeichnet finden.

K.-D.N.: Paragraph 21 der Verfassung sieht vor, daß der König Gesetzesvorlagen sowie andere Vorschläge zur Beschlußfassung in das Folketing einbringen kann, was ansonsten nur den Mitgliedern des Folketing möglich ist. Sind Sie der Ansicht, daß dieses Recht auch dem Volk zustehen und durch eine Erweiterung des Rechtes auf Volksentscheid verankert werden sollte? Das wäre eben möglich, wenn das Initiativrecht zum Volksentscheid auch beim Volk liegen würde und nicht mehr nur beim Parlament. So könnte auf dem Weg, der beschrieben wurde, über eine Initiative und ein Volksbegehren eine Gesetzesvorlage zum Volksentscheid gebracht werden, die direkt aus dem Volk kommt.

K.O. Meyer: Das wäre zu begrüßen. Allerdings gibt es in Dänemark auch so viele Parteien, daß sich bestimmt eine finden würde, die einen Gesetzesvorschlag aus dem Volk im Parlament einbringt, wenn eine genügend große Anzahl von Menschen hinter diesem Gesetzesvorschlag steht. Die Möglichkeit, Parteien zu bilden und durch eine Partei repräsentiert zu werden, ist wesentlich größer als in der Bundesrepublik, zum einen, weil es mehr Parteien gibt, zum anderen, weil die Bevölkerungszahl erheblich kleiner ist.

Daher war der Drang in Dänemark auch nie so groß, eine Änderung in der Weise durchzuführen, wie Sie es angesprochen haben.

Es wird zur Zeit an einer Verfassungsänderung in Dänemark gearbeitet, und es bleibt abzuwarten, ob ein Initiativrecht des Volkes in dieser Weise berücksichtigt wird. Ich habe aber nicht verfolgt, wie weit solche Überlegungen eine Rolle spielen. Da Grundgesetzänderungen in Dänemark nur schwer durchzuführen sind - beim abschließenden Volksentscheid müssen mindestens 40 % aller Stimmberechtigten mit Ja stimmen -, werden in gewissen Zeitabständen umfassende Reformen des Grundgesetzes durchgeführt, indem eine Vielzahl von Veränderungen aufgenommen wird.

Aus grenzlandpolitischer Sicht hätte ich natürlich auch einige Wünsche an eine solche Verfassungsreform. So würde ich zum Beispiel gerne sehen, wenn ein Lehrer nicht automatisch dänischer Staatsbürger sein muß. Bisher ist es so, daß jemand aus der dänischen Minderheit, der nach Dänemark gehen und dort Lehrer werden will, auch die dänische Staatsbürgerschaft annehmen muß. Und wir verlieren dadurch die Stimmen für den SSW, um nur ein Beispiel zu nennen. Solche kleineren Probleme können natürlich nur bei einer generellen Überarbeitung des Grundgesetzes berücksichtigt werden. So haben wir einige Wünsche, die wir im Falle einer Grundgesetzüberarbeitung in Dänemark vortragen möchten.

Der Ombudsmann

K.-D.N.: In Anlehnung an schwedische Verhältnisse gibt es in Dänemark den sogenannten Ombudsmann. Welche Aufgaben hat der Ombudsmann und welche Möglichkeiten ergeben sich durch ihn für die Bevölkerung?

K.O. Meyer: Der Ombudsmann hat die Möglichkeit, alle Klagen und Beschwerden aus der Bevölkerung aufzunehmen, er kann die Arbeit der Regierung und der Verwaltung beurteilen und er kann auch Rügen erteilen. Die Regierung und die Verwaltung haben zu berücksichtigen, was er beanstandet, und entsprechende Änderungen durchzuführen. Der Ombudsmann hat eine sehr starke Stellung, was gerade durch seine Kritik am ehemaligen Justizminister und jetzigen Parlamentspräsidenten Erik Ninn Hansen deutlich geworden ist, der dadurch parlamentarisch in Schwierigkeiten gekommen ist.

K.-D.N.: Ist der Ombudsmann in seiner unabhängigen Stellung und in Ausübung seiner Aufsichtsfunktion nicht durch die Fülle der Arbeit überfordert, ich denke nur daran, daß sich seine Kontrolltätigkeit bis in gewisse Bereiche der Gemeindeverwaltung erstreckt?

K.O. Meyer: Natürlich ist er mit Arbeit überhäuft, aber dafür hat er ja auch seinen Mitarbeiterstab, der ihm dabei zur Seite steht. Es hat bisher jedenfalls keine Klagen gegeben, daß der Ombudsmann seine Arbeit nicht bewältigen kann.

Setzt Schleswig-Holstein ein Zeichen?

Henning Kullak-Ublick

Nachdem sich, ausgelöst durch die Barschel-Affäre, in Schleswig-Holstein 1987 zum ersten Mal seit Jahrzehnten die Machtverhältnisse der Parteien verändert hatten, trat die neue Landesregierung im vergangenen Jahr vor ihren Souverän - die Landesbevölkerung - hin und gab die Einsetzung einer Enquete-Kommission bekannt, welche die Landesverfassung auf Möglichkeiten zu mehr "Bürgernähe" durcharbeiten sollte.

Die Enquete-Kommission setzte sich, wie das üblich ist, nicht aus gewählten Volksvertretern zusammen, sondern aus Persönlichkeiten des öffentlichen Lebens - vom Staatsrechtsprofessor bis zur Journalistin. Neben ihrem Auftrag, die Verfassung durchzuarbeiten, hatte sie auch die Aufgabe, eine Parlamentsreform vorzuschlagen, welche die Arbeit der Parlamentarier und der Regierung bürgernäher und - nach den gemachten Erfahrungen - vor allem transparenter gestalten soll.

Der Wille, eine Verfassung ohne einen Anstoß "von außen" zu demokratisieren, ist insofern eine Kostbarkeit, als er in der deutschen Geschichte seit der niedergeschlagenen 48er-Revolution des 19. Jahrhunderts etwas ganz Neues darstellt. Zwar sind immer schon vereinzelte Modifikationen an verschiedenen Landesverfassungen vorgenommen worden, doch ist es tatsächlich das erste Mal, daß eine Regierung die Verfassung insgesamt neu zur Frage werden läßt. Alle übrigen Verfassungen sind Schöpfungen, die nicht aus dem Gedanken einer Weiterentwicklung entstanden sind, sondern aus dem Zusammenbruch der vorangegangenen.

Nun bietet die schleswig-holsteinische Verfassung eine Besonderheit, die nur in den Verfassungen derjenigen Länder vorliegt, welche nach dem Krieg zur britischen Besatzungszone gehörten: Sie kennt das Instrument des Volksentscheides *nicht*. Wohl wird der Bevölkerung zugestanden, der eigentliche Souverän zu sein, doch kann dieser seine Souveränität nur über die gewählten *Repräsentanten* ausüben, also über die Parlamentarier. Daraus ergibt sich zwangsläufig die Beschränkung der demokratischen Einflußnahme auf den einmaligen Wahlakt alle vier Jahre. (Was den *Parteien* die Herrschaft sichert, denn selbstverständlich wiegt auch auf Landesebene fast immer die Fraktionsdisziplin schwerer als die Gewissensentscheidung des einzelnen Abgeordneten.)

Aus diesem Grunde wandten sich gleich mehrere Initiativen an die Enquete-Kommission zur Verfassungs- und Parlamentsreform, um ihr Vorschläge zur Einführung direktdemokratischer Gesetzgebungsverfahren zu machen. Dank der Vorarbeit, die seit Jahren von einer ganzen Reihe von Wissenschaftlern und engagierten BürgerInnen geleistet worden ist (hier darf in erster Linie Wilfried Heidt genannt werden, doch steht sein Name für viele), konnten ausgearbeitete Entwürfe für eine diesbezügliche Verfassungsänderung eingereicht werden. - Stellvertretend sei der Entwurf der "Initiative DEmokratie Entwickeln (IDEE) Schleswig-Holstein" genannt, der, kurz zusammengefaßt, folgende Schwerpunkte setzte:

1) 10.000 Stimmberechtigte können einen Gesetzentwurf in das Parlament einbringen, wo in der Frist von drei Monaten ein Beschluß über ihn erfolgen muß. *(I. Volksinitiative)*.

2) Stimmt der Landtag dem Entwurf nicht unverändert zu, kann die Initiative für ihr Anliegen ein *Volksbegehren zum Volksentscheid* einweisen. In diesem Falle werden Anliegen und Begründung in den Massenmedien authentisch veröffentlicht. *(II. Volksbegehren; Medienklausel)*.

3) Haben sich mindestens 2,5 % der Wahlberechtigten innerhalb eines halben Jahres für einen Volksentscheid ausgesprochen, so muß nach weiteren sechs bis neun Monaten ein Volksentscheid durchgeführt werden. *(III. Volksentscheid; auch hier Medienklausel)*.

4) Es entscheidet die Mehrheit der abgegebenen Stimmen, bei Verfassungsänderungen die Zweidrittel-Mehrheit der abgegebenen Stimmen.

Nachdem die Enquete-Kommission am 21. Januar 1989 ihre Arbeit abgeschlossen hatte, konnte man in ihrem Schlußbericht nachlesen, daß sie sich mehrheitlich für das unter 1) dargestellte Initiativrecht der Bevölkerung entschieden hat (S.152 f. des Schlußberichtes). Die ganze dreistufige Volksgesetzgebung (Volksinitiative, Volksbegehren, Volksentscheid) fand in dem Sondervotum des Staatsrechtlers Prof. Dr. Jürgen Seifert sowie der Journalistin Dr. Brigitte Schubert-Riese eine engagierte Fürsprache (S.161 ff. des Schlußberichtes).

Vom Parlament wurde nunmehr ein Sonderausschuß eingesetzt, der unter dem Vorsitz von dem Fraktionsvorsitzenden der SPD im Landtag, Gert Börnsen, die Empfehlungen der Enquete-Kommission prüft und in die Diskussion der Fraktionen (SPD, CDU, SSW) eingliedert.

Die Vertreter der IDEE waren, nachdem sie am 29. Mai 1989 Gelegenheit gehabt hatten, mit den SPD-Mitgliedern des Sonderausschusses ihre Vorschläge zu diskutieren, am 16. Juni zu einer Anhörung vor den Sonderausschuß geladen. An dieser Anhörung nahmen neben Gert Börnsen, Heiko Hoffmann (CDU) und Karl Otto Meyer (SSW) die Vertreter der Fraktionen teil.

Zwei Tage vorher waren die übrigen Initiativen zu dieser Frage gehört worden, allerdings - durch eine organisatorische Panne - nur vor einem schwach besetzten Gremium.

Die IDEE vertraten Gerald Häfner, der seit Jahren intensiv auf Bundes- und Europaebene an Demokratiefragen arbeitet, und ich. Es entspann sich, wie schon bei dem Gespräch mit der SPD-Fraktion, eine interessante Diskussion, in deren Verlauf es möglich war, die Fragen, die gestellt wurden, zur offensichtlichen Zufriedenheit der Anwesenden zu beantworten.

Neben dem Grundsätzlichen, das aus dem Zusammenhang dieses Heftes und der aktuellen Diskussion den Lesern bekannt genug sein dürfte, wurden viele Einzelfragen besprochen. Am interessantesten erschien mir dabei die Frage nach dem Verhältnis von Gesetzen, die durch Volksentscheid "gesetzt" werden, zu solchen, die durch einen

Parlamentsbeschluß zustandekommen. Über diese Frage gehen die Meinungen auch unter den Befürwortern der direkten Demokratie auseinander. Von uns wurden die beiden Verfahren als gleichwertig angesehen, also als wechselseitig korrigierbar, denn sonst wäre ein, durch Volksentscheid zustandegekommenes Gesetz auch dann nur durch das ganze aufwendige Verfahren korrigierbar, wenn es offensichtlich historisch überholt ist. Die Autorität, die ein Volksentscheid durch seine Öffentlichkeit hat, ist nach unserer Auffassung ausreichende Gewähr dafür, daß ein Volksentscheid nicht anschließend vom Parlament wieder "kassiert" wird.

Eine andere Frage betraf die Finanzierbarkeit von Gesetzesmaßnahmen. Dabei konnte das Beispiel Baden-Württembergs genannt werden, wo einer Gesetzesinitiative immer ein Deckungsvorschlag beigefügt sein muß.

Insgesamt darf es als ein äußerst ermutigendes Ergebnis all dieser Prozesse und Gespräche gelten, daß sich etliche Ausschußmitglieder im Grundsatz für unsere Initiative aussprachen. Inwiefern sich das bei den Abstimmungen im Parlament widerspiegelt, muß man sehen.

Deutlich wurde, daß Schleswig-Holstein hier ein Zeichen setzen könnte, indem es nicht nur das nachholt, was die Mehrheit der Bundesländer schon kennt, sondern indem es in den Ausführungsbestimmungen die dreistufige Volksgesetzgebung zu einem wirksamen und handhabbaren Verfassungsinstrument macht.

Zum Schluß soll nicht unerwähnt bleiben, daß im Sonderausschuß von einem Staatsrechtler empfohlen wurde, die gesamte neue Landesverfassung durch Volksentscheid anerkennen zu lassen. Begründung: Nur der Souverän - das Volk - könne seine eigene Verfassung legitimieren.

Ist es nicht so?

Direkte Demokratie in Gemeinden

ERFAHRUNGEN MIT BÜRGERENTSCHEIDEN IN BADEN-WÜRTTEMBERG

Thomas Mayer

Natürlich, die wirklich wichtigen Entscheidungen fallen im Bund. Dennoch sollte man die direkte Demokratie in Gemeinden nicht übersehen. Denn gegen Bürgerentscheide in Kommunen gibt es verhältnismäßig wenig Widerstände: die FDP, weite Teile der CDU und der SPD, die Junge Union und die GRÜNEN sind dafür. Sicherlich wird es eher zur Einführung von Bürgerentscheiden in Gemeinden als auf Bundesebene kommen. Und das wäre ein guter erster Schritt. Wird direkte Demokratie in der Kommunalpolitik zum bekannten Alltag, so ist der Weg zur direkten Demokratie im Bund kürzer. Es ist dann nichts Fremdes mehr. Als einziges Bundesland der BRD kennt Baden-Württemberg Bürgerbegehren und Bürgerentscheide. Hierüber ist sehr wenig bekannt, obwohl aus den über 30 Jahren Erfahrung sehr wichtige Konsequenzen gezogen werden können, nämlich wie man es nicht machen sollte. Die Bürgerinitiativen, die sich in der BRD für Volksbegehren und Volksentscheide einsetzen, betonen immer wieder, alles hänge von der konkreten Abstimmungsregelung ab. Beschäftigt man sich mit den Bürgerentscheiden in Baden-Württemberg, so kann man sehr genau erleben, was damit gemeint ist.

1. Kurzer Überblick

Von 1956 bis 1987 gab es insgesamt 171 Bürgerentscheide - umgerechnet sind das 5,5 Entscheide im Jahr. Sehr wenig, zieht man zudem in Betracht, daß es an die 1.100 Gemeinden in Baden-Württemberg gibt. 107 (63 %) der Bürgerentscheide kamen infolge eines entsprechenden Gemeinderatsbeschlusses zustande, nur 64 (37 %) aufgrund eines Bürgerbegehrens. Beim Bürgerbegehren müssen die Initiatoren ca. 15 % der Stimmberechtigten in der Gemeinde zur unterstützenden Unterschrift bewegen. Eingeleitet wurden 154 Bürgerbegehren, die meisten scheiterten an juristischen Gründen (siehe Kapitel 2 und 3). Aber auch von den stattgefundenen 171 Entscheiden stolperten 44 (25 %) über den Paragraphen 21 der Gemeindeordnung von Baden-Württemberg - da sie die nötige Abstimmungsbeteiligung nicht erreichten, waren sie nicht rechtsgültig (Kapitel 4). Zudem sind Bürgerinitiativen gegenüber Gemeinderäten in der öffentlichen Diskussion vor einer Abstimmung finanziell benachteiligt - ungleiche Chancen! (Kapitel 5)

2. Über fast nichts darf entschieden werden!

Der Gesetzgeber sah in Paragraph 21 GO vor, daß nur über "wichtige Gemeindeangelegenheiten" abgestimmt werden solle. Was das sei, wird sehr genau geregelt. Doch fangen wir lieber beim größeren Teil, nämlich mit dem, was alles "nicht wichtig" sein soll und deshalb von Bürgerentscheiden ausgeschlosen ist, an: Bau eines Rathauses oder Verwaltungsgebäudes; gemeindliche Stellungnahmen zu überregionalen Straßenbauprojekten; Bebauungs- und Flächennutzungspläne, insoweit sie der privaten Bebauung dienen, was ja meistens der Fall ist; alles, was nicht der Gesamtgemeinde, sondern nur einem Ortsteil dienlich ist, zum Beispiel ein Kindergarten; einmalige Unternehmungen, wie zum Beispiel eine Wirtschaftsausstellung u.v.a.m. Nur, warum ist das unwichtig? Treffend faßt der Bundesverwaltungsgerichtshof Baden-Württemberg (Urteil I 561/76) die Situation zusammen: Keineswegs wäre jede Gemeindeangelegenheit, die für die örtliche Gemeinschaft von besonderer Bedeutung sei, auch als "wichtige Gemeindeangelegenheit" im Sinne des Paragraphen 21 GO anzusehen.

Übrig bleiben für den Bürgerentscheid nur wenige Krümel: der Bau von Stadthallen, Schulhäusern und Bunkern, Stellungnahmen zur Gebietsreform, gemeindlicher Straßenbau u.a.

Prof. Dr. Wehling von der Landeszentrale für Politische Bildung in Stuttgart bringt die Sache auf den Punkt: "Die allzu große Abweichung dessen, was die Gemeindeordnung unter wichtiger Gemeindeangelegenheit versteht, vom Alltagsverständnis des Bürgers ist problematisch, wenn nicht gar gefährlich, weil man sich getäuscht fühlen kann." 44 der eingeleiteten Begehren scheiterten daran, daß ihre Themen nicht "wichtig" seien. Die InitiatorInnen gingen sicherlich immer davon aus, daß es sich um eine "wichtige Gemeindeangelegenheit" handeln würde. Sonst hätten sie sich nicht die Mühe des Unterschriftensammelns angetan. Häufig endete das ganze vor dem Verwaltungsgericht - fast immer vergeblich.

Die Überlegung ist natürlich richtig. Es sollte wirklich nur über wichtige Angelegenheiten und nicht über uninteressante Kleinigkeiten abgestimmt werden. Aber warum soll, um festzustellen, was wichtig ist, nicht die Hürde des Volksbegehrens genügen? In Baden-Württemberg müssen hier 15 % der Stimmberechtigten zustimmen, eine erkleckliche Anzahl. Auf eine weitergehende Einschränkung der Abstimmungsinhalte könnte verzichtet werden. Nun können wir auch verstehen, warum Bürgerbegehren und Bürgerentscheide in Baden-Württemberg nur eine zahlenmäßig untergeordnete Rolle spielen - da über fast nichts abgestimmt werden kann!

3. Vier Wochen Frist - Streß mit direkter Demokratie

In Baden-Württemberg müssen die für das Bürgerbegehren nötigen Unterschriften spätestens vier Wochen nach Bekanntgabe des Gemeinderatsbeschlusses, gegen den sich das Begehren richtet, eingereicht werden. "Mit dieser Regel soll verhindert werden, daß bereits in Ausführung begriffene Beschlüsse aufgrund eines späteren Bürgerentscheids wieder rückgängig gemacht werden müssen oder längere Zeit überhaupt nicht mit der Ausführung eines Projektes begonnen werden kann." (Verwaltungsgericht Stuttgart, Urteil 9K 4230/85).

Konkret bedeuten diese vier Wochen einen unzumutbaren Streß für die InitiatorInnen eines Begehrens. Innerhalb von vier Wochen muß der Text des Begehrens ausgearbeitet und mit den beteiligten Gruppen und Personen abgesprochen werden, gegebenenfalls auch mit einem Rechtsanwalt. Es müssen "Bündnispartner" und Unterschriftensammler gewonnen, die Unterschriftenlisten, Flugblätter und Plakate gestaltet und gedruckt, Veranstaltungen und Pressetermine angesetzt werden. Und dann noch die Unterschriften! Und das alles in vier Wochen! So klagen zum Beispiel die InitatorInnen des Bürgerbegehrens gegen Bunkerbau in Reutlingen 1986, es sei ein persönlicher Einsatz nötig gewesen, der an die "Grenzen der Belastbarkeit" ging. Und häufig scheiterten Begehren an dieser Frist - ca. 20 % der Begehren! Man kann diese Regel nur als "BürgerInnenschikane" bezeichnen, eigentlich dazu gedacht, Bürgerbegehren zu verhindern. Es könnten ja auch zum Beispiel sechs Monate sein. Das wäre ein realistischer Zeitraum.

Im Grunde liegt das Problem gegenteilig darin, daß ein eingeleitetes Begehren eben keine rechtlich aufschiebende Wirkung hat. Ein Beispiel: Im Januar 1975 beschloß der Gemeinderat der Stadt Mannheim mit knapper Mehrheit das Bauprojekt Neckarufer-Nord. Mitglieder der Jungen Union leiteten gegen diesen Beschluß ein Bürgerbegehren ein, das rechtzeitig 27.000 gültige Unterschriften erbrachte. Inzwischen hat die Stadtverwaltung jedoch mit dem Bauträger einen Vertrag abgeschlossen, der durch einen gegenteiligen Bürgerbescheid nicht mehr verletzt werden dürfe, wie das Regierungspräsidium Karlsruhe mitteilte (aufgrund der nötigen Vertragssicherheit). Solange es keine aufschiebende Wirkung bei einem Begehren gibt, können Bürgerentscheide durch schlichten Vollzug eines Gemeinderatsbeschlusses verhindert werden.

4. Abstimmungsquorum - anstatt Schutz, Zerstörung der Demokratie

Damit in Baden-Württemberg ein Bürgerentscheid gültig ist, müssen mindestens 30 % der Stimmberechtigten für Ja oder Nein stimmen. Damit soll gewährleistet werden, daß nicht eine verschwindende Minderheit über die Belange der Mehrheit entscheidet. Die demokratische Ordnung soll geschützt werden. In der Praxis tritt das Gegenteil ein.

Am 18. April 1986 reichten Reutlinger Friedensgruppen die nötigen 8.500 Unterschriften für ein Bürgerbegehren gegen Bunkerbau in Reutlingen ein. Der Bürgerentscheid wird auf den 6. Juli festgesetzt. Während die Friedensgruppen nun mühevoll versuchten, die Bevölkerung über die Problematik aufzuklären - durch Infostände, viele Veranstaltungen, Theaterstücke, Zeitschriften und Flugblätter, Presseerklärungen und Leserbriefe -, enthielten sich die Bunkerbefürworter, vornehmlich die CDU, völlig der öffentlichen Diskussion. Einladungen zu Pro- und Contra-Diskussionen werden nicht angenommen, eine offizielle Bürgerversammlung wird von der Gemeinderatsmehrheit abgelehnt, in der Presse treten kaum Bunkerbefürworter auf.

In der offiziellen Informationsbroschüre der Stadt Reutlingen zum Bunkerentscheid schreibt Bürgermeister Öchsle: Bei dem Entscheid "sind - wie vom Gesetzgeber vorgesehen - Ja- und Nein-Stimmen möglich. Da aber der Gemeinderat in seiner Sitzung am

20. März bereits mehrheitlich beschlossen hat, Schutzräume zu bauen, sind in Wirklichkeit nur die Nein-Stimmen von Bedeutung. Denn wenn mindestens 30 % aller stimmberechtigten Reutlinger am 6. Juli gegen den Bau von Schutzräumen stimmen sollten, ersetzt der Bürgerentscheid den Gemeinderatsbeschluß vom 20.03.1986." Rainer Buck, Stadtrat der GRÜNEN, kommentiert am 30.06.1986 im Schwäbischen Tagblatt: "Die Befürworter können ihre Arme verschränken und der Dinge harren, die da kommen. Wir aber müssen darum kämpfen, daß mindestens 30 % der Abstimmungsberechtigten am kommenden Sonntag mit Nein stimmen. Insofern wird verständlich, warum Verwaltung und befürwortende Gemeinde so wenig Interesse (das ist fast noch übertrieben) an einer Diskussion haben."

In der Woche vor der Abstimmung meldet sich die örtliche CDU das erste Mal öffentlich mit zwei Zeitungsanzeigen und gleichlautenden Flugblättern zu Wort: "... sachliche und kühle Köpfe sollten vernünftig handeln. Keine Emotionen, sondern eine kluge Wahl. Deshalb können Sie am Sonntag auch der Abstimmung fernbleiben; Sie sind ja lediglich aufgerufen, gegen die Errichtung von Zivilschutzräumen zu votieren. Auch wenn Sie Ihren Stimmzettel nicht abgeben, drücken Sie Ihre Zustimmung zur Entscheidung des Gemeinderats aus."

Letztlich, nach Diskussionsverweigerung und Aufruf zum Abstimmungsboykott scheiterte der Bürgerentscheid am Abstimmungsquorum. Bei einer Stimmbeteiligung von 27,1 % votierten aber nur 11,4 % für den Bunkerbau und 88,6 % dagegen. Die Reutlinger Stadtväter hatten aus den "bitteren Erfahrungen" in Nürtingen gelernt. In der Nachbarstadt enthielt sich die örtliche CDU nicht dem Abstimmungskampf. Zwar gab es eine Stimmbeteiligung von ca. 55 %, trotz aller Bunkerwerbung waren dennoch ca. 90 % der abgegebenen Stimmen dagegen. Der Bunker wurde nicht gebaut.

Ich habe alle Bürgerentscheide von 1956 bis 1959 untersucht. Bei insgesamt 17 Entscheiden kam es bei 13 zu Boykottaufrufen! Diese Tendenz ist bis heute ungebrochen.

Diskussionsverweigerung und Abstimmungsboykotte sind das Gegenteil von demokratischer Kultur. Man kann sich getrost auf die Erfahrungen unserer Schweizer Nachbarn verlassen. Das Eidgenössische Justiz- und Polizeidepartement lehnte 1979 in seinem Bericht "Maßnahmen zur Erhöhung der Stimm- und Wahlbeteiligung in der Schweiz" (Bern 1979) ausdrücklich Abstimmungsquoren ab: "Taktischen Manövern aller Art stünde das Tor offen" (S.60). Anstatt die Demokratie durch das Abstimmungsquorum zu schützen, wird sie damit zerstört.

5. Ungleiche Chancen - Werbung mit Staatsgeldern

Die Gemeinden sind in Baden-Württemberg angehalten, die Bevölkerung vor einem Bürgerentscheid zu informieren. Im Sommer 1988 fand in Freiburg der Bürgerentscheid zum Bau des sehr umstrittenen Kongreßzentrums (KTS) statt. Die Informationsschrift der Stadtverwaltung ist auf den ersten Blick nicht als solche zu erkennen. Vier-Farb-Druck, wertvollstes Papier, 28 Seiten. Der Titel: "Ein Haus für alle". Dann auf den folgenden Seiten Überschriften wie: "Ein Konzerthaus für die Musikstadt ...", "Entscheidung fiel nach sorgfältiger Planung", "Ein Standort mit vielen Pluspunkten", "Entwürfe von 37 Architekten", "Der preisgekrönte Entwurf: Außen eine Bereicherung des Freiburger Stadtbildes ...", "... innen ein Konzertsaal der Spitzenklasse" usw. Blättert man etwas länger in der Schrift, so kann man entdecken, daß es nicht die Werbebroschüre der "Kongreßzentrums-GmbH" zum Bürgerentscheid, sondern die offizielle Informationsschrift der Gemeinde ist. Zwei Seiten informieren über den Ablauf des Bürgerentscheides, 25 Seiten werben mit gekonnter graphischer und textlicher Raffinesse einer Werbeagentur für das Kongreßzentrum. Auf einer Seite ganz am Ende des Heftes kommen die Gemeinderäte, die das Zentrum ablehnen, mit kurzen Zitaten zu Wort.

Gleichlaufend verteilt die "Freiburger Gesellschaft für Kultur, Tagungen und Ausstellungen mbH (KTA)", die vom Stadtrat mit der Durchführung des Baues beauftragt wurde, eine eigene Informationsschrift mit 90.000 Stück Auflage; letztlich auch durch die Stadt Freiburg finanziert.

Am 15.07.1988 erscheint in der Freiburger Zeitung ein Leserbrief mit dem Titel "Werbung mit Steuergeldern", viele weitere Zuschriften hauen in dieselbe Kerbe: "Wenige Tage vor dem Bürgerentscheid über den Bau der KTS fanden alle Freiburger Bewohner einen Brief des Herrn Dr. Böhme im Briefkasten. Hierin forderte er in seiner Eigenschaft als Oberbürgermeister offen und unverhohlen dazu auf, mit Ja zu stimmen. Dr. Böhme schrieb darin auch, Gleichgültigkeit sei ein Feind der Demokratie. Dem stimme ich zu. Ein Oberbürgermeister aber, der mit öffentlichen Geldern Werbung für ein von ihm unterstütztes Projekt eintreibt, ist es mindestens genauso sehr. Nichts gegen seine Privatmeinung, aber er weiß sehr genau, daß gerade der Meinungsbildungsprozeß ein wichtiger Bestandteil der Demokratie ist. *Eine faire Möglichkeit für alle Seiten, dazu ihre Ansicht zu vertreten, ist daher unbedingte Voraussetzung.* (Hervorhebung durch den Autor). Es ist schon eine Schande, daß man als Nicht-Befürworter der KTS nicht nur hinterher darunter leiden muß, daß wegen dieser wichtige andere Projekte aus Geldmangel unrealisiert bleiben, sondern auch noch vorher gezwungen war, die dummdreiste Werbekampagne mitzufinanzieren."

Am 26. Juni 1988 nehmen 50 % der Stimmberechtigten an der Abstimmung teil. 55,4 % stimmen gegen das Kongreßzentrum, 44,6 % dafür. Damit scheiterte der Entscheid, das 30 %-Quorum wurde nicht erreicht. Das Kongreßzentrum wird gebaut, obwohl die Mehrheit im Bürgerentscheid dagegen stimmte. Von vielen Freiburger BürgerInnen wird dies nicht verstanden und führt zu großer Verärgerung. Die Bürgerinitiative gegen das Kongreßzentrum stellt nach dem Entscheid beim Stadtrat den Antrag auf einen Zuschuß von DM 10.000. Die Initiative macht geltend, sie hätten durch die umfassende Aufklärung der Bevölkerung über den Bau der KTS viel Geld ausgegeben. Dieser Antrag wurde von der Mehrheit des Stadtrates, die selbst im Abstimmungskampf aus dem Vollen der Stadtkasse schöpfte, abgelehnt. Mitglieder der Initiative sprechen von "einem Hohn auf die Demokratie".

Es müßte eigentlich demokratische Selbstverständlichkeit sein, daß in der offiziellen Informationsschrift die InitiatorInnen eines Bürgerbegehrens gleichberechtigt und authentisch zu Wort kommen. Direkte oder indirekte Finanzierung einer Seite im Abstimmungskampf sollte gesetzlich untersagt werden. Ebenso könnte die Bereitstellung von Plakatwänden, kostenlosen Veranstaltungsräumen usw. durch die Gemeinde die gleichberechtigte öffentliche Diskussion stützen.

6. Fazit

Auch wenn man froh sein kann, daß es in Baden-Württemberg im Vergleich zu anderen Bundesländern wenigstens die Möglichkeit von Bürgerbegehren und Bürgerentscheiden gibt, so ist deren Anwendung sehr eingeschränkt und behindert. Man gab den BürgerInnen theoretisch die Möglichkeit der aktiven und eigenständigen Gestaltung der Kommunalpolitik - höhlte praktisch dieses Recht durch restriktive Ausführungsbestimmungen wieder aus. Auf den Punkt brachte es der CDU-Abgeordnete Lang bei den Beratungen im Stuttgarter Landtag 1956. Man könne dem Bürgerentscheid ohne weiteres in der vorgesehenen Form zustimmen, es werde eh nicht viel passieren.

Bei der möglichen Einführung von Bürgerbegehren und Bürgerentscheiden in anderen Bundesländern sollte natürlich ein anderer Ausgangspunkt gewählt werden. Was nützt ein "Beteiligungsrecht auf dem Papier." Es sollte praxisnah und anwendungsfreundlich sein! Und hierfür einen Blick zu bekommen, können uns die Erfahrungen in Baden-Württemberg helfen.

P.S.:
Diesem Aufsatz liegt eine detaillierte Untersuchung des Autors (ca. 40 Seiten) zugrunde. In ihr werden neben einer breiten empirischen Analyse konkrete Schlußfolgerungen für eine mögliche gesetzliche Regelung von Bürgerbegehren und Bürgerentscheiden gezogen. Sie kann gegen Einsendung von DM 5,— (Briefmarken/Scheck) bei Initiative DEmokratie Entwickeln, Colmantstr. 18, D-5300 Bonn, Tel. 0228/694451, bezogen werden; Titel "Bürgerentscheide in Baden-Württemberg".

"Ich glaube an die Kraft der menschlichen Verbindung"

INTERVIEW MIT ROBERT JUNGK
von Wolfgang Weirauch

(Aufnahme: © Gabriela Brandenstein)

Robert Jungk, *am 11.05.1913 als Sohn österreichischer Staatsbürger in Berlin geboren. 1922-33: Teilnahme an der antibürgerlichen deutsch-jüdischen Jugendbewegung. 1932: Assistent des Filmregisseurs Richard Oswald, Studium der Philosophie an der Universität Berlin. 1933: Verhaftung am Tage nach dem Reichstagsbrand, nach Freilassung Abreise ins Exil: über Tirol nach Paris. 1933-35: Studium an der Sorbonne, Mitarbeit an Filmen von G.W. Pabst, Max Ophüls, E. Charell u.a. Gelegentliche journalistische Arbeit. 1936: Wegen Erkrankung illegale Einreise nach Deutschland. Zusammenarbeit mit einer illegalen Artikelagentur, illegale Kurierdienste, Verbindung mit der Widerstandsgruppe "Neu-Beginnen". 1937-39: Nach Auffliegen des Artikeldienstes illegal über die "grüne" Grenze in die Tschechoslowakei. Kritischer Pressedienst "heute aktuell" in Prag, dann "Mondial Press" in Paris, ab 1939 Wiederaufnahme des*

Studiums in Zürich. 1939-43: Von der Schweizer Fremdenpolizei nicht erlaubte Mitarbeit an verschiedenen Tages- und Wochenzeitungen unter diversen Pseudonymen (besonders beachtet wurden die mit F.L. gezeichneten Artikel gegen das Dritte Reich in der "Weltwoche", Zürich). Ausweisung und mehrmonatige Internierung. Ab 1944 Korrespondent des Londoner "Observer" in Bern. Studienabschluß in Zürich. Ab September 1945: Nach Kriegsende Korrespondent der "Weltwoche", Berichterstattung aus Deutschland (u.a. Nürnberger Prozesse), Frankreich, England, Italien, USA. 1948: Korrespondent für Schweizer Zeitungen in New York (UN) und Washington. Heirat mit Ruth Suschitzky. Ab 1949: Wohnsitzverlagerung nach Los Angeles. 1952: Geburt des Sohnes Peter Stephan. Erscheinen des Buches "Die Zukunft hat schon begonnen". 1956: Erster Besuch in Hiroshima. Ab 1957: Domizil in Wien. Aktive Beteiligung an der Bewegung "Kampf dem Atomtod". 1960: Vorsitzender der österreichischen Anti-Atombewegung. Freundschaft mit Günther Anders. 1964: Gründung des "Instituts für Zukunftsfragen" in Wien. Erste "Zukunftswerkstätten". 1967: Gründung von "Mankind 2000" in London und (in Zusammenarbeit mit Johan Galtung) Organisation der ersten Weltkonferenz für Zukunftsforschung in Oslo. 1968: Gastvorlesungen an der Technischen Universität Berlin. Ab 1970: Domizil in Salzburg, Honorarprofessur an der TU Berlin. Ab 1980: Aktiv in der Friedensbewegung. 1986: Eröffnung der Robert Jungk-Stiftung "Internationale Bibliothek für Zukunftsfragen" in Salzburg. Im Dezember Verleihung des "alternativen Nobelpreises" in Stockholm.

Weitere Veröffentlichungen: "Heller als tausend Sonnen" (1956), "Strahlen aus der Asche" (1959), "Die große Maschine" (1966), "Der Jahrtausendmensch" (1973), "Der Atom-Staat" (1977), "Zukunftswerkstätten" (1981), "Menschenbeben" (1983), "Und Wasser bricht den Stein" (1986), "Projekt Ermutigung" (1988).

Der 06.08.1945 ist der Tag, der sich in die Menschheitsgeschichte wohl am tiefsten eingegraben hat: der Abwurf der ersten Atombombe auf Hiroshima. Diese Vernichtungswaffe hat Spuren hinterlassen, die bis heute nicht verschwunden sind. Trotzdem hat dieses Ereignis sowie die Katastrophe des Zweiten Weltkrieges die Menschheit nicht zur Umkehr bewegen können; ganz gegenteilig sogar. Ende der fünfziger Jahre, bis hinein in die siebziger, breitete sich vorwiegend in der westlichen Welt ein kaum zu überbietender Zukunftsoptimismus aus. Gestützt war diese trügerische Hoffnung auf das technisch Machbare, darauf, daß der Mensch mit Hilfe der Technik jedes Ziel erreichen könne. Die erste Mondlandung im Jahre 1969 war dafür ein scheinbarer Beweis. Damit war nicht nur ein uralter Traum - den Weltraum zu kolonisieren - Wirklichkeit geworden, sondern eine völlig neue Epoche der Menschheit schien angebrochen.

Aber das Blatt wendete sich. Die Technikbegeisterung wurde durch schwere technische Katastrophen erschüttert, die maßlose und rücksichtslose Ausbeutung der natürlichen Ressourcen wurde offensichtlicher, der ökologische Zusammenbruch klopfte immer deutlicher an die Tür und das Wettrüsten nahm fast irrwitzige Ausmaße an. Die ursprüngliche Zukunftsbegeisterung schlug in Skepsis, Zukunftsangst und Pessimismus um. - Einzelne hatten schon immer vor diesem Ausmaß der sich anbahnenden Katastrophen, dieser völlig verfehlten Weichenstellung der Politik, gewarnt. Schon bevor sich weltweit die Ökologiebewegung entfaltete, gehörte der Zukunftsforscher Robert Jungk zu den ersten, die ihre warnende Stimme unerschütterlich erhoben. Engagiert wie kaum einer, scheint er selbst noch im hohen Alter überall gegenwärtig, um die Träger dieses Systems auf ihre Fehlentscheidungen mit Nachdruck hinzuweisen und einer großen Schar von Menschen neue Hoffnungen zu geben, indem er ihnen vorexerziert, daß sich die Suche nach Alternativen lohnt.

Eine zentrale Einrichtung dieser Gestaltung alternativer zukünftiger Entwicklungen sind die Zukunftswerkstätten, zu denen sich gemischte Personengruppen zusammen-finden, um sich während drei Phasen - der Kritik-Phase, der Phantasie-Phase und der Verwirklichungs-Phase - mit bestimmten Ideen, Problemen und Problemlösungen zu be-fassen. Robert Jungk sieht dies als geeignete Möglichkeit - eher als die Möglichkeit der Volksgesetzgebung -, die Bürgerinnen und Bürger mehr im Gemeinwesen zu aktivieren. Verstärkt sammelt Robert Jungk im Zusammenhang der von ihm mitbegründeten "Bibliothek für Zukunftsfragen" in Salzburg Beschreibungen von Projekten, die weltweit - jeder an seinem Ort - eine neue Kultur aufbauen.

Ich traf Robert Jungk in dem kleinen österreichischen Städtchen Goldegg, wo er an einer Tagung teilnahm. Mit unermüdlichem Engagement leitete er bis in die Nacht Gesprächsgruppen, so daß unser Interview erst kurz vor Mitternacht beginnen konnte und sich entsprechend bis in die Nacht hineinzog.

Ein roter Faden, der sich durch Robert Jungks Leben zieht, ist seine "Existenzgebor-genheit", die ihn befeuert und unerschütterlich seinen Weg beschreiten läßt sowie seine unzähligen Kontakte, die er weltweit mit Menschen aufgenommen hat und aufrecht erhält. Daß er in diesen menschlichen Kontakten einen zukunftsweisenden Sinn sieht, zeigten mir seine letzten Worte nach dem Interview: "Wir bleiben in Kontakt, denn ich glaube an die Kraft der menschlichen Verbindung!"

Wolfgang Weirauch: Was ist für Sie die zukunftsweisendste Kraft in unserem System des Rüstungswettlaufes und der Zerstörung unserer eigenen Lebensgrundlage: die Individualität, die im Alleingang aus dem herrschenden System ausbricht, gewaltfreien Widerstand leistet und so als Vorbild wirkt, oder eine Gruppe von Menschen, die sich für ein Ziel zu einer Initiative zusammenschließt?

Robert Jungk: Einen Gegensatz sehe ich nicht, sowohl die Individualität als auch eine Gruppe von Menschen sind für mich Hoffnungsträger. Auf der einen Seite sollte der individuelle Mensch Ich-Kraft entwickeln, aber er muß auch erkennen, daß er in einer Gruppe Gleichgesinnter stärker ist, denn der Mensch muß nicht der Konkurrent des anderen sein, sondern er verstärkt die Kraft seines Mitmenschen und wird durch sie verstärkt. Dergleichen gilt keineswegs nur für Männergemeinschaften. Meiner Ansicht nach unterschätzt man heutzutage völlig die ergänzende Kraft, die sich Mann und Frau in einer Partnerschaft geben können. Diese Symbiose ist von großer Bedeutung. Aller-dings sollte sich niemand von einer Gemeinschaft absolut abhängig machen, sich nicht irgendwelchen eisernen, von dieser Gemeinschaft verkündeten, Regeln beugen. Trotzdem sollte jeder Mensch wissen, daß er in Zusammenarbeit mit anderen sehr viel mehr Kraft besitzt als wenn er allein agieren würde.

Im Bewußtsein einer eigenen Aufgabe

W.W.: Sie haben in Ihrem Leben unzählige Personen kennengelernt; wenn wir zuerst einmal auf die Persönlichkeiten schauen, die als Einzelkämpfer gewirkt haben und noch wirken: Was zeichnet so eine Persönlichkeit aus, die mit all ihren Gedanken und Taten in einem der Menschheit und der Erde feindlichen System arbeitet und integriert ist, dann aber ausbricht, um sich als Einzelperson gegen dieses System - zum Beispiel in einer Chemiefabrik, innerhalb der Rüstungsindustrie etc. - zu stellen? Welche innere Charakteristik haben diese Einzelkämpfer?

R. Jungk: Diese Personen haben das Vertrauen zu ihrer eigenen Erkenntnis und dem daraus entspringenden Handeln, aber sie sind sich auch jeweils dessen bewußt, daß das, was sie tun, jederzeit einer Korrektur bedarf. Ich denke also nicht an den sturen und harten Einzelkämpfer, sondern an denjenigen, der immer sensibel und offen für das bleibt, was ihm an Neuem und auch an Kritik von außen entgegenkommt. Meine Erfahrung ist es, daß immer diejenigen Menschen sich am besten gehalten haben, die in sich das Bewußtsein einer Kraft und einer Aufgabe hatten, allerdings nicht einer in festen Moralgrundsätzen oder starren Programmen festgelegten Aufgabe, denn ein Programm ist etwas zeitlich Geprägtes und Begrenztes, während eine Aufgabe etwas Bleibendes besitzt. Für mich persönlich ist es zum Beispiel zeitlebens eine Aufgabe geblieben, an dieser Welt nicht zu verzweifeln und für eine humane und friedliche Welt zu arbeiten, obwohl die Methodik bei mir oftmals gewechselt hat. Aber das Grundgefühl - die menschliche Welt muß von und für Menschen gestaltet werden - ist mir ständiges Anliegen gewesen.

W.W.: Schauen wir einmal auf eine beispielhafte Persönlichkeit, auf Daniel Ellsberg: In welcher Verfassung war er kurz vor seiner Entscheidung, die Pentagon-Papiere zu veröffentlichen? Verbindet sich ein einzelner Mensch, der vor einer so schweren Entscheidung steht, gedanklich mit anderen Menschen, die in einer ähnlichen Situation entsprechende Wege beschritten haben? Gibt es hier unsichtbare Fäden?

R. Jungk: Diese Kräfte und Fäden gibt es selbstverständlich, nur würde ich sehr zögern, sie als religiöse Kraft zu bezeichnen, denn dann würde ich sie einengen. Das wäre in etwa so, als wenn ich ein Bild Gottes zeichnen würde, denn ein Bild ist immer nur eine Reduzierung eines sehr viel Größeren. Die Kraft, die ein Mensch in einer derart entscheidenden Lebenssituation aufbringt, ist viel reichhaltiger. Bei Daniel Ellsberg geschah so etwas wie eine Erweckung. Er erzählte mir, daß er als Spitzel des CIA zu einem Quäker-Kongreß geschickt worden war. Diese Menschen haben ihn so beeindruckt, daß er darüber seinen Auftraggeber ganz vergaß. So schloß er sich den Quäkern an, weil er bei ihnen seine zukünftige Aufgabe sah. Er hat seine Erkenntnis also durch Erfahrung und Beispiel gewonnen.

Auch in meinem Leben haben beispielhafte Personen eine große Rolle gespielt, zum Beispiel Martin Buber, den ich kennenlernte als ich noch sehr jung war. Auch andere Zeitgenossen, die keinen berühmten Namen hatten, haben mir als Beispiel gedient. Wenn Sie aber fragen, was diese Menschen miteinander verbindet - das mag großtönig klingen -, aber letzten Endes ist es der Glaube an den Menschen. Oft war es vor allem das Wissen um den Menschen als ein erkennendes und phantasiebegabtes Wesen, die Einsicht, daß der Mensch eine ganz besondere Stellung in der Schöpfung innehat, daß er damit die Möglichkeit, wenn nicht sogar die Verpflichtung zum kritischen Nachdenken und zum Neuentwerfen von Zukunftsmöglichkeiten hat. Ein Tier hat diese Fähigkeit nicht. Wenn es in eine Falle gerät, kann es meist nicht mehr hinaus, weil es über seine Lage nicht nachdenken und somit auch keine Fluchtlösungen in die Tat umsetzen kann. Der Mensch aber hat diese Fähigkeit. Allerdings muß ich einschränkend sagen, daß es mir aufgefallen ist, wie wenig Menschen die in ihnen veranlagten Fähigkeiten wirklich entwickeln. Sie sind über eine Entwicklungsphase nicht hinausgekommen.

Mit der Kraft der Ideale
die Mauern des einzwängenden Systems durchbrechen

W.W.: Sind die Ideale, die in einem Menschen verborgen liegen, sowie seine Entwicklungsfähigkeiten nur deswegen verschüttet bzw. eingekerkert, weil viele Menschen in einem System - zum Beispiel in einem AKW - arbeiten, in welchem sie systemimmanent denken müssen und nicht auf andere neue Gedanken kommen? Sicherlich ist es so, daß sie in diesem ganzen Organismus derart eingebettet sind, daß sie nicht offen und frei für andere Gedanken sind; allerdings kann ich mir auch vorstellen, daß diese Menschen ganz anders zu denken in der Lage sind, wenn sie die Kraft aufbringen, aus dem sie einzwängenden System auszubrechen.

R. Jungk: Was Sie beschreiben, habe ich an einem ganz klaren Beispiel erlebt: Als ich zum ersten Mal Los Alamos besuchte, wurde mir ein jüdischer Physiker aus Wien als Begleitperson zur Seite gestellt, um mir Los Alamos zu zeigen. Während der Besichtigung war er sehr distanziert, denn er mußte mich mehr oder weniger bewachen. Nach mehreren Tagen hat er mich aus Los Alamos, das von einem hohen Zaun umgeben ist, herausgebracht, um mich an einer Bushaltestelle zu verabschieden. Der Bus allerdings hatte Betriebsschaden, so daß wir zwei Stunden auf den nächsten warten mußten. In diesen zwei Stunden hat der jüdische Physiker, der sich nun nicht mehr innerhalb der Mauern von Los Alamos aufhielt, mir seine gesamte Lebensgeschichte erzählt. Das Hauptmerkmal seines Lebens war, daß sich alles ins Gegenteil verkehrt hatte: "Ich bin Pazifist, aber nun arbeite ich an Bomben; ich bin Sozialist, aber ich arbeite für die größte kapitalistische Macht der Welt; ich bin für eine offene, freie und kritische Wissenschaft, aber hier in Los Alamos bin ich Geheimnisträger und darf mein Wissen nicht bekanntgeben." Das hat einen sehr großen Eindruck auf mich gemacht, und ich wollte an sich über diesen Mann einen Roman schreiben.

Durch diesen Physiker kam es zu meiner Beschäftigung mit den Atomforschern und zu meinem Buch "Heller als tausend Sonnen", welches zuerst ein Roman werden sollte. Ich wollte den Hintergrund dieser Atomforscher kennenlernen, ich interessierte mich für ihre Denkart, kam aber von meinem ursprünglichen Plan, einen Roman über sie zu schreiben, durch den Physiker Houtermans ab, der mir sehr vehement nahelegte, ein Sachbuch über die Atomphysiker und ihre Forschungsergebnisse und deren Auswirkungen zu schreiben. Als ich ihm zu verstehen gab, daß ich kein Physiker und Mathematiker sei, meinte er, daß diese Geschichte nur ein Außenstehender schreiben könne, denn ein Insider sei betriebsblind, eben in ein "System eingezwängt", wie Sie sagten.

W.W.: Wenn ein Mensch diese Schallmauer des ihn einkerkernden Systems durchbricht, die individuelle Kraft aufwendet, sich aus diesem System zu lösen, ist diese Handlung - hohe Opferbereitschaft, Aufgabe des Berufes, physischer Widerstand, Wiedergewinnung eines Ideals - ein Vorbild, ein Zeichen, dem andere Menschen deshalb folgen können, weil er als erster diese Mauer durchstoßen hat?

R. Jungk: Darauf versuche ich immer wieder hinzuweisen. Ich habe Wissenschaftlern, die aus verschiedenen Industrie- oder Rüstungsbetrieben aussteigen wollten, versucht nahezulegen, denselben Mut aufzubringen, wie die eine oder andere Individualität, die diese Mauer bereits durchbrochen hat. Ein Beispiel wäre Peter Harper, einer der ehemals führenden Brain-Researcher, der den Mut hatte auszusteigen, völlig umdachte und nach einiger Zeit des Suchens zum Leiter des führenden Instituts für sanfte Technologie in Wales wurde. Dieser Peter Harper hat eine neue Berufung gefunden, die ihn viel glücklicher macht als vorher, die auch viel produktiver als seine frühere Tätigkeit ist.

Wer sich zur Umkehr entschließt, dem wird geholfen

W.W.: Wenn Sie Wissenschaftlern, die in ähnlichen Krisen stecken, ein derartiges Beispiel erzählen, wie ist dann ihre Reaktion?

R. Jungk: Die Schwierigkeit dabei ist immer, daß mir die meisten nahezulegen versuchen, daß sie in einer ganz anderen Situation stecken. Das stimmt in vieler Hinsicht. Ein Beispiel kann man nur in begrenztem Rahmen auf eine andere Situation übertragen. Die persönliche Situation der Zweifler ist meist völlig verschieden. Der eine hat Familie, der andere nicht. Aus diesem Grunde muß man mit jedem Beispiel zwar paradigmatisch umgehen, niemals aber darf es als Kopie angewandt werden, denn ein Leben kann niemals von einem anderen kopiert werden.

Aber ich spreche dann mit diesen Bedrängten im Sinne des alten, biblischen Spruches: "Fürchtet euch nicht, denn ich bin bei euch ...". Das heißt, wenn sie den Entschluß zur Umkehr fassen, so wird ihnen auf irgendeine Weise geholfen - ich kann Ihnen nicht sagen wie -, und sie schaffen es, auf neue Weise Fuß zu fassen. Man entdeckt zum Beispiel Freunde, die man bisher gar nicht bemerkte, es eröffnen sich Möglichkeiten, die man vorher nicht mit einbezogen hat. Ich versuche diesen Menschen auch nahezulegen, daß sie in einem System (zum Beispiel der Rüstungsindustrie), in dem sie nur mit halber Kraft arbeiten, weil sie das Gewissen plagt, viel schwächer sind als wenn sie hinausgehen, weil sie dann ihre volle Stärke wiedergewinnen. Denn jeder findet in einer neuen offenen Situation eine neue Aufgabe, die ihn wirklich erfüllt.

Die Doppelköpfigkeit vieler Menschen

W.W.: Auch wenn die äußeren Umstände in jedem einzelnen Fall selbstverständlich andere sind, so gibt es doch etwas, was gleich sein kann: das innere Feuer des jeweiligen Menschen, eine Situation ändern zu wollen.

R. Jungk: Selbstverständlich, dieses innere Feuer und Engagement sowie das Einigsein mit sich selbst kommt bei allen diesen Menschen vor. Dasjenige, was heutzutage sehr viele Menschen unglücklich macht, ist eine Art von Doppelköpfigkeit, d.h. sie wissen, daß sie vieles von dem, was sie tun, nicht tun dürften, aber sie tun es trotzdem. Sie denken in ihrem Beruf mit dem einen Kopf, während ihres Privatlebens mit dem anderen.

W.W.: Haben Sie bemerkt, daß viele starke und dauerhafte Impulse gegen verschiedene Formen der Unmenschlichkeit von solchen Menschen ausgehen, die ein religiöses Leben führen, und daß sie eher die Kraft haben, eine ensprechend schwere Aufgabe allein durchzustehen?

R. Jungk: Das könnte ich bestätigen. Allerdings frage ich mich - das klingt jetzt ein bißchen böse -, ob da die Religion nicht eine Art Krücke ist, ob es wirklich Gott ist, der einem hilft; auf jeden Fall gibt einem aber die Religion das Vertrauen wie dem Trapezkünstler im Zirkus das Sprungnetz. Trotzdem muß jeder Mensch letztendlich die Kraft haben, eine Situation alleine durchzustehen. Ich bewundere die Menschen, die einen tiefen Glauben haben, die nicht von Todesängsten geplagt werden, weil sie eine tiefe innere Sicherheit besitzen; noch mehr bewundere ich allerdings diejenigen, die sich nicht an eine innere Kraft, die ihnen eine Heilslehre gibt, halten, sondern sie aus ihrem eigenen Denken und Erkennen schöpfen. Man erlebt bei derartigen Menschen eine ganz ausgeprägte Existenzgeborgenheit.

Auch ich besitze zum Glück diese Existenzgeborgenheit, obwohl ich in keinem festen religiösen System aufgewachsen bin - obwohl Jude, bin ich doch assimiliert erzogen worden -, trotzdem habe ich immer dieses Vertrauen besessen, nennen Sie es Gottvertrauen, Selbstvertrauen oder Existenzvertrauen. Das ist sehr schwer zu begründen, aber es war bei mir immer vorhanden.

W.W.: Sie schreiben ja auch in Ihrem Buch "Menschenbeben", daß Sie von Albert Schweitzer gelernt haben, daß religiöse Menschen in längeren Dimensionen denken; gilt das auch für Sie?

R. Jungk: Unbedingt. Noch als sehr junger Mensch, in meinem 21. Lebensjahr, habe ich einen Film über spanische Kathedralen gedreht, eine Arbeit, die mich stark beeinflußt hat. Vor allem widmete ich mich in meinem Film der "Sagrada Familia" in Barcelona, deren Architekt Gaudi ausgesagt hat, daß am Bau einer richtigen Kathedrale mehrere

Generationen beteiligt sein und daß dies Jahrhunderte dauern müsse. Er sammelte persönlich Geld für die Kathedrale, die einmal zwölf hohe Türme haben soll und auch heute noch nicht fertig ist. Dieses langfristige Projektieren hat damals einen ungeheuren Eindruck auf mich gemacht.

"Damit man sich am nächsten Morgen noch ins Gesicht schauen kann"

W.W.: Sie beginnen Ihr Buch "Projekt Ermutigung" mit dem Satz: "Es geht ein Gespenst um in Europa: die Resignation". Welche Merkmale der Resignation sehen Sie derzeit bei den Menschen?

R. Jungk: Ich bemerke, daß sehr viele Menschen - vor allem jüngere - einen sehr kurzen Atem haben. Während die 68er noch von dem Marsch durch die Institutionen gesprochen haben, erwarten viele Menschen heute sofortige Erfolge und messen vor allem alles an diesem schnell zu erreichenden Ziel. Gelingt das Projekt nicht sofort, wird es aufgegeben. Ich bin der Ansicht, daß man gesellschaftliches Handeln nicht am Erfolg messen sollte, sondern daß man entsprechend handeln muß, weil man es für wichtig und richtig hält. Deswegen versuche ich den Menschen, speziell den Jugendlichen, immer wieder zu sagen: "Tut es für Euch selber, damit Ihr innerlich stark bleibt, damit Ihr Euch als Persönlichkeit aufrecht erhaltet und Euch am nächsten Morgen noch ins Gesicht schauen könnt. Bemüht Euch darum, daß Euer Leben einen Sinn hat, selbst wenn Ihr noch nicht sicher seid, wohin es führt." Ich halte es für wichtig, an diesen innerlich bedingten Egoismus der Menschen zu appellieren, damit sie bemerken, daß nicht der berufliche oder finanzielle Erfolg das Wichtigste ist, sondern daß sie als Persönlichkeit vor sich selber bestehen können, sich nicht innerlich zersplittern und zu früh verzweifeln.

W.W.: Welches sind die Gründe für die heute stark verbreitete Resignation und die Selbstzweifel vieler Menschen: hat dies äußere Gründe - Ökologiekrise, drohende kriegerische Auseinandersetzungen, Arbeitslosigkeit - oder sind es mehr individuell-geistige Gründe, im Sinne von Lethargie, Initiativ- und Ideenlosigkeit, bei dem einzelnen Menschen?

R. Jungk: Das eine bedingt meist das andere. Auf der einen Seite meinen viele Menschen, die Strukturen unseres Systems seien unerschütterlich. Dazu möchte ich bemerken, daß die Fundamente dieser Strukturen längst sehr weit erschüttert sind, vor allem ist die innere Gewißheit und das Selbstvertrauen derer, die dieses System stützen müssen, verschwunden. Das ist für mich ein sicheres Anzeichen dafür, daß sich eine Veränderung vorbereitet. Die "Mächtigen" sind innerlich tief verunsichert, man kann vom Selbstzweifel der Eliten sprechen. Für diese innerliche Verunsicherung habe ich viele viele Belege.

Wenn man aber an die Übermacht derer, die vorläufig noch das Sagen haben, glaubt, und wenn man annimmt, daß sie unüberwindbar stark sei, wird man schlaff. Wenn man sich nicht auf den Weg macht, Widerstand zu leisten, kann man auch nicht die "Muskeln" - vor allem seelisch-geistige - entwickeln, die man braucht, um diesen Weg bis zu Ende zu gehen. Wenn ich mich einer derart vermuteten Ohnmächtigkeit ergebe, scheint mir das Ziel bald unerreichbar. Und es wird dann wirklich unerreichbar, weil ich nicht mehr bereit bin, meinen Beitrag zur Änderung dieses letztlich verhängnisvollen Systems leiste. Hinzu kommt, daß unsere heutige Zivilisation eine außerordentliche Fülle von kurzzeitiger Ablenkung bietet, so daß man sich über dieses tiefere Leiden des Versagens glaubt hinwegtrösten zu können. Aber am Tage des Aufwachens ist die Verzweiflung dann umso größer. Schon allein an dem Drogenproblem kann man deutlich sehen, wie viele junge Menschen keine Hoffnung mehr haben und keinen Horizont mehr sehen können.

W.W.: Kennen Sie das Phänomen, daß jüngere Menschen voller Ideale für ein Ziel eintreten, sich an irgendeiner Stelle dieser zerfallenden Welt für etwas Neues engagieren, dann aber - etwa um das 30. Lebensjahr herum - von ihren Idealen abfallen, daß sich diese Ideale verdunkeln und die Menschen nur noch privat-egoistischen oder berufsspezifischen Interessen nachgehen?

R. Jungk: Dafür gibt es mehrere Gründe: Ein jüngerer Mensch ist meist noch sehr frei und muß sich noch nicht für eine bestimmte berufliche Existenz entscheiden, so daß er sich noch alle möglichen Experimente erlauben kann. Aber irgendwann muß man seine Laufbahn beginnen, sich entscheiden, seinem Leben eine Richtung geben, eine Familie gründen usw. Dadurch verengt sich der eigene Gesichtskreis sowie die Entscheidungsmöglichkeit für dies oder jenes Lebensexperiment. Meist versucht man dann die Kräfte, die vorher in das Allgemeine, auf die Menschheit und auf die Welt gerichtet waren, auf das persönliche Fortkommen zu konzentrieren. Diese Privatismen werden dann zum Ersatz für das Weltinteresse. Natürlich ist das verständlich. Nur wenn man einsieht, daß die kleine private Insel, die man für sich bebaut, gerade dann gefährdet ist, wenn das Ganze in eine Krise gerät, dann weiß man, daß man sich nicht lange isolieren kann. Wenn man sich nur um sein eigenes Stückchen Land kümmert und nicht bemerkt, daß das eigene Gärtchen in einem erdbebengefährdeten Gebiet liegt, so wird man eines Tages bemerken, daß auch dieses Gärtchen nicht bestehen bleiben kann.

Die verborgenen Möglichkeiten des Alters

Allerdings gibt es viele Menschen, die diese Zusammenhänge in einem späteren Lebensalter einsehen. Das Interessante ist, daß in den Veränderungsbewegungen heute vor allem Menschen unter 25 Jahren und über 60 Jahren versammelt sind. Das sind diejenigen Menschen, die nicht in der Altersgruppe des praktischen, karriereaufbauenden Wirkens sind. Diese Menschen haben die Freiheit des Alters oder die Freiheit der Jugend. Natürlich wird diese Freiheit von sehr vielen Jungen und sehr vielen Alten nicht genutzt. Viele ältere Menschen sind dazu auch kaum noch in der Lage, weil sie gesundheitlich schwer angeschlagen sind. Allerdings mache ich die interessante Erfahrung, daß, wenn man mit älteren Menschen länger spricht, sie ihre versteckten und verborgenen Möglichkeiten wiederentdecken, so daß sie ihre ungenutzte Freiheit erkennen und ihrem Lebensende doch noch einen Sinn geben können.

Vielleicht klingt es etwas spaßig, aber ich versuche gerade in letzter Zeit häufig bei älteren Menschen in der Weise zu missionieren, daß ich sie dazu ermuntere, noch etwas in ihrem Leben zu vollbringen. Ich lege ihnen zum Beispiel nahe, daß sie in den sozialen Bewegungen viel bewegen können, indem sie zum Beispiel für einen anderen, der wenig Zeit hat, einspringen. Auch denke ich, daß es so etwas wie Altersweisheit gibt und daß das Alter nicht nur eine Verringerung der Fähigkeiten bedeutet, auch wenn vieles - das Gebrechlichwerden des Körpers oder das Nachlassen des Gedächtnisses - dafür spricht. In vielen Bereichen bringt das Alter auch eine Erweiterung: man hat eine größere Erfahrung, man hat einen größeren Überblick, entwickelt vielleicht sogar Lebensweisheit.

Die einzelnen Widerstandsformen als Facetten einer Gesamtbewegung

W.W.: Es gibt die verschiedensten Formen des Widerstandes; in der BRD waren es die 68er-Bewegung sowie die Friedensbewegung, die phasenweise mit der größten Kraft und Aufbruchstimmung aufgetreten sind; nun wurden die sehr hoch gesetzten Ziele nicht oder zumindest nicht direkt erreicht - Räterepublik, Abschaltung aller AKWs, das Verschwinden sämtlicher Raketen -, aber heißt das, daß diese Bewegungen keine Spuren hinterlassen hätten?

R. Jungk: Auf jeden Fall ist sehr viel von der Kraft übriggeblieben, unabhängig von dem, was alles erreicht oder nicht erreicht worden ist. Ohne die 68er-Bewegung hätte es keine Frauen- und Friedensbewegung gegeben, genausowenig wäre es zur Dritte-Welt-Bewegung und zur Ökologiebewegung gekommen. Es ist so, daß diese in vielen Bereichen zusammenhängen. Wer sich zum Beispiel anders ernährt, wird irgendwann bemerken, daß man auch die ökonomischen Verhältnisse ändern muß, und zwar deswegen, weil er sich mit der Nahrungsmittelindustrie beschäftigt hat. Das heißt, daß man also die Zusammenhänge dieses alten Systems zu erkennen beginnt. Wo immer man anfängt, dieses System in Frage zu stellen, wird es einen dazu führen, es auch in anderen Bereichen zu hinterfragen. Meist bleibt es da natürlich nicht bei dem Hinterfragen, sondern man versucht Wege zu gehen, die neuartig und anders sind. Die vielen kritischen Einzelbewegungen stellen in Wirklichkeit Facetten einer Gesamtbewegung dar. Meiner Meinung nach gehen wir bereits auf eine neue Zivilisation zu, die schon in vielen Details neues Bewußtsein geschaffen, anderes Handeln bewirkt hat.

W.W.: Sie kritisieren am Widerstand gegen die AKWs, daß dieser am Bauzaun eines konkreten Objekts ausgedrückt wird; sehen Sie darin eine falsche Strategie, eine Konzeptionslosigkeit?

R. Jungk: Es ist so wie ein Stier, der auf ein rotes Tuch zuläuft. Zwar war es wichtig, daß man diese Aktivitäten im Ansatz ausprobiert hat, aber darüber hinaus muß man sich natürlich auch mit anderen Formen des Widerstandes - zum Beispiel die Entwicklung alternativer Energien - beschäftigen. In der militärischen Strategie gibt es eine ganz bestimmte Taktik, nämlich den Gegner auf einen gezielten Punkt zu fixieren. Dadurch ist er unfähig, die Gesamtschlacht zu gewinnen, weil er auf das eine Objekt losgeht, gleich-

Brokdorf 1976

zeitig aber die Fähigkeit verliert, das Ganze zu sehen und es zu bekämpfen. Es ist in der Strategie eine ganz bekannte Erscheinung, daß man die Gegner sich festrennen läßt. Den Widerstand gegen Wackersdorf fand ich zwar richtig, daß man sich aber so ausschließlich darauf fixiert hat, ging mir zu weit.

Korrumpierung des Volkswillens durch raffinierte Werbung

W.W.: Gäbe es in der BRD die direktdemokratische Volksgesetzgebung, so könnten die AKWs, beginnend mit einer Volksinitiative bis hin zu einem Volksentscheid, abgeschaltet werden. Sind Sie der Meinung, daß man in der BRD diese Volksgesetzgebung einführen sollte, den Bürgerinnen und Bürgern dieses Landes also die Möglichkeit einzuräumen, mit einer Volksinitiative dem Parlament einen Gesetzesvorschlag zu unterbreiten, über den - nach Ablehnung durch das Parlament - ein Volksbegehren eingeleitet werden dürfte, welches letztendlich - bei entsprechender Stimmenzahl - zu einem Volksentscheid führen würde?

R. Jungk: Da bin ich skeptisch, und zwar aus politischer Erfahrung. Im Prinzip bin ich für Volksinitiativen, habe auch lange in der Schweiz gelebt und viele der dortigen Referenden mitgemacht. Aber wir leben heute in einer Zeit, in der die Werbung eine ganz eigene Rolle spielt, und ich habe bemerkt, wie auch in der Schweiz bei Volksbegehren die Werbung eine so große Rolle spielt, daß sehr viele Menschen nicht mehr entsprechend ihrer ursprünglichen Meinung gestimmt haben. Die Verführung durch die Werbung ist ein realer Faktor. Und da die andere Seite immer über die stärkeren Finanzmittel verfügt, mit denen sie die psychologisch raffinierteste Reklame bezahlen kann, kommt bei solchen Referenden oftmals nicht der wirkliche Volkswille zum Ausdruck, sondern der von der Werbung verführte Volkswille.

Das zeigte sich auch in der Bundesrepublik Deutschland bei der letzten Bundestagswahl, die zu einer Zeit stattfand, als laut Meinungsumfragen 70 bis 80 % der Bundesbürger den Rüstungs- und Atomkurs der bestehenden Regierung ablehnten, trotzdem wurde die CDU/CSU/FDP-Koalition wiedergewählt. Weshalb? Weil in der Wahlpropaganda der Regierungsparteien andere Bereiche, wie Sicherheit, Angst vor dem Chaos, wirtschaftlicher Wohlstand, Ablehnung von Experimenten usw. - ins Spiel gebracht wurden.

Ein ähnliches Problem sehe ich auch dann auftreten, wenn heute Volksabstimmungen in der Bundesrepublik möglich wären. Denn aufgrund geschickter Kampagnen könnten Abstimmungsergebnisse herauskommen, die nicht der wirklichen Meinung der Bundesbürger entsprechen würden. Das ist für mich eine große Sorge. Zwar würde ich immer für die breiteste Aufklärung in jeder Sachfrage eintreten, aber für Volksentscheide würde ich mich nicht einsetzen. Manche Leute verstehen es nicht, daß ich die Volksentscheid-Initiativen von Wilfried Heidt aus Achberg - früher auch von Joseph Beuys - und allen anderen nicht unterstütze, aber es ist meine politische Erfahrung, die mich hier zögern läßt. Zum Beispiel ist die Initiative in der Schweiz für ein besseres Asylrecht ganz nach hinten rausgegangen.

W.W.: Ich denke, daß man einerseits differenzieren müßte, andererseits die direkte Volksgesetzgebung elementarer betrachten sollte. Was Sie über die Bundestagswahl sagten, spricht meines Erachtens gerade für die Einführung der direkten Volksgesetzgebung, denn die Meinungsumfragen zeigten, daß die Mehrheit der Bevölkerung der BRD gegen den Rüstungskurs der Regierung war, aber sie hatten keine Möglichkeit, dieses per Volksgesetzgebung auszudrücken. In einer Wahl aber gibt es lediglich das Gesamtpaket Partei und damit verwischen wiederum die Grenzen einzelner Sachfragen. - Auf der anderen Seite: Wenn man die Volksgesetzgebung, im Falle daß sie eingeführt werden würde, mit klaren Richtlinien versieht, sieht es dann für Sie nicht anders aus? Wenn man zum Beispiel eine Medienklausel einführt, mit der Gegner und Befürworter einer Gesetzesinitiative unter gleichen Bedingungen in den größeren Medien - gesetzlich festgelegt - das Recht hätten, ihre Standpunkte darzulegen. Das ist ein entscheidendes Glied der ganzen Kette, ohne dieses geht es nicht.

R. Jungk: Einverstanden. Dann wäre es fabelhaft, und ich könnte dem zustimmen. Aber ich bin skeptisch, ob man das einrichten würde. Allerdings kann man es verlangen.

W.W.: Muß das Volk aber darüber hinaus nicht das Recht haben, über jedes Gesetz abstimmen zu dürfen, gleich wie diese Abstimmung ausfällt?

R. Jungk: Im Grunde bin ich der Meinung, daß jede Form der Abstimmung - also das einfache Kreuz für Ja oder Nein - für mich ein zu verkürzter Prozeß der Meinungsabgabe ist. Ich nenne das "Analphabeten-Demokratie". Die Meinung jedes einzelnen sollte sehr viel ausführlicher zum Ausdruck kommen. Ich habe da zum Beispiel eine völlig verrückte Idee: In der Wahlkabine könnte ein Tonband stehen, auf das jeder, der seine Stimme abgibt, gleichzeitig seine Ideen, seine Kritik und seine sonstigen Ansichten auf Band sprechen sollte, so daß die Abgabe seiner Stimme durch dieses Gesprochene bereichert wird. Man ist heutzutage in der Lage, enorme Mengen von Informationen zusammenzufassen, um daraus ein Meinungsprofil zu erstellen. In so einem Falle wäre man gezwungen, der vielfachen ausführlichen Bekanntgabe des Willens der Millionen Einzelwähler Rechnung zu tragen. Die Reduktion auf Abstimmungszahlen, also auf das Quantitative, widerspricht den Erkenntnissen der Ökologie.

Vielleicht gerät unser Gespräch jetzt zu einer philosophischen Diskussion, aber ich bin der Meinung, wenn sich die Ökologiebewegung auf diese Reduktion einläßt, daß sie sich dann auf das geistige Gebiet des Gegners begibt, denn der Gegner mißt ja alles mit Zahlen. Mit reinen Zahlenresultaten kann ich aber nicht die Angst, die Emotionen und Phantasien der einzelnen Menschen erfassen. Wenn ich die Menschen so beschränke, ist dies eine entsetzliche Vereinfachung seiner komplexen Gesamtwesenheit.

W.W.: Ist das jetzt nicht eine Verwechslung von Geistesleben und Rechtsleben? Werden nicht alle Ideen und phantasievollen Vorschläge nur dadurch möglich, daß in einem Staat die Möglichkeit zur direkten Volksgesetzgebung vorhanden ist, die aus dem geistigen Fundus der Mitbürgerinnen und -bürger entsprungene Idee sich in eine Gesetzesvorlagen gekleidet wird, über die dann letztendlich in einem Rechtsakt abgestimmt werden kann? Das Rechtsleben zieht sich doch hinein bis in das Zusammenleben aller Menschen hinein: auch wir beide waren genötigt, verschiedene Kompromisse zu machen, Termine zu verschieben usw., damit dieses Interview hier an diesem Ort zu diesem Zeitpunkt stattfinden konnte. Das ist letztendlich auch ein Rechtsakt zwischen uns beiden, wenn auch keine Abstimmung im üblichen Sinne, hat aber nichts mit den Ideen und Gesprächsgegenständen zu tun, die wir in diesem Interview bewegen. Und so meine ich auch, daß sich letztendlich im Staatsleben alles in einer demokratischen Entscheidung niederschlagen sollte.

R. Jungk: Nur muß man sich dann darüber im klaren sein, daß dies eine reduzierte Form ist.

W.W.: Sicherlich, aber ich glaube kaum, daß es anders möglich ist. Die Entscheidung - ich bin für AKWs oder ich bin gegen AKWs - ist bei jedem einzelnen Bürger das Ergebnis des Nachdenkens über ein Sachproblem.

R. Jungk: Damit bin ich einverstanden, möchte aber gleichzeitig betonen, daß Abstimmung nur die eine Form des Ausdrucks sein kann. Hinzukommen muß das, was ich mit meinen Zukunftswerkstätten initiiere.

W.W.: Diese Zukunftswerkstätten können sich mit der Möglichkeit der direkten Volksgesetzgebung verbinden. Die Ideenvielfalt, die in Ihren Zukunftswerkstätten zum Ausdruck kommt, kann erst dann richtig zur Gültigkeit kommen, wenn in einem Staat per Gesetz die Möglichkeit zum Volksentscheid geschaffen worden ist, so daß verschiedene Ideen, die in den Zukunftswerkstätten geschaffen werden, auf diesem direktdemokratischen Wege zur Verwirklichung gebracht werden können.

R. Jungk: Das ist sicherlich richtig. Ich möchte nur entschieden zum Bewußtsein bringen, daß das Kreuz bei der Abstimmung eine verkürzte Möglichkeit des Ausdrucks ist. In einer Demokratie müßte zudem auch immer die Möglichkeit bestehen, einmal getroffene Entscheidungen auch sehr bald zu widerrufen, damit eine Situation von gestern nicht für längere Zeiten festgeschrieben wird. Dieses unsinnige Berufen der Parteien auf die einmalige Legitimierung durch die Wahl ist ein ungutes Element. Unsere Zeit ist so schnellebig, daß sich bereits ein bis zwei Jahre nach der Wahl oftmals der Zustand der Umwelt, der Bewußtseinszustand der Menschen und vieles mehr völlig verändert hat. Trotzdem fühlen sich die Politiker weiterhin legitimiert.

W.W.: In Ihrem Buch "Projekt Ermutigung" stellen Sie auf Seite 66 die Einseitigkeit der repräsentativen Demokratie dar und fordern mehr demokratischen Mut. Was kann das anderes sein als die Schaffung von direktdemokratischen Elementen?

R. Jungk: Natürlich, das ist damit gemeint. Ich stimme allen direktdemokratischen Formen zu. Man darf sich aber auch nicht durch Stimmzahlen repräsentieren lassen!

W.W.: Rudolf Bahro schlägt eine Art Philosophenkönigtum vor, in dem von der Wahrheit Erleuchtete geistige Prinzipien und Handlungsrichtlinien vorschlagen und durchsetzen sollten. Ist dieses Guru-Prinzip der richtige Weg?

R. Jungk: Natürlich nicht. Ich bin mit Bahro persönlich befreundet und ich schätze ihn sehr. Allerdings ist Rudolf Bahro noch in einem Maße, welches er selber nicht einsehen kann, durch den Stalinismus geprägt und von daher verkündet er dieses Führer-Prinzip bzw. dieses Philosophenkönigtum. Ich versuche ihm immer wieder nahezubringen, daß man für neue Verhältnisse keine alten Prinzipien oder Begriffe anwenden kann, aber Bahro kann dies nicht einsehen. Was ich allerdings sehr an ihm schätze, ist, daß er - auch wenn er auf meine Kritik noch nicht eingegangen ist - mir seine Freundschaft keineswegs gekündigt hat. Wir haben ein gutes menschliches Verhältnis miteinander und denken gegenseitig über unsere Anregungen nach.

"Die Begegnung mit Sterbenden in Hiroshima war eine entscheidende Wende in meinem Leben"

W.W.: Was sind die Zukunftswerkstätten und wie kamen Sie auf die Idee?

R. Jungk: Diese Idee geht auf eine entscheidende Wende in meinem Leben zurück, und zwar war dies in den fünfziger Jahren, als ich in Hiroshima war. Es war in dem Moment, als zwei alte Leute mit mir sprachen und mich fragten: "Wie war es möglich, daß die Atomwissenschaftler nichts von diesen verheerenden Langzeitfolgen gewußt haben." Sie meinten besonders auch die Spätschäden, die sie selbst erlitten, denn es waren zwei sterbende Menschen, bei denen sich die Leukämie erst ca. zehn Jahre nach dem Abwurf der Atombomben bemerkbar gemacht hatte. Ich war damals Reporter und bemerkte, daß ich eigentlich immer nur den News hinterherrannte, aber nur selten daraus die Konsequenzen zog. Mir ging plötzlich auf, daß es höchst wichtig sei, die künftigen Folgen heutigen wissenschaftlich-technischen Handelns aufzuzeigen. Der Beginn mit der Beschäftigung der Zukunft ist der Augenblick gewesen, in dem ich mir klargemacht habe, daß ein verantwortliches Handeln nur dann möglich ist, wenn man weit über den gegenwärtigen Augenblick hinausdenkt und bei allem Handeln die möglichen Folgen für

Hiroshima nach der Explosion der ersten Atombombe am 6. August 1945

die Zukunft miteinbezieht. Das bedeutet allerdings nicht, daß ich Versuche unternommen habe, die Zukunft vorauszusagen. Vielmehr ist das "Prinzip Verantwortung" im Sinne von Hans Jonas mein Leitfaden geworden.

Zu diesem Zeitpunkt begann meine Tätigkeit als "Zukunftsforscher". Ich habe dann in Paris bei Bertrand de Jouvenel gelernt, daß eine solche Zukunftsforschung im deutschen Sprachraum noch nicht vorhanden war und anschließend in Wien mit Unterstützung des Erziehungsministeriums ein Institut für Zukunftsfragen gegründet.

Aber nach einiger Zeit wurde mir deutlich, daß sich mit Zukunftsfragen vorwiegend Experten beschäftigten und die Bürger ausgeschlossen waren. 1967 haben wir in Oslo eine Konferenz von Teilnehmern aus fünfzehn oder sechzehn Ländern, abgehalten, die aufgrund einer Anfrage eines Kanadiers an mich entstand. Er fragte mich, ob ich eine Idee für die Friedensbewegung hätte, und ich habe ihm geantwortet, daß meiner Ansicht nach die Friedensbewegung - und das gilt bis heute - zu wenig Vorstellungen einer konkreten zukünftigen friedlichen Welt hat. Um eine Konkretion einer derartigen friedlichen Zukunftswelt zu bekommen, haben wir in Zusammenarbeit mit den Quäkern eine Ausstellung - "Menschheit 2000" - vorbereitet. Die englische Labour-Regierung unterstützte dieses Projekt. Es wurde vor seiner Vollendung fallengelassen, als sie von den Konservativen abgelöst wurde. Immerhin haben wir dann alle, die sich für dieses Ausstellungsprojekt interessiert haben, in der Konferenz in Oslo im Jahre 1967 zusammengebracht. Dies war die erste internationale Konferenz von "Zukunftsforschern".

In einer Diskussion kam heraus, daß die Experten, die Politiker und die Industrie-manager die Zukunft "kolonisieren". Früher kolonisierte man sich nur den Raum, jetzt begann man damit, sich die Zeit durch Vorausplanung zu unterwerfen. Aus dieser Er-kenntnis ensprang die Frage, wie wir möglichst viele Menschen an dem Entwurf und der Gestaltung des Kommenden beteiligen könnten. Mein Bemühen ging in die Richtung, Wege zu finden, wie man die soziale Kreativität der Menschen stärker entfachen könne. In diesem Zusammenhang habe ich mich mit der amerikanischen Kreativitätsforschung beschäftigt und stieß dabei auf die Idee des "brain-storming" von Osborne, der diese Phantasietechnik allerdings nur für die Wirtschaft zur Kreation neuer Produkte anwen-den lassen wollte. Ich konnte nicht einsehen, daß man dieses kreative Vorgehen nur für die Ökonomie anwenden sollte und habe es deswegen auf die Erfindung von besseren sozialen und politischen Zukünften übertragen. So habe ich Anfang der sechziger Jahre die ersten Zukunftswerkstätten ins Leben gerufen, in denen Betroffene Begegnungen miteinander haben und versuchen, ihre verschütteten Potentiale freizulegen und gedank-lich soziale Veränderungen vorzubereiten.

Die Zukunftswerkstätten breiten sich aus

W.W.: Wie haben Sie diese Zukunftswerkstätten aus Ihrem engeren Umkreis in die breite Bevölkerung gebracht?

R. Jungk: Zunächst sprach es sich rum, blieb aber noch im Rahmen von Menschen, die sich bereits mit Zukunftsfragen beschäftigten. Die ersten Zukunftswerkstätten gab es in Wien, zum Beispiel am 1. Mai mit den Jungsozialisten, zur Zeit der Regierung Kreisky. Ich habe sie angeregt, sich einmal nicht mit den üblichen Massendemonstrationen zu begnügen, sondern ihren sozialistischen Ministern eigene Zukunftsvorstellungen vorzu-legen. Im Museum des 20. Jahrhunderts haben wir damals vier Regierungsmitgliedern die Zukunftsideen der Jugend vorgestellt und das hat ihre weitere Arbeit beeinflußt. Die Methode der Zukunftswerkstätten sprach sich dann weiter herum, ich wurde von den verschiedensten Gruppen gebeten, solche Veranstaltungen zu leiten. 1968 bekam ich eine Honorarprofessur für Zukunftsforschung an der TU in Berlin. Es war die 68er-Bewegung, die durchgesetzt hat, daß ich diese Professur bekam. Dann habe ich an der Uni nicht nur meine Vorlesungen gehalten, sondern zusammen mit den Studenten Zukunftswerkstätten durchgeführt. Letztendlich erwies sich aber der universitäre Rahmen als zu klein, so daß wir aus den Hörsälen in das Freie gingen, zum Beispiel auf die Straße oder in die Vorhal-len der Uni, durch die sehr viele Menschen gehen. Wir haben das gemacht, um Passanten anzusprechen, die nicht mit der Hochschule zu tun haben. Auch bei der Olympiade von 1972 haben wir Zukunftswerkstätten auf der sogenannten "Spielstraße" durchgeführt.

W.W.: Welcher Art war diese Zukunftswerkstatt?

R. Jungk: Wir haben zum Beispiel Spiele versucht, die zeigten, wie sich der rivalisierende Leistungssport immer weiter bis hin zur Kriegsführung entwickeln könnte. Nach einem solchen Spiel war dann Gelegenheit gegeben, ausführlich darüber zu sprechen, wie man diesem Aggressionssport andere Möglichkeiten eines kooperativen "sanften" Sports gegenüberstellen könnte. - Sehr viel bewirkt hat auch der Artikel, "Statt auf den großen Tag zu warten", den ich Anfang der siebziger Jahre für das Kursbuch geschrieben habe.

Meine Frau drängte mich immer wieder, die Grundlagen und Erfahrungen dieser Zukunftswerkstätten aufzuschreiben. Anfänglich habe ich immer gezögert, weil ich befürchtete, daß dann daraus wieder eine Methodik für Experten entstehen könnte, aber schließlich habe ich es dann doch getan. Zusammen mit einem meiner ehemaligen Studenten an der TU, Dr. Norbert Müllert, haben wir dann das Buch "Zukunftswerkstätten. Wege zur Wiederbelebung der Demokratie" verfaßt. Dieses Buch hat sehr viel Aufmerksamkeit erregt, und man begann auch in anderen Ländern mit Zukunftswerkstätten zu experimentieren. In England wurde ein "Institut für soziale Erfindungen" gegründet, in Dänemark hat dieses Buch am allerstärksten gewirkt und ist dort bereits in der 3. Auflage verbreitet. In Dänemark sind diese Zukunftswerkstätten wohl deswegen so stark aufgegriffen worden, weil die Grundtvigsche Idee der Volkshochschulen dort so stark verbreitet ist. Professor Alfarenko aus der Sowjetunion hat auch die Idee der sozialen Erfindungen durch aktive Teilnahme der Bürger übernommen und in der kommunistischen Jugendzeitung eine Rubrik geschaffen, für die man neue soziale Ideen einsenden kann. Die Schweiz ist nach Dänemark dasjenige Land, in denen die meisten Zukunftswerkstätten gemacht werden.

Diese Methode hat sich inzwischen weit verbreitet, daß ich gar nicht mehr in der Lage bin zu überschauen, wer alles mit diesen Werkstätten arbeitet: Ich halte in Lüneburg einen Vortrag und erfahre beiläufig, daß die dortige Pädagogische Hochschule Zukunftswerkstätten als pädagogisches Konzept integriert hat, ich sitze in einem Restaurant in der Nähe von Marl, wo gleichzeitig eine Sitzung der IG Metall ist, und erfahre dort ebenfalls, daß diese Gewerkschaft bereits seit zwei Jahren mit Zukunftswerkstätten arbeitet. Diese Verbreitung durch "Mundpropaganda" finde ich viel aufregender als die Verbreitung des Buches, weil ich merke, daß sie aus einer Notwendigkeit entspringt, aus der Empfindung vieler Menschen, endlich mitreden und mitgestalten zu müssen.

In der Phantasiephase öffnen sich Tore für neue Ideen

W.W.: Schauen wir mal in so eine Zukunftswerkstatt selbst hinein: Haben Sie das Phänomen bemerkt, daß, wenn Menschen zusammenkommen und in der Lage sind, ihre persönlichen Antipathien und Sympathien hintanzustellen, entsprechend auch ihre gesellschaftliche Position, dann zwischen diesen Menschen ein geistiges Gefäß entsteht, Tore geöffnet werden für Ideen, die man nur in dieser Konstellation erbildet und die einem als Einzelpersönlichkeit nicht gekommen wären?

R. Jungk: Bei diesen Zukunftswerkstätten macht man die erstaunlichsten Wahrnehmungen; was ich vor allem gemerkt habe, ist, daß Menschen, die neue Ideen vor anderen Menschen aussprechen, nicht das Gefühl haben, das, was sie da mitteilen, sei "verrückt".

Denn sie wissen immer, daß auch andere Menschen dabeisitzen, die in der Lage sind, das, was man selber ausspricht, zu kontrollieren, so daß man keine Wahnideen produzieren kann. In solchen Situationen traut man sich etwas auszusprechen, was man sonst nicht sagen würde. Auf der anderen Seite beobachte ich ein sehr starkes Wachsen des Selbstbewußtseins der einzelnen Teilnehmer, weil sie merken, daß sie auch etwas beitragen können und nicht immer alles nur stumm erdulden müssen.

Am beachtenswertesten erscheint mir allerdings eine Art psychologischer Effekt, der während dieser Zukunftswerkstätten - und zwar innerhalb der Phantasiephase - entsteht, in der ein realitätsferner Raum entsteht, der normalerweise als etwas Negatives gesehen wird. Die meisten Menschen leben ihr gesamtes Leben in einer Realität, die sie von allen Seiten einschränkt, bei der sie diese oder jene Vorschrift beachten müssen. Und so wirkt die Realität normalerweise phantasiehemmend und aktionsbeeinflussend. Aber innerhalb dieser Phantasiephase sind die Menschen angeregt, sich Dinge auszudenken, bei denen sie nicht gleichzeitig belegen müssen, welche Folgen diese Neuentdeckungen hätten, würden sie in die Tat umgesetzt. Dadurch kommt eine Wirkung zustande, an die ich nie geglaubt hätte, und die von den meisten Teilnehmern als ungeheuer befreiend erlebt wird.

Es gibt allerdings auch eine ganze Reihe von Menschen, die nicht mehr in der Lage sind loszulassen, die nicht mehr ohne Realitäts- oder Verwirklichungsabhängigkeit denken können. Aber durch die Tatsache, daß Menschen uneingeschränkt Ideen äußern können und andere Menschen diese Ideen mit ihnen gemeinsam bewegen - unabhängig von ihrer gesellschaftlichen Position -, entsteht ein neuer Freiheitsraum, gleichzeitig aber ein Ichbewußtsein, welches sonst von den Individualitäten nicht erlebt wird. An diese seelisch-geistigen Prozesse innerhalb des einzelnen Teilnehmers und der Teilnehmer miteinander haben wir zuerst gar nicht gedacht. Uns ging es zunächst vornehmlich um die Ergebnisse, die man sich ausdachte. Aber diesen Produktionsprozeß der Phantasie sollte man in seiner Bedeutung auf gar keinen Fall unterschätzen. Ferner hat sich herausgestellt, daß es gar nicht so entscheidend ist, ob die jeweiligen Menschen originelle Ideen produzieren, sondern daß es viel wichtiger ist, daß sie an der Ideenbildung persönlich mitbeteiligt sind. In diesem Falle wird ihnen eine Idee nicht von außen aufgedrückt, sondern sie sind von Anfang an solidarisch mit ihren Ideen.

"Ein echtes Experiment birgt einen Wagnisfaktor in sich"

W.W.: Haben die Menschen, nachdem sie innerhalb der Zukunftswerkstätten dieses stärkere Ichbewußtsein und das höhere Freiheitsbewußtsein erlebt haben, auch die Kraft, mit den dort entwickelten Ideen an ihrem Arbeitsplatz und in ihrem sonstigen Menschenumkreis neugestaltend zu wirken?

R. Jungk: Ich meine ja. Selbst wenn sie nicht dezidiert in diese Richtung wirken, so haben sie doch während der Zukunftswerkstätten eine so deutliche Ichstärkung erfahren, daß sie sich im sonstigen Umfeld ihres Wirkens ganz anders als vorher verhalten.

Selbstverständlich gibt es auch einen Frustrationseffekt, nämlich dann, wenn sie Zukunftswerkstätten im Enthusiasmus des Möglichen durchleben und danach mit der Realität unserer heutigen Welt konfrontiert werden. Viele Leute leiden darunter sehr. Deswegen müßten wir immer mehr darauf achten, nicht nur die soziale Innovation und Ichstärkung während der Zukunftswerkstätten anzuregen, sondern auch dazu überzugehen, erdachte Projekte zumindest in ihren Anfängen zu realisieren. Nachdem Norbert Müllert und ich ein Buch über soziale Phantasie geschrieben haben, wäre nun ein Buch über soziale Experimente an der Reihe.

Oftmals macht man auch den Fehler, soziale Experimente gleich zu groß anzulegen. Man behauptet, daß Gorbatschows Perestroika ein soziales Experiment sei. Ein echtes Experiment kann man ständig verbessern und sogar ganz zurücknehmen. Das aber, was in der Sowjetunion geschieht, muß gelingen, es muß vorsichtig vorgegangen werden. Ein echtes Experiment dagegen darf nicht pedantisch sein, sondern es muß einen Wagnisfaktor, etwas Unvorhergesehenes in sich bergen.

Eine Gesellschaft, die derart erschüttert ist wie die unsrige, ist meines Erachtens offen für soziale Experimente. Als ein notwendiges Experiment könnte ich mir zum Beispiel einen Betrieb denken, der nicht rationalisiert, sondern mehr Arbeiter beschäftigt, und daß man unter Einschluß der gesamten Nachfolgekosten alle Vor- und Nachteile durchrechnet. So etwas praktisch auszuprobieren, könnte erstaunlich positive Folgen haben.

W.W.: Derartige Projekte gibt es ja schon sehr viele, und sie haben es sich zur Aufgabe gesetzt, diese Ansätze zu sammeln und miteinander zu verbinden?

R. Jungk: Ja, die Zahl sozialer Projekte, Experimente und Modelle ist weltweit schon recht groß und deswegen haben wir einen "Katalog der Hoffnung" angelegt, in dem wir eine Auswahl solcher Projekte vorstellen. Es gibt heute schon eine große Anzahl von sozialen Experimenten, über die man viel zu wenig informiert ist. Und deswegen legen wir eine Datenbank an, in der wir eine Kurzbeschreibung aller Projekte sammeln. Eine Aufgabe ist es für uns, diejenigen Projekte miteinander bekanntzumachen, die noch nichts voneinander wissen, aber durchaus voneinander lernen könnten.

Unser Ziel ist es, jedes Jahr einen "Katalog der Hoffnung" mit etwa 60 ausgewählten Projekten vorzustellen. Der erste wird 1989 im Verlag Luchterhand erscheinen. Meist lassen wir die Projektinitiatoren ihre Arbeit selbst beschreiben. Das kann natürlich zu Problemen führen, da wir nicht prüfen können, ob sie ihre Initiative objektiv darstellen. Denn hin und wieder wird Traum und Wirklichkeit verwechselt.

Ich bin der Überzeugung, daß durch solche kleinen Neuanfänge eine große Veränderung vorbereitet wird. Obwohl viele von diesen Projekten momentan noch kaum ohne äußere Hilfe lebensfähig sind, können sie schon morgen lebensfähig sein, wenn ihr gesellschaftlicher Wert erkannt wird. Ein weiterer Effekt der Veröffentlichung dieser Projekte dürfte sein, daß sie dann öffentlich unterstützt werden, weil sie ohne Subventionen auf dem Markt meist nur schwer bestehen können. Ich sehe aber nicht ein, warum man nur traditionelle Sozialformen subventioniert, wie zum Beispiel im Bergbau, Kleinbauern und den Großteil der Landwirtschaft, die ohne Subventionen überhaupt nicht mehr existieren kann. Weshalb sollte man nicht auch Zukunftsweisendes subventionieren?

"Ich setze auf die motivierende Kraft der Krise"

W.W.: Wir schreiben das Jahr 1989, zweihundert Jahre nach der Französischen Revolution; was heißt das für Sie in diesem Jahr: Welche Revolution haben wir heute zu vollziehen?

R. Jungk: Man sollte endlich die Ideen der Französischen Revolution ernstnehmen. Die Französische Revolution hat nur einen Bruchteil ihrer Versprechungen erfüllt, denn wir haben bis heute keine wirkliche *Freiheit*. Die heutigen Menschen sind auf vielfältigste Weise beherrscht. Nur in einem Klima größerer Freiheit kann soziale Phantasie sich entwickeln. Dadurch kann es bewirkt werden, daß neuartige Vorhaben nicht nur am Rande dahinvegetieren oder als gegen die Gesellschaft gerichtet verketzert werden. Die in die Krise geratenen Gesellschaften sollten experimentell eingestellt sein, denn das verheißt ihnen Rettung.

Gleichheit unter heutigen Bedingungen bedeutet für mich, daß jeder Mensch die Chance haben sollte, überall gleichberechtigt mitzuplanen und mitzuarbeiten, also wirkliche Partizipation.

Als *Brüderlichkeit* erhoffe ich erhöhte menschliche Zuwendung, Freundschaft und Liebe. Für mich ist es immer ein echtes Erlebnis gewesen, daß die heutigen sozialen Bewegungen nicht nur aus Ideen leben, sondern auch auf persönliche Freundschaft, Sympathie und gemeinsames Erleben und Handeln gebaut sind. Was mich immer gestört hat, sind starre politische Programme. Es hat mir immer sehr wehgetan, daß politisch engagierte Menschen zum Werkzeug einer Ideologie gemacht worden sind. Das Neue an den heutigen sozialen Bewegungen ist dagegen, daß hier der Mensch selbst etwas in Bewegung bringt, daß menschliche Beziehungen und Freundschaften entstehen und daß in ihnen der "Wärmestrom des Sozialismus" lebt.

Die Bedrängnisse der Krisen und die sich häufenden Zusammenbrüche können zwei Folgen haben: Zum einen können die Menschen durch Katastrophen geknickt oder gelähmt werden, zum anderen aber kann sie der drohende Zusammenbruch lebendig machen, er kann sie aktivieren, so daß sie sich zu wehren und nachzudenken beginnen, wie sie diese Lage verändern könnten. Und auf diese Chance setze ich! Ich setze auf die motivierende Kraft der Krise und glaube nicht an jeglichen Untergangspessimismus.

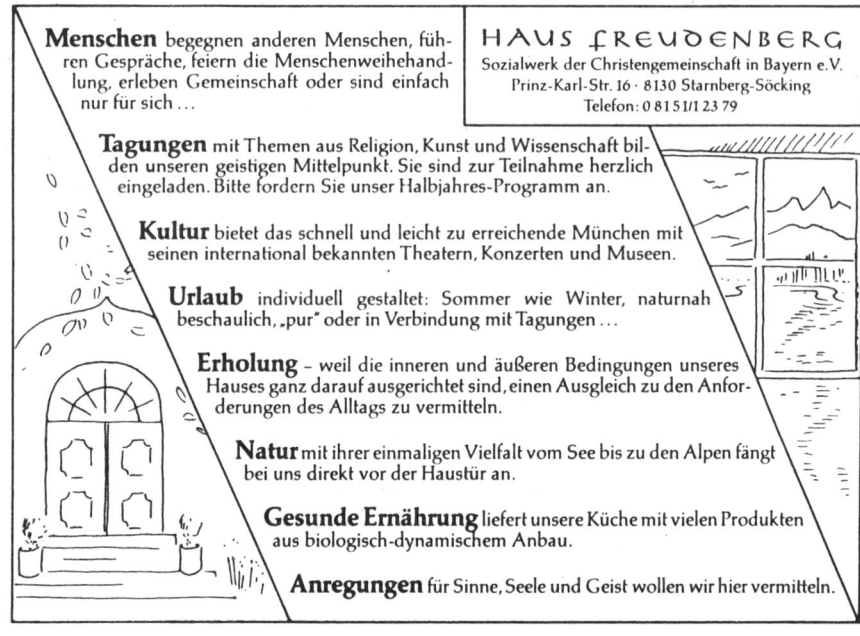

Auf dem Weg zur Wirklichkeit

INTERVIEW MIT DR. KARL-MARTIN DIETZ
von Klaus-Dieter Neumann

Dr. Karl-Martin Dietz, *geb. 1945; Studium der Klassischen Philologie, Germanistik und Philosophie, daneben auch der Wirtschaftswissenschaften in Heidelberg, Tübingen und Rom. 1975 Promotion mit einer Arbeit über vorsokratische Philosophie. 1974 bis 1980 Lehrtätigkeit an der Universität Heidelberg. 1978 Mitbegründer des Friedrich-von-Hardenberg-Instituts für Kulturwissenschaften in Heidelberg. Mitglied des Vorstands der Anthroposophischen Gesellschaft in Deutschland, Arbeitszentrum Frankfurt, und des Leitungskollegiums der Sektion für Schöne Wissenschaften der Freien Hochschule für Geisteswissenschaft, Goetheanum.*

Buchveröffentlichungen: "Die Suche nach Wirklichkeit - Bewußtseinsfragen am Ende des 20. Jahrhunderts", Stuttgart 1988; "Metamorphosen des Geistes. Prometheus - vom göttlichen zum menschlichen Wissen", Stuttgart 1989.

Seit nunmehr rund zwanzig Jahren entfalten auf den verschiedenen Berufs- und Lebensfeldern die anthroposophischen Einrichtungen eine auch von der Öffentlichkeit immer stärker wahrgenommene und anerkannte Wirksamkeit. Daß diese - wie auch jeder gesellschaftliche Aufbruch - mit Mängeln behaftet ist, liegt auf der Hand. Weniger deutlich tritt jedoch hervor, worin gewisse Mängel begründet sind und welche konkreten

Aufgabenstellungen sich daraus ergeben. Zwei immerwährende Grundaufgaben, aus denen alle weiteren konkreten Aufgabenstellungen gewonnen werden können, sind allerdings in ihren Gesten eindeutig zu charakterisieren: das ist zum einen die Hinwendung zu den Quellen anthroposophischer Geisteswissenschaft und eine daraus resultierende *tatsächliche* Bildung von Fähigkeiten, die insbesondere im sozialen Leben mehr denn je gefordert sind. Zum anderen ist es die Öffnungsgeste zur Welt und die damit verbundene Grundaufgabe der Gesellschaftsgestaltung. Die Notwendigkeit der bewußten Gestaltung aller gesellschaftlichen Prozesse wird seit einiger Zeit konkreter erkannt, d.h. auch in gesellschaftsgestaltende Taten umgesetzt. Die Aufgabe der bewußten Strukturierung eines sozialen Organismus ist keineswegs auf die einzelne anthroposophische Einrichtung in ihrem umgrenzten Berufsfeld oder auf die Anthroposophische Gesellschaft beschränkt, sondern bezieht sich immer auch auf die gesamtgesellschaftlichen Verhältnisse.

"Wahrhaftig nicht um ein paar Träumer handelt es sich im anthroposophischen Lebensbetrachten, sondern um Menschen, die tauglich werden sollen, sich kraftvoll ins Leben hineinzustellen, dies Leben zu ergreifen und mitzuarbeiten im Leben; nicht um die Begründung einzelner Kolonien von ein paar Leuten, die auf ihre Art sich's wohlergehen lassen wollen und irgendwo in einer Gebirgsgegend vegetarisch essen und ähnliche Allotria weiter treiben, handelt es sich; sondern darum handelt es sich: Die Zeichen der Zeit zu verstehen; dasjenige zu wissen, was wirklich historisch notwendig ist im Entwicklungsgange der Menschheit ..." (Rudolf Steiner in einem öffentlichen Vortrag in Basel am 24.11.1917; vorgesehen für GA 72).

Vor dem Hintergrund des Kulturimpulses der Anthroposophie sprach ich mit Dr. Karl-Martin Dietz über gesellschaftliche Aufbrüche, Ideale und Aspekte sozialer Zukunftsgestaltung, die er sich aus einer grundlegenden Stärkung des Geisteslebens erhofft. Das Interview wurde am 30. Mai 1989 geführt.

Der unbewußte Schwellenübertritt der Menschheit

Klaus-Dieter Neumann: In verschiedenen Darstellungen - so zum Beispiel im Vortragszyklus "Geisteswissenschaftliche Behandlung sozialer und pädagogischer Fragen" (GA 192, Vortrag vom 01.05.1919) - weist Rudolf Steiner darauf hin, daß die Menschheit etwa seit der Mitte des 19. Jahrhunderts unbewußt einen Schwellenübertritt vollzogen hat. Was ist mit dieser Schwelle gemeint und wodurch ist der unbewußte Übertritt gekennzeichnet?

Dr. Karl-Martin Dietz: Gemeint ist die Schwelle zur geistigen Welt. Es ist zunächst leichter zu charakterisieren, wodurch sich dieser Schwellenübertritt auswirkt. Rudolf Steiner beschreibt, daß sich im Zuge dieses unbewußten Schwellenübertritts der Menschheit - der nicht zu verwechseln ist mit einem bewußt vollzogenen Schwellenübertritt des einzelnen Menschen - die Seelenfähigkeiten des Menschen, Denken, Fühlen und Wollen, auseinanderentwickeln, das heißt den Halt verlieren, den das Ich ihnen im gegenständlichen Bewußtsein diesseits der Schwelle gegeben hat. Es ist zunächst also die Auswirkung eines Verlustes an Ich-Kraft, so daß nun Denken, Fühlen und Wollen ihre je eigenen Wege gehen.

Das hat zur Folge, daß das Wollen, der Wille des Menschen, ein dominierendes Eigenleben entwickeln kann; daß sich das Fühlen zu einer Gefühlsschwelgerei auswachsen kann, die nicht an den Willen angebunden ist und auch nicht von dem Denken durchleuchtet wird; und daß schließlich das Denken lebensfeindlich werden kann. Das Auseinandertreten der drei Seelenglieder des Menschen kann so - und das sind jetzt Ausdrücke Rudolf Steiners - zu einer Brutalisierung des Leibes, zu einer Vegetabilisierung, einem Einschläfern der Seele und zu einer Mechanisierung des Geistes führen. Weiter wird beschrieben, daß das vor der Mitte des 19. Jahrhunderts begonnen habe, zunächst in kleineren Zusammenhängen bemerkbar war und dann zunehmend die ganze Menschheit betraf.

In unserem Jahrhundert besteht nun die Aufgabe, diesen unbewußten Schwellenübertritt zu bemerken und dadurch zu handhaben, daß der einzelne Mensch den Schwellenübertritt bewußt vollzieht. Dabei ist die Ich-Kraft nicht nur aufrechtzuerhalten, sondern sogar noch zu stärken. Der einzelne Mensch muß nun bewußt den Zusammenhang seiner Seelenglieder aus seiner Ich-Kraft heraus bewirken, um den Auswirkungen des *unbewußten* Schwellenübertritts der gesamten Menschheit gewachsen zu sein.

Diese Auswirkungen des unbewußten Schwellenübertritts der Menschheit treten seit Jahren als Zivilisationserscheinungen deutlicher ins Bewußtsein. Auch im Rückblick auf die Zivilisationsentwicklung unseres Jahrhunderts sind diese Vorgänge von jedem zu bemerken, aber ohne den genannten Hintergrund nicht in vollem Umfang zu verstehen.

Zivilisatorische Auswirkungen am Beispiel der Arbeitswelt

K.-D.N.: An welchen Symptomen kann man gesamtgesellschaftlich den Schwellenübertritt ablesen?

K.-M. Dietz: Sehr deutlich wird das für mich an der Entwicklung der Arbeitswelt seit der Jahrhundertwende, dann auch an den Auswirkungen der elektronischen Medien und - eng damit zusammenhängend - an den Wirkungen der Werbung, die immer stärker unser Bewußtsein überfluten (In den USA wird der einzelne durchschnittlich 1.600 Werbeimpulsen pro Tag ausgesetzt!). Es gibt unzählige weitere Bereiche, an denen man festmachen könnte, wie sich der Schwellenübertritt zivilisatorisch auswirkt, wie jeder einzelne Mensch davon ergriffen wird, auch derjenige, der meint, daß er damit nichts zu tun habe.

K.-D.N.: In Ihrem Buch "Die Suche nach Wirklichkeit" beschreiben Sie die Folgen im Bereich der Arbeitswelt, indem Sie zeigen, wie im Laufe der Entwicklung dieses Jahrhunderts Planung und Durchführung der Arbeit immer mehr getrennt wurden, eine immer stärkere Mechanisierung in die Arbeitswelt Einzug hielt, in der der einzelne Mensch sich schließlich einer zunehmenden sozialen Isolierung ausgesetzt sah. Können Sie dies als Beispiel für die gesamtgesellschaftlichen Wirkungen einmal näher erläutern?

K.-M. Dietz: Bereits in den Anfängen der Industrialisierung im 19. Jahrhundert beginnt eine Trennung von Planung und Durchführung der Arbeit sich in einem Maße zu vollziehen, wie es vorher nie der Fall gewesen ist. Die beiden Arbeitsschritte bildeten vorher - wie zum Beispiel heute noch in einem kleineren Handwerksbetrieb - eine eng zusammenhängende, überschaubare und erlebbare Einheit. Dann setzte aber eine Entwicklung ein, in deren Verlauf sich der Verwaltungsanteil im Verhältnis zur Durchführung der Arbeit gewaltig vergrößerte, bis hin zu den riesigen Verwaltungsburgen heutiger Konzerne, die sich oft auch an einem ganz anderen Ort als die Fabrikationsanlagen befinden. Diese Verwaltung hat heute eine unendlich differenzierte Binnenstruktur, von der die Produktion weitgehend abgetrennt ist, so daß für den einzelnen eine Einheit nicht mehr erlebbar ist, der ausführende Arbeiter keinen Anteil an der Leitung, Planung und an der Erfindung neuer Arbeitsweisen hat. So hat sich in den Sozialstrukturen - bis in die Gebäudeform hinein sichtbar - etwas auseinanderentwickelt, was vorher eine Einheit war.

Ein bedeutender Schritt in dieser Hinsicht waren die langjährigen praktischen Arbeiten Frederik W. Taylors, die im Jahre 1912 in seinem Buch "The Principals of Scientific Management" dokumentiert wurden. Taylor unterzog die körperliche Arbeit des einzelnen einer genauen Analyse, um über eine verbesserte Organisation und eine Standardisierung von Arbeitsabläufen eine gesteigerte Effizienz der Arbeitsleistung zu erreichen. Durch sein System der sogenannten "wissenschaftlichen Betriebsführung" wurden jeder einzelne Arbeitsschritt und jeder Bewegungsablauf auch in ihrer Zeitdauer exakt festgelegt und von der dispositiven Kopfarbeit des Ingenieurs strikt abgetrennt. Dieser hatte die Kontrolle über den Arbeitsablauf bis in alle Einzelheiten auszuüben, gestützt auf die entsprechenden Messungen, während dem Arbeiter die Selbstbestimmung über seinen Arbeitsrhythmus genommen wurde.

Taylor konnte in seinen Experimenten nachweisen, daß sich die Arbeitsleistung des einzelnen verdoppeln, verdreifachen oder vervierfachen ließ. Dabei waren offenbar diejenigen, die dafür zunächst in den Betrieben ausgesucht wurden, durch eine wesentlich höhere Entlohnung gar nicht einmal unzufriedener als vorher. Durch die Einführung des Fließbands durch Henry Ford (1913) wurde dann die Mechanisierung der Arbeitswelt mit den hinreichend bekannten Folgen fortgesetzt. Durch die erhöhte Effizienz ergab sich die Möglichkeit einer wesentlich kostengünstigeren Produktion und einer Preissenkung der Produkte. Bei gleichzeitig erheblich höherer Entlohnung der Arbeiter - diese gehörte zur Ideologie Fords dazu und hat sich bis heute durchgesetzt - stellte sich wie von ihm erwartet eine Anregung des Konsums ein und führte schließlich zu einer Entwicklung, die es weiten Kreisen der Bevölkerung ermöglichte, ein Auto zu kaufen. Die Idee der Einführung des Fließbands war durchaus mit Blick auf die Gesamtstruktur der Wirtschaft entworfen worden, und führte tatsächlich über billigere Produkte und höhere Löhne zu einer Steigerung des Konsums und der industriellen Produktion und trug schließlich zu einem immensen Wachstum der gesamten Wirtschaft bei.

Für den einzelnen am Fließband hat das nun allerdings die heute sehr bekannte Folge, daß seine einzelnen Körperbewegungen in einem Geflecht von Meßwerten genau vorgegeben sind, seine Intelligenz, sein Geist einerseits und sein Gefühl andererseits aber nicht gefragt sind. Die Mechanisierung des Geistes kann man an diesen ganzen Vorgängen geradezu urbildlich ablesen. Denn was an geistiger Leistung bei der Durchführung der Arbeit übrigbleibt - zum Beispiel beim Eindrehen der passenden Schraube im richtigen Moment mit dem erforderlichen Druck -, ist bis in alle Einzelheiten normiert und in den mechanischen Ablauf eingebunden. Das heißt, daß sich in der Folge das geistige Leben und die seelische Beteiligung des Menschen vollständig von seiner körperlichen Arbeit abgetrennt haben - beim Ingenieur unter umgekehrten Vorzeichen -, weil der Fließbandtakt dies als Notwendigkeit erfordert.

Das Zerreißen des Zusammenhangs von Denken, Fühlen und Wollen

K.-D.N.: In "Wie erlangt man Erkenntnisse der höheren Welten?" beschreibt Rudolf Steiner, wie auch auf dem individuellen bewußten Schulungsweg die drei Grundkräfte der Seele - Denken, Fühlen und Wollen - ihren Zusammenhang verlieren:
"Diese drei Kräfte stehen ... in einer ganz bestimmten, durch höhere Weltgesetze geregelten Verbindung. Nicht in beliebiger Weise *will, fühlt* oder *denkt* der Mensch. Wenn zum Beispiel eine bestimmte Vorstellung im Bewußtsein auftaucht, so schließt sich an sie nach natürlichen Gesetzen ein gewisses Gefühl oder es folgt auf sie ein gesetzmäßig mit ihr zusammenhängender Willensentschluß. Man betritt ein Zimmer, findet es dumpfig und öffnet das Fenster. Man hört seinen Namen rufen und folgt dem Rufe. Man wird gefragt und gibt Antwort. Man sieht ein übelriechendes Ding und bekommt ein Gefühl von Unlust. Das sind einfache Zusammenhänge zwischen Denken, Fühlen und Wollen. Wenn man aber das menschliche Leben überschaut, so wird man finden, daß sich alles in diesem Leben auf solche Zusammenhänge aufbaut. Ja, man bezeichnet das Leben eines Menschen nur dann als ein 'normales', wenn man in demselben eine solche Verbindung von Denken, Fühlen und Wollen bemerkt, die in den Gesetzen der menschlichen Natur begründet liegt. Man fände es diesen Gesetzen widersprechend, wenn ein Mensch zum Beispiel beim Anblick eines übelriechenden Gegenstandes ein Lustgefühl empfände oder wenn er auf Fragen nicht antwortete. Die Erfolge, die man sich von einer richtigen Erziehung oder einem angemessenen Unterricht verspricht, beruhen darauf, daß man voraussetzt, man könne eine der menschlichen Natur entsprechende Verbindung zwischen Denken, Fühlen und Wollen beim Zögling herstellen. Wenn man diesem gewisse Vorstellungen beibringt, so tut man es in der Annahme, daß sie später mit seinen Gefühlen und Willensentschlüssen in gesetzmäßige Verbindungen eingehen. (...) - Bei der höheren Entwickelung des Menschen werden nun die Fäden, welche die drei Grundkräfte miteinander verbinden, unterbrochen. (...)
Die Organe des Denkens, Fühlens und Wollens stehen sodann ganz frei für sich da. Und ihre Verbindung wird nunmehr durch keine ihnen selbst eingepflanzten Gesetze hergestellt, sondern muß durch das erwachte höhere Bewußtsein des Menschen selbst besorgt werden. - Das ist nämlich die Veränderung, welche der Geheimschüler an sich bemerkt, daß kein Zusammenhang zwischen einer Vorstellung und einem Gefühl oder

einem Gefühl und einem Willensentschluß und so weiter sich einstellt, wenn er nicht selbst einen solchen schafft. Kein Antrieb führt ihn von einem Gedanken zu einer Handlung, wenn er diesen Antrieb nicht frei in sich bewirkt. Er kann nunmehr völlig gefühllos vor einer Tatsache stehen, die ihm vor seiner Schulung glühende Liebe oder ärgsten Haß eingeflößt hat; er kann untätig bleiben bei einem Gedanken, der ihn vorher zu einer Handlung wie von selbst begeistert hat. Und er kann Taten verrichten aus Willensentschlüssen heraus, für welche bei einem nicht durch die Geheimschulung hindurchgegangenen Menschen auch nicht die geringste Veranlassung vorliegt. Die große Errungenschaft, welche dem Geheimschüler zuteil wird, ist, daß er die vollkommene Herrschaft erlangt über das Zusammenwirken der drei Seelenkräfte; aber dieses Zusammenwirken wird dafür auch vollständig in seine eigene Verantwortlichkeit gestellt." (Rudolf Steiner: Wie erlangt man Erkenntnisse der höheren Welten?, GA 10, Tb., 1975, S.131 ff.)

Welche Verirrungen können nun infolge dieses Auseinanderklaffens beim einzelnen Menschen entstehen?

K.-M. Dietz: Der Schulungsweg führt dazu, daß dieses Überschreiten der Schwelle zur geistigen Welt, das im Laufe der Zeit von der gesamten Menschheit vollzogen wird, in der richtigen Weise geschieht. Der große Unterschied zum unbewußten Überschreiten, das sich zivilisatorisch und individuell auswirken kann, wenn es nicht gegriffen wird, besteht darin, daß der sich auflösende unmittelbare Zusammenhang durch einen eigenen willenshaften Zugriff ersetzt wird. Das heißt allgemeiner ausgedrückt, daß etwas, was bis zum Ende des letzten Jahrhunderts noch *selbstverständlich* gegeben war, zunehmend seine Tragfähigkeit einbüßt und statt dessen immer mehr *bewußt* gehandhabt werden muß. Zu den Folgewirkungen beim einzelnen, die sich einstellen können, wenn eine bewußte Handhabung ausbleibt, gibt es wohl noch keine vollständige Phänomenologie. Aber die Zunahme des Drogenkonsums, die drastische und besorgniserregende Zunahme der psychischen Krankheiten in den letzten Jahrzehnten und auch der Konsumrausch, der seit den fünfziger Jahren einen Teil der Menschheit ergriffen hat, sind wohl unter diesem Blickwinkel zu betrachten. Es vollzieht sich eine Flucht in etwas, woran man sich halten kann, wenn der eigene Halt in sich nicht mehr gegeben ist.

Die Hinneigung zum Gefühl, ohne daß dieses von einer erkennenden Vernunft durchdrungen und an einen Willen gebunden ist, findet ihren Niederschlag in der rasant zunehmenden Freizeitindustrie, aber auch in Bereichen, die zunächst gar nichts damit zu tun zu haben scheinen. So vermute ich, daß auch die Form des "super-learnings", die zwar noch im Experimentierstadium ist, aber doch aufzukommen scheint, dazu zu rechnen ist. Im "super-learning" wird ein so unangenehmer Lernvorgang wie das Vokabellernen derart mit angenehmen Reizen gekoppelt, daß er wie im Traum, jedenfalls ohne ein Gefühl der Unlust, geschieht. Das Seelenleben wird in Gefühlsschwelgerei, ohne eigenen Zugriff, aufgelöst, wie es Aldous Huxley in seiner "Brave New World" beschrieben hat. So hat auch Neil Postman in seinem Buch "Wir amüsieren uns zu Tode" sehr überzeugend dargestellt, daß das Medium des Fernsehens darauf hinausläuft, die Gefühlssphäre des Menschen anzusprechen, ganz gleich ob dies nun ausgesprochene Unterhaltungssendungen oder Nachrichten sind; bekanntlich gehören ja in den USA die Nachrichtensprecher und insbesondere die Darsteller des Wetterberichts zu den bestbezahlten "Showmastern", die für die entsprechenden Einschaltquoten sorgen. Aber auch wissenschaftliche und religiöse Sendungen sind so konzipiert, daß sie den Zuschauern Vergnügen bereiten und in ihnen Glücksgefühle erregen.

Was nun die Brutalisierung des Willens betrifft, wird man bei der Zuordnung der Symptome sehr vorsichtig sein müssen. Willen, der sich verselbständigt und vom Gefühl und Verstand abgelöst hat, ist in einigen Formen des Terrorismus erkennbar geworden, der als ein Extrem in dieser Beziehung sehr ernst genommen werden muß. Im Rückblick auf die Entstehung des Terrorismus in der Bundesrepublik Deutschland ist deutlich geworden, wie aus einem Willen, die Welt tätig zu verbessern, durch eine Resignation auf der Erkenntnisseite sich schließlich eine Eigendynamik der Gewalt entwickelte, die durch Überlegung und Argumente nicht mehr zu stoppen war. Eine sehr tragische Entwicklung, die wohl nicht notwendigerweise so hätte verlaufen müssen! Erst als die Resignation eingetreten war, daß dieser Staat auf friedlichem Wege nicht grundlegend zu ändern sei, entlud sich der Wille zur Veränderung in Gewalt, in der vollen Überzeugung, das Richtige zu tun, so daß keine Erkenntnis und auch kein Mitgefühl hier noch eine Hemmschwelle aufrichten konnten. Ich beschreibe das ohne moralische Wertung, nur als ein heute deutlich erkennbares Phänomen. - Was bei anderen, in allen gesellschaftlichen Bereichen vermehrt auftretenden Gewaltakten vorliegt, müßte man im einzelnen analysieren. Ich bin sicher, daß sich durch weitere Forschungen in dieser Richtung eine ganze Reihe von Zivilisationserscheinungen besser verstehen ließe.

Epidemisches Seelenchaos als Folge mangelnden Bewußtseins

K.-D.N.: Auch die staatlich legitimierte Gewalt und die Kriege sind von einer solchen Betrachtung keineswegs auszuschließen:
"... es handelt sich darum, daß man gewahr wird, man lebt in einer geistigen Welt. Dieser Irrtum der Menschen, nicht zu wissen, daß sie in einer geistigen Welt leben, das ist es, was das Unheil über die Welt heraufgebracht hat, daß macht, daß die Kriege immer blutiger und blutiger werden, und daß immer deutlicher und deutlicher wird: die Menschen sind wie besessen." (Rudolf Steiner: Perspektiven der Menschheitsentwikkelung, GA 204, Vortrag vom 03.06.1921).

Diese hier so genannte Besessenheit zeigt sich meines Erachtens auch immer mehr im ganz alltäglichen Leben: Gedanken, für die man sich zwar begeistert, die man jedoch nicht in die Tat bekommt; gemeinsame Absprachen, die nicht eingehalten werden; das Gefangensein in Sympathie und Antipathie, das eine sachliche Zusammenarbeit unmöglich macht; gefühlsgetragene Theorienbildung, die ohne Faktenbezug sich von der Wirklichkeit ablöst; eine erstarrte Intellektualität, die nicht in die Tätigkeit einer differenzierten Betrachtung überführt werden kann; die Beispiele eines epidemischen Seelenchaos ließen sich beliebig vermehren. Bei genügender Ehrlichkeit wird wohl auch jeder bei sich mehr oder weniger ausgeprägte Einseitigkeiten entdecken, die sich in einem sozialen Zusammenhang störend bis verhängnisvoll auswirken können. Das würde eine Besessenheit bedeuten, die zunächst einmal auf eine nicht durchgängige Anwesenheit einer Ich-Präsenz hindeutet, ohne daß dies als ein Manko wie selbstverständlich ins Bewußtsein treten müßte.

K.-M. Dietz: Wenn wir beim Beispiel eines verselbständigten Willens bleiben, so scheint mir diese einseitige Erstarrung von einer Besetztheit des Erkenntnislebens begleitet zu sein, mit bestimmten stereotypen Vorstellungsinhalten oder -richtungen, in die sich das Denken wie mechanisch bewegt. Nun kann man feststellen, daß solche Einseitigkeiten nicht nur ihren Niederschlag in gesellschaftlichen Erscheinungen finden, sondern auch umgekehrt durch die Zivilisationsentwicklung geradezu gestützt und gefördert werden. Denken Sie nur an die gewollte Wirkung der Werbung, die so aufgebaut ist, daß sie eine Ablösung des Willens in eine von anderen vorgegebene Richtung bewirken möchte, damit man das Produkt kauft, bevor man überhaupt darüber nachgedacht hat. Zur Technik, dieses Ziel zu erreichen, gehört die Umgehung bzw. Ausschaltung des erkennenden Bewußtseins, indem dieses durch Stereotype besetzt wird. Man versucht, unbewußte Impulse zu setzen, die unterschwellig auf vorgegebene Reizschemata reagieren.

Eine Schwierigkeit unserer Betrachtung liegt nun gerade darin, daß wir in der Gegenwart wie nie zuvor in die Zeiterscheinungen eingebunden sind, so daß ein Urteil erheblich erschwert wird, was nun ein einschlägiges Zeit-Symptom oder was einfach normal-menschlich ist.

K.-D.N.: Wie kann man den verschiedensten Vereinseitigungen der Seelenkräfte entgegenwirken?

K.-M. Dietz: Wenn man einen anthroposophischen Schulungsweg beschreitet, dann gilt auf jeden Fall eine doppelte Grundgeste auf diesem Weg, um die man sich bemühen sollte. Auf der einen Seite erfährt das Ich des Menschen dadurch eine Stärkung, daß es Übungen durchführt, die die Kraft stärken, die notwendig ist, um einen bewußten Zusammenhang der drei Seelenkräfte zu erreichen. Damit verbunden ist auf der anderen Seite eine Öffnungsgeste des Ich, ein Hinausführen über das Festhalten an seinem engumgrenzten Ego. Mit der Stärkung des Ich geht gleichzeitig eine Öffnung zur Welt einher, eine Stärkung des Weltinteresses und eine Öffnung für neue Wirklichkeitsschichten. Man sieht dann nicht mehr nur denjenigen Teil der Welt als Wirklichkeit an, der sich - in der Entwicklung der Neuzeit zunächst voll berechtigt - in der uns umgebenden Sinneswelt manifestiert, sondern bezieht auch die Wirklichkeitsbereiche, die ursächlich hinter den Sinneserscheinungen liegen, mit ein. Die Stärkung einer Kontrollinstanz des Ich geht einher mit einer Öffnungsbewegung und einer Fähigkeitsbildung in Richtung auf die Welt. Die so angestrebte Einheit von Erkennen und Handeln ermöglicht es, eigenverantwortlich zu handeln, hat also zum Beispiel große Auswirkungen auf die Ethikproblematik der letzten Jahre.

K.-D.N.: Unter der Voraussetzung, daß die Menschen kein Verhältnis zum Geist finden, gibt Rudolf Steiner nicht gerade rosige Ausblicke auf das 20. Jahrhundert. So sagt er im Jahre 1919:

"Lassen Sie drei Jahrzehnte noch so gelehrt werden, wie an unseren Hochschulen gelehrt wird, lassen Sie noch durch dreißig Jahre so über soziale Angelegenheiten gedacht werden, wie heute gedacht wird, dann haben Sie nach dreißig Jahren ein verwüstetes Europa. Sie können noch so viele Ideale auf diesem oder jenem Gebiete aufstellen, Sie können sich die Münder wund reden über Einzelforderungen, die aus dieser oder jener Menschengruppe hervorgehen, Sie können in dem Glauben reden, daß mit noch so eindringlichen Forderungen etwas getan werde für die Menschenzukunft - alles wird umsonst sein, wenn die Umwandlung nicht geschieht aus dem Fundamente der Menschenseelen heraus, aus dem Denken der Beziehung dieser Welt zur geistigen Welt. Wenn nicht da umgelernt wird, wenn nicht da umgedacht wird, dann kommt die moralische Sintflut über Europa ...!" (Rudolf Steiner: Die Sendung Michaels, GA 194, Vortrag vom 14.12.1919, S.181).

Und auf das Ende des 20. Jahrhunderts bezogen:

"Wenn man die Dinge so laufen läßt, wie ich sie unter dem Einflusse der in begreiflicher Weise heraufgekommenen Weltanschauung im 19. Jahrhundert für das 20. Jahrhundert entwickelt habe, so werden wir am Ende des 20. Jahrhunderts stehen vor dem Krieg aller gegen alle! Da mögen die Menschen noch so schöne Reden halten, noch so viele wissenschaftliche Fortschritte gemacht werden, wir würden stehen vor dem Krieg aller gegen alle! (...) Es braucht die Menschheitsentwickelung den spirituellen, den bewußt spirituellen Impuls zum Leben." (Rudolf Steiner: Menschenwerden, Weltenseele und Weltengeist, GA 206, Vortrag vom 06.08.1921).

Ist seither ein bewußt spiritueller Impuls genügend wirksam geworden?

K.-M. Dietz: Zunächst einmal kann ja merkwürdig erscheinen, daß sich das Ergreifen eines spirituellen Impulses bis in die gesamten zivilisatorischen Verhältnisse auswirken soll. Dies ist aber weniger erstaunlich, wenn man berücksichtigt, daß Rudolf Steiner davon ausgeht - das hat er gerade auch um 1920 besonders häufig ausgesprochen -, daß Anthroposophie nicht nur dazu in der Welt ist, um der Erkenntnis tiefere Wirklichkeitsschichten zu erschließen, den Menschen zum Geist zu erheben, sondern auch dazu, den Geist in der Erdenwelt wirksam werden zu lassen. Dieses von Anfang an in der Anthroposophie von Rudolf Steiner veranlagte Ziel ist bis heute noch nicht in seiner ganzen

Breite zum Tragen gekommen. Die Frage, ob das, was geschehen ist, ausreicht - die haben Sie wohl auch eher rhetorisch gestellt -, würde ich daher auf die Gegenwart bezogen anders stellen: Was ist angesichts der eingetretenen Verhältnisse noch möglich zu tun? Es gab natürlich spirituelle Aufbrüche im 20. Jahrhundert, die in eine richtige Richtung gewiesen haben, die aber abgelenkt worden sind - so beim Aufbruch der Jugendgenerationen.

Die Jugendgeneration des fortgesetzten 68er-Aufbruchs als Träger des Bewußtseinswandels

K.-D.N.: In Ihrem schon genannten Buch "Die Suche nach Wirklichkeit" bezeichnen Sie die neue Jugendgeneration - unter diesen Begriff fassen Sie die 68er-Generation und ihre Folgegeneration in den siebziger und achtziger Jahren - als Träger des Bewußtseinswandels. Nun heißt es bei Rudolf Steiner lapidar:

"Ich habe niemals etwas anderes im Unterbewußtsein der jugendlichen Menschen eingeschrieben gesehen. Das ist es wirklich: Die Welt muß aus dem Fundament neu begründet werden." (Rudolf Steiner: Die Erkenntnis-Aufgabe der Jugend, GA 217a, Ansprache vom 20.07.1924, S.126).

Was ist nun noch das besondere dieser Jugendgeneration, das Sie zu der Bezeichnung "Träger des Bewußtseinswandels" veranlaßt hat?

K.-M. Dietz: Die Betrachtung in meinem Buch ist ergänzt zu denken durch eine Betrachtung *aller* Jugendgenerationen mindestens seit hundert Jahren, wie zum Beispiel die Wandervogelbewegung oder die Künstler-Avantgarde der Weimarer Republik. Wenn ich in meinem Buch von den beiden letzten Aufbrüchen oder vom fortgesetzten Aufbruch seit dem Ende der sechziger Jahre spreche, dann ist das zunächst eine naheliegende Auswahl, da diese Impulse in der Gegenwart noch sehr stark fortwirken. Meines Erachtens spiegelt sich in dieser Periode seit Ende der sechziger Jahre auch besonders stark Urbildliches wider.

Vielleicht darf ich, um das näher zu betrachten, zunächst einmal unterscheiden zwischen den Erscheinungsformen der 68er-Generation und denjenigen, die ab Mitte der siebziger Jahre hervortraten. Ich sehe in dem 68er-Aufbruch, der bereits 1963 in Berkeley, USA, begann und sich dann schrittweise über Berlin und andere Universitätsstädte in der Bundesrepublik und gleichzeitig in anderen Ländern, Frankreich, Tschechoslowakei usw., ausbreitete, im Vordergrund die Frage wirksam nach der Stellung des einzelnen zur Gesellschaft. Es war eine Frage nach dem Ich des Menschen, insofern die Individualität in einer Gesellschaft lebt. Plötzlich kamen Themen auf, von denen der bürgerliche Betrachter sagen mußte: "Das geht Euch doch gar nichts an." Daß sich die Kritik zum Beispiel gegen den Vietnam-Krieg der USA richtete, das war dem bundesdeutschen Bürger, insofern er nicht sonderlich aufgeklärt war, schlicht unverständlich. Inzwischen ist klar, daß der damalige kritische Ansatz vollkommen gerechtfertigt war, auch in den USA wird das längst eingesehen. Damals war diese Kritik aber noch etwas ganz Unerhörtes und Unglaubliches.

Vietnam war aber nur ein Anlaß dafür, daß man sich überhaupt um das Verhältnis der hochtechnisierten Länder zu den Entwicklungs- und Schwellenländern kümmerte. Kaum jemand interessierte sich vorher für die Probleme der sogenannten Dritten Welt, deren Probleme hauptsächlich infolge der Kolonialpolitik und durch postkoloniale Abhängigkeit von den Industrienationen entstanden waren. Man kümmerte sich also um Probleme, Ungerechtigkeiten und Leiden, die außerhalb eines engen bürgerlichen Gesichtskreises lagen. So wandte man sich auch der sozialen Frage im eigenen Land und den sogenannten unterprivilegierten Schichten zu, das waren die Arbeiter, das waren in den USA die Farbigen und das waren schließlich auch die Frauen. In Heidelberg stand der Beginn ohnehin unter dem Stern der von G. Picht proklamierten "Bildungskatastrophe" mit der Forderung nach gleichen Bildungschancen für alle, unabhängig von Geschlecht, Herkunft usw. Dies ging dann über in den umfassenderen Aufbruch von 1968.

Will man nun die Impulse dieses Aufbruchs von 1968 allgemein zusammenfassen, kann man vielleicht sagen: Es ging um die *Gleichheit* der Menschen, um die Gleichberechtigung und Chancengleichheit. Diese Forderung der Gleichheit ist nur von Ferne verwandt mit ganz anderen Formen von Gleichheit, die ebenfalls in den sechziger Jahren an Aktualität gewannen. Zum Beispiel dadurch, daß sich eine bundesdeutsche Bildungspolitik herbeiließ, Erziehungsformen zu verwirklichen, vor allem für das Vorschulalter und in der Volksschule, die auf die Entdeckungen des amerikanischen Psychologen Skinner zurückgingen. Skinner vertritt einen sehr gefährlichen Aspekt von der Gleichheit aller Menschen, indem er auf die Möglichkeit der Konditionierung des Menschen abhebt, woraus schließlich eine Lerntheorie resultiert, die "Lernen" ohne Einsicht, ohne Bewußtsein und guten Willen ermöglichen soll: eine Konditionierung ohne Einbezug der Individualität und ihrer Autonomie. Diese Konditionierung wurde von Skinner mit einer gewissen Konsequenz aus einem überkommenen naturwissenschaftlichen Weltbild entwickelt, das den Menschen ohne Seele und als eine Art Maschine auffaßt. Erschreckend ist, daß solche Lernprogramme gewissermaßen als ein Sündenfall der Bildungspolitik damals in die Bundesrepublik Eingang gefunden haben, zu einem Zeitpunkt, als "Lernmaschinen" in den USA bereits wieder abgeschafft wurden. Die Sprachlabors sind uns allerdings bis heute erhalten geblieben.

Die vor allem die Gleichheit aller Menschen betonende 68er-Bewegung ging dann ab Mitte der siebziger Jahre über in eine Bewegung, die wieder von Jüngeren getragen wurde. Nun wurde das Bewußtsein der 68er-Generation, das auf die ganze Menschheit als Gesellschaft gerichtet war - das war ein großer Fortschritt, dessen Bedeutung in den letzten Jahren erst so richtig klar geworden ist (Weltwirtschaftsgipfel, Nord-Süd-Gefälle usw.) -, jetzt über die menschliche Gesellschaft hinaus auf die ganze Natur und den Kosmos ausgedehnt. Dies war zugleich der Beginn der Öko-Bewegung. Heutige jüngere Menschen können sich vielleicht nur sehr schwer vorstellen, daß es eine solche vorher überhaupt nicht gegeben hat. "Naturschutz" in den fünfziger Jahren war etwas völlig anderes.

Dieser Ausdehnung des Bewußtseins auf die Natur der gesamten Erde und den Kosmos entspricht parallel dazu eine scheinbar gegenläufige Geste, die das Individuum bzw. die eigene Persönlichkeit stärker in den Blick faßt. Man spricht diesbezüglich rück-blickend von einer Psychowelle oder auch, in Freudscher Terminologie, von einem Zeitalter des Narzißmus. Nun stand nicht mehr die Theoriebildung im Vordergrund, sondern das Bestreben, daß das eigene Gefühl stimmt, und das gefühlsmäßig sich In-Einklang-Versetzen mit der Welt. Auch das hatte seine gesellschaftlichen Auswirkungen: so auf der einen Seite der Versuch der Selbstverwirklichung durch Psycho-Training usw.; und auf der anderen Seite der höchst bemerkenswerte Versuch, eine alternative Arbeits-welt aufzubauen, die ohne hierarchische Strukturen auskommt und sich umweltverträg-lichen Produkten und Techniken zuwendet. Ab 1975 blühten insbesondere in Berlin die selbstverwalteten Betriebe auf. Und wenn man das im Rückblick anschaut, kann man den Eindruck haben, daß es den Menschen, die eine neue Arbeitswelt zu verwirklichen such-ten, um die *Brüderlichkeit* ging - auch wenn das Wort meines Wissens nicht explizit aus-gesprochen wurde. Trotzdem hat dieser Impuls zur Schaffung einer alternativen Arbeits-welt diese Geste, das persönliche Seelenleben zu pflegen, in ein tätiges Gemeinschafts-leben zu kommen und dabei auch noch die Natur und den Kosmos mit einzubeziehen.

Beide jetzt charakterisierten großen Bewegungen - die eine für die Verwirklichung der Gleichheit, die andere für die Verwirklichung der Brüderlichkeit - waren aber letzten Endes im Kern ihres Anliegens doch nicht erfolgreich. Der Impuls für die Gleichheit mündete im Marxismus, der erst sekundär, auch zeitlich später, hinzukam; und von der Brüderlichkeit im Arbeitsleben ist wenig geblieben, insofern die meisten alternativen Betriebe große Schwierigkeiten bekamen und entweder eingegangen sind oder sich, wie die "TAZ" und der "Pflasterstrand", rechtzeitig wieder auf herkömmliche kapitalistische Formen zurückgezogen haben, um überleben zu können.

Daß beide Impulse nicht zu einer vollen Tragfähigkeit durchgekommen sind, obwohl beiden Aufbrüchen eine große Bedeutung zukommt, könnte vielleicht damit zusammen-hängen, daß ein Impuls nicht wirklich aufgegriffen worden ist, nämlich der Versuch, eine *Freiheitsgesellschaft* zu verwirklichen. Dieser Aspekt war eigentlich immer ausgeblen-det, bzw. wenn von Freiheit gesprochen wurde, dann wurde dies gleichbedeutend mit Gerechtigkeit, Gleichheit oder auch einer faktischen Brüderlichkeit, einer neuen Zwi-schenmenschlichkeit, getan. Die Aufgabe, eine Freiheits-Gesellschaft zu verwirklichen, gehört aber notwendigerweise dazu und ist überfällig. Die Frage nach dem Ich des Menschen unter diesem Aspekt wiederum neu zu stellen, ist als eine Aufgabe der Gegenwart geblieben. Möglicherweise lassen sich auch Gleichheit und Brüderlichkeit dauerhaft nur verwirklichen, wenn die Entwicklung der geistigen Individualität des Menschen zur Freiheit fortgeführt wird und - wie ich meine - sogar Priorität genießt und vorausgesetzt werden muß, bevor Gleichheit und Brüderlichkeit dauerhaft zu Zivilisa-tionsprinzipien werden können. Die Verwirklichung von Gleichheit und Brüderlichkeit hängt davon ab - das kann man an der Entwicklung der letzten 30 Jahre beobachten (Näheres im genannten Buch) -, wie weit es den einzelnen Menschen gelingt, auf dem Wege zur Freiheit neue Fähigkeiten auszubilden.

K.-D.N.: Die Bezeichnung "Träger des Bewußtseinswandels" beinhaltet für mein Verständnis, daß die Impulse und Ideale zwar nicht in ihrer Reinheit und auch nicht breitenwirksam verwirklicht werden konnten, daß sie aber auch heute noch - wenn auch in vielfach abgewandelter Form - fortwirken und neu aufgegriffen werden können. Ich möchte auch behaupten, daß ein großer Teil des gesellschaftlichen Fortschritts, der seither - in welchen Bereichen auch immer - erreicht werden konnte, mehr oder weniger direkt auf diese Impulse zurückzuführen ist.

K.-M. Dietz: Da stimme ich Ihnen ganz zu, das ist bis in die Gesetzgebung hinein zu verfolgen. Ich würde sogar noch weiter gehen: Gerade der Versuch des Aufbaus einer alternativen Arbeitswelt - von dem übrigens die Beobachter aus der eigenen Szene sagen, daß er nicht geglückt sei; ich würde mir dieses Urteil gar nicht zugestehen - hat eine historische Bedeutung, weil es ein Aufbruch war, der statt auf Theorienbildung auf Handeln, auf alltägliche Tätigkeit veranlagt war. Wertvoll waren diese praktischen Versuche auch schon allein deshalb, weil durch sie die gegenwärtigen Bewußtseinsprobleme deutlich geworden sind. Denn die in diesen Projekten Arbeitenden haben versucht, ihr Leben tätig einzurichten - ausgehend von einer neu gestellten Sinnfrage - und sind nicht mehr bei einer Theorienbildung und bei gesamtgesellschaftlichen Szenarien stehengeblieben. So ist man auf einen überschaubaren Zusammenhang und auf sich selbst geworfen worden und konnte dadurch erleben, wo ganz konkret ein Mangel an Fähigkeiten vorliegt, wo die Gründe für ein Scheitern liegen. Das Bedeutsame scheint mir also zu sein, daß an der eigenen Lebenführung Bewußtsein gebildet wurde; mit dem Ergebnis: Was fehlt, sind vor allem die *Fähigkeiten*, uns das Angestrebte zu realisieren.

Über Ideale

K.-D.N.: An dieser Stelle würde ich gerne einen Exkurs über Ideale einschalten, um etwas zu verdeutlichen, welche Bedeutung ihnen im Leben eines Menschen zukommt. Dazu zunächst wieder einige Ausführungen Rudolf Steiners:

"Ein Mensch ohne Ideale ist ein Mensch ohne Energie. Das Ideal spielt im Leben dieselbe Rolle wie der Dampf in der Maschine. Der Dampf schließt gewissermaßen auf kleinem Raum eine unendliche Fülle von kondensiertem Raum ein, daher seine intensive Ausdehnungskraft. Von gleicher Art ist aber auch die magische Kraft des Gedankens im Leben." (Rudolf Steiner: Kosmogonie, GA 94, Vortrag vom 26.05.1906, S.23)

Sehen wir zunächst auf den Jugendidealismus:

"Und wenn wir dann den Menschen bis zum 20., 21. Jahre ins Auge fassen, so finden wir durch die Grundbedingungen seiner Entwickelung, daß das Wesentliche das ist, was man Verstandesreife nennen kann und namentlich das Hinaufschauen zu einem in der Seele erfaßten, unpersönlichen Ideal, also zu einem rein geistigen Erziehungsimpuls, das über dem steht, was der Mensch in diesem Alter selbst sein kann. Das ist gerade das Wesen des Ideales, daß wir ihm nachstreben und jederzeit das Gefühl haben, insbesondere in der Jugend haben können, daß wir mit unserem ganzen Verhalten und unserem ganzen Wesen dem Ideal wenig angemessen sind, daß das Ideal wie ein Himmelsbild über uns schwebt und wir ihm nachstreben mit dem Bewußtsein, daß wir es nie eigentlich erreichen können." (Rudolf Steiner: Menschengeschichte im Lichte der Geistesforschung, GA 61, Vortrag vom 14.03.1912)

An anderen Stellen führt Rudolf Steiner für dieses Lebensalter aus, daß es nicht darauf ankomme, ob die Ideale sich erfüllen lassen, sondern daß es um die Kräfte gehe, die in ihnen liegen. Des weiteren werden diese Jugendideale als eine Art Fonds charakterisiert, den sich der Mensch in dieses Erdenleben mitgebracht hat und der gewissermaßen idealischen Entschlüssen im Entwurf der eigenen Biographie entspricht. Diese Ideale treten nun im dritten Lebensjahrsiebt tumultuarisch hervor, und man dürfe - so Steiner - diesen Tumult nicht unterdrücken, weil man sonst zum Feind dieses Jugendlichen werde. Darüber hinaus würde man den Jugendlichen vom Idealismus wegbringen und ihn schädigen, wenn man ihm einerseits mit sentimentalen Idealen oder andererseits mit Philistertum begegnen würde.

Wie entwickelt sich dieser Jugendidealismus nun weiter?

K.-M. Dietz: Aus diesen Schilderungen wird deutlich, daß man die Entwicklung des Jugendlichen in diesem Lebensalter dadurch fördern kann, daß man sein Bewußtsein an Ideale, das heißt an anzustrebende hohe Ziele anknüpft, so daß man dadurch die Kräfte in ihm weckt, die nach und nach herausbringen, was in ihm veranlagt ist.

Wenn wir dann einen Schritt weitergehen zum Umgang des Erwachsenen mit Idealen, dann metamorphosiert sich dieses Verhältnis, denn der Mensch muß dann lernen, zwischen utopischen, unerreichbaren Zielen und real anzustrebenden Idealen zu unterscheiden. Mit den fortschreitenden Lebensjahren hat der junge Erwachsene dieses Idealische immer mehr *in sich* hineinzunehmen. Das Ideal darf nicht in der Ferne bleiben, sondern muß schrittweise immer deutlicher im Menschen selbst leben. Dabei treten zunächst zwei Gefahren auf: einmal daß man dieses Hineinnehmen nicht schafft und daß die Ziele dann Utopien bleiben, die losgelöst von der Wirklichkeit keinen Bezug zum Leben bekommen, und das führt dann irgendwann zum Extremismus oder in die Resignation. Auf der anderen Seite kann das Ideal, das man in sich hineinnimmt und das schrittweise mit dem eigenen Wesen verschmilzt, seine Leuchtkraft verlieren, es wird dann vielleicht zu einem System oder Theoriengebilde, das einen doch im Grunde genommen kalt läßt und die Seele nicht mehr befeuert; oder das Ideal verkommt zur fixen Idee, von der man nicht lassen kann und die einem immer einfällt, egal wovon sonst die Rede ist; oder schließlich: man vergißt das Ideal einfach, es verblaßt.

Nun kann man an den Jugendgenerationen, die wir kurz angesprochen haben, vielleicht sogar ablesen, was geschehen kann. Das Versiegen, Abbrechen oder Abgelenktwerden solcher Impulse - Abgelenktwerden in dem Sinne, daß die Impulse durch andere Inhalte besetzt werden, wie es dann nach 1968 durch den Marxismus oder die Freudsche Psychologie geschah - oder auch das Zurücksinken in bürgerliche Bewußtseinsverhältnisse könnten damit zusammenhängen, daß es nicht gelingt, ein Jugendideal weiter wachsend durch eigene Ich-Entwicklung lebendig zu erhalten.

Es gibt da auch eine weitere wichtige Gesetzmäßigkeit: Die angesprochene Entwicklung vollzieht sich im Jugendalter noch wie von alleine; um die Mitte der zwanziger Jahre aber kommt eine Grenze, nach der nichts mehr von allein weitergeht, wenn man seine eigene Entwicklung nicht bewußt in die Hand nimmt. Diese Grenze kann heute wohl in jedem Leben beobachtet werden. Es tritt eine gewisse Erstarrung ein, sei es in Form einer Resignation oder auch durch eine ideologische Besetztheit. Ideologische Besetztheit meint: Vorstellungsinhalte, zum Beispiel des Marxismus oder der Freudschen Psychoanalyse, haben Eingang in die gesamte Kultur gefunden. Nehmen Sie nur eine Grundanschauung der Psychoanalyse, daß das Seelenleben auf einem unterbewußten Sexualtrieb beruhe. Das ist inzwischen zum wenig hinterfragten Allgemeingut geworden, selbst bei Menschen, die Freud nie gelesen haben und sich auch gar nicht für ihn interessieren. Das kann man zum Beispiel auf Waldorf-Elternversammlungen finden. Was ich jetzt anspreche, sind nicht besondere Vorstellungsinhalte, sondern die *Selbstverständlichkeit*, mit der sie unreflektiert das Bewußtsein bestimmen. (Das ist keineswegs auf Marxismus oder Psychoanalyse beschränkt). Man kann bei Eltern von Schulkindern immer wieder erleben, daß man als ein merkwürdiges Subjekt angeschaut wird, wenn man andere Ansichten über die Bedeutung der Sexualität bei Kindern vertritt, als die üblich gewordenen. Es scheint mir eine Art von kultureller Besetztheit zu sein, die an Stellen eingetreten ist, wo das weitere Hineinentwickeln in die Ideale nicht stattfinden konnte.

Die Stoßkraft des erworbenen Idealismus und die Sofaecke des Gemüts

K.-D.N.: Es ist interessant zu beobachten, daß ein Zurücksinken ins Private oftmals von einem Zurückblicken in die Jugendzeit begleitet ist, das irgendwann an die Stelle eines Aufblickens zum Ideal getreten ist. Solche Rückblicke auf Zeiten abgelebter Ideale haben gerade bei jugendlichen Zuhörern einen sehr schalen Nachgeschmack, was ja auch Angehörigen der angesprochenen Generationen oft zum Vorwurf gemacht wird, wenn nicht erlebbar wird, daß auch im weiteren Leben - über die Jugendzeit hinaus - Ideale und überpersönliche Ziele verfolgt werden. Dazu noch eine weitere Aussage Rudolf Steiners: "In der Jugend ist der Mensch zuweilen idealistisch. Es ist angeborener Idealismus. Den haben wir einfach dadurch, daß wir als Menschen geboren sind. Heute genügt er nicht in unserem Menschheitszyklus, dieser Menschheitsidealismus. Heute brauchen wir noch einen anderen Idealismus, einen solchen, den wir uns selbst anerziehen, den wir nicht einfach dadurch, daß wir Menschen sind, haben - zu dem wir uns hinbändigen. Solch einen Idealismus brauchen wir. Wir brauchen einen Idealismus, den wir uns selber erworben haben. Das ist dann der Idealismus, der auch nicht mit den Jugendjahren verschwindet, sondern der durch das ganze Leben uns jung und idealistisch erhält. Eignen wir uns einen solchen Idealismus an, den wir uns selber anerziehen, dann liegt in einem solchen Idealismus aufgrund eines jetzt nicht logischen, sondern Wirklichkeitsgesetzes, daß wir die Stoßkraft aufbringen, nicht bloß als einzelne egoistische Menschen zu handeln, sondern uns hineinzustellen in den sozialen Organismus, um in diesem sozialen Organismus drinnen zu handeln. Keiner, der sich heute nicht herbeiläßt oder der nicht erzogen wird zum selbsterworbenen Idealismus, wird wirkliches soziales Verständnis erwerben. (...)

Unser Wille erhält heute nur das richtige soziale Feuer, wenn wir selbsterworbenen Idealismus haben, Idealismus, den wir in uns hineingetrieben haben durch eigene Tätigkeit." (Rudolf Steiner: Die soziale Frage als Bewußtseinsfrage, GA 189, Vortrag vom 16.02.1919).

Wie erwirbt man sich nun solchen Idealismus oder auch ein einzelnes Ideal; oder handelt es sich nur darum, die bereits vorhandenen Jugendideale weiter zu pflegen?

K.-M. Dietz: Es kann sicher beides sein. Wenn die entsprechenden Kräfte in der Jugend gefördert und auch im späteren Leben weiter gepflegt werden, kann man jede Idee zu einem Ideal erheben, das man anstreben und verwirklichen will. Ein wie von außen kommendes Ideal, das man sich zueigen macht und für dessen Verwirklichung man sich einsetzen will, korrespondiert dann natürlich mit den eigenen biographischen Wegen, die einen zu diesem Ideal geführt haben. Es kann allerdings auch sein, daß ein Ideal erst mühsam, vielleicht über Jahre, aus dem eigenen Inneren entwickelt werden muß, bis es genügend deutliche Konturen im Bewußtsein angenommen hat. An die Stelle der Jugendideale kann auf dem Wege einer solchen Entwicklung dann etwas treten, was in der "Philosophie der Freiheit" als moralische Intuition und moralische Phantasie bezeichnet wird. Erst durch die Stärkung des Erkenntnislebens kann man zur moralischen Intuition gelangen, das heißt zu einem geistigen Einschlag, der nicht in der Sofaecke des Gemüts verbleibt, sondern eine konkrete Handlungsgrundlage abgibt. Erst dann macht es einen Sinn, von einer moralischen Intuition zu sprechen, wenn das Erkenntnisleben so stark geworden ist, daß es wahrgenommene Ideen auch in Handlungen und in die Lebensgestaltung überführen kann. Es wäre also ein Aspekt des Umgangs mit Idealen beim Erwachsenen, das Erkenntnisleben so zu stärken, so daß durch individuelle Tätigkeit überpersönliche geistige Ideengehalte klar erfaßt werden können - zum Beispiel als überblickartiger Zugriff auf die Gesamtheit eines Problems -, daß daraus dann in der Entfaltung dieses Ideengehalts die Gestaltung eines konkreten Handlungsbildes gelingt - moralische Phantasie - und daß schließlich auch die Fähigkeiten gefunden werden, dieses Handlungsbild in reale Taten zu überführen - moralische Technik.

Zum Kulturimpuls der Anthroposophie

K.-D.N.: Nachdem wir über verschiedene Aspekte einer bewußt geführten Biographie gesprochen haben, ist nun die Frage, in welchem Verhältnis der individuelle Schulungsweg zur tätigen Veränderung der Gesellschaft steht. Wie wirkt Anthroposophie auf die gesamtgesellschaftlichen Verhältnisse?

K.-M. Dietz: Dazu möchte ich eine Vorbemerkung machen. Es kommt mir darauf an zu betonen, daß es ein Grundanliegen Rudolf Steiners von Anfang an gewesen ist, daß Anthroposophie auf die gesamten Zivilisationsverhältnisse zu wirken habe. Man könnte vielleicht das Gefühl haben, besonders revolutionär aufzutreten, wenn man darauf hinweist, daß Anthroposophie keine Sonntagsbeschäftigung sein darf. In Wirklichkeit ist dies aber eine Grundintention Rudolf Steiners, die zum großen Teil - einiges ist ja aufgegriffen worden - noch der Verwirklichung harrt. Ich würde das gern anhand einiger Steiner-Zitate belegen, um zu zeigen, daß es sich dabei nicht erst um eine Fortsetzung der Anthroposophie ins dritte Jahrtausend handelt, sondern bereits in den Grundlagen der Anthroposophie verankert ist.

1905 formulierte Rudolf Steiner, Geisteswissenschaft sei "eine Pionierbewegung, die dem Heil einer neuen Menschheit vorarbeiten kann." (Rudolf Steiner: Zur Geschichte und aus den Inhalten der Esoterischen Schule von 1904 bis 1914, GA 264, Vortrag vom 02.01.1905).

Ganz ähnlich heißt es dann 1923 im Vorblick auf die Weihnachtstagung:

"Die Anthroposophische Gesellschaft ist eine Art Vortrupp für das, was einfach aus der Notwendigkeit der Zeitverhältnisse heraus immer weitere Ausbreitung gewinnen muß." (Rudolf Steiner: Anthroposophische Gemeinschaftsbildung, GA 257, Vortrag vom 13.02.1923).

Anthroposophie will also nichts anderes, als sich so in die allgemeine Entwicklung hineinzustellen, daß sie Wege bereitet, die die allgemeine Zivilisationsentwicklung nehmen kann. Allerdings nicht, um mit dieser Möglichkeit zu kokettieren, sondern um es tatsächlich zu tun. Dieser lebenspraktische Aspekt der Anthroposophie ist ja schon deutlich in der "Philosophie der Freiheit" vorhanden, und es gibt eine Rezension in der damaligen "Frankfurter Zeitung" von 1893 von einem ungenannten Rezensenten ("H."), der diesen Aspekt gerade herausstellt, daß sich auf der "Philosophie der Freiheit" eine Lebensführung aufbauen lasse. - Das ist dann wiederum auf dem Münchner Kongreß 1907 innerhalb der theosophischen Arbeitszusammenhänge deutlich herausgekommen. Auf diesem Kongreß wurde erstmals der Kunstimpuls vor die Augen der internationalen Theosophenschaft gestellt. Im Anschluß an diesen Münchner Kongreß sagt Rudolf Steiner in Kassel:

"Der Hauptgedanke soll vor unsere Seele treten: Theosophie ist nichts, was innerhalb einiger müßiger Köpfe Platz greifen soll, die nichts Besseres zu tun haben, sondern sie soll in das praktische Leben eingreifen." (Rudolf Steiner: Menschheitsentwickelung und Christus-Erkenntnis, GA 100, Vortrag vom 16.06.1907, S.12)

K.-D.N.: Wie kann dies geschehen?

K.-M. Dietz: Ja, das ist die Frage, die sich daraus ergibt. Auf der einen Seite liegt, wie gesagt, die Zukunft der anthroposophischen Arbeit in der Aufarbeitung ihrer Vergangenheit, im Freilegen ihrer Ursprungsimpulse, deren Verwirklichung nicht abgeschlossen ist. Dabei wird man andererseits auch historische Irrtümer bemerken, die heute sehr verhängnisvoll wirken. Oft wird anthroposophische Arbeit so gehandhabt, als ob die Geisteswissenschaft eine Theorie sei, zu der es dann auch Praktiker geben müsse, die aus den theoretischen Grundlagen auf den verschiedenen Gebieten Lebenspraxis machen. Eine solche Theorie-Praxis-Spaltung ist aber keineswegs im Anliegen Rudolf Steiners begründet:

"Nicht darum handelt es sich, im Abstrakten dieses oder jenes zu wissen, sondern hauptsächlich darum, überall die Forderung zu stellen zur Umkehr, zur Anstrengung, zur Überwindung des bequemen Schlendrians und in einer geistigen Weltauffassung das Richtige zu sehen. Und im geisteswissenschaftlichen Streben müssen Energien gesucht werden, nicht bloß Befriedigung, um zu sagen: 'Was war das wieder schön, ich bin so recht befriedigt', und in einem Wolkenkuckucksheim zu schweben, so daß man allmählich einschläft in der Befriedigung über die Harmonie in der Welt und über die allgemeine Menschenliebe." (Rudolf Steiner: Die spirituellen Hintergründe der äußeren Welt - Der Sturz der Geister der Finsternis, GA 177, Vortrag vom 13.10.1917).

Schon früher wurde dies noch prägnanter formuliert:

"Die theosophische Lehre als Dogmatik, nicht als Leben aufgenommen, kann gerade in materialistische Abgründe führen." (Rudolf Steiner/Marie Steiner-von Sivers: Briefwechsel und Dokumente 1901-1925, GA 262, S.48).

Das ist aus einem Brief an Marie von Sivers vom 09.01.1905, und es ist doch erschreckend zu hören, daß die Geisteswissenschaft als solche entsetzliche Folgen haben kann, wenn sie als Dogmatik und nicht als Leben aufgenommen wird. Noch ein weiteres markantes Wort aus dem Jahre 1904 - also nicht erst als eine spätere Korrektur gedacht, sondern gleich vorausgesetzt:

"Die Theosophische Gesellschaft besteht nicht zum egoistischen Streben ihrer Mitglieder. Es ist ein Irrtum, wenn man sich ihr anschließt zum Zwecke der eigenen Förderung. Sie will für die Menschheit da sein, sie will in deren Dienst arbeiten." (Rudolf Steiner: Luzifer-Gnosis, GA 34, Aufsatz von 1904, S.543 f.)

Das gleiche gilt natürlich für die Anthroposophische Gesellschaft, ja vielleicht noch in einem viel stärkeren Maße. Eine weitere Aussage, die auch vielleicht für manche überraschend klingt, gemessen an dem, was dann daraus geworden ist - 1919 spricht Rudolf Steiner über den Goetheanum-Bau:

"Wie der Bau in seiner Gestaltung eine Einheit darstellen will mit allem, was in ihm geleistet werden soll, so wird erstrebt, daß das von Dornach ausgehende geistige Wirken die seelische Stoßkraft entwickele, die gestaltend sein kann für eine wahre sittliche, soziale und technische Lebenspraxis. (...) Die Geistesrichtung, die hier ihren Mittelpunkt sich bilden will, möchte für die Werkstätte lebensfördernder Technik, für die soziale Gestaltung der Menschenarbeit ebenso schaffen wie für den Aufbau des Seelenlebens. Sie bedarf der Mitarbeit all derer, die unbefangen genug sind, um zu sehen, daß dem modernen Leben fehlt, was sie schaffen möchte." (Rudolf Steiner: Aufsätze über die Dreigliederung des sozialen Organismus und zur Zeitlage 1915 - 1921, GA 24, S.127-139).

Das muß man einmal genau hören! - Und schließlich heißt es:

Mit der Vollendung des Goetheanum-Baues "parallel gehen müssen praktische Lebens-Institutionen, die in der Richtung der von ihnen repräsentierten Geistesarbeit gestaltet sind. Ganz praktische Lebens-Institutionen, wie technische und soziale Unternehmungen, müssen das Lebensfördernde seiner Kräfte erweisen. Es muß dahinkommen, daß es nicht mehr lächerlich wirkt, wenn der Geist, der eine Weltanschauung schaffen will, auch in der Begründung technischer Betriebe, finanzieller Institute und wissenschaftlicher Versuchsanstalten sich betätigt." (ebd.)

Diese Zitate, die sich beliebig vermehren ließen, seien nur ein notwendiger Hintergrund, wenn wir über den anthroposophischen Kulturimpuls sprechen wollen. Das Motiv der Lebenspraxis ist also keine unbotmäßige Neuerung - auch wenn wir auf einigen Gebieten seit 15 Jahren von anderen Bewegungen in bezug auf die Lebenspraxis weit überholt werden -, sondern eben als die Grundintention der Anthroposophie von Anfang an veranlagt. Es ist wichtig, sich zu vergegenwärtigen, daß das bisher Erreichte auf den verschiedenen Lebensgebieten - Erziehung, Landwirtschaft, Medizin, Kunst usw. - noch nicht alles ist, was von Rudolf Steiner gewollt wurde. Man muß das auch einmal unter dem Aspekt der geänderten Zeitlage betrachten, denn Forderungen nach Bewußtseinswandel, nach neuem Denken, die man sich früher in Mitgliederkreisen zugeraunt hat, stehen heute in der Zeitung. Und insofern ist die Aufgabe, Vortrupp zu sein, sicherlich auch in dem Licht zu betrachten, auf welchen Gebieten noch verstärkt gearbeitet werden muß, um auch wirklich weiterreichende Anregungen entwickeln zu können. Rudolf Steiner konnte noch auf das Jahrhundertende vorausblicken, wir aber stehen hier und heute in den konkreten Aufgaben des Jahrhundertendes darinnen und vor der Frage, wie wir mit diesen Anforderungen und mit uns umgehen.

Wie kann Anthroposophie bis in die Fragen des täglichen Lebens fruchtbar werden?

K.-D.N.: Worauf käme es an, wenn man diesen Kulturimpuls noch breiter wirksam werden lassen wollte?

K.-M. Dietz: Dieser Kulturimpuls ist bis heute in einigen markanten und außerordentlich verdienstvollen Strömungen, das heißt in den verschiedenen anthroposophischen Einrichtungen, durchgetragen worden. Es bleibt zum Beispiel aber eine wichtige Frage, wie man die Anthroposophie auch sonst bis hinein in die Fragen des täglichen Lebens fruchtbar machen kann. Diese Frage taucht etwa dann auf, wenn man Diskrepanzen in der Elternschaft einer Waldorfschule zwischen dem alltäglichen Leben und der in der Waldorfschule praktizierten Erziehungsform erlebt. Aus solchen Diskrepanzen, aus dem Fehlenden, den Mankos, lassen sich eben im Sinne des vorhin verlesenen Zitats Rudolf Steiners die konkreten Aufgaben entwickeln.

Ähnliches läßt sich auch für die Generations-Aufbrüche, von denen wir vorhin sprachen, feststellen, indem man sich fragt, wie sich diese in der anthroposophischen Bewegung widergespiegelt haben. Und da kann man feststellen, daß in bezug auf die 68er-Entwicklung - gemessen an deren Bedeutung, meiner Beobachtung nach - schlicht Funkstille herrschte. Es gab einige Aufsätze in der "Erziehungskunst" oder in "Die Drei" und einige unter Pseudonym in "Das Goetheanum", und das war es auch schon. Ich erinnere mich noch sehr genau, daß wir uns in unserer kleinen anthroposophischen Studentengruppe fragten, was denn jetzt eigentlich fällig sei. Man hatte den deutlichen Eindruck, daß jetzt ein anthroposophischer Einschlag fällig sei! Nur der fiel uns nicht ein! (Was eine Intuition ist, kann man auch ganz gut daran lernen, wenn man sie *nicht* hat). Das gilt aber im Rückblick für die ganze anthroposophische Bewegung. Die 68er-Generation selbst hatte ja die Anthroposophie nicht einmal der Kritik für würdig gehalten.

K.-D.N.: "Rudolf Steiner, auch so einer!"

K.-M. Dietz: Ja, die Anthroposophie galt schlicht als indiskutabel, als "Offenbarungsquark", dem jede theoretische Begründung fehlt, und vor allem als "gesellschaftlich irrelevant". Das wirkt bis heute nach und man kann durchaus nachempfinden, welche Schwierigkeiten es macht, Anthroposophie mit einem 68er-Gemüt nachzuempfinden.

Das Verdikt "gesellschaftlich irrelevant" traf aber dann in den siebziger Jahren überhaupt nicht mehr zu, denn da traten die Lebensfrüchte der Anthroposophie auf den vorhin genannten Gebieten deutlicher hervor; auf einmal waren die Waldorfschulen, die Medizin, die biologisch-dynamische Landwirtschaft ungeheuer gefragt. Damit war aber das Problem verbunden, daß damals Anthroposophie als eine Möglichkeit betrachtet wurde, sich aus der "schlechten" Zivilisation zurückzuziehen. Eine solche Alternative ist die Anthroposophie aber nicht, jedenfalls nicht nach den Intentionen ihres Gründers. Durch die verstärkte Inanspruchnahme und Anerkennung ihrer Lebensfrüchte hat sich vor allem dann auch die erwähnte, sehr problematische Trennung in Theorie und Praxis herausgestellt. Diese Trennung kann sich so weit auswirken, daß man auch in öffentlichen Darstellungen - die in dieser Beziehung repräsentativ sind - die praktischen Arbeiten und die verschiedenen Einrichtungen lobend erwähnt findet, auf der anderen Seite jedoch die als Theorie verstandene Anthroposophie Rudolf Steiners, gelinde gesagt, für Unsinn gehalten wird.

Das liegt zum Teil auch darin begründet, daß der Faden zwischen der Lebenspraxis und der geistigen Durchdringung ihrer Quellen noch immer sehr dünn ist. Es scheint mir außerordentlich irreleitend zu sein, daß auch in der anthroposophischen Arbeit selbst oftmals eine Trennung in Theorie und Praxis gesehen wird, so daß in der eigenen Arbeit die Erkenntnis- und Handlungsquelle nicht individuell lebendig gehalten werden kann. Als "Theorie" wird dann oft angesehen, was man in einem Zweig der Anthroposophischen Gesellschaft macht, und als "Praxis" dasjenige, was man in seinem Beruf arbeitet, der umgekehrt - so wird oft angeführt - keine Zeit läßt, sich intensiv mit der "Theorie" zu beschäftigen. Daß man auf diesen ganzen Zusammenhang überhaupt die Begriffe "Grundlagen" und "Anwendung" anwendet, scheint mir schon das eigentliche Problem widerzuspiegeln. - Daraus resultiert die dringend notwendige Gegenwarts-Aufgabe:

Rückbesinnung auf die Quelle des anthroposophischen Kulturimpulses und Verwirklichung der Anthroposophie, die schon als solche lebenspraktisch ist, auch bevor sie in speziellen Berufsfeldern angewendet und weiter entfaltet wird.

Es kommt vor allem auf das Grundsätzliche, den großen Zusammenhang an und nicht in erster Linie auf einzelne "Angaben" Rudolf Steiners, von denen er 1920 selbst sagte, daß von ihnen wohl kein Stein auf dem anderen bleiben werde. Denn diese "Angaben" sind ja überhaupt nur sinnvoll, wenn man sie als Brocken, als Teile eines Ganzen sieht, in das sie hineingehören. Wenn man sie nur als Einzelformulierung nimmt, können sie geradezu grotesk falsch verstanden werden. Ebenso irreführend kann es sein, wenn man die Anthroposophie auf eine Theorie- und Systemebene spannt, um daraus ein geschlossenes Weltbild zu errichten. Fruchtbar wird Anthroposophie eigentlich erst auf der Ebene der Fähigkeitsbildung, auf der vorhin angesprochenen intuitiven Ebene. Hier wird es überhaupt erst möglich, selbständig und konkret zu erkennen und zu handeln. Dem gegenüber besteht die Theorie-Ebene nur aus allgemeinen Weisheiten, in deren System man den Einzelfall irgendwie einordnet. Das ist ein Problem, das auch sonst besteht. Aus dieser Art von Denken resultiert meiner Ansicht nach die Handlungsfeindlichkeit der gegenwärtigen Zivilisation. Wenn man also die Anthroposophie in allgemeine Weisheiten auflöst, kann man daraus nicht zum Handeln kommen. Auf der Ebene der Fähigkeits-Bildung ist erst die Selbständigkeit gegeben, die es ermöglicht, aus Erkenntnis sachgerecht zu handeln. Es ist ja ein Wesensmerkmal der Intuition, wie sie in der "Philosophie der Freiheit" beschrieben ist, daß sie ein Konkret-Einzelnes im Gesamtzusammenhang erscheinen läßt. Erst dadurch wird es möglich, die Kluft zwischen "Theorie" und "Praxis", zwischen "Erkennen" und "Handeln" zu überwinden.

Mir scheint die Anthroposophie in der heutigen Zeit die Aufgabe zu haben, eine wirkliche Fortsetzung der *Aufklärung* zu sein. Unter Beibehaltung dessen, was die geschichtliche Aufklärung gebracht hat, nämlich den Zug zu menschlich-individueller Freiheit, muß jetzt ein nächster Schritt erfolgen, nämlich den verlorengegangenen Zusammenhang mit der Welt-Wirklichkeit wieder zu suchen. Durch eine Spiritualisierung des Intellekts - unter Beibehaltung der erworbenen intellektuellen Freiheit - ist eine neue Stufe zu erreichen, auf der eine Verwandlung des menschlichen Ich, und damit auch seiner Stellung in der Welt, möglich wird. Hier hat die anthroposophische Arbeit noch eine außerordentliche Aufgabe vor sich. Das ist mir zu betonen wesentlicher, als darauf hinzuweisen, daß in der Vergangenheit etwas versäumt worden sein könnte.

K.-D.N.: Bevor man diese Aufgabe aber nun in einem genügenden Umfang verwirklicht haben wird, rollt der Wandel der Welt mit zunehmendem Tempo auf immer neue Abgründe zu. Immer schneller fallen weitreichende Entscheidungen, die nicht mehr ohne weiteres rückgängig zu machen sind. Es stimmt doch nachdenklich, daß gerade der Impuls zur Dreigliederung des sozialen Organismus, trotz einer gewissen Erarbeitung seiner theoretischen Grundlagen, auch in anthroposophischen Einrichtungen nur äußerst spärlich bzw. so gut wie gar nicht zur Verwirklichung gelangt. Neue Wirtschaftsformen oder ein modernes Rechtsleben sind auch in anthroposophischen Einrichtungen nur äußerst selten anzutreffen. Für mich ist eine Frage, wie man auf die Weichenstellungen und Entscheidungen in der Gegenwart einen größeren Einfluß gewinnen kann. Sehen Sie vor dem Hintergrund, daß vor allem auch auf der Gesetzesebene ständig solche Entscheidungen getroffen werden, von denen letztendlich auch das Wohl und Wehe der anthroposophischen Einrichtungen, zum Beispiel der Waldorfschulen, in einem großen Maße abhängen, hier eine adäquate Möglichkeit der Einflußnahme? Würden Sie die Direkte Demokratie - so sie sich denn als das Recht auf Volksentscheid verwirklichen ließe - als eine zeitgemäße Rechtsform begrüßen, die dem einzelnen ein größeres Mitspracherecht einräumt?

K.-M. Dietz: Es ist vollkommen deutlich, daß die heutigen Demokratieformen des Parlamentarismus sehr problematisch sein können, in der Weise wie Gerald Häfner es als Insider beschreibt, und ich habe keinen Grund zu bezweifeln, daß seine Beschreibung den Tatsachen entspricht (*siehe dazu das Interview mit Gerald Häfner in FLENSBURGER HEFTE Nr.24 "Direkte Demokratie"*; Red.). Daher ist es auch von vornherein nicht unproblematisch, sich diesem System des Parlamentarismus durch Lobbybildung anzubequemen, wie es ja hier und da geschieht, und es ist die Frage, wie man aus diesem Dilemma herauskommt und Wege zu besseren Lösungen findet. Die Bemühungen um die direkte Demokratie sind sicher sehr ernstzunehmen. Warum sollte es nicht richtig sein, daß die einzelne Individualität bei der Entscheidungsfindung im Staat mitwirkt, statt sie ausschließlich Leuten zu überlassen, die man möglicherweise nur durch den Druck der nächsten Wahlen zu einer sinnvollen Handlung bewegen kann?

Allerdings habe ich meine Bedenken, daß sich eine so breite Mehrheit finden wird, die notwendig wäre, um die Direkte Demokratie einzuführen. Aber nehmen wir einmal an, es gäbe eines Tages die Volksgesetzgebung. Damit wäre das Problem noch nicht gelöst. Ich befürchte dann eine Art permanenten Wahlkampf, mit den damit verbundenen Lügen. Ich habe große Bedenken, ob dann nicht ein massiver Druck der Medien, insbesondere der elektronischen, auf die Bevölkerung entfacht werden würde, mit den Methoden moderner Werbung, also eine umfassende Bewußtseinsmanipulation. Wenn man nur die Nachrüstungsdebatte nimmt und sich erinnert, wie massiv damals versucht wurde, die Bevölkerung auf die "Nachrüstung" einzustimmen, dann kann man sich ausmalen, welche Formen das womöglich annehmen würde, wenn die Bevölkerung auch noch faktisch darüber abstimmen dürfte, was ja damals nicht gegeben war. In einem Land, in dem die BILD-Zeitung bei weitem die größte Zeitung ist, sehe ich darin eine Gefahr. Ich kann also keine großen Hoffnungen mit dem Instrument des Volksentscheids verbinden. Nicht umsonst war übrigens Rudolf Steiner bei dem Versuch, die Dreigliederung einzuführen, darauf aus, eine Tageszeitung zu begründen.

Vorausgehen muß daher die Bemühung, zunächst dem Geistesleben im Sinne der oben erwähnten Fortsetzung der Aufklärung zu einem gewaltigen Aufschwung zu verhelfen, denn sonst könnte womöglich das Instrument des Volksentscheids zu einer Waffe werden, die nach hinten losgeht. Eine unmittelbare Aufgabe sehe ich in der Stärkung und Ausbildung des Geisteslebens, und ich sehe die Chancen auch nicht als gering an, positive Veränderungen auf diesem Wege zu erreichen. Gerade in bezug auf die besprochenen Jugendgenerationen hätte viel erreicht werden können, wenn ein starkes Geistesleben, nach dem sie ja eigentlich gesucht haben, ausgebildet worden wäre. Eine intensive geistige Suche lag jedenfalls beiden Generationen zugrunde. Sie wurde dann auf die beschriebene Weise abgelenkt oder erlahmte. Es ist also eine zentrale Aufgabe, überdies in der gesamten Anthroposophie von Anfang an veranlagt, in den nächsten Jahren ein Geistesleben durch Taten so zu realisieren, daß es nicht subkulturell bleibt, sondern das erste Glied in einem sich entwickelnden sozialen Organismus wird. Eine Verstärkung dieser Bemühung ist am Hardenberg-Institut in Vorbereitung.

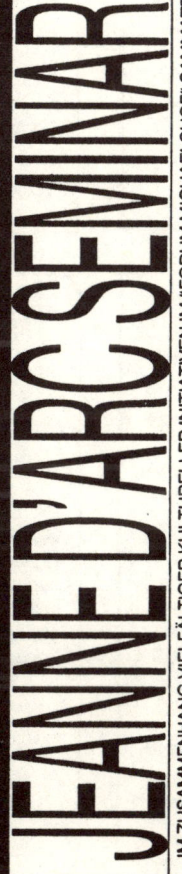

STUDIENJAHR FÜR ANTHROPOSOPHIE

Die Zielsetzung des Jeanne d'Arc Seminars ist vor allem, eine

BERUFS- UND LEBENSORIENTIERUNG

für Menschen zwischen 18 und 35 Jahren anzubieten, die
- ein offenes Interesse für Anthroposophie mitbringen, die
- ein weitgefächertes Feld zukünftiger Berufsbilder kennenlernen möchten und
- individuelle Fähigkeiten in einer bunten sozialen Gemeinschaft entdecken und entwickeln wollen.

In der

SEMINARARBEIT

geht es um geistes- und sozialwissenschaftliche, naturkundliche und künstlerische Fragestellungen; außerdem gibt es Kurse, Gespräche, Darstellungen und natürlich auch

PRAKTISCHE ARBEIT

in den Bereichen der Gärtnerei, der Land- und Hauswirtschaft, in der Schreinerei und im Bauhandwerk, in der Sozialtherapie und in der Verwaltung.

JEANNE D'ARC SEMINAR

IM ZUSAMMENHANG VIELFÄLTIGER KULTURELLER INITIATIVEN IM "FORUM MICHAELSHOF" SAMMATZ

BEGINN

des nächsten Studienjahres ist:
17. September 1989.
Ende: 29. Juli 1990.

Die

KOSTEN

für Wohnen, Verpflegung und Seminare betragen monatlich DM 950,–. Kann der Betrag nicht in voller Höhe aufgebracht werden, wird im Gesamtkreis der Studenten und Mitarbeiter über Möglichkeiten der Kostendeckung beraten.

ANMELDEN

kann man sich mit einer schriftlichen Bewerbung sowie einem anschließenden Besuch auf dem Michaelshof; Programme, Prospekte und andere Informationen bitte anfordern am

JEANNE D'ARC SEMINAR am **Michaelshof**

3139 Sammatz Tel. **05858 - 390.**

gelegen in einem hügeligen Waldgebiet nahe der Elbe im Landkreis Lüchow-Dannenberg/Ostniedersachsen.

Ist Kreativität organisierbar?

Vortrag von Dr. Klaus Christian Köhnke[1]

Meine Damen und Herren!

"Ist Kreativität organisierbar?" bin ich gefragt worden, und ich habe einige Tage Zeit gehabt, darüber nachzusinnen. Dabei ist mir aufgefallen, daß ich selber von dem Wort Kreativität wohl noch nie Gebrauch gemacht habe, und mir ist deutlich geworden, daß mir das ganze Idiom im Grunde nicht liegt.

Ich habe währenddessen auch den einen oder anderen Kollegen und Bekannten gefragt und dabei bemerkt, daß - trotz aller Verschiedenheit der Stellungnahmen - nahezu alle meine Gesprächspartner entweder eine gewisse interessierte Erregung, eine manchmal undefinierbare Aufgeregtheit oder auch eine ausgesprochene Gereiztheit zeigten. Da ich bei mir selber nichts Ähnliches feststellen kann oder konnte, bin ich der Frage nachgegangen, warum ein mir ganz gleichgültiger Begriff andere keineswegs kalt läßt.

Ich glaube, ich habe herausgefunden, woran das liegt, und damit möchte ich beginnen: wenn Sie so wollen, mit den Reizen des Kreativen, sowohl positiven als auch negativen.

Da waren zunächst diejenigen, die dieses Wort 'Kreativität' für einen ausgesprochen schwammigen Ausdruck erklären, für ein Wort, das alles und jedes heißen könne und das im Grunde doch völlig inhaltsleer sei. Wir haben es hier - wenn nicht schon mit einem scharfen Kritiker - mit dem Typus des kultivierten Skeptikers zu tun, der sprachkritisch reagiert, leere Worthülsen als solche identifiziert, ohne freilich deshalb auch etwas gegen Kreativität, gegen die Sache, zu haben. So wird er denn auch gern ins Gespräch darüber eintreten, was denn gemeint sei, und warum man sich dieses Begriffes bediene.

Dann aber, und das ist der andere Typus einer Abwehr, treffen wir auch auf den bereits genannten, den dezidierten Kritiker, der uns auf den Kopf zusagt, daß er diesen Ausdruck für ein typisches Beispiel von Werbesprache hielte, einen Neolatinismus, den man eigens zu dem Zweck geprägt zu haben scheine, das Neue um seiner Neuheit willen zu feiern, um es besser zu verkaufen. -

Und damit komme ich, drittens, zu demjenigen, der, wie schon der Skeptiker und der Kritiker, mehr oder minder klare Einwände gegen den Begriff vorbringt, sie aber nicht recht auf den Punkt zu bringen weiß, so daß man nur ahnt, daß dieses Wort ihm allzu pathetisch klingt, und jedenfalls nicht in seine eigene Sprache gehört, denn er achtet streng darauf, daß jedes Wort ihm vom Bauch und Milieu her überkommen ist. - Es ist der Banause, um den es sich hier handelt. Er nimmt es immer übel, wenn fremde Aus- und Eindrücke auf ihn zukommen, und ich fürchte, auch so mancher von uns ist nicht immer ganz frei davon.

Die skeptische, die kritische und sogar die banausische Reaktionsweise auf die gestellte Frage scheinen mir allesamt gleich legitim. Wohlgemerkt als Reaktionen auf das bloße Wort, auf die vorgelegte Fragestellung hin. Denn hier geht es wie etwa auch mit dem Begriff der Schönheit, wenn nicht gezeigt wird, was gemeint ist - geht es wie mit der

Liebe, wenn nicht klar ist, wer denn wen liebt. - Auch Kreativität teilt als Ausdruck das Schicksal all dieser äußerst positiv besetzten Wörter, die gerade deshalb immer auf der Schwelle zum Klischee stehen und die man in Besprechung ernster Angelegenheiten eher vermeiden wird. So jedenfalls konnte ich es aus den Äußerungen meiner Gesprächspartner entnehmen, und so mag es demjenigen erscheinen, der nicht die Vorgeschichte der Rede von der Kreativität kennt. -

Nun ist es aber keineswegs ein altes Wort, mit dem wir es hier zu tun haben, kein beschädigtes Wort, das nun in aller Munde ist, so daß man um seinen guten, alten Sinn besorgt sein müßte, sondern es ist vielmehr genau umgekehrt: Erst in den letzten 40 Jahren ist der Ausdruck, von der wissenschaftlichen Fachsprache ausgehend, in die Umgangssprache übernommen worden. Aus experimenteller Psychologie, Begabungsforschung, Pädagogik, Ästhetik, Organisationstheorie und einer eigens institutionalisierten Kreativitätsforschung übernommen, hat sich der Ausdruck in der alltäglichen Konversation einen Platz erworben. Er ist zum Signal für Ungewöhnliches, für Innovatives, für intelligente Leistungen und damit zum Synonym für Begabung, Phantasie, Genie, Originalität und Inspiration geworden - ja, er hat diese älteren Begriffe zum Teil sogar erfolgreich verdrängt.

Und das ging ganz einfach so: Seit dem Sputnik-Schock übersetzt man "creativity" nicht mehr mit Begabung, sondern mit Kreativität, versucht sie zu organisieren und entdeckte den kreativen Menschen als hauptsächlichen Faktor allen Fortschritts - aus vielen Gründen, darunter auch recht ehrenwerten. Aber doch mit der Folge einer zunehmenden Fetischisierung des Begriffes und der Sache, nicht etwa nur in der Öffentlichkeit, sondern zugleich auch in den betreffenden Wissenschaften, so daß es inzwischen zu einer recht klar erkennbaren Zweiteilung des Begriffssinnes gekommen ist: zum einen haben wir da - als Sinngeber - die Kreativitätsseminare, die offensichtlichen Versuche, Kreativität zu instrumentalisieren, d.h. sie als Mittel zum Zweck zu gebrauchen. Und diese Kreativität ist nun sicher nicht mehr mit Begabung, Phantasie und Schöpfertum zu übersetzen.

Zum anderen haben wir die alte Bedeutung in dem Begriff der Kreativität durchaus auch noch heute bewahrt, gewissermaßen den ästhetischen oder musischen, der hartnäckig nicht nur am Wortlaut der alten Bildungsideen, sondern sogar am Bildungskanon des 19. Jahrhunderts festhält, statt zu erkennen, daß gerade Bildung nicht jenseits der Zeit und Mitwelt, sondern mitten in sie hinein geschehen muß, ohne jedoch deshalb sogleich auch schon in den Dienst des Lebens gestellt zu werden.

Ein instrumenteller und ein musischer, fast musealer Sinn lassen sich unterscheiden und stecken in der alltäglichen Rede von der Kreativität. Ich glaube, die Gereiztheiten meiner Gesprächspartner galten mehr dem ersteren, den Kreativitätstrainings, während das Interesse an ihm, verbunden mit einer gewissen Erregung, ebenso deutlich dem musischen Begriffssinn gilt.

Wenn Sie so wollen, spiegelt sich hierin einerseits eine primär politische Reaktion auf die instrumentelle Vernunft und was ihr alles angelastet wird. Andererseits aber eine ganz individuelle Erwartungshaltung und Sehnsucht, von der Muse geküßt zu werden, und damit eine weitgehend unproduktive Verehrung und Schwärmerei für das Musische, für Filmregisseure, das 'gute Buch', die neuesten Ausstellungen.

Diese Verehrung und Schwärmerei für alles Musische und ein deshalb positiver Begriffssinn für Kreativität scheinen mir, ebenso wie die politisch motivierte Kritik des Instrumentellen, das Kreative als solches gleichermaßen zu verkennen. Denn gerade für sie gilt, was man vom Elitären gesagt hat, nämlich, daß man nicht davon rede, sondern es allenfalls sei.

Auch ich habe den Verdacht, daß es sich bei der Rede von der Kreativität gerade um die handelt, denen sie eher abgeht. So denken die, die nicht dabei sind, die nicht mitgestalten - es nicht wollen oder nicht können -, jedenfalls das Erlebnis, kreativ zu sein, im Grunde gar nicht kennen und stattdessen bloße Äußerlichkeiten für eine innere Einstellung nehmen. Die Verehrung für das Musische verbirgt allzuoft bloß die Eitelkeit, selber auch begehrt und umjubelt werden zu wollen - das kritisch-skeptische Hinterfragen von Begabung, Kreativität, Genie oder Innovation, verbirgt allzuoft nur eine Unfähigkeit, selbst etwas Wertvolles zustande zu bringen, um so jedenfalls eine Analogie für das zu bilden, was da kreativ genannt wird.

Und damit sind wir wieder bei unserer Ausgangsfrage, die ich nun ein wenig präziser formulieren möchte: was soll hier denn überhaupt organisierbar sein? Kreativität im instrumentellen Sinne vielleicht? - Sicher doch nicht die im musischen Sinne? Oder - noch wichtiger ist zu fragen: Wie schützt man die offenbar gemeinte Kreativität, um die es hier, heute und morgen gehen wird, gegen einen Gebrauch, der immer Mißbrauch einschließt - aber auch: wie schützt man sie gegen eine Musealisierung, gegen Folklore und Kunsthandwerkertum, in dem herabgesunkene Ideale gipfeln?

Soll Kreativität als Mittel zum Zweck eingesetzt werden, so ist sie denn zweifellos nicht nur organisierbar, sondern auch lehr- und lernbar. Man macht dann seine Kurse und setzt dieses Wissen, die Tricks des Denkens, Problemlösungsstrategien - aber genauso auch die Töpfereikenntnisse - nach Gesichtspunkten - wahlweise - der Karriereoptimierung oder Herstellung von Weihnachtspräsenten ein.

Verstehen Sie mich bitte nicht ganz falsch: Gegen beides ist an sich so wenig zu sagen, wie gegen den Fremdsprachenerwerb, Kopfrechnen und Schlauchbootfahren zu sagen ist.

Aber, und darauf kommt es mir an, und dazu wollte ich diese zwanzig Minuten benutzen, man darf und muß sich immer auch an jenen anspruchsvolleren Sinn von Kreativität erinnern, der auf die Persönlichkeit als Ganze zielt. Und zwar nicht aus Kalkül, sondern aus innerer Überzeugung und ganz persönlicher Haltung.

Und zwar meine ich den Begriff der Kreativität im gewissermaßen Schillerschen Sinne, daß der Mensch nur dort ganz Mensch sei, wo er spiele. - Was freilich nicht allzu wörtlich zu verstehen ist, denn im Spiel steckt nicht nur die Kinderbeschäftigung und das Glücksspiel, sondern vor allem das Spielerische, die Hingabe an die Sache, und das Ausschlaggebende für alle Kreativität überhaupt: es ist kein externer Zweck damit verbunden. Denn Kreativität, in diesem Sinne verstanden, ist nichts Vordergründiges, nichts, was einer einmal hat und dann wieder entbehrt, sie ist nichts, was man sich antrainieren kann, was einsetzbar oder vortäuschbar wäre, weder bei Studenten noch bei Mitarbeitern und Lehrenden; Kreativität ist nichtmal unbedingt etwas Spektakuläres, sondern - das habe ich von Kurt H. Wolff gelernt - verlangt Hingabe, das ist: "völliges Engagiertsein, Aufhebung des Überkommenen, Gewahrwerden der 'Wichtigkeit von Allem', Identifikation und Wahrnehmung der Gefahr der Verletzung"[2], denn es handelt sich doch darum, Neues zu gestalten.

Kreativität setzt also Hingabe voraus. Und dabei geschieht denn etwas, dem man im Grunde alltäglich begegnet, in Form von Freundlichkeit der anderen, als guter Idee und Ratschlag, nicht nur als herausragender Leistung, sondern auch als Witz und Überraschung positiver Art - dies alles Phänomene, die mit ganz verschiedenen Wörtern beschrieben werden können, die heute aber - wenn sie geballt bei einer Person auftreten - auf den Einheitsnenner der 'Kreativität' gebracht werden.

Zweifelos, das alles gründet in Kreativität, wenn denn dieses Wort überhaupt einen bestimmbaren Sinn haben soll. Denn unsere Wahrnehmung unserer Mitmenschen ist nun einmal so geartet, daß wir alle uns bekannten Eigenschaften, die der andere zeigt, zusammenziehen und uns einen Begriff von dessen Persönlichkeit machen, und nur diejenige Persönlichkeit, die ein Maximum der eben genannten Eigenschaften auf sich vereinigt, werden wir auch als kreativ bezeichnen; zu Unrecht - aber mit dem Effekt, daß der Gebrauch des Begriffs der Kreativität ein exklusiver geworden ist, daß eben nur einige wenige Personen durch diese Eigenschaft gekennzeichnet scheinen, während doch vieles von dem, was ihnen dieses Prädikat verlieh, bei sehr viel mehr Mitmenschen anzutreffen ist.

Und damit komme ich zum Schluß und zu einer für Sie gewiß etwas überraschenden Schlußformel, in direkter Anlehnung an Kants Wort, man solle die Mitmenschen nie als bloße Mittel, sondern jederzeit auch als Zweck, d.h. als wertvoll und Eigenwert ansehen. Denn auch das zielt in Richtung der Hingabe, die zugleich Voraussetzung für wahrhafte Kreativität ist: Kreativ ist, so sage ich, wer seine Mitwelt, Kollegen, sein Studium, seinen Beruf und seine Aktivitäten jederzeit nicht so sehr nur als Mittel, sondern zugleich immer auch als Zweck, als Selbstzweck und Eigenwert, betrachtet und mit ihnen, respektive ihm verfährt.

Dann - und wohl nur dann - wird nicht die Kreativität organisiert, sondern die Organisationen werden kreativ.

Meine Damen und Herren! Ich danke für Ihre Aufmerksamkeit und wünsche einen angenehmen Aufenthalt in Flensburg, aber auch mit uns von der Nordischen Universität.

Anmerkungen:

1) Eröffnungsvortrag beim 1. Flensburger Symposium: "Ausbildung zu Kreativität und Persönlichkeit - eine Frage der Universitätsstruktur" an der Fakultät Wirtschaftswissenschaft der Nordischen Universität vom 27./28. Nov. 1988.

2) Vgl. Kurt H. Wolff: Hingebung und Begriff, Neuwied/Berlin 1968. S.151-164.

NATUR für die ganze Familie

Aßmus *Farbkatalog anfordern*

Forststr. 35 · Postfach 30 · 7121 Ingersheim · 0 7142/69 04

Artgerechte Tierhaltung

Das ist nur eines unserer vielen Ziele.
Aber für das setzen wir uns ein. Voll.

Die moderne Massentierhaltung,
bringt viele Probleme mit sich.

Wir, die FUTURA, sind für eine
artgerechte Tierhaltung auf DEMETER-
Bauernhöfen. Für eine naturgerechte
Aufzucht und natürliche Ernährung.
Wir sehen uns als Mittler zwischen Verbraucher und
Erzeuger, mit einer umfangreichen Produktpalette:

Frisches *demeter* -Fleisch vom Kalb, Rind, Schwein
und Lamm.

Frische *demeter* -Wurst, auch in Dosen.

demeter -Milch- und Käseprodukte.
Frisches Geflügel.

Sie erhalten diese Produkte über unseren Versandhandel,
in guten Naturkostläden, Reformhäusern oder
unserer Verkaufsstelle in der Stuttgarter Markthalle.

Ausschneiden und an FUTURA, Pfarrstraße 38,
7066 Hohengehren einsenden.

COUPON:
Senden Sie mir unverbindlich und
kostenlos weitere Informationen.

Name _____

Straße _____

PLZ/Ort _____

Verkaufsstelle
Markthalle
Dorotheenstraße 4
7000 Stuttgart 1
Tel.0711 / 23 36 15

FUTURA

Direktversand
Pfarrstraße 38
7066 Hohengehren
Tel. 0 71 53 / 4 22 66

Bücherschau

"AUS LIEBE ZUR ERKENNTNIS"
Zum 91. Geburtstag von Wilhelm Schmundt

Wilhelm Schmundt: Zwei Grundprobleme des 20. Jahrhunderts
Freie Volkshochschule Argental, Argental 1988, 80 Seiten, DM 16,-
(Zu beziehen über den FIU-Versand, D-7988 Wangen 4, oder den Buchhandel)

"Zwei Grundprobleme des 20. Jahrhunderts" ist der Titel eines kleinen, ca. 80 Seiten umfassenden Büchleins von Wilhelm Schmundt, das Ende des vergangenen Jahres beim Verlag der "Freien Volkshochschule Argental e.V." erschienen ist.

Der Autor hat es in hohem Alter (er beging in diesem Jahr - 1989 - seinen 91. Geburtstag) unternommen, in zwei zusammenfassenden, äußerst dichten Abhandlungen dasjenige zur Darstellung zu bringen, was sich ihm in langen Jahren seines Forschens ergeben, begründet und befestigt hat: als erstes eine physikalische Arbeit unter dem Titel "Die Materie und ihr Ursprung", zweitens eine sozialwissenschaftliche Arbeit "Der soziale Organismus und sein Krankheitszustand". Den Abschluß bildet ein dritter Beitrag, "Auf dem Wege zum Erkennen des sozialen Organismus", der eine ausführliche biographische Skizze seines Lebens in Gesprächsform gibt.

In seinem Vorwort schreibt Wilhelm Schmundt: "Der bedeutende Einschlag, den die Menschheitskultur in unserem Jahrhundert durch das Wirken Rudolf Steiners erfahren hat, ist erst relativ wenigen Menschen bewußt geworden. Alle Wissenschaften wurden durch ihn aus dem Bereich der Fachleute auf eine Ebene gehoben, auf welcher sie für *alle* Menschen bedeutsam werden können - nicht durch Popularisieren, sondern im Gegenteil durch ein Anschließen an die Tradition der bedeutenden Denker Mitteleuropas im vorigen Jahrhundert. Die 'Wissenschaft' hat damit ihren Charakter gewandelt: aus einem Gegenstand der Fachleute und Bibliotheken ist sie zu einer individuellen Angelegenheit jedes wachen Zeitgenossen geworden ..."

Damit ist die Gesinnung angedeutet, mit und in der diese Schrift dem Publikum vorgelegt wird. Sie will anregen zum Selbststudium, zur Entwicklung der Erkenntniskraft im Gebiet der Physik und der Sozialwissenschaft und damit einen Beitrag leisten zu einer freien Volksbildung. Methodisch geht diese Arbeit dabei den Weg der goetheschen Erkenntnistheorie, wie sie Steiner dargelegt hat, und in der Tat ist es sehr anregend, in diesem Zusammenhang die ersten Schriften Steiners, seine Anmerkungen zu den naturwissenschaftlichen Schriften Goethes bis zur Philosophie der Freiheit, noch einmal hervorzuholen. Ein Vorläufer zu dem physikalischen Teil der hier vorliegenden Schrift wurde 1971 in der "Mathematisch-physikalischen Korrespondenz" von Georg Unger am Goetheanum herausgegeben. Diese Schrift hatte den Titel "Physikalische Miniaturen - ein Gedankengang zum Bilden wirklichkeitsgemäßer Begriffe im Reiche der Physik" und ist seit einigen Jahren vergriffen. Dabei geht es darum, die Ergebnisse der physikalischen Forschung so auszusprechen, daß sie dem auf ein Wirklichkeits-Erfahren ausgehenden Denken in der Ideenform erfahrbar werden können. Wilhelm Schmundt stellt die Notwendigkeit dar, das Kräftesystem, das die physische Welt *trägt*, deutlich von dem ganz anderen zu sondern, welches die Welt *wirkt*. In einer Zeit, in der verschiedene "New-Age-Bewegungen" nach Wegen suchen, das materialistische Weltbild der modernen Naturwissenschaft zu überwinden, gibt Wilhelm Schmundt in strenger Bezogenheit auf die Physik Grundlagen für einen Brückenschlag aus der Sackgasse des Materialismus hinüber in eine Wissenschaft vom Menschen, eine Anthroposophie.

Der zweite Teil dieses Buches stellt sich die Aufgabe, die Gestalt des sozialen Organismus in seiner urbildlichen Form zu beschreiben. Den Ansatz für diesen Gedankenweg nimmt Wilhelm Schmundt aus der Polarität des Wirtschaftsbereiches mit seinem arbeitsteiligen Charakter im Produktionsfeld einerseits und dem privatwirtschaftlichen Charakter des Konsumtionsfeldes andererseits. Er stellt fest, daß die Konsequenzen für die soziale Grundordnung aus dieser Tatsache der Arbeitsteilung bisher nicht gezogen wurden. Dadurch, daß Schmundt die Geldzirkulation als ein Organsystem des sozialen Organismus herauspräpariert, indem er dem Geld die wesensgemäße Bestimmung als Rechtsdokument gibt, zeigt er ein Heilmittel auf, mit dem der soziale Organismus zur Gesundung gebracht werden kann.

Diese beiden grundlegenden Abhandlungen "unseres großen Lehrers Wilhelm Schmundt", wie ihn Joseph Beuys einmal genannt hat, sind getragen von einem Impuls, der in einem Schlußsatz aufleuchtet: "Die Liebe zur Erkenntnis und die Liebe, das als 'wahr' Erkannte zur Wirk-lichkeit zu bringen - zu solcher Liebe möchten diese Gedankenwege anregen."

Bernd Volk

Joseph Beuys: Aktive Neutralität - Die Überwindung von Kapitalismus und Kommunismus

Vortrag und Diskussion am 20.01.1985 in Rorschach/Schweiz, Freie Volkshochschule Argental, 3. Auflage 1989, 40 Seiten, 2 Fotos, Fadenheftung, DM 8,-
(Zu beziehen über den FIU-Versand, D-7988 Wangen 4, oder den Buchhandel)

Einer der letzten Vorträge, die Joseph Beuys hielt, liegt in gedruckter Form und als Tonbandmitschnitt vor. Dieser Vortrag vom 20. Januar 1985 mit dem Titel "Aktive Neutralität - die Überwindung von Kapitalismus und Kommunismus" verdient besondere Beachtung. Denn in einer Situation, in der viele aus den sozialen Bewegungen der letzten Jahre und Jahrzehnte hervorgegangene Initiativen und Organisationen aufgrund äußerer Verhältnisse oder inneren Substanzverlustes zu scheitern drohen, wird in diesem Vortrag und der anschließenden Diskussion die eigentliche Substanzfrage, die Frage nach dem Wesen des Menschen selbst, gestellt. Indem er auf diese Frage, um die sein ganzes Leben und Arbeiten kreiste, eine Antwort sucht, entwickelt Joseph Beuys hier Schritt für Schritt, systematisch und trotz aller Kürze doch umfassend, die Kerngedanken der *"Sozialen Skulptur"*. Einige dieser Gedanken sollen an dieser Stelle dazu dienen, noch ein Licht auf die zukunftsweisende Mission des erweiterten Kunstbegriffes, die darzulegen und konsequent zu verfolgen der Kämpfer Joseph Beuys nie müde wurde, zu werfen. Im Mittelpunkt der Betrachtung steht "die eigentliche Gewalt des Menschen in seinem Geist, der größer ist als die ganze Welt, der nicht mit seinem Körper endet, der nicht endet mit seinem Tode, der vor seinem Leben begonnen hat und nach seinem Leben weiterwirken wird. Wenn man ein solches Bild vom Menschen versucht, behutsam in das Gespräch einzuführen, so wird es von vielen Menschen auf dieser Erde, von vielen Völkern auf dieser Erde mit Sicherheit aufgenommen werden, d.h. es wird zu einer Resonanz kommen. Ein Substantielles, ein Substanzhaftes im Menschen wird berührt werden."

Das Gewahrwerden dieses Substantiellen, das Erzeugen einer Wachheit im Geistigen, das unabhängig ist von den physisch-leiblichen Gegebenheiten, ist die Voraussetzung für die "spirituelle Zukunft des Menschen", die nun aber nicht in einer Abkehr von der Erde, sondern darin besteht, "... das Physische aufzubereiten, so daß das eigentliche Geistige entstehen kann."

Im Verlauf des Vortrags wird untersucht, welche Möglichkeiten für ihre weitere Entwicklung sich aus dem gegenwärtigen seelischen Zustand der Menschen ergeben. "Seelische Beobachtungsresultate nach naturwissenschaftlicher Methode" - mit diesem Untertitel der "Philosophie der Freiheit" von Rudolf Steiner könnte man auch die Erkenntnismethode von Joseph Beuys charakterisieren. Betrachtet wird die Schwellensituation, in der sich der Mensch im Ausgang der Moderne befindet, eine Situation, die einerseits das Verlassensein von alten geistigen Kräften und Führungsgestalten bedeutet, in der aber andererseits die Erkenntnis- und Freiheitskräfte des Menschen in der exakten Naturwissenschaft und in der Kunst eine höchste Steigerung erfahren haben und nun, wenn er sie aus ihrer materialistischen Verengung erlöst, die Fähigkeit des Menschen - als wirkliches Kapital - darstellen, den Evolutionsprozeß auf diesem Planeten in sinnvoller Weise fortzuführen, "so daß dieser Planet bis zu seiner Transformation durch das sich transformierende und metamorphosierende Menschenwesen hindurch reicht, bis die Transformation an diesem Planeten selbst stattgefunden hat, so daß die Soziale Substanz selbst der Sonnenstaat wird, d.h. der zukünftige Planet ist, auf dem die Menschen unter anderen, höheren Lebensbedingungen arbeiten und wirtschaften werden."

Daß dem Menschen diese Aufgabe zukommt, "heißt aber zur gleichen Zeit, daß alles, was in der Zukunft geschehen wird durch die Menschen auf der Erde - denn durch wen sollte es sonst geschehen? -, eine Schöpfung des Menschen ist. Alle zukünftige Natur, jeder von nun an gepflanzte Baum, trägt die Merkmale des Menschen an sich. Jedes zukünftig getane Werk ist in viel weiterem Maße eine Schöpfung des Menschen als in jeder Vergangenheit. Denn jede Vergangenheit vor diesem Zeitpunkt ist doch weitgehend noch eine gewesen, die durch inspirierende Führungskräfte den Menschen dorthin gebracht hat, wo er selbständig werden mußte und wo er selbständig wurde, etwa vor 200 Jahren, wo er sich also eigentlich erst richtig in diese Erde inkarniert hat und selbst mit seinen Füßen diesen Planeten erreicht hat."

Die Erweiterung des Wissenschaftsbegriffes, des Kunstbegriffes und des religiösen Begriffes über die vom Materialismus vorgegebenen Grenzen hinaus ist der Ausgangspunkt für die Gestaltung der neuen Lebens- und Wirtschaftsformen der Zukunft. Wie diese sozialen Gestaltungsformen vom Menschen als geistige Notwendigkeiten erlebt werden können, verdeutlichte Joseph Beuys mit einem Sinnspruch, der, so Beuys, eigentlich nicht verstanden werden kann, sondern ermeditiert werden muß. Dieser Sinnspruch mit dem Titel "Der Primat" lautet:

"Stellen wir uns einmal vor, der Mensch, die Menschheit würde sich in einen ganz reinen, seelischen Zustand versetzen, d.h. sie würde sterben, so würde sie sich damit noch keineswegs außerhalb des Wirtschaftlichen befinden. Die Freiheit, die Gleichheit, die Brüderlichkeit - das Kapital - gelten auch im Übersinnlichen, ja - sie sind geradezu übersinnliche Substanzformen, sind Lebewesen, sind Wirklichkeiten, weil sie Ideen sind."

Die Ideen der sozialen Dreigliederung als übersinnliche Substanzformen, als Lebewesen, als Wirklichkeiten zu erforschen und für das menschliche Zusammenleben fruchtbar zu machen - dazu bietet das Lebenswerk des Joseph Beuys dem, der sich ernsthaft und, nicht zu vergessen, mit dem der wirklichen Ernsthaftigkeit eigenen Humor darauf einlassen will, zahlreiche Ansatzpunkte. Das Erleben der Wirklichkeit dieser Ideen ist ein erster Schritt der Therapie des sozialen Organismus - ein erster, möglicher Schritt in der Weiterführung des von Joseph Beuys Intendierten: der Gestaltung des Gesamtkunstwerkes der menschlichen Zukunft aus der impulsierenden Kraft der lebendigen geistigen Realitäten.

"Und selbst wenn nicht Massen von Menschen, große Mehrheiten von Menschen einen solchen Standpunkt der menschlichen Arbeit ..., also des menschlichen Wirtschaftens und Wirkens vertreten werden, so wird eben auch eine genügend große Anzahl von Menschen genügen, die Welt zu verändern. Wie groß diese genügend große Anzahl von Menschen ist, darüber wollen wir keine festen Zahlenwerte feststellen, ich denke aber, daß die Wirkung auf die Welt, auf dieses Plasma, das sich ganz im Geistigen um den Erdball spannt und als die 'Soziale Skulptur', die soziale Substanz schlechthin, genannt werden kann, daß diese Substanz auch impulsiert werden kann von drei Menschen oder von vier Menschen oder von sieben Menschen oder von sechszehn Menschen, einundzwanzig Menschen, dreiunddreißig Menschen usw...".

Frank Meyer

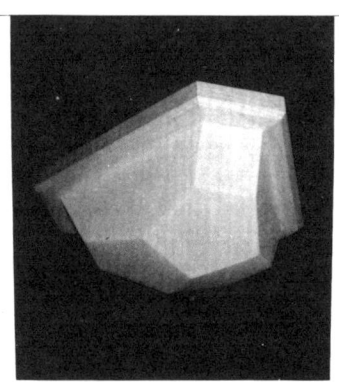

KUNSTSEMINAR METZINGEN
Bildungsstätte für ein erweitertes Begreifen von Kunst und Kultur

Studiengang
'Sensible Bildung und Gestaltung'

Vollstudiengang, 6 Semester, 20 Wochenstunden, Praktika
Der Studiengang 'Sensible Bildung und Gestaltung'
stellt ein **allgemeines künstlerisches Grund-
studium** dar. Hintergrund ist ein **weiterentwickelter
Kunstbegriff**. Grundlage dieses Bildungsweges ist das
Verhältnis der Kunst zu anderen kulturtragenden Be-
reichen wie u.a. Wirtschaft, Wissenschaft, Geschichte oder
Religion. Daraus ergeben sich Erneuerungen in der künstleri-
schen Aufgabenstellung.
Das **Tätigkeitsfeld des Künstlers** wird damit neu, im
Sinne eines erweiterten Kunst- und Sozialverständnisses
interpretiert.

Übungsfelder: Zeichnung, Malerei, Plastik, Bildhauerei,
Installation, Objektbau, Medienkunst, Theaterarbeit,
Aktionskunst, Experimentalmusik, Druckverfahren.
Seminare: Philosophie, Anthropologie/Menschenkunde,
Erkenntnistheorie, Naturwissenschaften, Kunstgeschichte/
Bewußtseinsgeschichte, Form-, Farb- und Klangtheorie.

Ein neuer Zug dieses Studiengangs wird zum Herbst/
Wintersemester 1989/90 eingerichtet. Die Zahl der Studien-
plätze ist begrenzt.

Studienaufenthalte in Fasano/Apulien

Die traditionellen künstlerischen Bereiche der Malerei,
Bildhauerei und Plastik sind wichtige Übungsfelder für
die erfindende Handlungsweise des schöpferischen Tuns.
In diesem künstlerischen Tun geht es vor allem um das
Kennenlernen und Erfahren des Wesens der gestalterischen
Mittel und der darin liegenden Qualitäten, um sie in allen
Lebensbereichen erkennen und entwickeln zu lernen.
Parallelen zwischen der kunstgeschichtlichen und geistes-
geschichtlichen Entwicklung sollen aufzeigen, daß Kunst
immer im gesellschaftlichen Zusammenhang entsteht,
und daß es ein durchaus zeitgemäßes Anliegen ist, an
einem erweiterten Verständnis von Kunst zu arbeiten.

Die Seminarwochen finden in einem eigens dafür renovier-
ten Trullogehöft statt, welches inmitten eines 1,2 ha großen,
mit jahrhundertealten Olivenbäumen bestandenen Grund-
stückes liegt. Die Unterkunft ist in Ein-, Zwei- und Dreibett-
zimmern möglich.

Termine 1989:
Sommer: 15. Juli - 29. Juli 1989
Herbst: 21. Oktober - 4. November 1989
(einwöchige oder zweiwöchige Belegung möglich).

Anfragen richten Sie bitte an das Büro des Kunstseminars, Stuttgarter Str. 28, 7430 Metzingen, Tel. 07123/18736

Mitteilungen
aus anthroposophischen Einrichtungen und Initiativen

Diese Rubrik steht für Artikel und Berichte aus der anthroposophischen Arbeit sowie für Selbstdarstellungen zur Verfügung. Die Artikel müssen nicht den Charakter einer offiziellen Verlautbarung tragen, sondern können auch ganz in der individuellen Arbeit und Erfahrung gründen, dürfen mithin also auch durchaus kritisch sein. Von Fall zu Fall stellen wir auch Initiativen vor, die nicht auf anthroposophischer Grundlage arbeiten.

Wir bitten, von Spendenaufrufen Abstand zu nehmen. Des weiteren können wir keine reinen Veranstaltungshinweise und auch keine Texte aufnehmen, die in anderen Zeitschriften als bezahlte Anzeigen erscheinen. Das Recht der Kürzung und der themenbezogenen Auswahl behalten wir uns vor.

Da diese Rubrik für uns mit nicht unerheblichen Kosten verbunden ist, hoffen wir auf Ihr Verständnis und erwarten Ihre Zusendung von Artikeln an die Redaktionsanschrift.

Die Redaktion

DIE AUFGABE DES OMNIBUS FÜR DIREKTE DEMOKRATIE IN DER NEUEN DEMOKRATIE-BEWEGUNG
Die zweite Stufe des Omnibus-Projektes wird eingeleitet

Der OMNIBUS FÜR DIREKTE DEMOKRATIE in Deutschland fährt nun fast zwei Jahre durch Deutschland, seitdem er auf der documenta 8 im Jahr 1987 in Kassel gestartet ist. - Diese fahrende Demokratie-Forschungs- und -Bildungseinrichtung ist ein wichtiger Teil der kontinuierlich wachsenden Demokratie-Bewegung. Der Omnibus bringt die Idee der Volkssouveränität ins Bild. So wird für alle, die diese "fahrende Skulptur" sehen, der Demokratiegedanke anschaulich. Das wahrgenommene Bild läßt bei vielen Menschen Fragen entstehen. Immer mehr Menschen, die den Omnibus heute hier und morgen dort, fahrend oder am Aktionsort stehend, sehen, stellen sich die Frage: Wie steht es mit der Souveränität der Gesamtbürgerschaft? Warum können wir, die Gesamtheit der Bürgerinnen und Bürger unseres Landes, nicht jederzeit und zu allen relevanten politischen Fragen selbst entscheiden, wenn eine große Anzahl von mündigen Menschen dies jeweils fordern, wenn sie es konkret begehren?

Eine andere Frage, die bei vielen durch die ins Bild gebrachte Demokratie-Idee provoziert wird, ist: Wie, haben wir hier bei uns noch keine Demokratie? Oder: Was heißt *Direkte* Demokratie? Mal ehrlich: Wer - außer einer kleinen Anzahl von politisch Engagierten - interessiert sich für die Demokratie als Aufgabe hier bei uns, wenn nicht solche Fragen bei den Menschen provoziert werden?

Wenn Gorbatschow kommt, herrscht alle Aufregung, weil er den Versuch in Gang gesetzt hat, die Demokratie-Idee in den von der Bürokratie beherrschten staatssozialistischen Ländern zu verwirklichen. Das bringt ihm hier volle Sympathie ein. Den Studenten und Arbeitern in Peking fließt unsere Sympathie zu, weil sie unter Einsatz ihres Lebens Freiheit und Demokratie forderten. Das fand Ausdruck auf dem "Platz des Himmlischen Friedens", unter anderem durch die von ihnen geschaffene Skulptur "Göttin der Demokratie". Dieses Bild der "Göttin der Demokratie" ging im Mai 1989 um die Welt.

So wollen wir, ganz bescheiden, mit den Mitteln, die uns zur Verfügung stehen, also mit dem Omnibus für Direkte Demokratie, der sich als *fahrende Skulptur* durch unser Land bewegt, bei immer mehr Menschen Sympathie und Offenheit für die Verwirklichung der Demokratie hier bei uns erzeugen und damit die Bereitschaft bei vielen Menschen vergrößern, ihr Denken dem zuzuwenden, was die Bewegung zur Einführung der *dreistufigen Volksgesetzgebung* an konkreten Vorschlägen anzubieten hat. Der Omnibus bereitet den Boden vor, damit die von der Initiative Volksentscheid (Achberg) in Gang gesetzte Ur-Abstimmung (Stimmbriefaktion) fruchtbaren Boden vorfindet. Die Saat darf nicht auf steinigen, ausgedörrten Boden fallen. Das Samenkorn, die begriffliche Entfaltung der Demokratieidee ist durch die Initiative Volksentscheid bestens entwickelt; die Herzen dafür zu öffnen, das ist die Aufgabe, die sich neben vielen anderen auch das Omnibus-Projekt gestellt hat. Dieser Aufgabe gerecht zu werden, ist besonders die Kunst geeignet. Aus dem Wesen der Kunst heraus wurde der Omnibus von Johannes Stüttgen gestaltet. So kann Herzenswärme bei vielen Menschen, die diese schöne Skulptur sehen, sich entwickeln.

Patenschaften für den Omnibus

Damit dieser Wärme-Prozeß sich weiter ausbreiten kann, muß der Omnibus auch an solche Orte fahren können, an denen bisher noch niemand da ist, der den Omnibus einlädt. Auch dort sollen die Menschen ihn sehen können, sollen Fragen bei ihnen entstehen, Gespräche geführt werden und Stimmbriefe für die Ur-Abstimmung über Grundgesetz Artikel 20 Abs. 2 mitgenommen werden können.

Das Omnibus-Unternehmen will deshalb die zweite Phase einleiten. Menschen, die den Omnibus kennengelernt haben, können *Patenschaften* für ihn übernehmen. Wenn zum Beispiel 1.000 Paten den Omnibus mit mindestens 10,- DM kontinuierlich jeden Monat fördern oder 500 Paten mit mindestens 20,- DM, dann können wir auch in solche Orte fahren, in denen noch keine engagierten Demokraten sind, und die noch nicht die Kosten von 500,- DM übernehmen können, um uns einzuladen. Daß die Einlader sich mit mindestens 500,- DM pro Aktionstag an dem Zusammenkommen des monatlichen Finanzvolumens, das unser Unternehmen braucht, beteiligten, war notwendig, damit der Omnibus überhaupt seine Arbeit leisten konnte.

Diese erste Phase soll, nachdem so viele Menschen den Omnibus kennen, möglichst schnell in die zweite Phase überführt werden, damit wir ökologisch verträglicher und ökonomisch rationeller fahren können. Wir könnten dann Fahrtrouten planen, auf welchen Orte mit einbezogen sind, in denen noch keine engagierten Einlader den Aktionsbeitrag von 500,- DM zahlen können.

Gelingt es, die zweite Phase voll anlaufen zu lassen? - Es wird sich zeigen, ob der Einsatz des Omnibusses für die Verwirklichung der Demokratie schon von genügend vielen Menschen gewollt wird, so stark gewollt wird, daß auch die finanziellen Beiträge, die notwendig sind, auf entsprechend vielen Schultern verteilt werden können.

Jeder Mensch, der in der Verwirklichung der Demokratie, wie sie von der Initiative Volksentscheid mit Unterstützung des Omnibusses angestrebt wird, etwas sieht, das eine Entwicklung zu einer menschengemäßeren Gesellschaft fördert, in der Freiheit, Demokratie und Solidarität sich wirklich entfalten können, ist hiermit aufgerufen, seinen Beitrag für das Omnibus-Projekt zu leisten. (Bitte benutzen Sie dazu die Karte, die diesem FLENSBURGER HEFT beiliegt.)

Eine neue ausführliche "Projektbeschreibung" ist bei dem Omnibus-Koordinationsbüro in Kassel zu bestellen. Neue Adresse: *Omnibus für Direkte Demokratie gemeinnützige GmbH, Querallee 13, D-3500 Kassel.*

Herbert Schliffka

AUFRUF

Die Diskussion um das Thema "Plebiszit" rückt mehr und mehr in das öffentliche Interesse. Doch nach wie vor wird auch in den Medien auf grundlegende Elemente der direkten Demokratie wie *Medienklausel, Quorenregelung* und *Initiativrecht* nicht eingegangen. Ebensowenig wird aufgezeigt, daß bereits seit vielen Jahren Initiativen das Thema Volksentscheid bearbeiten.

In Blick auf das Jahr 1989 (200 Jahre Französische Revolution, 40 Jahre Grundgesetz) ist es umso wichtiger, der Öffentlichkeit den Umfang und die Inhalte der bereits geleisteten Arbeit sichtbar zu machen. Unser Anliegen besteht darin, in einer "ERKLÄRUNG" aufzuzeigen, worum es bei der Idee der direkten Demokratie geht.

In diesem Zusammenhang muß deutlich werden, daß der Vielzahl der Initiativen ein gemeinsamer Ausgangspunkt zugrunde liegt. Diese gemeinsame Basis bilden die in der KLÄRUNG aufgezeigten Voraussetzungen für das Bundesabstimmungsgesetz. Der nebenstehende Entwurf wird von uns graphisch so gestaltet werden, daß er sowohl als Plakat, Flugblatt und Zeitungsanzeige eingesetzt werden kann. Alle, die diese KLÄRUNG unterstützen und mit Namen und Adresse genannt werden wollen, werden gebeten, uns anzuschreiben.

Aktion Volksentscheid München

Pestalozzistraße 8, D-8000 München 5

Telefon: 089 / 26 67 92

Geldspenden für diesen Zweck bitte auf unser Konto Nr. 129 148

bei der Kreissparkasse München (BLZ 702 501 50)

Klärung: Direkte Demokratie

Von jedem einzelnen kann die Initiative
zur Abschaffung, Ergänzung oder Neuschaffung eines Gesetzes ausgehen.

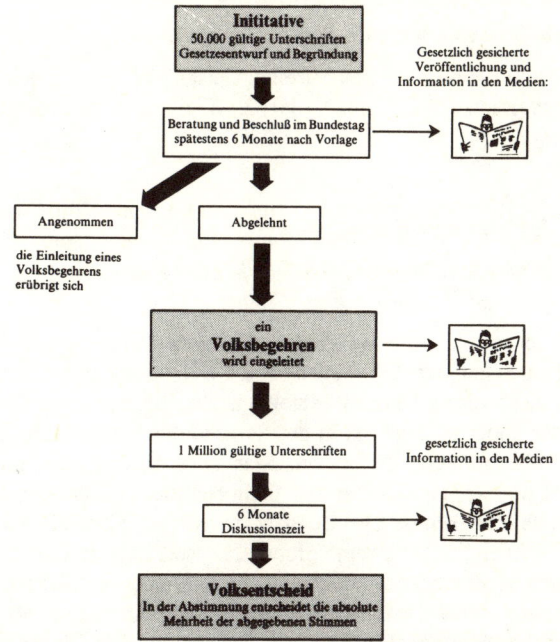

"Alle Staatsgewalt geht vom Volke aus, sie wird vom Volke in Wahlen und Abstimmungen und durch besondere Organe der Gesetzgebung, der vollziehenden Gewalt und der Rechtsprechung ausgeübt." (Grundgesetz, Artikel 20 Absatz 2)

ZUSTIMMUNGSERKLÄRUNG

Die Unterzeichnende/n arbeitet/n an der Verwirklichung des Abstimmungsgesetzes auf Bundesebene. Seine Grundlage bildet der oben aufgezeichnete Weg vom Initiativrecht über das Begehren zum Volksentscheid.

Name/Initiative   Straße   Plz   Ort

Telefon   Unterschrift

VERSUCH EINER STANDORTBESTIMMUNG DER FREIEN VOLKSHOCHSCHULE ARGENTAL

"Man muß sich der Idee erlebend gegenüberstellen können, sonst gerät man unter ihre Knechtschaft." (Rudolf Steiner: Philosophie der Freiheit)

Was ist die Freie Volkshochschule Argental (FVA)?

Die FVA ist ein keimhaftes Organ des befreiten Geisteslebens im sozialen Organismus und erscheint in dreifacher Weise als: 1. Idee, 2. Arbeitszusammenhang, 3. Kunstwerk (Soziale Skulptur).

1. Die Idee der FVA
a) hinsichtlich des Menschenbildes

"Jeder von uns ist berufen zum freien Geiste, wie jeder Rosenkeim berufen ist, Rose zu werden." (Rudolf Steiner: Philosophie der Freiheit)

In *jedem* Menschen schlummern Fähigkeiten. Durch sie kann er sich unter anderem Erkenntnisse von sich und der Welt verschaffen. Das Instrument zur Erkenntnis ist das klare, von Liebe durchwärmte Denken; es stellt gleichzeitig die "erste" Willenshandlung des Menschen dar und gibt zunächst in der Sprache die Möglichkeit, Bewußtsein zu bilden und Selbstbestimmung zu erüben. Man sieht bereits hier: große Teile des Menschenwesens sind noch unsichtbar bzw. nicht entfaltet. Jedoch: gerade der Vorgang ihrer aktiven Entfaltung kennzeichnet den Menschen im Kern als *Künstler*, dessen Schöpferkraft in seinem Freiheitswesen gründet. Diese Tätigkeit, die prinzipiell jedem Menschen möglich ist, erstreckt sich nicht nur auf den Aspekt der Erkenntnis und Menschwerdung, sondern auf alles, was in der Welt zu gestalten ist. Dazu gehört neben seinem geschwisterlichen Verhältnis zur Natur auch das Zusammenleben mit anderen Menschen. So sind gerade heute die sozialen und gesellschaftlichen Strukturen vom Menschen ebenfalls zu gestaltende. Es ist seine Aufgabe, für alle Bereiche des Daseins, Gesetzmässiges zu erkennen und entsprechend umzusetzen. In ihm liegt der Schöpfer, der Künstler der Zukunft. "Jeder Mensch ist ein Künstler!" (Joseph Beuys)

b) hinsichtlich des Gesellschaftsbildes

"Eine historische Forderung ist der Sozialismus, er muß nur im richtigen Sinn verstanden werden. Eine historische Forderung ist die Demokratie, eine historische Forderung ist aber auch der Liberalismus, die Freiheit, der Individualismus ..."
(Rudolf Steiner: Die Erziehungsfrage als soziale Frage)

Denkt man das oben angedeutete Bild des Menschen konsequent weiter, so kommt man zu Gesichtspunkten eines Bildes der Gesellschaft, wie sie ebenfalls in der Idee der FVA angelegt sind. - Die im Wesen des Menschen begründete *Freiheit* und Selbstbestimmung kann sich heute nur optimal in einem freien, d.h. von staatlichen und wirtschaftlichen

Einflüssen unabhängigen *Bildungs- und Kulturleben* entwickeln. Das gilt aber nicht nur für den Bereich, wo die Fähigkeiten entwickelt, sondern auch für den Ort, wo die Fähigkeiten in der gemeinsamen und gemeinnützigen Arbeit eingesetzt werden, um *die* Produkte herzustellen, die von einer Gesamtheit von Menschen benötigt werden. Das Selbstverwaltungsprinzip ist *das* Strukturelement für sämtliche Unternehmen der *wirtschaftlichen* Produktion (Produktion im erweiterten Sinn umfaßt auch alle geistigen Produkte und sozialen Dienstleistungen). Unter dem Prinzip der Arbeitsteilung, wie es geschichtlich entstanden ist, bedeutet Arbeit heute "Arbeit für andere", wodurch sich die zweite grundsätzliche Strukturforderung der Gesellschaft ergibt: die *Brüderlichkeit* oder Solidarität. Daß sie noch durch den Egoismus des Menschen einerseits und die Ideologie des Lohns, des Profits und des Eigentums an Produktionsmitteln sowie an Grund und Boden andererseits überlagert wird, ändert nichts an ihrer grundlegenden Wahrheit.

Als drittes Element des Gesellschaftsbildes, das alle Lebens- und Arbeitsbereiche, die oben beschrieben worden sind, durchzieht, zeigt sich das Prinzip des gleichberechtigten, *demokratischen* Vereinbarens. An ihm sind alle Menschen *gleichermaßen* beteiligt. Es regelt den Rahmen (die Rechte und Pflichten), in dem sich der selbstbestimmte Fähigkeiteneinsatz der Menschen vollzieht, und hängt, wie alles, vom jeweiligen Bewußtseinsstand und Rechtsempfinden der Menschen ab. Als Urprinzip in diesem Bereich erhebt sich die Forderung nach dem grunddemokratischen Instrument der direkten Abstimmung, des Volksentscheids nach vorhergehender freier und unzensierter Information. (Daß das Geld, das in den gegenwärtigen Strukturen eine herrschende Rolle spielt, kein Tauschmittel mehr ist und somit auch nicht mehr dem Wirtschaftsbereich angehört, sondern ein Rechtsdokument darstellt, müßte an anderer Stelle ausführlich entwickelt werden. Vgl. dazu die Forschungsergebnisse von W. Schmundt).

Mit den Elementen der *Freiheit*, der *Gleichheit* und der *Brüderlichkeit* sind die Forderungen beschrieben, wie sie sich seit der Französischen Revolution aus dem Wesen des Menschen ergeben und immer noch nicht realisiert sind. Es zeigt sich, daß es zunächst um eine Forschungs- und Begriffsarbeit geht, um diese Ideen klar im Denken zu erfassen und sie dort bereits zu einer Wirk-lichkeit und Wirksamkeit zu bringen. Insofern sie geleistet wird, kann die FVA auch den Anforderungen einer Zweigstelle der FIU (Freie Internationale Universität) gerecht werden.

Es muß noch betont werden, daß diese Ideen keine fertigen Rezepte darstellen, sondern offene Versuche, die sich aus dem Menschen ergebenden Notwendigkeiten zu formulieren.

2. Die FVA als Arbeitszusammenhang

Das Zentrum der FVA als Arbeitszusammenhang ist ein wöchentlich stattfindendes *Arbeitstreffen* aller aktiven Mitglieder. In diesem Rahmen werden alle das Ganze betreffenden Fragen besprochen und entschieden. Es ist zunächst der Ort, wo man versucht, sich der Idee der FVA (bzw. FIU) immer wieder erlebend zu nähern. Jeder, der sich für diese Arbeit interessiert, kann an den Treffen teilnehmen und auf Wunsch als gleichberechtigter Mitarbeiter aufgenommen werden.

Die *Veranstaltungen*, die in Form von zwei Semesterprogrammen pro Jahr der Öffentlichkeit angeboten werden, dienen dazu, "in freier und künstlerischer Weise Anregungen (zu) geben und Lernprozesse ein(zu)leiten zu einer erweiterten Betrachtungsweise der heute bestehenden Situation des Menschen, seiner Mitwelt und seiner Zukunft" (aus dem Zweckparagraph der FVA-Vereinssatzung) und den gegenseitigen Prozeß des Lernens immer wieder anzuregen. Es ist die Zielvorstellung der FVA-Mitarbeiter, mehr und mehr Substanz von der Idee der FVA in die Veranstaltungen einfließen zu lassen.

Entscheidungen, etwa im Hinblick auf Veranstaltungen, sollten möglichst *einmütig* gefällt werden. In Ausnahmefällen genügt es, wenn mindestens ein Mitarbeiter die Initiative und Verantwortung für eine Veranstaltung übernimmt, und keiner der anderen Veto einlegt.

Seit 1988 betreibt die FVA den *"Studiengang Soziale Skulptur"*, der während drei Wochenkursen pro Jahr die Möglichkeit bietet, die Kerngedanken der FIU von den verschiedensten Aspekten her mit kompetenten Dozenten zu erarbeiten und anhand von Projekten die Seelenkräfte des Denkens, Fühlens und Wollens zu erüben. Gerade diese Veranstaltungstätigkeit wird weit über die Region hinaus wahrgenommen.

Die FVA unterhält eine *Geschäftsstelle*, die zur Zeit von einem hauptamtlichen *Geschäftsführer* betreut wird. Er führt die laufenden Geschäfte, während die anderen Mitarbeiter ehrenamtlich tätig sind.

Rechtlicher und wirtschaftlicher Träger der FVA ist der gleichnamige *Verein*. Er wurde 1982 beim Amtsgericht Wangen unter der Nr. 245 eingetragen und vom Finanzamt als gemeinnützig anerkannt, während die Veranstaltungstätigkeit bereits im Januar 1981 aufgenommen worden war. Jeder kann auf Antrag *aktives oder förderndes Mitglied* werden. Mindestens einmal jährlich findet eine Mitgliederversammlung statt, auf der in großen Zügen rück- und vorblickend auf allen angesprochenen Ebenen die Fäden zusammenlaufen. Jeder ist aufgerufen, förderndes Mitglied bei der FVA zu werden, um so die finanziellen Voraussetzungen für die weitere Arbeit zu stabilisieren. Auch bemüht sich der Verein, öffentliche oder private Zuschüsse zu erschließen. Die Mitglieder werden über die Entwicklung der FVA in unregelmäßigen Abständen durch einen Mitgliederrundbrief unterrichtet.

Als eine dritte Säule, neben dem FVA-Programm und dem Studiengang, entwickelte sich in den letzten Jahren die verlegerische Tätigkeit und der *FIU-Versand*, wobei Materialien aus dem Umkreis der Sozialen Skulptur und von Joseph Beuys im Mittelpunkt des Interesses stehen. Ein entsprechender Katalog kann angefordert werden.

3. Die FVA als Kunstwerk (Soziale Skulptur)

Die FVA bemüht sich darum, im Sinne des "Erweiterten Kunstbegriffs" von Joseph Beuys ein möglichst gutes *Kunstwerk* zu werden, das die an ihm arbeitenden Menschen fortwährend hervorbringen. Es umfaßt alle bisher in Erscheinung getretenen Ausgestaltungen und Arbeitszusammenhänge, also Veranstaltungen, Gespräche, Programme, Plakate, Zeitungsartikel etc., als auch deren unsichtbare Anteile, insofern sie mit der ideellen und menschlich-sozialen Substanz der an ihnen Tätigen versehen wurden.

Die FVA als Kunstwerk enthält die Intention, möglichst viele Menschen in diese umfassende Gestaltungsaufgabe miteinzubeziehen. Sie ist eine gestalterische Maßnahme zur Öffnung der Gedanken und Herzen für die *Idee* der FVA (FIU) sowie zur Konzentrierung des Willens, in die FVA als konkretem *Arbeitszusammenhang* einzusteigen.

Die Qualität des Kunstwerkes FVA hängt davon ab, inwieweit die an ihm Tätigen dieses Lebewesen mit der nötigen ideellen Substanz, Energie und Wärme versehen und inwiefern sie den hauptsächlich unsichtbaren Sozialkörper so proportionieren, daß er die "permanente Konferenz" über die anstehenden Zeitfragen hervorruft und ermöglicht. Dabei steht er im Zusammenhang mit allen anderen Pilotprojekten (wie zum Beispiel dem "Omnibus für Direkte Demokratie"), die aus den gleichen Intentionen heraus arbeiten. Sie bilden ein Geflecht von keimhaften Ansätzen, die Gesellschaft als Kunstwerk zu gestalten.

Jeder der drei Aspekte gibt Auskunft über eine eigenständige Qualität der FVA, aber erst ihre Verbindung zeigt auf, was die *Freie Hochschule Argental* ist.

Wangen im Argental, Mai 1989   Rainer E. Rappmann

Adresse: *FVA, Engetsweilerstr. 24, D-7988 Wangen 4, Telefon: 07528 / 77 34 Bankverbindung: Raiffeisenbank Neuravensburg (BLZ 600 698 28), Konto-Nr. 18 63 002*

SOZIALES LERNEN - SOZIALES ÜBEN - SOZIALES GESTALTEN
Sozialwissenschaftliches Seminar, Stuttgart, 8. Oktober bis 1. Dezember 1989

Die Sozialwissenschaftliche Forschungsgesellschaft Stuttgart veranstaltet in diesem Jahr zum dritten Mal im Rahmen des Freien Hochschulkollegs Stuttgart ein sozialwissenschaftliches Seminar. Es wird vom 8. Oktober bis 1. Dezember 1989 dauern.

Das Seminar wendet sich an Menschen, die erkannt haben, daß "Sozial-Sein" sich heute weniger denn je von selbst versteht. Im Großen wie im Kleinen sind die Probleme des menschlichen Zusammenlebens nur zu lösen, wenn die entsprechenden Fähigkeiten bewußt erübt und die nötigen Kenntnisse durch eigene Anstrengung erworben werden.

Auf verschiedenen Wegen kann man zu dieser Einsicht gelangen: Man kann darauf gestoßen werden durch die praktischen Probleme der Zusammenarbeit, wie sie in vielen Einrichtungen auftreten, sowohl im anthroposophischen Umfeld wie auch außerhalb. Man kann damit konfrontiert werden, wenn man nach der sozialen Bedeutung und der Perspektive der eigenen Berufstätigkeit fragt. Man kann durch Probleme in der Beziehung zum einzelnen Mitmenschen diese Erkenntnis gewinnen. Man kann dazu kommen, wenn man sich, zum Beispiel als Studentin oder Student, mit der menschlichen Bedeutung der Methoden und Resultate heutiger Sozialwissenschaften für unser Mensch-Sein beschäftigt oder beschäftigt hat. Oder man kann einfach als wacher Zeitgenosse durch die

Beobachtung des Zeitgeschehens auf dem politischen, wirtschaftlichen oder kulturellen Feld auf dieses Problem aufmerksam werden.

Es gibt bestimmte Fragen, auf die man immer wieder trifft, wenn man sich mit den Problemen des menschlichen Zusammenlebens beschäftigt: Wie kann im toleranten Miteinander ein Freiheitsraum entstehen, in dem jeder seine Individualität ausleben und seine Fähigkeiten für die anderen einbringen kann? Wie kann jeder gleichberechtigt an einer Ordnung der zwischenmenschlichen Beziehungen mitwirken, in der jeder Mensch zu seinem Recht kommt? Wie können Formen eines solidarischen Verhaltens gegenüber den Bedürfnissen der Mitmenschen und der Natur praktiziert werden? Wie kann man eine Kunst des sozialen Verhaltens entwickeln, die es einem ermöglicht, in diesen Fragen sinnvoll aktiv zu werden?

An diesen Fragen und praktischen Bedürfnissen setzt das Sozialwissenschaftliche Seminar an. In Vortrag und Gespräch, durch Übungen in Gruppen, in gemeinsamem künstlerischen Tun sollen Grundlagen geschaffen werden, die sich im späteren Berufsfeld als sozial fruchtbar erweisen können.

Der Bezugspunkt der Arbeit ist das von Rudolf Steiner entwickelte Konzept der sozialen Dreigliederung, aus dem heraus vor 70 Jahren ein Versuch grundlegender sozialer Neugestaltung unternommen wurde, der bis heute - beispielsweise durch die Begründung der Waldorfschule mit ihren Selbstverwaltungsstrukturen - nachwirkt.

Ihre Mitwirkung als Dozenten haben bisher zugesagt: Martin Bacher, Theodor Beltle, Beate Bitterwolf-Bohnes, Dr. Lex Bos (NPI, Holland), Dr. Benediktus Hardorp, Udo Hermannstorfer, Stefan Leber, Dr. Manfred Leist, Walter Motte, Dr. Gisela Rösch, Wolfgang Schad, Hans-Jürgen Schaeffer, Dr. Dietrich Spitta, Dr. Christoph Strawe, Silvia und Marc Vereeck, Sabine Voigt, Siegfried Woitinas.

Anfragen und Voranmeldungen sind zu richten an: *Freies Hochschulkolleg, Dr. Christoph Strawe, Libanonstr. 3, D-7000 Stuttgart 1, Telefon: 0711 - 48 17 15.*

UNTERNEHMERSEMINAR IN FELLBACH

Erstmals fand vom 4. bis 7. Mai 1989 in der "Arbeitstätte für Menschenbildung durch Kunst" in Fellbach bei Stuttgart ein Seminar für Menschen statt, die in führenden Positionen in Betrieben und Einrichtungen stehen bzw. solche anstreben. Etwa vierzig Unternehmer aller Altersgruppen zwischen 25 und 65 Jahren nahmen an der Begegnung teil, die sich insbesondere durch eine offene und fruchtbar-gemeinschaftliche Stimmung auszeichnete.

Einen wesentlichen Beitrag hierzu leisteten auch die künstlerischen und sozialen Übungen, welche die intensive gedankliche Auseinandersetzung in rhythmischen Abständen sowohl ergänzten als auch "verdauen" ließen. In der Betriebseurythmie, der Bothmergymnastik und den "sozialen Übungen" konnte erlebt werden, wie sehr der einzelne innerhalb der Unternehmung auf das soziale Miteinander angewiesen ist und dieses mitgestalten kann. Der Sprachchor, in Form zweier rivalisierender Gruppen angelegt, brachte hautnah die Erfahrung "sozialer" und "antisozialer Triebe".

Die Vorträge von auf dem Boden der Anthroposophie stehenden Führungskräften aus den unterschiedlichsten Institutionen (eine metallverarbeitende Fabrik, eine Autofirma, zwei Krankenhäuser, eine Versicherungsinitiative, eine Textilfirma u.a.) deckten sieben folgende charakteristische Problembereiche auf: Unternehmenskultur, Entscheidungs-findung, Hierarchie und Personalführung, Leitbilder in Unternehmen, Gemeinschaftsbil-dung der Mitarbeiterschaft, Brüderlichkeit im Wirtschaftsleben, integrale Qualitätssi-cherung.

Den komprimierten Kurzreferaten schloß sich jeweils ein ausgiebiges Gespräch an, in dem die vorgetragenen Ideen näher beleuchtet und vertieft wurden. Als Ziel der Tagung stand weniger die Beantwortung als die Erarbeitung und Erweiterung von Fragen im Vordergrund, mit der Folge, daß sich regional Einzelinitiativen bilden wollen, in denen weitergearbeitet wird, und im Mai 1990 das nächste, wiederum ganz auf die Praxis ausgerichtete Seminar stattfinden soll.

Seminarinteressenten können sich wenden an: *J. Ch. Kübler, Obere Bachstr. 70, D-7532 Niefern-Öschelbronn 2.*

Dietmar Kaspar

MINISTER SETZT SICH FÜR NATURHEILMITTEL EIN

Angesichts der vierten Arzneimittel-Gesetz-Novelle (AMG-Novelle) und der damit drohenden Vereinheitlichung der Beurteilungskriterien für Naturheilmittel nach konven-tionellen Maßstäben hat sich der niedersächsische Minister für Wirtschaft, Technologie und Verkehr, Walter Hirche, dafür eingesetzt, daß den "besonderen Therapierichtungen" (Homöopathie, Anthroposophische Medizin und Phytotherapie) eine ihnen gemäße Gesetzesgrundlage geschaffen wird.

In einem Schreiben an den Bundeswirtschaftsminister weist Hirche darauf hin, daß "die Sicherung der Arbeitsplätze im Bereich der besonderen Therapierichtungen wich-tig" sei und daß "angesichts der Entwicklung des europäischen Binnenmarktes seitens des deutschen Gesetzgebers sichergestellt werden" müsse, "daß der Erhalt dieser Arbeits-plätze möglich bleibt."

Gerichtet an die Bundesministerin für Jugend, Familie, Frauen und Gesundheit, Ursula Lehr, stellt Hirche weiter fest: "Der deutsche Bundestag wie auch Ihre Amtsvor-gängerin haben mehrfach zum Ausdruck gebracht, daß Naturheilmittel uneingeschränkt erhalten bleiben sollen. Die bisherige Praxis des Verwaltungsvollzuges des Arzneimittel-gesetzes durch das Bundesgesundheitsamt gibt leider Anlaß festzustellen, daß dieser Wille des Gesetzgebers und der Bundesregierung vom Bundesgesundheitsamt nicht be-achtet wird. Mir scheint es notwendig zu sein, im Rahmen der vierten AMG-Novelle dieses Vollzugsdefizit durch gesetzgeberische Maßnahmen zu beseitigen."

Unter Bezugnahme auf die Arbeit von G. Kienle und R. Burkhardt "Der Wirksamkeits-nachweis für Arzneimittel" heißt es in dem gleichen Schreiben weiter: "Es stellte sich in den siebziger Jahren beginnend heraus, daß eine Fülle von Problemen existiert, die den Glauben an objektive und allgemein gültige Weise für die Wirksamkeit von Arzneimitteln mittels der induktiv beschließenden Statistik zur Illusion werden ließen."

Ein wissenschaftlicher Streit zwischen den verschiedenen Lehrmeinungen, so Hirche weiter, dürfe nicht dadurch entschieden werden, daß sich die Zulassungsbehörde die wissenschaftlichen Methoden und Denkansätze einer bestimmten Lehre zu eigen mache und sie als den Stand der wissenschaftlichen Erkenntnis deklariere. Mit Nachdruck fordert der Minister dazu auf, anstelle abstrakter, aus der Schulmedizin entwickelter Wirksamkeitsnachweise, bei der Zulassung von Naturheilmitteln die den jeweiligen Therapierichtungen entsprechenden Wissenschaftsmethoden und Forschungsergebnisse anzuerkennen. Wörtlich heißt es: "Der Wissenschaftsbegriff muß ... den Erfahrungsbe-griff mit beinhalten."

Dem Schreiben beigefügt sind drei Vorschläge zur Änderung des 21 Arzneimittelge-setzgebung, die ebenso wie die hier zitierte Korrespondenz an alle Wirtschaftsminister der bundesdeutschen Landesregierungen zur Kenntnisnahme verteilt worden sind.

Im Hintergrund der intensiven Bemühungen um die Gesetzgebung für Naturheilmittel in der Bundesrepublik Deutschland steht die Tatsache, daß derzeit noch die Therapiefrei-heit nach bundesdeutschem Muster von Anthroposophen und Homöopathen als vorbild-lich für eine europaweite Gesetzgebung angesehen wird. Sollte sich jedoch die derzeitige "harte Linie" des Bundesgesundheitsamtes durchsetzen, könnte dies eine Signalwirkung für die entsprechenden Gesetzesentwürfe in Straßburg und Brüssel haben. Um auf die sich abzeichnenden Entwicklungen im Hinblick auf den europäischen Binnenmarkt vorbereitet zu sein, wurde bereits im vergangenen Jahr die European Federation of Natural Medicin (EFNMU) begründet. Patienteninitiativen aus England, Holland, Bel-gien, Frankreich, Spanien, der Bundesrepublik Deutschland, Irland und Italien haben sich in diesem Dachverband zusammengeschlossen. Ziel der Vereinigung ist es unter ande-rem, die EG-Abgeordneten in den jeweiligen Ländern anzusprechen, aber auch innerhalb der nationalen Regierungen schon jetzt auf die Therapiefreiheit nach bundesdeutschem Muster hinzuweisen.

Ebenfalls auf europäischer Basis ist im April ein Verband der Hersteller von Heilmit-teln auf anthroposophischer Grundlage gebildet worden, der seinerseits entsprechende Bemühungen betreibt. Ein europaweiter Ärzteverband ist derzeit noch in Vorbereitung.

Ekkehard von Blücher / Markus Schmidt

7. ÖFFENTLICHE HEILBERUFETAGUNG IN STUTTGART
vom 19. bis 21. Mai 1989

In Zusammenarbeit mit der Gesellschaft Anthroposophischer Ärzte, dem Verband der gemeinnützigen Krankenhäuser für anthroposophisch erweiterte Medizin und dem Verband anthroposophisch orientierter Pflegeberufe veranstaltete der Verein für ein erweitertes Heilwesen die diesjährige Heilberufetagung im Rudolf Steiner-Haus in Stuttgart. Bereits zum siebten Mal wurde die jährlich stattfindende Tagung für alle im Heilberuf Tätigen durchgeführt, diesmal mit dem Thema "Krankheit und Schicksalsbildung im Lichte der Wiederverkörperung".

Fast ein Viertel der etwa 200 Teilnehmer besuchte die Veranstaltung zum ersten Mal, um sich mit den anthroposophischen Grundimpulsen eines erweiterten Heilwesens näher bekanntzumachen.

Im Vordergrund standen weniger berufsspezifische Einzelfragen als die Intention, die anthroposophischen Hintergründe so aufzubereiten, daß sie in die tägliche Arbeit einbezogen werden können. Demgemäß umfassend gestalteten sich auch die Themen der Hauptvorträge, die durch fünf Arbeitsgruppen vertieft und erweitert wurden. Dr. Hassauer (Gemeinschaftskrankenhaus Herdecke) sprach über den "Sinn des Schicksals im Lichte der Wiederverkörperung", Dr. Trott (Bad Liebenzell) über "Krankheit als Entwicklungsfaktor", Dr. Treichler (Stuttgart) über "Das Krankheitsschicksal im Blickfeld der Reinkarnation" und Dr. Walther Bühler (Bad Liebenzell) über "Christus als Menschheitsgeist und Herr des Schicksals".

In mehreren Aussprachen wurden einzelne Initiativen und Entwicklungen dargestellt. So berichtete Brigitte Wessels (Niefern-Öschelbronn) über "Amfortas", eine AIDS-Initiative auf anthroposophischer Grundlage, und Ekkehard von Blücher (Bad Liebenzell) informierte über den Stand der Entwicklungen im Arzneimittelrecht und in Krankenversicherungsfragen.

Ein künstlerischer Akzent wurde durch die Aufführung "Zar Saltan" der Stuttgarter Freien Eurythmiegruppe gesetzt.

Die nächstjährige Heilberufe-Tagung findet vom 8. bis 10. Juni 1990 wieder im Rudolf Steiner-Haus in Stuttgart zum Thema "Künstlerische Therapie" statt. Interessenten wenden sich bitte an den *Verein für ein erweitertes Heilwesen, Johannes-Kepler-Str. 56-58, D-7263 Bad Liebenzell /Unterlengenhardt.*

FLENSBURGER HEFTE

ISSN 0932-5859

AUS UNSEREM VERLAGSPROGRAMM

Sonderheft Nr. 1 - PARTNERSCHAFT UND EHE
3. Auflage (14. - 30.Tausend), 174 Seiten, kart., DM 12,80

Gesetzmäßigkeiten einer Lebensgemeinschaft. Menschenkunde der Geschlechter. Mann und Frau in der Partnerschaft. Liebe und Ehe sind erlernbar: Das Soziale schaffen anstelle von Kampf und Flucht! Krisen und Brüche im 27. Lebensjahr. Notwendige Ich-Entwicklung der Frau. Sexualität und Liebe. Ehe-Idee, Ehe-Vorbereitung, Ehe-Pflege und Ehe-Alltag. Praktische Tips und Beispiele aus der Ehe-Beratung. Ein zeitgemäßer Ratgeber für die Gestaltung von Partnerschaft und Ehe.
Interviews mit Wolfgang Gädeke und Klaus Thoma. Vorträge von Klaus Fischer und Wolfgang Gädeke. Weitere Artikel und zahlreiche Abbildungen.   ISBN 3-926841-04-4

Sonderheft Nr. 2 - DAS GEHEIMNIS DER EAP
212 Seiten, kart., DM 12,80

Eine kenntnisreiche Hintergrundanalyse der Europäischen Arbeiterpartei - eine politische Gruppierung, die unter verschiedenen Tarnnamen Schlagzeilen macht. Die EAP: Idee, Geschichte, Programm, Praxis, Hintergrund. / "Ich hätte einem Monster zur Geburt verholfen" - Erstmalige Enthüllungen eines ehemaligen EAP-Mitgliedes. Wenn die EAP an die Macht käme... / Helga und Lyndon LaRouche. / Der Weg von der ersten Kontaktaufnahme zum selbständigen Kader. - So etwas haben sie noch nie gelesen!
Text von Wolfgang Weirauch; Interview mit Herbert Knoblauch. Zahlreiche Abbildungen.
ISBN 3-926841-05-2

Sonderheft Nr. 3 - COMPUTER, MEDIEN
144 Seiten , kart., DM 14,80

Spider in the web - die Vernetzung der Welt. / Faszination der Medien, die Angst vor dem Computer. / Welcome to the machine. / Mythos und Wirklichkeit - Was ist ein Computer? Entstehung, Funktion, Anwendungsmöglichkeiten und Gefahren, Auswüchse der Forschung. / Kann ein Computer denken? Menschliches Denken und Verantwortung. / Hacker - Datendemokratie oder technischer Terror? Reisen mit trojanischen Pferden - das Tor zur Welt. / Computerviren - der Tod der Systeme?! / Computerkinder - Mechanisierung der Kindheit. / Die Faszination der Bilder - die Droge im Wohnzimmer. / Medien im Dienst der Lüge.
Interviews mit Prof. Dr. Klas Diederich, Prof. Dr. Claus Eurich, Dr. Rainer Patzlaff, Steffen Wernéry, Prof. Joseph Weizenbaum; weitere Artikel, u. a. von Prof. Dr. Heinz Buddemeier und Prof. Dr. Helmut Göttsche, und Abbildungen.   ISBN 3-926841-12-5

Sonderheft 4 - PARTNERSCHAFT UND EHE II - BRIEFE
80 Seiten, kart., DM 9,80

47 Briefe von Leserinnen und Lesern zu den Themen Partnerschaft, Ehe und Sexualität. - Zerstört Sexualität die Liebe? / Männlicher Chauvinismus. / Aha und Oha. / Zumutungen der Eifersucht. / Wie Schuppen von den Augen... / Anstoß zur zweiten Halbzeit. / Archaische Leidenschaft. / Brutal ernüchtert. / An der Seite eines Mannes. / Ich bin Ich. / Reifere Frau und jüngerer Mann. / Allein leben - keine Partnerschaft? / Eine wirkliche Hilfe : zur Idee erheben. / Die Liebe bullert. / Vertrauen. / Eine natürliche Verhütungsmethode. / Mit Konflikten leben. / Vom Stuhl gerissen.   ISBN 3-926841-14-1

Sonderheft Nr. 5 - VOLKSSOUVERÄNITÄT - DEMOKRATIE - VOLKSGESETZGEBUNG
Die Emanzipation des Rechtslebens im sozialen Organismus
Forschungsergebnisse aus dem Achberger Institut für Dreigliederungsentwicklung
Ca. 200 Seiten, kart., ca. DM 14,80 (Sommer 1989)

In allen heutigen Gesellschaften - westlichen wie östlichen - gibt es ein gemeinsames Grundproblem: die Rechtsgemeinschaft, das "Volk", ist von der konkreten Bestimmung der gesetzlichen Fundamente des sozialen Lebens ausgeschlossen. Alle speziellen gesellschaftlichen Krankheitssymptome sind Folge dieser Ursache. Auf diese Diagnose antwortet das Achberger Institut seit 1984 mit Vorschlägen zur Therapie. Politische Initiativen auf Bundes- und Länderebene und im europäischen Ausland haben diese Vorschläge aufgegriffen und kämpfen dafür, sie durchzusetzen. Der Band dokumentiert die Erkenntnisgrundlagen und den Stand der Entwicklung der Initiativen.   ISBN 3-926841-18-4

Heft 11 - ÜBER TOD UND STERBEN
2. erweiterte Auflage, 268 Seiten, kart., DM 19,80

Vom Jenseits: Berichte von Menschen, die über die Schwelle des Todes geschritten sind; Christus führt die Verstorbenen vor ihr gesamtes Lebenspanorama. / Sterben im Leben und Leben nach dem Tod. Allgemeinmenschliche Sterbeübungen. Die Sterbesakramente in der Christengemeinschaft. Ist die Aufbahrung sinnvoll? Begleitung der Toten. Was wollen die Toten für uns tun? / Durchleuchtete Erde. Wie der Tod in die Welt kam. Gilgamesch; Isis und Osiris. Die Bedeutung der Pyramidenanlage für die Menschen in ihrer Beziehung zum Tod. Das Schattenreich und das Licht der Mysterien. Der Tod des Sokrates. Das Mysterium von Golgatha - Auferstehung im Denken. / Todeswissen, Todesglauben und Todesbräuche in alten Mythen und Kulturen. / Das Für und Wider von aktiver und passiver Sterbehilfe. Der Sterbeprozeß als Chance für die Menschheit. Freiheit zwischen Selbstbestimmung über den eigenen Tod und der planetarischen Solidarität aller Lebenden. Der Sinn des Leides. / Deutsche Gesellschaft für Humanes Sterben: Keine Menschlichkeit ohne Selbstbestimmung über den eigenen Tod; Freitod. Patientenverfügungen. Die Machtfrage und die Terrorisierung aller Sterbenden. / Das Recht von Arzt und Patient. Der Arzt an der Schwelle des Todes: Erfahrungen während eines Todeskampfes. / Seelsorge mit Sterbenden. Der Tod von Ehepartnern. Ein Sterbender hört alles. Wenn Kinder sterben. Arzt und Priester am Krankenbett. / Der Bestatter und die Hinterbliebenen. Arbeitsgänge des Bestatters. Anonyme Bestattung. Rechtliche Verbindlichkeit der Bestattungsvorsorge. / Altenpflege. Vom Altwerden. Die Aufgaben des Menschen im Alter. Die Alten sind unsere Zukunft. / Begegnungen in Äthiopien. / Die "Totentanzbilder" von H. Holbein d. J. / Jim Jones - Der Weg ins Nichts. / Selbstmord.

Interviews mit Hans-Henning Atrott (DGHS), Irmgard Bauer, Peter Berg (Bestattungsunternehmer), Wolfgang Gädeke, Giesela Gaumnitz, Dr. Jörg Jungermann, Dr. Raymond Moody, Dr. Conrad Schachenmann, Prof. Dr. Philipp Schmitz (SJ), Frank Teichmann. Zahlreiche Abbildungen. ISBN 3-926841-11-7

Heft 13 - HEXEN, NEW AGE, OKKULTISMUS
2. erweiterte Auflage, 204 Seiten, kart., DM 14,80

"Der schwarze Pfad" / Satanslyrik. / Dämonenaustreibung / "Ich war besessen" / Über Mediumismus und Spiritismus. Die Entstehung des Spiritismus. / Was steckt hinter den Aussagen von Medien? - Eine Skizze zum anthroposophischen Weiterstudium. / "Die feine Art zu töten" / Schwarze Messen, spiritistische Sitzungen - der neue Trend vieler Jugendlicher. / New Age, das Zeitalter des Wassermanns - die Sehnsucht nach dem Geist und die Verwirrung der Begriffe. / Berichte vom Kongreß "Geist und Natur". / Feuerläufe. / Neokeltismus und Neoschamanismus. / Heilige Pilze. / Die Glasrückerin. / "Ich werde absolut geführt" / Das "Geist- und Heilzentrum Saint-Germains".
Interviews mit Schwarzmagierin Ulla von Bernus, Carola Cutomo, Hexe Petra Singh, Gesundbeterin Edith Heldt und Herbert Wimbauer sowie weitere Artikel.
ISBN 3-926841-08-7

Heft 14 - ERNEUERUNG DER RELIGION
DIE CHRISTENGEMEINSCHAFT
3. erweiterte Auflage, 186 Seiten, kart., DM 12,80

Die Hierarchie in der Christengemeinschaft. Gemeindebildung. Ist die Sprache der Christengemeinschaft noch zeitgemäß? Anthroposophische Erkenntnisvertiefung des religiösen Lebens. / Die Sakramente im Wandel der Zeiten. Die ersten Gottesdienste. / Die Wandlung im Kultus der Christengemeinschaft. Der Phantomleib des Christus. Engel, Verstorbene, Elementarwesen, Dämonen. / Das evangelische und das katholische Sakramentsverständnis. / Ein Brief aus Leipzig zur Situation der Christengemeinschaft in der DDR. / Friedrich Rittelmeyer. / Das Dogma der Unfehlbarkeit. Gibt es eine katholische Anthroposophie?
Interviews mit Ekbert Lasch, Johannes Lenz, Andreas Rüß, Arnold Suckau und Prof. Dr. Franz Georg Untergaßmair; weitere Artikel. ISBN 3-926841-07-9

Heft 15 - WALDORFSCHULE UND ANTHROPOSOPHIE
3. Auflage, 132 Seiten, kart., DM 9,80

Wie sollte, kann oder darf die Anthroposophie in der Waldorfschule leben? In welchem Verhältnis stehen der Waldorflehrer und die Waldorfschule zur Anthroposophie und zur Anthroposophischen Gesellschaft? / Die spirituellen Grundlagen der Waldorfpädagogik und die inneren Aufgaben des Lehrers. / "Zusammenklang im Gesamt" - Die Waldorfschule im Beziehungsgefüge der sozialen Wirklichkeit. Zur Sozialgestalt der Waldorfschule. / "Lebendige Quellkräfte" - Zur Esoterik des Waldorflehrerberufes. Die Freie Hochschule für Geisteswissenschaft und ihre Gliederung in Sektionen. / "Kritik, wo ist dein Stachel?" - Kritiker und Gegner der Waldorfpädagogik. Der Vorwurf der Dogmatik.
Interviews mit Johannes Kiersch, Stefan Leber und Jörgen Smit sowie weitere Artikel.
ISBN 3-926841-00-1

Heft 16 - KULTURVERGIFTUNG: RAUSCHGIFT, SUCHT UND THERAPIE
182 Seiten, kart., DM 7,80

"Das vergiftete Jahrhundert" - Neue Impulse durch die Jugend. Verschüttete Ideale. Der karikierte Himmel. / "Auf fremden Pfaden" - Über die Wirkung verschiedener Drogen. / "Der Kampf mit der Hydra" - aus der Arbeit des Rauschgiftdezernats Hamburg. / Aus der Praxis der anthroposophisch orientierten Drogentherapie - "Hilfe zur Selbstentwicklung" - "Kulturtherapie!"
Interviews mit Ron Dunselman und Jaap van der Haar, Dr. Olaf Koob, Kurt Burghard und Peter Fischer (Heilstätte Sieben Zwerge), Elliot Hiller (Lebensstudien-Gemeinschaft Melchiorsgrund), Aalt van den Berg (Stichting Arta), Bodo Franz und Hans Bergmann; weitere Artikel und zahlreiche Abbildungen.
ISBN 3-926841-01-X

Heft 17 - KULTURVERGIFTUNG: ALKOHOL
168 Seiten, kart., DM 7,80

"Der mürbe Becher" - Die historische Mission des Alkohols. / Über die physischen, seelischen und geistigen Wirkungen des Alkohols. Alkohol und Meditation. / "Seele im Schatten" - Gespräch mit Anonymen Alkoholikern. / "Alfred" - Selbsterfahrungsbericht. / "Wer zahlt die Zeche?" - Therapie im sozialen Verbund. / "Im Schatten des Räderwerks" - Alkohol in der Arbeitswelt.
Interviews mit Günter Mazur, Rita Rußland (IG Metall), Dr. Olaf Titze und Dr. Heinz Hartmut Vogel; weitere Artikel und zahlreiche Abbildungen.
ISBN 3-926841-02-8

Heft 18 - BIOLOGISCH-DYNAMISCHE LANDWIRTSCHAFT, ÖKOLOGIE, ERNÄHRUNG
220 Seiten, kart., DM 12,80

Die Grundlage und die Methoden der biologisch-dynamischen Landwirtschaft. Beispiele aus Praxis, Erkenntnisbemühung und Forschung. / Saatgut und Pflanzenveredelung. / Der landwirtschaftliche Hof als Organismus, Individualität und Kulturstätte. / Konflikte oder Ergänzung zwischen Landwirtschaft und Naturschutz. / Degenerierte und vollwertige Ernährung. / Zusammenhänge zwischen Radioaktivität und AIDS? Interviews mit Hellmut Finsterlin, Prof. Dr. Berndt Heydemann, Dr. Manfred Klett, Prof. Dr. Herbert H. Koepf, Dr. Udo Renzenbrink und Georg W. Schmidt, weitere Artikel und zahlreiche Abbildungen.   ISBN 3-926841-03-6

Heft 19 - MUSIK
2. Auflage, 184 Seiten, kart., DM 16,80

Entwicklung der Musik; Musik der Gegenwart. / "musica humana" - Was ist Musik? Die Verständnisschwierigkeiten für den Laien. Anthroposophie und Musik. / "Wo Dir der liebe Gott den Bleistift hält" - Durch Musik zum Selbst. Musik und Meditation. / "Jazz - Ausdruck des Zeitgeistes oder Magie?" / "Höre, so lebt Deine Seele jetzt!" - Wege zu einem neuen Hören. / "Ich kann mich verpuppen, sooft ich will" - Kosmische Klänge und Wiedergeburt. / "Wo Musik lebendig ist..." - Karlheinz Stockhausen. / "Schräge Töne" - Impressionen außereuropäischer Musik. / "Urmusikalisches" - Die Bedeutung des Zahlenhintergrundes der Musik im Wandel der Musikepochen. / Arvo Pärt. / Bob Dylan. / Terje Rypdal. / Frank Zappa. / "Natas - Satan" - Rückwärts gesprochene Texte auf Rock-Platten. Gespräche und Interviews mit Pär Ahlbom, Prof. Joachim Ernst Berendt, Peter Michael Hamel, Diether Rudloff, Dr. Ingo Schultz und Karlheinz Stockhausen; weitere Artikel, u. a. von Prof. Dr. Hermann Pfrogner, und Abbildungen.   ISBN 3-926841-06-0

Heft 20 - SEXUALITÄT, AIDS, PROSTITUTION
2. Auflage, 170 Seiten, kart., DM 14,80

Anthroposophische Grundlagen der Sexualität. Instinkt, Trieb, Begierde. Der Unterschied von weiblicher und männlicher Sexualität. Die Paradoxie der Sexualität in sich selber. Perversionen der Liebe. / Geschlechtserziehung. AIDS in der Schule. / AIDS-Aufklärungskampagnen des Sozialministeriums von Schleswig-Holstein. Ein Besuch in den AIDS-Kliniken San Franciscos. / Gesprächsrunde mit einem HIV-Positiven über die Arbeit in Beratungsstellen. / "Die Lady mit der Peitsche" - Gespräch mit einer Domina über Prostitution und sadomasochistische Praktiken. / Gespräche mit einer minderjährigen Prostituierten, Mitarbeiterinnen des Café Sperrgebiet (Beratungsstelle für minderjährige Prostituierte) sowie Mitarbeiterinnen der Kaffee-Klappe (Treffpunkt für Frauen in St. Pauli). / Sexuelle Gewalt in der Familie.

Interviews mit Sozialministerin Gräfin Ursula von Brockdorff, Christina, Martina Funke, Wolfgang Gädeke, Marianne Kipp, Stefan Leber, Hilde Müller, Liliane von Rönn; weitere Artikel.   ISBN 3-926841-09-5

Heft 21 - AIDS
164 Seiten, kart., DM 14,80

HIV-Infektion und Immunschwäche - Verwechslung von Ursache und Wirkung. Schwächung des Immunsystems durch radioaktive Niedrigstrahlung und andere Umweltbelastungen. Der Petkau-Effekt. / AIDS - Krise des Männlichen? / "Die Rache des Kongo" / AIDS-Bekämpfung. Ist AIDS ein Problem Homosexueller? Epidemiologisches. / Was ist ein Virus? Wie funktioniert das Immunsystem? Die stofflichen Grundlagen der HIV-Infektion und des AIDS. / Naturwissenschaftliche Grundlagen der HIV-Infektion. AIDS-Forschung. Gibt es Hoffnung auf einen Impfstoff?
Interviews mit Michael Debus, Dr. med. Ruth Jensen, Prof. Dr. Meinrad Koch, Dr. Michael G. Koch, Prof. Dr. Jens Scheer, Prof. Dr. Wolfgang Stille.   ISBN 3-926841-10-9

Heft 22 - ERKENNTNIS UND RELIGION
Zum Verhältnis von Anthroposophischer Gesellschaft und Christengemeinschaft
132 Seiten, kart., DM 14,80

Der Erkenntnisakt. Der anthroposophische Schulungsweg. Der menschenkundliche Ansatz der Erkenntnis und der Religion. Der Lebens- und Willensaspekt der Religion. Kultus als Bindemittel für das soziale Ganze. Anthroposophie will keine Religion sein! Die sieben Kultusformen. Religion im Lebensgang Rudolf Steiners. Die Christengemeinschaft kam in letzter Sekunde. Der Vortrag vom 30.12.1922. Das Verhältnis von Anthroposophischer Gesellschaft und Christengemeinschaft zueinander und das des einzelnen Menschen zu beiden Bewegungen. Sakramente. Die Bestattungsfrage.
Interview mit Rudolf und Wolfgang Gädeke.   ISBN 3-926841-13-3

Heft 23 - ENGEL
192 Seiten, 8 farbige Abb., kart., DM 16,80

Die Wesenheit des Engels. Schutzengel und ihre Mitgestaltung im menschlichen Schicksal. Die nächtliche Begegnung mit dem Engel. Wenn die Verbindung zu dem Engel abreißt. Das Mitwirken der Engel im Kultus, beim Gebet und der Meditation. Höhere Engel und ihre Verbindung mit Menschengemeinschaften. Der Mensch als Partner des Engels. / Schicksalsbejahung. / Engel und Kinder. Engel als Vorbild in der Selbsterziehung. / Zur Engellehre des Scotus Eriugena und des Thomas von Aquin. Die wechselseitige Beziehung von Mensch und Engel im Denken. / Geflügelte Wesen in der Kultur der Menschheit. / Entwicklung der Engellehre vom AT bis heute in der jüdischen und christlichen Tradition. Entwicklung der Engeldarstellung in der christlichen Kunst. / Auszug aus dem ersten Treatment Wim Wenders zu seinem Film "Der Himmel über Berlin".
Interviews mit G. u. E. Fischer, Dr. Dr. W.-U. Klünker, H.v. Kügelgen, H.-W. Schroeder.
ISBN 3-926841-15-X

Heft 24 - DIREKTE DEMOKRATIE
1789-1989 - 200 JAHRE FRANZÖSISCHE REVOLUTION
240 Seiten, kart., DM 14,80
Möglichkeiten der direkten Volksgesetzgebung in der BRD und Schleswig-Holstein. Repräsentative und direkte Demokratie. / Die Französische Revolution als ruckartige Nachholung einer verhinderten Entwicklung. Menschenrechte. Die Ideale Freiheit, Gleichheit, Brüderlichkeit. Tugend und Terror. Robespierre und Rousseau. "Während der Französischen Revolution sprachen zum ersten Mal Menschen als Menschen." Vormärz und die deutsche Revolution von 1848. Der preußische Nationalgedanke als Todeskeim für Mitteleuropa. / Als Anthroposoph im Bundestag. Die sinnlose und festgelegte Zeremonie der Bundestagsdebatten. Das Gewissen der Abgeordneten. Arbeitsüberlastung in den Ausschüssen. Politisches Engagement. Die Gestaltung einer neuen Rechtsordnung aus dem Zusammenleben der Menschen. Die Rechtssphäre als vergessene Schicht. Direkte Demokratie. Gibt es ein Unabstimmbares? / "Die Erweiterung des Ozonlochs ist nur durch die Erweiterung des Kunstbegriffs zu stoppen!" - Soziale Skulptur und erweiterter Kunstbegriff. Politik als Gestaltungsaufgabe. Falsche Einweihungsdampfer und freies Geistesleben. Das Beispiel der Waldorfschulen. Der Hase und die Sonne. / "Beuyme" - ein Telefongespräch mit Joseph Beuys / Jumbo - Omnibus für Direkte Demokratie / Die Petition an die Enquete-Kommission des schleswig-holsteinischen Landtags.
Interviews mit Joseph Beuys, Hans Peter Bull (SPD, Innenminister des Landes Schleswig-Holstein), Gerald Häfner (MdB, DIE GRÜNEN), Heiko Hoffmann (CDU, Oppositionsführer im schleswig-holsteinischen Landtag), Brigitte Krenkers, Prof. Dr. Renate Riemeck, Johannes Stüttgen sowie weitere Artikel.   ISBN 3-926841-16-8

Heft 25 - RECHTSLEBEN UND SOZIALE ZUKUNFTSIMPULSE
Von Rudolf Steiners Dreigliederungsidee zur direkten Volksgesetzgebung
242 Seiten, kart., DM 16,80
Direkte Volksgesetzgebung, plebiszitäre Elemente in der historischen Entwicklung. Volksgesetzgebung in der Weimarer Verfassung und der Gründungsverfassung der DDR. Volksbegehren in den Besatzungszonen. Der Parlamentarische Rat und die Entwicklung des Grundgesetzes. Die Verankerung der direkten Volksgesetzgebung im Grundgesetz. Rechtslogik im Grundgesetz. Vorgehensweise der Aktion Volksentscheid. Unterschiedliche Standpunkte und Kritik am Volksentscheid. Der Souverän des Geisteslebens, des Rechtslebens und des Wirtschaftslebens. Der Demokratiebegriff. Die Sphäre der Rechtsideen. Recht und Gewissen. Soziale Meditation. Der Rechtsfindungsprozeß in Gruppen. Der Politikbegriff. Anthroposophie, Anthroposophen und Politik. Das Walten der Erzengel in den Prozessen des Rechtslebens. U.v.a.m.
Interviews mit Karl-Martin Dietz (Hardenberg-Institut, Heidelberg), Wilfried Heidt (Aktion Volksentscheid, Institut für Dreigliederungsentwicklung, Achberg), Robert Jungk (Internationale Bibliothek für Zukunftsfragen, Salzburg), Karl Otto Meyer (SSW) sowie weitere Artikel.   ISBN 3-926841-17-6

Direkte Demokratie

21.4.89 . 10⁰⁰-18⁰⁰ h
Informationsbus, Südermarkt
20⁰⁰h Vortrag von Johannes Stüttgen

Waldorfschule, Valentinerallee